民法典热点问题
十二讲

MINFADIAN REDIAN WENTI
SHIERJIANG

张金明　侯钟鲁／著

中国检察出版社

图书在版编目（CIP）数据

民法典热点问题十二讲 / 张金明，侯钟鲁著 . —— 北京 : 中国检察出版社 , 2023.2
ISBN 978-7-5102-2706-6

Ⅰ . ①民… Ⅱ . ①张… ②侯… Ⅲ . ①民法—法典—中国—问题解答 Ⅳ . ① D923.05

中国版本图书馆 CIP 数据核字（2021）第 281505 号

民法典热点问题十二讲

张金明　　侯钟鲁　著

责任编辑：王伟雪
技术编辑：王英英
封面设计：曹　晓

出版发行：中国检察出版社
社　　址：北京市石景山区香山南路 109 号（100144）
网　　址：中国检察出版社（www.zgjccbs.com）
编辑电话：（010）86423797
发行电话：（010）86423726　86423727　86423728
　　　　　（010）86423730　86423732
经　　销：新华书店
印　　刷：北京联兴盛业印刷股份有限公司
开　　本：710 mm×960 mm　16 开
印　　张：25.75
字　　数：444 千字
版　　次：2023 年 2 月第一版　　2023 年 2 月第一次印刷
书　　号：ISBN 978 - 7 - 5102 - 2706 - 6
定　　价：85.00 元

前　言

2020 年 5 月 28 日，第十三届全国人民代表大会第三次会议表决通过《中华人民共和国民法典》，自 2021 年 1 月 1 日起施行。民法典是新中国第一部赢得"法典"桂冠的法律，被称为"社会生活的百科全书""权利保障的宣言书"。

谢怀栻先生曾言："民法典较之刑法、诉讼法等，更足以代表一个民族的文化高度……"民法典是一部"长情"的法律，人的一生，从摇篮到坟墓，甚至摇篮之前的胎儿阶段和死亡之后的权益保护，都在民法典的视野之内。它是新中国成立以来第一次以法典的形式保障了私权，同时也兼顾了公权和私权的和谐统一的法律。

民法典博大精深，本书从教学以及实务角度出发，选取涉及较多的问题点讲解。全书共 12 个专题、55 个章节，每章包括典型案例、难点解析、重点条文与关联法律三个部分。典型案例是从笔者所承办案件、中国裁判文书网中选取，与每章节的要点呼应，通过还原案情，提炼争议焦点并分析说理，引导人们以法律方法解决纠纷；难点解析部分以笔者教学及实务涉及的重难点、常见知识点为主，解析实务中法律适用规则；重点条文部分罗列了相关章节涉及的常用条款，供读者了解民法典的最新规定；关联法律部分主要反映民法典出台前后有关条款的变化。

在具体分工上，第一讲、第十一讲由马泰宁、马馨协助整理，第二讲、第十讲由郎婷、何婧协助整理，第三讲、第六讲由金园园、夏琴协助整理，第四讲由赵娟、李文千协助整理，第五讲由周川川、孙武协助整理，第七讲由刘雅菁、吕贡协助整理，第八讲由蔡晓晖、司永兵、赵伟星协助整理，第九讲、第十二讲由沈雪伟、孙武协助整理，全书由杨扬、王宇宸、李宝峰等进行了文字校对工作。

希望本书的出版能实现我们的初衷，帮助广大读者学习民法典，以法治意识预防和化解社会生活纠纷，也希望各位读者将本书的不足和疏漏及时予以反馈，我们将不胜感激。

张金明

2022 年 12 月于南京

CONTENTS 目 录

第九讲　人格权 / 296

第一讲 民事主体制度

一、自然人

📖 典型案例 >>>

沈某秀申请沈某庭认定公民无民事行为能力、限制民事行为能力案

（一）事实概要

被申请人沈某庭系申请人沈某秀的父亲，沈某林系被申请人沈某庭的儿子。被申请人沈某庭的妻子已去世。2020年5月19日，南京脑科医院司法鉴定所经鉴定，出具南脑医司鉴所〔2020〕精鉴字第177号司法鉴定意见书称：沈某庭为脑器质性智能损害（轻度），目前具有限制民事行为能力。沈某庭和申请人沈某秀居住在一起，开庭时，沈某庭到庭表示愿意和沈某秀一起生活。

（二）裁判结果

被申请人为脑器质性智能损害（轻度），无法完全进行真实的意思表示，依据《精神障碍者民事行为能力评定指南》，被鉴定机构评定为限制民事行为能力，法院依法宣告沈某庭为限制民事行为能力人。虽然沈某秀与沈某林均自愿承担监护责任，但考虑目前沈某庭与沈某秀居住在一起，沈某庭也表示愿意和沈某秀一起生活，依照《民法总则》第24条、第28条、第30条，《民事诉讼法》第187条、第189条规定 ①，法院宣告沈某庭为限制民事行为能力人，依法指定沈某秀为监护人。

（三）案例分析

本案主要涉及限制民事行为能力人与无民事行为能力人的认定，以及监护

---

① 现行《民法典》第24条、第28条、第30条，《民事诉讼法》第194条、第196条。

人的确定与指定。

1. 关于限制民事行为能力人与无民事行为能力人的认定标准与程序。认定当事人民事行为能力的判断标准取决于行为人的智力水平，以及对客观事务的认知能力，而智力水平、认知能力通常与行为人的年龄密切相关。故此，民法典以年龄作为认定行为人民事能力的一般认定标准。然而，对于一些智力缺陷的成年人，就需要人民法院在结合医疗机构出具的专业鉴定意见的基础上，依据民事诉讼法第十五章规定的特别程序，宣告行为人为无民事行为能力人或限制民事行为能力人。

2. 关于监护人的确定与指定。法院在判决时主要依据最有利于被监护人的原则，虽然沈某秀与沈某林均自愿承担监护责任，但是法院考虑到目前沈某庭与沈某秀居住在一起，沈某庭也表示愿意和沈某秀一起生活，因此指定沈某秀为监护人。由此可以看出，民法典体现了法律的人文关怀，顺应时势，及时回应社会需要，在尊重被监护人真实意愿的基础上，按照最有利于被监护人的原则，最大限度保障了被监护人的民事权益，使弱势群体的社会困境和权利保护问题均能够有法可循、依法化解。

📖 难点解析 ⟩⟩⟩

（一）无民事行为能力人与限制民事行为能力人的认定

1. 关于限制民事行为能力的未成年人的认定。依据《民法典》第19条规定，8周岁以上的未成年人为限制民事行为能力人，实施民事法律行为一般应当由其法定代理人代理，或者经其法定代理人同意、追认。所谓同意，是指事前同意，即限制民事行为能力的未成年人实施民事法律行为要经法定代理人的事前同意；所谓追认，是指事后追认，即限制民事行为能力的未成年人实施的民事法律行为要经过法定代理人的事后追认，才能对该未成年人发生效力。但是，8周岁以上的未成年人已经具有一定的辨认识别能力，法律允许其独立实施一定的民事法律行为：一是纯获利益的民事法律行为，如接受赠与等。限制民事行为能力的未成年人通常不会因这类行为遭受不利益，可以独立实施。二是与其年龄、智力相适应的民事法律行为，如8周岁的儿童购买学习用品等。

2. 关于无民事行为能力的未成年人的认定。8周岁以下的未成年人，生理、心理发育仍然很不成熟，对自己行为的辨认识别能力以及行为后果的预见能力仍然不够，为了避免他们的权益受到损害，法律将其规定为无民事行为能力人。

依据《民法典》第 20 条规定，8 周岁以下的儿童不具有独立从事民事法律行为的资格，要由其法定代理人代理实施民事法律行为。例如，儿童购买玩具行为，都需要由父母等法定代理人代理实施。

3. 关于无民事行为能力与限制行为能力的成年人的认定。对于已年满 18 周岁，因先天、疾病等原因，辨认识别能力不足，不能正常预见自己行为的法律后果的人，法律有必要对其实施民事法律行为做出特别规定。民法典根据认识判断能力的不同，对这些成年人做了进一步的区分，分为两类：一是不能辨认自己行为的成年人；二是不能完全辨认自己行为的成年人。不能辨认自己行为的成年人指对普通的事物和行为欠缺基本的认识判断能力，不能正常预见自己行为的法律后果。不能完全辨认自己行为的成年人是指对比较复杂的行为不能做出正确的认识判断，不能完全预见到自己行为的法律后果。第一类成年人即为无民事行为能力人，由第 21 条第 1 款规定。第二类成年人为限制民事行为能力人，由第 22 条规定。

《民法典》第 21 条第 2 款规定的不能辨认自己行为的 8 周岁以上的未成年人，是指患有智力障碍、精神障碍或者因其他疾病等原因导致心智不能正常发育，辨识能力严重不足的未成年人。

无民事行为能力人因不能正常预见自己行为的法律后果，不能独立实施民事法律行为，应当由其法定代理人代理实施民事法律行为。限制民事行为能力的成年人实施民事法律行为一般由其法定代理人代理或者经其法定代理人同意、追认，但也可以独立实施一定的民事法律行为。

（二）监护制度

1. 未成年人的监护人。根据《民法典》第 27 条第 1 款规定，父母是未成年人的监护人。父母具有抚养、教育和保护未成年子女的法定义务，与未成年子女的关系最为密切，对未成年人的健康成长至关重要。因此，父母无条件成为未成年人的法定监护人。只有在父母死亡或者没有监护能力的情况下，才可以由其他个人或者有关组织担任监护人。

2. 无民事行为能力或者限制民事行为能力的成年人的监护人。依据《民法典》第 28 条规定，具有监护资格的人员有：

一是配偶。夫妻共同生活，具有相互的扶养义务，对共同的财产享有支配权，具有良好的感情基础，由配偶担任监护人有利于保护被监护人的人身、财产及其他合法权益。

二是父母、子女。父母子女之间既具有天然的情感，又具有法定的抚养、赡养关系，适宜担任监护人。

三是其他近亲属。包括祖父母、外祖父母、孙子女、外孙子女、兄弟姐妹。之所以将"其他近亲属"列为具有监护资格的范围，主要是基于血缘关系、生活联系，以及情感基础等因素，有利于保护被监护人的合法权益。

四是其他愿意担任监护人的个人或者组织，但是须经被监护人住所地的居民委员会、村民委员会或者民政部门同意。"愿意担任监护人的组织"主要指公益组织，其能否担任监护人，实践中由被监护人住所地的居民委员会、村民委员会或者民政部门根据该组织的设立宗旨、社会声誉、财产或者经费、专职工作人员等情况进行判断。

3. 父母之外的其他个人或者组织担任监护人的顺序。实践中，有些情况下具有监护资格的人互相推脱，都不愿意担任监护人，导致监护无从设立，无民事行为能力人或者限制民事行为能力人的权益得不到保护。对此，《民法典》第27条明确具有监护资格的人按照顺序担任监护人，主要目的在于防止具有监护资格的人之间互相推卸责任。如果两个或者两个以上具有监护资格的人都愿意担任监护人，也可以按照本条规定的顺序确定监护人，或者依照《民法典》第30条规定进行协商；协商不成的，按照第31条规定的监护争议解决程序处理。

依照第27条第2款规定的顺序担任监护人的个人认为自己不适合担任监护人，或者认为其他具有监护资格的人更适合担任监护人的，可以依照《民法典》第30条规定进行协商；协商不成的，通过第31条规定的监护争议解决程序处理，由居民委员会、村民委员会、民政部门或者人民法院综合各方面情况，依据最有利于被监护人的原则在依法具有监护资格的人中指定监护人。

4. 对监护人的确定有争议的两种解决途径：一是由被监护人住所地的居民委员会、村民委员会或者民政部门指定监护人。该指定并没有终局效力，有关当事人对该指定不服的，可以向法院提出申请，由法院指定监护人。法院的指定具有终局效力，被指定的监护人应当履行监护职责。二是有关当事人可以不经居民委员会、村民委员会或者民政部门的指定，直接向法院提出申请，由法院指定监护人。《民法典》第31条规定的"对监护人的确定有争议的"既包括争当监护人的情况，也包括推卸拒不担当监护人的情况，主要包括以下情形：一是具有监护资格的人均认为自己适合担任监护人，争当监护人；二是按照《民法典》第27条、第28条规定的顺序应当担任监护人的，认为自己没有监护能力，无法履行监护职责或者认为其他具有监护资格的人更适宜担任监护人的；三是后一顺序具有监护资格的人要求前一顺序具有监护资格的人依法履行监护职责的；四是具有监护资格的人均推卸监护职责，拒不担当监护人的情况。

5. 撤销监护人资格诉讼的适用情形。一是实施严重损害被监护人身心健康行为的，如性侵害、出卖、遗弃、虐待、暴力伤害被监护人等。二是怠于履行监护职责，或者无法履行监护职责且拒绝将监护职责部分或者全部委托给他人，导致被监护人处于危困状态的。如父母外出打工，也没有将监护职责委托给他人，留下年龄较小的儿童独立在家生活，处于危困状态等。三是兜底性规定，只要有严重侵害被监护人合法权益行为的，均可以撤销监护人资格，如教唆、利用未成年人实施违法犯罪行为等。

6. 被监护人的父母或者子女恢复监护人资格的条件：一是没有对被监护人实施故意犯罪的情形。但对因过失犯罪，如因过失导致被监护人受到伤害等被撤销监护人资格的，可以根据具体情况判断是否恢复监护人资格。二是确有悔改表现，即被监护人的父母或者子女要有实际的悔改表现，这需要由人民法院根据具体情形予以判断。三是要尊重被监护人的真实意愿，如果被监护人不愿意父母或者子女继续担任监护人的，不得恢复监护人资格。即使符合以上条件，法院也还需要综合考虑各方面情况，从有利于被监护人权益保护的角度，决定是否恢复监护人资格。

📖 重点条文与关联法律 》》》

第十五条 【关于自然人出生时间和死亡时间的规定】

自然人的出生时间和死亡时间，以出生证明、死亡证明记载的时间为准；没有出生证明、死亡证明的，以户籍登记或者其他有效身份登记记载的时间为准。有其他证据足以推翻以上记载时间的，以该证据证明的时间为准。

第十九条 【关于限制民事行为能力的未成年人的规定】

八周岁以上的未成年人为限制民事行为能力人，实施民事法律行为由其法定代理人代理或者经其法定代理人同意、追认；但是，可以独立实施纯获利益的民事法律行为或者与其年龄、智力相适应的民事法律行为。

第二十条 【关于无民事行为能力的未成年人的规定】

不满八周岁的未成年人为无民事行为能力人，由其法定代理人代理实施民事法律行为。

第二十一条 【关于无民事行为能力的成年人的规定】

不能辨认自己行为的成年人为无民事行为能力人，由其法定代理人代理实施民事法律行为。

八周岁以上的未成年人不能辨认自己行为的，适用前款规定。

第二十二条 【关于限制民事行为能力的成年人的规定】

不能完全辨认自己行为的成年人为限制民事行为能力人，实施民事法律行为由其法定代理人代理或者经其法定代理人同意、追认；但是，可以独立实施纯获利益的民事法律行为或者与其智力、精神健康状况相适应的民事法律行为。

第二十七条 【关于未成年人的监护人的规定】

父母是未成年子女的监护人。

未成年人的父母已经死亡或者没有监护能力的，由下列有监护能力的人按顺序担任监护人：

（一）祖父母、外祖父母；

（二）兄、姐；

（三）其他愿意担任监护人的个人或者组织，但是须经未成年人住所地的居民委员会、村民委员会或者民政部门同意。

第二十八条 【关于无民事行为能力或限制民事行为能力的成年人的监护人的规定】

无民事行为能力或者限制民事行为能力的成年人，由下列有监护能力的人按顺序担任监护人：

（一）配偶；

（二）父母、子女；

（三）其他近亲属；

（四）其他愿意担任监护人的个人或者组织，但是须经被监护人住所地的居民委员会、村民委员会或者民政部门同意。

第三十一条 【关于监护争议解决程序的规定】

对监护人的确定有争议的，由被监护人住所地的居民委员会、村民委员会或者民政部门指定监护人，有关当事人对指定不服的，可以向人民法院申请指定监护人；有关当事人也可以直接向人民法院申请指定监护人。

居民委员会、村民委员会、民政部门或者人民法院应当尊重被监护人的真实意愿，按照最有利于被监护人的原则在依法具有监护资格的人中指定监护人。

依据本条第一款规定指定监护人前，被监护人的人身权利、财产权利以及其他合法权益处于无人保护状态的，由被监护人住所地的居民委员会、村民委员会、法律规定的有关组织或者民政部门担任临时监护人。

监护人被指定后,不得擅自变更;擅自变更的,不免除被指定的监护人的责任。

第三十五条 【关于履行监护职责应当遵循的原则的规定】

监护人应当按照最有利于被监护人的原则履行监护职责。监护人除为维护被监护人利益外,不得处分被监护人的财产。

未成年人的监护人履行监护职责,在作出与被监护人利益有关的决定时,应当根据被监护人的年龄和智力状况,尊重被监护人的真实意愿。

成年人的监护人履行监护职责,应当最大程度地尊重被监护人的真实意愿,保障并协助被监护人实施与其智力、精神健康状况相适应的民事法律行为。对被监护人有能力独立处理的事务,监护人不得干涉。

第三十六条 【关于撤销监护人资格的规定】

监护人有下列情形之一的,人民法院根据有关个人或者组织的申请,撤销其监护人资格,安排必要的临时监护措施,并按照最有利于被监护人的原则依法指定监护人:

(一)实施严重损害被监护人身心健康的行为;

(二)怠于履行监护职责,或者无法履行监护职责且拒绝将监护职责部分或者全部委托给他人,导致被监护人处于危困状态;

(三)实施严重侵害被监护人合法权益的其他行为。

本条规定的有关个人、组织包括:其他依法具有监护资格的人,居民委员会、村民委员会、学校、医疗机构、妇女联合会、残疾人联合会、未成年人保护组织、依法设立的老年人组织、民政部门等。

前款规定的个人和民政部门以外的组织未及时向人民法院申请撤销监护人资格的,民政部门应当向人民法院申请。

第三十八条 【关于恢复监护人资格的规定】

被监护人的父母或者子女被人民法院撤销监护人资格后,除对被监护人实施故意犯罪的外,确有悔改表现的,经其申请,人民法院可以在尊重被监护人真实意愿的前提下,视情况恢复其监护人资格,人民法院指定的监护人与被监护人的监护关系同时终止。

第三十九条 【关于监护关系终止情形的规定】

有下列情形之一的,监护关系终止:

(一)被监护人取得或者恢复完全民事行为能力;

(二)监护人丧失监护能力;

（三）被监护人或者监护人死亡；

（四）人民法院认定监护关系终止的其他情形。

监护关系终止后，被监护人仍然需要监护的，应当依法另行确定监护人。

继承法、民法总则	民法典	要点提示
《继承法》第二十八条　遗产分割时，应当保留胎儿的继承份额。胎儿出生时是死体的，保留的份额按照法定继承办理。	第十六条　涉及遗产继承、接受赠与等胎儿利益保护的，胎儿视为具有民事权利能力。但是，胎儿娩出时为死体的，其民事权利能力自始不存在。	由"胎儿出生时是死体的，保留的份额按照法定继承办理"修改为"胎儿娩出时为死体的，其民事权利能力自始不存在"。
《民法总则》第三十四条　监护人的职责是代理被监护人实施民事法律行为，保护被监护人的人身权利、财产权利以及其他合法权益等。 监护人依法履行监护职责产生的权利，受法律保护。 监护人不履行监护职责或者侵害被监护人合法权益的，应当承担法律责任。	第三十四条　监护人的职责是代理被监护人实施民事法律行为，保护被监护人的人身权利、财产权利以及其他合法权益等。 监护人依法履行监护职责产生的权利，受法律保护。 监护人不履行监护职责或者侵害被监护人合法权益的，应当承担法律责任。 因发生突发事件等紧急情况，监护人暂时无法履行监护职责，被监护人的生活处于无人照料状态的，被监护人住所地的居民委员会、村民委员会或者民政部门应当为被监护人安排必要的临时生活照料措施。	新增紧急情况下的监护。

二、法人

典型案例 >>>

北京某商贸有限公司与刘某买卖合同纠纷案

（一）事实概要

上诉人北京某商贸有限公司（以下简称某商贸公司）因与被上诉人刘某

买卖合同纠纷一案，不服北京市海淀区人民法院（2015）海民（商）初字第33760号民事判决，向北京市第一中级人民法院提起上诉，北京一中院于2017年3月8日立案。

该院在审理过程中查明：某商贸公司于2010年8月2日，在北京市工商行政管理局海淀分局（以下简称工商局海淀分局）登记注册成立，公司性质为有限责任公司（自然人独资），公司法定代表人为孙某，股东为孙某。2016年1月27日，该商贸公司将公司法定代表人变更为赵某，并在工商局海淀分局进行了变更登记。2016年11月18日，该商贸公司作出股东决定，决定载明：依据《中华人民共和国公司法》规定，经公司股东讨论通过，股东决定注销本公司，公司注销后的未尽事宜由股东承担，股东确认清算报告内容。股东孙某在该决定上签字。2016年11月21日，工商局海淀分局向某商贸公司出具了《注销核准通知书》，该通知书载明："某商贸公司：你单位因决议解散申请注销登记，经我局核定，准予注销。"

（二）裁判结果

法院经审查认为，有限责任公司注销后，其即丧失了民事主体资格和法律上的人格，不再具有民事权利能力和民事行为能力。本案中，因上诉人某商贸公司已于2016年11月21日在工商局海淀分局办理了工商注销登记，故其不再具有民事权利能力和民事行为能力，因此，本案应终结诉讼。依照《民事诉讼法》第154条第1款第6项 ① 规定，裁定：撤销北京市海淀区人民法院（2015）海民（商）初字第33760号民事判决；本案终结诉讼。

（三）案例分析

本案主要涉及法人终止后的法律后果等问题。

1. 关于企业法人终止的情形。依据《民法典》第68条的规定，法人解散、法人被宣告破产或法律规定的其他原因，法人依法完成清算、注销登记的，法人终止。本案中某商贸公司作为企业法人，已在相关诉讼程序终结之前就已办理了清算及注销，故其丧失了民事主体资格和法律上的人格，不再具有民事权利能力和民事行为能力。

2. 关于诉讼中企业法人注销的相关问题。《民事诉讼法》第64条规定，企

---

① 现行《民事诉讼法》第157条。

业法人解散的，依法清算并注销前，以该企业法人为当事人；未依法清算即被注销的，以该企业法人的股东、发起人或者出资人为当事人。若企业依法清算并注销的，则参照自然人死亡且没有继承人，或没有遗产、没有应当承担义务的人之情形，人民法院应裁定终结诉讼。

难点解析 》》》

（一）法人成立条件

1.有名称。法人应该有自己的名称，通过确定的名称使自己与其他法人相区别。有关法律、行政法规对法人的名称有明确要求的，按照要求。

2.有组织机构。法人是社会组织，法人的意思表示必须依法由法人组织机构来完成，每一个法人都应该有自己的组织机构，如股份有限公司法人的组织机构依法应由三部分组成：作为权力机构的股东大会；作为执行机构的董事会；作为监督机构的监事会。

3.有住所。作为法人的住所，可以是自己所有的，也可以是租赁他人的。法人有自己的住所，主要是为了交易安全，同时也便于有关机关进行监督和管理。

4.有财产或者经费。法人应有必要的财产和经费，这是其能够独立承担民事责任的财产保障，否则，法人无法进行各种民事活动。所谓必要的财产或者经费，是指法人的财产或者经费应与法人的性质、规模等相适应。

此外，法人成立还需要满足法律、行政法规规定的其他条件和程序。

（二）关于法定代表人的规定

法定代表人对外以法人名义进行民事活动时，其与法人之间并非代理关系，而是代表关系，且其代表职权来自法律的明确授权，故不需要有法人的授权委托书。法定代表人对外的职务行为即为法人行为，其后果由法人承担。

法人不得以对法人章程等对法定代表人的内部职权限制对抗善意第三人。法人章程对法人来说非常重要，但作为法人内部的行为规范，在通常情况下不易被法人外部的人员所知道，所以在确定其外部效力时，要考虑对善意相对人的权益保护。

善意相对人是指对法人章程或者法人权力机构对法定代表人代表权的限制，不知情或者不应当知情的权利人。法人章程或者法人权力机构对法定代表人的对外代表权限进行了限制，但该法定代表人超越了自己的权限与相对人签订了合同，或者实施了其他法律行为的，如果相对人不知道或者不应当知道该限制规定的，则法人不得以法定代表人的行为超越了其权限而主张不承担或免除其应承担的法律责任。

（三）法定代表人职务侵权行为责任承担

法定代表人因执行职务造成他人损害的，属于职务侵权，由法人承担民事责任。法定代表人的职务侵权行为应该同时符合以下两个条件：一是法定代表人的行为构成对第三人的侵权，包括对第三人人身权和财产权的侵害；二是该侵权行为应为法定代表人执行职务的行为。但是，法定代表人的行为如果与执行职务无关，则不构成职务侵权。

法人对外承担民事责任后，对内可以依照法律或者法人章程的规定，向有过错的法定代表人追偿。这一规定涉及法定代表人职务侵权行为的内部职责分担问题。一般情况下，在职务侵权行为中，行为的法律后果完全由法人承担，法定代表人不需要承担该行为的民事责任，但在下列两种情况下，法人可以向有过错的法定代表人追偿：一是根据法律规定。如果有关法律法规明文规定了法定代表人对职务侵权行为应该承担相应的责任，此时法人可以在对外赔偿后，依据法律规定，向有过错的法定代表人进行追偿。二是根据法人章程规定。如果法人的章程中明确规定法定代表人对职务侵权行为应该承担相应的责任，此时法人可以在对外赔偿后，依据法人章程的规定，向有过错的法定代表人进行追偿。

（四）法人变更登记

企业法人变更登记的事项通常包括：合并与分立，变更组织形式，增设或者撤销分支机构及法人经营范围，注册资本、住所、法定代表人、经营方式的变动等。企业法人改变名称、住所、经营场所、法定代表人、经济性质、经营范围、经营方式、注册资金、经营期限，以及增设或者撤销分支机构，应当申请办理变更登记。企业法人申请变更登记，应当在主管部门或者审批机关批准后 30 日内，向登记主管机关申请办理变更登记。企业法人分立、合并、迁移，应当在主管部门或者审批机关批准后 30 日内，向登记主管机关申请办理变更登记。

（五）法人登记事项错误不能对抗善意相对人的规定

1. 企业法人登记事项。企业法人登记注册的事项包括企业法人名称、住所、经营场所、法定代表人、经济性质、经营范围、经营方式、注册资金、从业人数、经营期限、分支机构。

2. 社会团体登记事项。社会团体登记事项包括：名称、住所、宗旨、业务范围、活动地域、法定代表人、活动资金和业务主管单位。

3. 事业单位法人登记事项。事业单位法人登记事项包括事业单位名称、法定代表人、宗旨和业务范围、开办资金、住所及《事业单位法人证书》证书号等。

4. 民办非企业单位（即社会服务机构）登记事项。民办非企业单位登记包括：民办非企业单位的名称、住所、宗旨和业务范围、法定代表人或者负责人、开办资金和业务主管单位。

如果法人的实际情况与登记的事项不一致，不得对抗善意相对人。例如，法定代表人登记事项与实际情况不符，导致在法人内部存在的运行体制与其在登记机关公示的内容不完全相符，在此种情况下，对善意相对人不发生法律效力。因为登记有一个基本的公示功能，登记事项系对相对人的事先告知，对法人和相对人同等发生效力，推定各方当事人共同认可登记内容。如果法人实际情形与登记不一致的，发生的法律后果由法人自行承担，对相对人不发生效力。

（六）法人终止

法人的终止，是法人不再具有民事权利能力与行为能力的一种状态，也即法人丧失其民事主体资格。传统的民法理论对法人终止的原因有五项共识：一是法人章程规定的终止事由发生；二是法人目的已经达成或不能达成；三是破产；四是撤销或剥夺权利能力；五是股权决议解散或股权发起人数不足的解散。

关于法人终止原因，民法典延续了传统民法理论的部分共识，具体列举了法人终止的三项原因：法人解散、被宣告破产及法律规定的其他原因。某些法人的终止，还须经有关机关批准，如《外资银行管理条例》第 58 条规定，外资银行的终止，应经国务院银行业鉴定管理机构批准。《保险法》第 89 条规定，保险公司因分立、合并需要解散，或者股东会、股东大会决议解散，或公司章程规定的解散事由出现，经国务院保险监督管理机构批准后解散。

（七）法人终止的法定条件

1. 具有法定事由。具体包括三种情形：一是法人解散。二是法人被宣告破产。法人不能清偿到期债务，并且资产不足以清偿全部债务或者明显缺乏清偿能力的，债权人可以向法院提出对债务人进行破产清算的申请。作为债务人的法人被法院依法宣告破产的，法人终止。从域外一些国家的立法看，也把破产作为法人终止的法定原因，如德国民法典规定：社团因破产开始，丧失权利能力。三是法律规定的其他原因。除了前两项原因外，有法律规定的其他原因，法人也要终止。

2. 依法完成清算。在上述原因发生后，法人的主体资格并不立即消灭，只有经过清算，法人主体资格才归于消灭。法人清算，是指清算组织在法人终止时，依据职权清理并消灭法人的全部财产关系的程序。清算的形式：其一，依破产程序进行清算；其二，非按破产程序，而是依民法、民事诉讼法等有关规定清算。清算一般在法人终止时进行，但在法人负债过重时，经法人机关决定，由主管部门批准，可以自动清算。人民法院也可以根据法人的债权人或其他利害关系人的申请责令法人清算。

3. 依法进行注销登记。法人注销登记是法人依法终止，消灭其民事主体资格的要件。清算终结，应由清算组织向登记机关办理注销登记并公告，完成注销登记和公告，法人即告消灭。法人注销登记机关与设立登记机关相同，法人注销登记应提交的文件因法人类型不同而不同。

（八）法人解散

1. 法人章程规定的存续期间届满或者法人章程规定的其他解散事由出现。如果法人章程规定了法人的存续期间，存续期满后，该法人即可以自行解散。如果法人章程规定了其他解散事由，一旦该事由出现，则法人也可以解散。

2. 法人的权利机构决议解散。根据民法典规定，营利法人应当设权利机构。权利机构行使修改法人章程，选举或者更换执行机构、监督机构成员，以及法人章程规定的其他职权。法人的权利机构，如股东大会，可以作出决议解散法人。

3. 因法人合并或者分立需要解散。法人合并，两个以上的法人合并为一个新法人，被合并的法人自然也就解散了。法人分立，一个法人分立为两个以上的新法人，原法人自然也就解散了。

4. 法人依法被吊销营业执照、登记证书，被责令关闭或者被撤销。在此种情况下，由于法人被依法给予行政处罚，失去了从事原活动的资格，所以法人也就被解散了。

（九）法人解散清算

法人除了因合并或者分立的情形而解散，不需要清算的外，因其他情形而解散的，都要依法进行清算。法人的董事、理事等执行机构或者决策机构的成员为清算义务人。法律、行政法规另有规定的，依照其规定。

清算义务人是指在法人解散后，负有清算责任的主体，也称清算人。清算义务人为法人的董事、理事等执行机构或者决策机构的成员。董事是指由法人权力机构选举产生的法人执行机构的成员，是公司内部治理的主要力量。理事是指在非营利法人中，由选举产生的管理法人事务的人员，是法人内部治理的主要力量，对内管理法人事务，对外代表法人进行活动。

除董事、理事为清算义务人外，法律、行政法规对清算义务人另有规定的，依照其规定。如根据公司法的规定，有限责任公司的清算义务人是全体股东。根据《社会团体登记管理条例》《事业单位登记管理暂行条例》和有关实施细则的规定，社会团体的清算义务人是其业务主管单位及其他有关机关；事业单位的清算义务人是其举办单位和其他有关机关。

（十）法人的清算程序和清算组职权

1. 清算程序。公司法对公司法人的清算程序作出了明确的规定：法人应当在解散事由出现之日起 15 日内成立清算组，开始清算。有限责任公司的清算组由股东组成，股份有限公司的清算组由董事或者股东大会确定的人员组成。逾期不成立清算组进行清算的，债权人可以申请人民法院指定有关人员组成清算组进行清算。人民法院应当受理该申请，并及时组织清算组进行清算。清算组应当自成立之日起 10 日内通知债权人，并于 60 日内在报纸上公告。债权人应当自 45 日内，向清算组申报其债权。债权人申报债权，应当说明债权的有关事项，并提供证明材料。清算组应当对债权进行登记。在申报债权期间，清算组不得对债权人进行清偿。

2. 清算组职权。公司法规定，清算组在清算期间行使下列职权：（1）清理公司财产，分别编制资产负债表和财产清单。清算组在清理公司财产、编制资产负债表和财产清单后，应当制定清算方案，并报股东会、股东大会或者人民法院确认。（2）通知、公告债权人。（3）处理与清算有关的公司未了结的业务。（4）清缴所欠税款以及清算过程中产生的税款。（5）清理债权、债务。（6）处理公司清偿债务后的剩余财产。公司财产在分别支付清算费用、职工的工资、社会保险费用和法定补偿金，缴纳所欠税款，清偿公司债务后的剩余财产，有限责任公司按照股东的出资比例分配，股份有限公司按照股东持有的股份比例分配。（7）代表公司参与民事诉讼活动。

（十一）法人清算后剩余财产的处理以及法人终止的规定

法人清算后的剩余财产，是指法人财产在分别支付清算费用、职工的工资、社会保险费用和法定补偿金，缴纳所欠税款，清偿公司债务后的剩余财产。对法人清算后的剩余财产，一般根据法人章程的规定或者法人权利机构的决议来处理，但是法律另有规定的，依照其规定。如公司法规定，公司财产在分别支付清算费用、职工的工资、社会保险费用和法定补偿金，缴纳所欠税款，清偿公司债务后的剩余财产，有限责任公司按照股东的出资比例分配，股份有限公司按照股东持有的股份比例分配。因此，对有限责任公司和股份有限公司法人在清算后的剩余财产的处理，要适用公司法的规定。

在清算程序结束后，对经过登记设立的法人，还要再经过法人注销登记程序，法人才终止。根据公司法等法律、行政法规的规定，如公司清算结束后，清算组应当制作清算报告，报股东会、股东大会或者人民法院确认，并报送公司登记机关，申请注销公司登记，公告公司终止。

（十二）法人设立分支机构的规定

法人分支机构在性质上属于法人的组成部分，不具有独立责任能力，其行为的效果仍由法人承担。公司法规定，公司可以设立分公司。设立分公司，应当向公司登记机关申请登记，领取营业执照。分公司不具有法人资格，其民事责任由所属法人承担。

法人的分支机构虽然在法人授权范围内可以对外从事各种民事活动，但法人的分支机构属于法人的组成部分，其承担责任的能力有一定的限制。因此，法人的分支机构进行民事活动所承担的责任，要由法人承担，也可以先以该分支机构管理的财产承担，不足以承担的，由法人承担。在涉及分支机构的诉讼中，可以将法人的分支机构与法人一起列为共同被告。比如，企业法人的分支机构为他人提供担保，发生法律纠纷的，人民法院在审理过程中可以将该企业法人和分支机构列为共同被告参加诉讼。

（十三）设立人为设立法人而从事民事活动的法律后果

一是设立人为设立法人从事的民事活动，其法律后果由法人承受。设立人在法人的设立过程中，应当履行好作为设立人的责任，使法人能够顺利地成立。

法人成立后，将依法继受设立过程中所产生的权利义务。如果法人没有成立，在设立活动期间产生的民事责任义务，由法人的设立人承担，因为设立中的法人还不具有民事权利能力和民事行为能力，不能承担民事责任。所谓的"法人未成立"，是指设立人未能够完成设立法人行为，法人最终没有成立。法人无论因何种原因不能成立，设立人都应当对设立行为所产生的法律后果承担法律责任。设立人为二人以上的，享有连带债权，承担连带债务。

二是设立人为设立法人以自己的名义从事民事活动产生的民事责任，第三人有权选择请求法人或者设立人承担发起人对自己过失行为应当承担的责任。由于信息不对称，第三人往往不知道设立人的行为目的，不知道设立人以自己的名义所从事的民事法律行为，与之后成立的法人之间的关系。所以，为保护第三人的合法权益，民法典规定，设立人为设立法人以自己的名义从事民事活动产生的民事责任，第三人有权选择，或者请求法人承担，或者请求设立人承担。

设立行为所产生的债务和费用原则上应由成立后的公司承担，但公司不能成立时，先前发生的与设立公司相关的费用及债务就失去了公司法人这一拟定的承担主体，只能改由实施设立行为的主体即发起人承担。由于发起人之间的关系近似于合伙关系，因此可参照合伙的有关规定，由发起人对设立行为所产生的费用和债务负连带赔偿责任。此外，公司法还规定，在公司设立过程中，由于发起人的过失致使公司利益受到损害的，应当对公司承担赔偿责任。

📖 重点条文与关联法律 ⟫⟫⟫

第六十三条 【关于法人住所的规定】

法人以其主要办事机构所在地为住所。依法需要办理法人登记的，应当将主要办事机构所在地登记为住所。

第六十四条 【关于法人变更登记的规定】

法人存续期间登记事项发生变化的，应当依法向登记机关申请变更登记。

第六十五条 【关于法人实际情况与登记事项不一致的法律后果的规定】

法人的实际情况与登记的事项不一致的，不得对抗善意相对人。

第六十六条 【关于法人登记信息的规定】

登记机关应当依法及时公示法人登记的有关信息。

第六十七条 【关于法人合并、分立后的权利义务享有和承担的规定】

法人合并的，其权利和义务由合并后的法人享有和承担。

法人分立的，其权利和义务由分立后的法人享有连带债权，承担连带债务，但是债权人和债务人另有约定的除外。

第六十八条 【关于法人终止的相关规定】

有下列原因之一并依法完成清算、注销登记的，法人终止：

（一）法人解散；

（二）法人被宣告破产；

（三）法律规定的其他原因。

法人终止，法律、行政法规规定须经有关机关批准的，依照其规定。

第七十条 【关于解散清算的相关规定】

法人解散的，除合并或者分立的情形外，清算义务人应当及时组成清算组进行清算。

法人的董事、理事等执行机构或者决策机构的成员为清算义务人。法律、行政法规另有规定的，依照其规定。

清算义务人未及时履行清算义务，造成损害的，应当承担民事责任；主管机关或者利害关系人可以申请人民法院指定有关人员组成清算组进行清算。

第七十一条 【关于法人清算和清算组职权的法律适用的规定】

法人的清算程序和清算组职权，依照有关法律的规定；没有规定的，参照适用公司法律的有关规定。

第七十二条 【关于清算期间法人地位、清算后剩余财产处置及法人终止的规定】

清算期间法人存续，但是不得从事与清算无关的活动。

法人清算后的剩余财产，按照法人章程的规定或者法人权力机构的决议处理。法律另有规定的，依照其规定。

清算结束并完成法人注销登记时，法人终止；依法不需要办理法人登记的，清算结束时，法人终止。

第七十三条 【关于法人破产清算终止程序的规定】

法人被宣告破产的，依法进行破产清算并完成法人注销登记时，法人终止。

第七十四条 【关于法人分支机构的规定】

法人可以依法设立分支机构。法律、行政法规规定分支机构应当登记的，依照其规定。

分支机构以自己的名义从事民事活动，产生的民事责任由法人承担；也可以先以该分支机构管理的财产承担，不足以承担的，由法人承担。

第七十五条 【关于法人设立行为的法律后果的规定】

设立人为设立法人从事的民事活动，其法律后果由法人承受；法人未成立的，其法律后果由设立人承受，设立人为二人以上的，享有连带债权，承担连带债务。

设立人为设立法人以自己的名义从事民事活动产生的民事责任，第三人有权选择请求法人或者设立人承担。

公司法等	民法典
《公司法》第一百八十条 公司因下列原因解散： （一）公司章程规定的营业期限届满或者公司章程规定的其他解散事由出现； （二）股东会或者股东大会决议解散； （三）因公司合并或者分立需要解散； （四）依法被吊销营业执照、责令关闭或者被撤销； （五）人民法院依照本法第一百八十二条的规定予以解散。	第六十九条 有下列情形之一的，法人解散： （一）法人章程规定的存续期间届满或者法人章程规定的其他解散事由出现； （二）法人的权力机构决议解散； （三）因法人合并或者分立需要解散； （四）法人依法被吊销营业执照、登记证书，被责令关闭或者被撤销； （五）法律规定的其他情形。
《城市居民委员会组织法》第二条 居民委员会是居民自我管理、自我教育、自我服务的基层群众性自治组织。 　不设区的市、市辖区的人民政府或者它的派出机关对居民委员会的工作给予指导、支持和帮助。居民委员会协助不设区的市、市辖区的人民政府或者它的派出机关开展工作。 　《村民委员会组织法》第二条 村民委员会是村民自我管理、自我教育、自我服务的基层群众性自治组织，实行民主选举、民主决策、民主管理、民主监督。 　村民委员会办理本村的公共事务和公益事业，调解民间纠纷，协助维护社会治安，向人民政府反映村民的意见、要求和提出建议。村民委员会向村民会议、村民代表会议负责并报告工作。	第一百零一条 居民委员会、村民委员会具有基层群众性自治组织法人资格，可以从事为履行职能所需要的民事活动。 　未设立村集体经济组织的，村民委员会可以依法代行村集体经济组织的职能。

三、非法人组织

📖 **典型案例** >>>

遵义市红花岗区长征镇沙坝村纪念街村民组诉遵义明顺房地产开发有限责任公司等商品房买卖合同纠纷案 ①

（一）事实概要

原告遵义市红花岗区长征镇沙坝村纪念街村民组（以下简称纪念街村民组）因与被告遵义明顺房地产开发有限责任公司（以下简称遵义明顺公司）、第三人褚某镇、曾某治、冉某红、范某发生商品房买卖合同纠纷，向贵州省遵义市中级人民法院提起诉讼。

（二）裁判结果

法院判决：原告纪念街村民组与被告遵义明顺公司于 2009 年 2 月 12 日签订的商品房买卖合同合法有效；限被告遵义明顺公司于本判决生效后立即配合、协助原告纪念街村民组共同向相关产权登记机关申请办理位于遵义市红花岗区遵湄路的"金帝世家"房开项目 C 幢一层第 16 号、第 17 号、第 18 号营业性用房的不动产权属登记，并提交办理权属登记需出出卖人提供的材料；驳回原告纪念街村民组的其余诉讼请求。

（三）案例分析

本案主要涉及非法人组织的民事主体资格问题。

本案的争议焦点为：（1）原告纪念街村民组与被告遵义明顺公司签订的商品房买卖合同是否合法有效；（2）遵义明顺公司应否继续履行其与纪念街村民组签订的商品房买卖合同所约定的协助办理讼争 16—18 号门面房产证义务；（3）纪念街村民组诉请确认其为讼争 16—18 号门面所有权人的主张能否成立。

---

① 载《最高人民法院公报》2018 年第 12 期。

1.关于合同效力问题。从签约主体资格看，虽然商品房买卖合同尾部加盖的是沙坝村村委会公章，但在合同前部"买受人"处填写的是原告纪念街村民组，根据沙坝村村委会、长征镇政府出具的两份证明可知，之所以由沙坝村村委会盖章系因该村民组无公章，故村委会的盖章行为仅系代理性质，而真正的合同当事人是纪念街村民组。纪念街村民组作为合法成立、有一定的组织机构和财产的非法人组织，享有民事权利能力，其与被告遵义明顺公司签订商品房买卖合同主体适格；商品房买卖合同是双方就门面购买事宜达成合意之后慎重签订，而非事后补签、倒签；该商品房买卖合同是遵义明顺公司与纪念街村民组的真实意思表示。据此，根据《合同法》第32条①规定，纪念街村民组与遵义明顺公司签订的商品房买卖合同，因缔约主体适格、签约过程真实、合同条款完整、约定内容充分体现双方购销意愿，且不违反法律法规的强制性规定，故该合同系合法有效合同。

2.关于合同义务履行问题。本案纠纷的产生系因被告遵义明顺公司"一房二卖"所致。虽然遵义明顺公司辩称讼争16—18号门面是在原告纪念街村民组退还之后再次出售，但其并未提交退房移交手续加以佐证，亦与纪念街村民组常年对外出租讼争门面的事实不符，故法院对该辩解意见不予采信。处理"一房二卖"情况下的合同履行问题，可从商品房买卖合同的缔约真实性、签约时间顺序、付款程度、合同备案情况、讼争不动产的占有事实、预登记情况以及权利主张等方面加以评判。

3.关于确权问题。根据《物权法》第9条第1款关于"不动产物权的设立、变更、转让和消灭，经依法登记，发生效力；未经登记，不发生效力，但法律另有规定的除外"规定，因讼争16—18号门面尚未完成不动产权属登记，故原告纪念街村民组诉请确认其为讼争门面所有权人的主张不能成立，法院不予支持。

4.非法人组织的类型与主要特征。非法人组织包括个人独资企业、合伙企业、不具有法人资格的专业服务机构等。依据《民法典》第102条规定，非法人组织是不具有法人资格，但是能够依法以自己的名义从事民事活动的组织。非法人组织以其财产对外承担责任，并由其出资者、设立人承担无限责任。在从事民事活动中，可以确定一人或者数人作为代表。

---

① 现行《民法典》第490条。

5.该案作为最高人民法院公报案例的指导意义。商品房买卖合同尾部加盖的是沙坝村村委会公章，但在合同前部"买受人"处填写的是原告纪念街村民组，因该村民组无公章由沙坝村村委会盖章，故村委会的盖章行为仅系代理性质，而真正的合同当事人是纪念街村民组。纪念街村民组作为合法成立、有一定的组织机构和财产的非法人组织，享有民事权利能力，因此其与被告遵义明顺公司签订商品房买卖合同主体适格。

📖 难点解析 >>>

（一）非法人组织的范围

非法人组织的范围包括个人独资企业、合伙企业、不具有法人资格的专业服务机构等。

1.个人独资企业。根据个人独资企业法的规定，个人独资企业，是指依照该法在中国境内设立，由一个自然人投资，财产为投资人个人所有，投资人以其个人财产对企业债务承担无限责任的经营实体。

2.合伙企业。根据合伙企业法的规定，合伙企业分为普通合伙企业和有限合伙企业。普通合伙企业由普通合伙人组成，合伙人对合伙企业债务承担无限连带责任。法律对普通合伙人承担责任的形式有特别规定的，从其规定。有限合伙企业由普通合伙人和有限合伙人组成，普通合伙人对合伙企业债务承担无限连带责任，有限合伙人以其认缴的出资额为限对合伙企业债务承担责任。国有独资公司、国有企业、上市公司以及公益性的事业单位、社会团体不得成为普通合伙人。合伙协议依法由全体合伙人协商一致、以书面形式订立。

3.不具有法人资格的专业服务机构，主要是指律师事务所、会计师事务所等。这类事业服务机构一般多采用合伙制，不具备法人资格，所从事的活动为提供律师、会计师等专业服务。除律师事务所、会计师事务所外，法律规定从事专业服务的机构还有资产评估机构等。资产评估法规定，评估机构应当依法采用合伙或者公司形式设立。

需要指出的是，非法人组织的财产或经费，与法人的财产或者经费不同，即它不是独立的，是其所属法人或公民财产的组成部分，归该法人或公民所有。

（二）非法人组织设立程序的规定

1.个人独资企业的设立程序。根据个人独资企业法的规定，设立个人独资企业，应当向负责企业登记的市场监督管理部门进行登记。申请设立个人独资企业，应当由投资人或者其委托的代理人向个人独资企业所在地的登记机关提交设立申请。

2. 合伙企业的设立程序。根据合伙企业法的规定，申请设立合伙企业，应当向企业登记机关，即市场监督管理部门提交登记申请，申请人提交的登记申请材料齐全、符合法定形式，企业登记机关能够当场登记的，应予当场登记，发给营业执照。

3. 不具有法人资格的专业服务机构的设立程序。一是律师事务所。根据律师法的规定，设立律师事务所，实行行政许可，应当经过司法部门批准后才能设立。二是会计师事务所。设立会计师事务所，与设立律师事务所一样，也实行行政许可，由国务院财政部门或者省、自治区、直辖市人民政府财政部门批准，才能设立。三是资产评估机构。设立资产评估机构应当向市场监督管理部门申请办理登记。

合伙企业设立分支机构，应当向分支机构所在地的企业登记机关申请登记，领取营业执照。合伙企业登记事项发生变更的，执行合伙事务的合伙人应当自作出变更决定或者发生变更事由之日起 15 日内，向企业登记机关申请办理变更登记。

（三）非法人组织民事责任的承担

1. 个人独资企业。根据个人独资企业法的规定，投资人以其个人财产对企业债务承担无限责任。个人独资企业财产不足以清偿债务的，投资人应当以其个人的其他财产予以清偿。个人独资企业投资人在申请企业设立登记时明确以其家庭共有财产作为个人出资的，应当依法以家庭共有财产对企业债务承担无限责任。

2. 合伙企业。根据合伙企业法的规定，普通合伙企业的合伙人对合伙企业债务承担无限连带责任。合伙企业不能清偿到期债务的，合伙人承担无限连带责任。合伙人由于承担无限连带责任，清偿数额超过法律规定的亏损分担比例的，有权向其他合伙人追偿。所谓"亏损分担比例"，是指合伙企业的利润分配、亏损分担，按照合伙协议的约定办理；合伙协议未约定或者约定不明确的，由合伙人协商决定；协商不成的，由合伙人按照实缴出资比例分配、分担；无法确定出资比例的，由合伙人平均分配、分担。

3. 不具有法人资格的专业服务机构。律师法、注册会计师法等法律对律师事务所、会计师事务所的民事责任承担作了规定。一是律师事务所。合伙律师事务所可以采用普通合伙或者特殊的普通合伙形式设立。合伙律师事务所的合伙人按照合伙形式对该律师事务所的债务依法承担责任。二是会计师事务所。合伙设立的会计师事务所的债务，由合伙人按照出资比例或者协议的约定，以各自的财产承担责任。合伙人对会计师事务所的债务承担连带责任。

（四）非法人组织代表人

非法人组织代表人的职责主要是对外代表非法人组织从事民事活动，并按照组织章程的规定履行报告相关情况等义务。非法人组织代表人对外从事民事活动而产生的民事权利和民事义务由非法人组织承担。

根据合伙企业法规定，由一个或者数个合伙人执行合伙事务的，执行事务合伙人应当定期向其他合伙人报告事务执行情况以及合伙企业的经营和财务状况，其执行合伙事务所产生的收益归合伙企业，所产生的费用和亏损由合伙企业承担。

合伙人为了解合伙企业的经营状况和财务状况，有权查阅合伙企业会计账簿等财务资料。不执行合伙事务的合伙人有权监督执行事务合伙人执行合伙事务的情况。受委托执行合伙事务的合伙人不按照合伙协议或者全体合伙人的决定执行事务的，其他合伙人可以决定撤销该委托。

对于非法人组织代表人对外从事民事活动而产生争议的，合伙企业法规定，合伙人分别执行合伙事务的，执行事务合伙人可以对其他合伙人执行的事务提出异议。提出异议时，应当暂停该项事务的执行。如果发生争议，按照合伙协议约定的表决办法办理。合伙协议未约定或者约定不明确的，实行合伙人一人一票并经全体合伙人过半数通过的表决办法。

（五）非法人组织的解散事由

1. 非法人组织章程规定的存续期间届满或者章程规定的其他解散事由出现。如果非法人组织在其章程中明确规定了该组织的存续期间，那么该期间一旦届满，该组织没有继续存续的意愿，可以解散。如果非法人组织的章程规定了其他解散事由，一旦该事由出现，则该组织也可以解散。

2. 出资人或者设立人决定解散。非法人组织的出资人或者设立人可以根据该组织的经营情况等，自行决定解散该组织，即使非法人组织章程规定的存续期间没有届满，出资人或者设立人也可以决定解散该组织。

（六）非法人组织的解散清算

1. 个人独资企业的解散清算。个人独资企业法规定，个人独资企业解散，由投资人自行清算或者由债权人申请人民法院指定清算人进行清算。清算期间，个人独资企业不得开展与清算目的无关的经营活动。在清偿债务前，投资人不得转移、隐匿财产。个人独资企业清算结束后，投资人或者人民法院指定的清算人应当编制清算报告，并于 15 日内到登记机关办理注销登记。

2. 合伙企业的解散清算。合伙企业法规定，合伙企业解散，应当由清算人进行清算，清算人由全体合伙人担任；经全体合伙人过半数同意，可以自合伙企业解散事由出现后 15 日内指定一个或者数个合伙人，或者委托第三人担任清算人。自合伙企业解散事由出现之日起 15 日内未确定清算人的，合伙人或者其他利害关系人可以申请人民法院指定清算人。

清算结束后，清算人应当编制清算报告，经全体合伙人签名、盖章后，在 15 日内向企业登记机关报送清算报告，申请办理合伙企业注销登记。

📖 重点条文与关联法律 》》》

第一百零三条 【关于非法人组织设立登记的规定】

非法人组织应当依照法律的规定登记。

设立非法人组织，法律、行政法规规定须经有关机关批准的，依照其规定。

第一百零四条 【关于非法人组织民事责任的规定】

非法人组织的财产不足以清偿债务的，其出资人或者设立人承担无限责任。法律另有规定的，依照其规定。

第一百零五条 【关于非法人组织承担无限责任的规定】

非法人组织可以确定一人或者数人代表该组织从事民事活动。

第一百零六条 【关于非法人组织解散事由的规定】

有下列情形之一的，非法人组织解散：

（一）章程规定的存续期间届满或者章程规定的其他解散事由出现；

（二）出资人或者设立人决定解散；

（三）法律规定的其他情形。

第一百零七条 【关于非法人组织清算的规定】

非法人组织解散的，应当依法进行清算。

个人独资企业法、合伙企业法	民法典	要点提示
《个人独资企业法》第二条 本法所称个人独资企业，是指依照本法在中国境内设立，由一个自然人投资，财产为投资人个人所有，投资人以其个人财产对企业债务承担无限责任的经营实体。 《合伙企业法》第二条第一款 本法所称合伙企业，是指自然人、法人和其他组织依照本法在中国境内设立的普通合伙企业和有限合伙企业。	第一百零二条 非法人组织是不具有法人资格，但是能够依法以自己的名义从事民事活动的组织。 非法人组织包括个人独资企业、合伙企业、不具有法人资格的专业服务机构等。	非法人组织不具有法人资格，但是能够依法以自己的名义从事民事活动的组织。

第二讲 民事行为制度

一、民事法律行为

【案例1】 中信银行某分行与某科技公司等金融借款合同纠纷

（一）事实概要

中信银行某分行与某科技公司于2016年签订《综合授信合同》，对授信额度、期限等进行约定。2016年1月15日，中信银行某分行与李某山、陈某燕签订《最高额保证合同》，约定保证人为债务人提供连带保证责任担保。同日，中信银行某分行与某科技公司签订《人民币流动资金贷款合同》，约定中信银行某分行向某科技公司提供贷款3000万元，并对贷款期限、贷款利率、罚息复利进行约定。后中信银行某分行依约向某科技公司发放了贷款3000万元。2016年1月18日，中信银行某分行与某科技公司签订《电子银行承兑汇票承兑协议》，约定某科技公司向中信银行某分行申请承兑汇票两张，票面金额共计6000万元。后中信银行某分行依约为某科技公司开具汇票并在到期后垫付票款2941.5万元。其后，对《人民币流动资金贷款合同》《电子银行承兑汇票承兑协议》项下借款，某科技公司陆续归还完毕借款本金，剩余部分利息、罚息、复利未归还。

（二）裁判结果

法院经审理认为：某科技公司向中信银行某分行借款后，虽然已经归还借款本金，但因未按时足额履行还款义务，在归还借款本金前产生了罚息和复利。关于银行对于该部分罚息和复利是否作出过免除的意思表示的问题：

一是中信银行某分行没有明示同意免除。某科技公司辩称中信银行某分行口头同意免除，但无相应证据予以证明。

二是中信银行某分行在债权全部实现前同意解除抵押的行为不构成默示同意免除。基于商事交易行为的复杂性，对于何种行为能够构成默示行为应当结合行业惯例、双方之间的交易习惯、交易内容、表达对象、债务人的注意义务等方面进行认定。从金融借款合同的一般交易习惯来看，确实存在银行不会在全部债权实现前解除抵押的习惯，且银行作为正规金融机构，通常会出具书面文件来明确表达意思，某科技公司未举证证明双方之间存在默示同意的惯例。从意思表示的对象来看，中信银行某分行出具《关于还款解押的函》的对象不是某科技公司。

三是中信银行某分行没有联系某科技公司或保证人李某山、陈某燕要求还款，不属于以沉默表示同意。权利人享有行使权利的自由，在没有法律规定或者合同约定的情况下，只要在诉讼时效期间内，权利人于何时行使权利不应当受到拘束。

法院依照《民法总则》第140条、第142条 [①] 和《民事诉讼法》第64条、第142条 [②] 等相关法律规定，判决某科技公司偿还利息、罚息、复利。

（三）案例分析

本案主要涉及默示行为的法律效力问题。

本案的争议焦点主要为中信银行某分行在债权全部实现前同意解除抵押的行为是否构成默示同意免除。《民法典》第140条第2款规定："沉默只有在有法律规定、当事人约定或者符合当事人之间的交易习惯时，才可以视为意思表示。"

本案中，一是被告主张银行同意解除抵押的行为构成默示免除时无相关的法律规定；二是双方在合同中对此无明确的约定；三是银行同意解除抵押的行为不符合双方的交易习惯。沉默在双方之间的交易中反复、多次适用，沉默只有在有法律规定、当事人约定或者符合当事人之间的交易习惯时，才可以视为意思表示进行认定。本案中被告并未提供相应的证据，所以，在债权全部实现前银行同意解除抵押的行为并不构成默示同意免除。

【案例2】　太仓 YL 股份公司与宿迁 YL 公司商标使用许可合同纠纷案

（一）事实概要

2019 年 2 月 25 日，太仓 YL 股份公司（以下简称太仓 YL）与宿迁 YL 公

---

① 现行《民法典》第140条。

② 现行《民事诉讼法》第67条、第145条。

司（以下简称宿迁 YL）签订了编号 YL-SC-2019-001《商标使用许可合同》，授权宿迁 YL 在生产男装、女装、童装、内衣、鞋帽、家纺居家类产品范围内使用"YL"商标，合同期限自 2019 年 1 月 1 日起至 2023 年 12 月 31 日止。许可商标产品供应线上平台销售。宿迁 YL 确保完成 15 亿元的销售额，保底标费 5250 万元。超过保底标费总额的按照实际销售额的 3.5% 支付标费。同日，太仓 YL 与宿迁 YL 还签订了编号 YL-XS-2019-001 的《特许经销合同》，授权宿迁 YL 在线上平台销售授权产品。合同签订后，太仓 YL 向宿迁 YL 发放了授权期限为 2019 年 1 月 1 日至 2019 年 12 月 31 日的 2019 年度 YL 品牌《网络销售授权书》。原告认为，原告以向被告发放《网络销售授权书》、发放商标标识的方式授权被告使用"YL""YL男装"注册商标符合法律规定和合同约定，编号 YL-SC-2019-001《商标使用许可合同》、编号 YL-XS-2019-001 的《特许经销合同》已被编号 YL-2019-001A 的《YL 品牌生产授权、电商经销授权合同》所归并，原被告应当按照编号 YL-2019-001A 的《YL 品牌生产授权、电商经销授权合同》履行权利义务。YS 公司承继 YL 官方旗舰店加入合同成为被告方实施合同的履约成员。编号 YL-2019-001A 的《YL 品牌生产授权、电商经销授权合同》依法订立且已部分实际履行，合同合法有效，应由三被告共同履行。编号 YL-2019-001A 的《YL 品牌生产授权、电商经销授权合同》商标使用许可期限自 2019 年 8 月 12 日起至 2019 年 12 月 31 日止，合同期满未能续订，合同已于 2019 年 12 月 31 日终止。被告拖欠应付商标使用费，为维护原告合法权益，特诉至法院，请求判如所请。

（二）裁判结果

法院认为，本案及关联案件（286 号案）的基础事实为，太仓 YL 与宿迁 YL 在签订合同的基础上，合同履行期限内又与 ZJ 公司签订 ZJ 合同，宿迁 YL 在 ZJ 合同上加盖公章。太仓 YL 据此认为 ZJ 合同是双方据以履行的最终合同，依照 ZJ 合同的约定，001 号合同已经失效。宿迁 YL 则认为 ZJ 合同为双方虚假意思表示，依照《民法总则》第 146 条规定，该合同为无效合同。且不发生对 001 号合同变更或替代的后果。由于本案诉请的合同依据在于 ZJ 合同，故对 ZJ 合同效力的判定是本案裁判的关键。

综合本案事实来看，ZJ 合同所约定条款并非双方当事人真实意思表示。具体理由如下：首先，从合同签订过程来看，一方面，ZJ 合同缺乏前期必要的磋商过程。综观本案事实，太仓 YL 与宿迁 YL 在已然签订 001 号合同，且该合同对于双方在商标许可使用过程中权利义务作出详尽约定的情况下，若变更合同重要条款，常理上应当有一个较为完备的磋商过程，但本案中该过程缺乏依据支撑；另一方面，宿迁 YL 所提交的双方在合同签订过程中的沟通以及整个签订流程，基本能够形成证据链，指向双方系明知该合同为宿迁 YL 财务需要而制作的形式合同。其次，从合同内容来看，ZJ 合同与在先签订的 001 号合同存在多处变更。最后，从合同履行情况来看，目前没有明确证据指向双方实际在履行 ZJ 合同。关于太仓 YL 主张双方间实际存在每年签订合同的惯例问题，法院认为，综观 2017 年、2018 年合同，从内容以及授权期限等方面均具有明显的延续性，故宿迁 YL 主张系因为其名称变更才签订 2018 年合同具有合理性。而 001 号合同与前述合同相比，合同主体、内容与条款均有重大调整，应属双方协商后重新签订的合同，且合同期限明确约定为 5 年，如果按照前述惯例，后续签订的合同亦应在此合同基础上进行相应延续，而 ZJ 合同并未体现出延续性。因此，从上述合同的演变并不能必然得出太仓 YL 所主张的每年重新签订合同替代原合同为双方交易惯例的主张。

法院判决驳回原告 YL 控股股份有限公司全部诉讼请求。

（三）案例分析

本案主要涉及虚假意思表示的法律效力问题。

虚假表示是指表意人明知其所表示的内容与其内心的真实意思不一致而作出的意思表示。隐藏行为是指隐藏于虚假表示中依其真意所欲发生的法律行为。隐藏行为是否有效，应适用关于该行为的规定。例如，房屋买卖为规避税法而作赠与之虚伪表示，则赠与为虚伪表示，应无效，而买卖是否有效，应依据关于房屋买卖的规定判断。

从双方对 ZJ 合同的磋商过程来看，ZJ 合同为办理税务增额备案形成的简易合同，ZJ 合同并非双方真实意思表示，而且双方工作人员的聊天往来也能够印证。双方都非常清楚地知道，自己办理 ZJ 合同所表示的意思并不是双方的真实意思表示，只是因为税务机关需要而办理的形式合同，民事法律行为本身欠缺效果意思，双方不追求受此合同约束。实践中判断是否是虚假意思表示，需要依靠证据和当事人陈述运用心证综合判断。

📖 **难点解析** ▶▶▶

（一）民事法律行为类型及成立条件和成立时间

1. 双方民事法律行为。双方民事法律行为是指双方当事人意思表示一致才能成立的民事法律行为。双方民事法律行为是现实社会经济生活中存在最多、运用最广的民事法律行为，最为典型的双方民事法律行为是合同。双方民事法律行为与单方民事法律行为的最大区别是行为的成立需要双方的意思表示一致，仅凭一方的意思表示而没有经过对方的认可或者同意不能成立。

2. 多方民事法律行为。多方民事法律行为是指根据两个以上的民事主体的意思表示一致而成立的行为。多方民事法律行为与双方民事法律行为的相同之处是都需要所有当事人意思表示才能成立；不同之处是双方民事法律行为的当事人只有两个，而多方民事法律行为的当事人有两个以上。订立公司章程的行为和签订合伙协议的行为就是较为典型的多方民事法律行为。

3. 单方民事法律行为。单方民事法律行为是指根据一方的意思表示就能够成立的行为。与双方民事法律行为不同，单方民事法律行为不存在相对方，其成立不需要其他人的配合或者同意，而是依据行为人自己一方的意志就可以产生自己所期望的法律效果。在现实生活中单方民事法律行为也不少，这些民事法律行为从内容上划分，主要可以分为两类：一是行使个人权利而实施的单方行为，如所有权人抛弃所有权的行为等，这些单方民事法律行为仅涉及个人的权利变动，不涉及他人的权利变动；二是涉及他人权利变动的单方民事法律行为，如立遗嘱，授予代理权，行使撤销权、解除权、选择权等处分形成权的行为。

4. 决议行为。与多方民事法律行为、双方民事法律行为和单方民事法律行为相比，决议行为有其特殊性，主要体现在三个方面：第一，双方民事法律行为或者多方民事法律行为需要所有当事人意思表示一致才能成立，而决议行为一般多数人意思表示一致就可以成立。第二，双方民事法律行为或者多方民事法律行为的设立过程一般不需要遵循特定的程序，而决议行为一般需要依一定的程序才能设立。第三，双方民事法律行为或者多方民事法律行为适用的范围一般不受限制，决议行为原则上仅适用于法人或者非法人组织内部的决议事项。

（二）民事法律行为的形式

根据民法典的规定，民事法律行为可以采用书面形式、口头形式或者其他形式。书面形式明确肯定，对于防止争议和解决纠纷、保障交易安全有积极意义。现实生活中，对于重要的民事法律行为，为了避免争议，当事人一般愿意采用书面形式。口头形式的特点是直接、简便和快捷，现实生活中，数额较小或者现款交易的民事法律行为通常采用口头形式，如在自由市场买菜、在商店买衣服等。除书面形式和口头形式外，民法典规定也可以采用其他形式。设置该兜底性规定，主要是考虑到现实生活中民事法律行为的形式多种多样，有的情况下，当事人还可能采取书面形式和口头形式之外的方式形成民事法律行为。例如，乘客乘坐公共汽车，尽管乘车人和承运人之间没有形成书面形式或者口头形式的合同，但可以依当事人的行为推定双方的运输合同成立。

（三）民事法律行为的生效时间

根据民法典规定，民事法律行为从成立时具有法律拘束力，即民事法律行为的生效时间与民事法律行为的成立原则上是一致的。根据《民法典》第134条规定，民事法律行为可以基于双方或者多方的意思表示一致成立，也可以基于单方的意思表示成立。法人、非法人组织依照法律或者章程规定的议事方式和表决程序作出决议的，该决议行为成立。行为人非依法律规定或者未经对方同意，不得擅自变更或者解除民事法律行为。

（四）意思表示的生效时间

1.有相对人的意思表示的生效时间。

一是以对话方式作出的意思表示。所谓以对话方式作出的意思表示，是指采取使相对方可以同步受领的方式进行的意思表示，如面对面交谈、电话等方式。在以这种方式作出的意思表示中，表意人作出意思表示和相对人受领意思表示是同步进行的，没有时间差。因此，表意人作出意思表示并使相对人知道时即发生效力。

二是以非对话方式作出的意思表示。以非对话方式作出的意思表示，是表意人作出意思表示的时间与相对人受领意思表示的时间不同步，二者之间存在时间差。非对话的意思表示在现实生活中存在的形式多样，如传真、信函等。我国的民事立法对意思表示的生效时间采用到达主义模式。根据民法典规定，以非对话方式作出的意思表示，到达相对人时生效。需要强调的是，这里"到达"并不意味着相对人必须亲自收到，只要进入相对人通常的地址、住所或者能够控制的地方（如信箱）即可视为到达，意思表示被相对人的代理人收到也可以视为"到达"。

三是以非对话方式作出的采用数据电文形式的意思表示。随着科学技术的发展，人们除了可以采用信件等传统的非对话方式作出意思表示外，还可以采取数据电文的方式作出意思表示。第一，对以非对话方式作出的采用数据电文形式的意思表示，相对人指定特定系统接收数据电文的，该数据电文进入该特定系统时生效。第二，未指定特定系统的，相对人知道或者应当知道该数据电文进入其系统时生效。第三，当事人对采用数据电文形式的意思表示的生效时间另有约定的，按照其约定。

2. 无相对人的意思表示在完成时生效。这是无相对人意思表示生效的一般性规则。但有时法律对无相对人的意思表示的生效时间会作出特别规定，例如我国继承法就明确规定，遗嘱这种无相对人的意思表示自遗嘱人死亡时发生效力。所以，法律对无相对人意思表示的生效时间另有规定的，依照其规定。

3. 以公告方式作出意思表示的生效时间。对于以公告方式作出的意思表示，公告发布时生效。这里的"公告方式"既可以是在有关机构的公告栏，也可以是在报纸上刊登公告的方式。以公告方式作出的意思表示，表意人一旦发出公告能够为社会公众所知道，就认为意思表示已经到达，即发生效力。需要注意的是：表意人并不是在任何情况下都可以采用公告方式作出意思表示，只有在表意人非因自己的过错而不知相对人的下落或者地址的情况下才可以采用公告方式作出意思表示，否则对相对人很不公平。在表意人知道相对人下落的情况下，表意人不得采用公告方式作出意思表示，除非相对人同意。

（五）行为人作出意思表示的方式

行为人作出意思表示的方式很多，归纳起来可以分为以下两类：

1. 以明示的方式作出意思表示。所谓明示的意思表示，就是行为人以作为的方式使相对人能够直接了解到意思表示的内容。以明示方式作出的意思表示具有直接、明确、不易产生纠纷等特征。所以，实践中，明示的意思表示是运用得最为广泛的一种形式。比较典型的是表意人采用口头、书面方式直接向相对人作出的意思表示。

2. 以默示方式作出的意思表示。这种方式又称为行为默示，是指行为人虽没有以语言或文字等明示方式作出意思表示，但以行为的方式作出了意思表示。这种方式虽不如明示方式那么直接表达出意思表示的内容，但通过其行为可以推定出其作出一定的意思表示。现实生活中以默示方式作出的意思表示也比较常见。例如，某人向自动售货机投入货币的行为即可推断其作出了购买物品的意思表示。

此外，对于以沉默的方式作出的意思表示，只有在有法律规定、当事人约定或者符合当事人之间的交易习惯时，才可以视为意思表示。例如，《民法典》第 638 条规定，试用买卖的买受人在试用期内可以购买标的物，也可以拒绝购买。试用期间届满，买受人对是否购买标的物未作表示的，视为购买。在这条规定中，试用期间届满后，买受人对是否购买标的物未作表示就是一种沉默，但这种沉默就可以视为买受人作出了购买的意思表示。再如，在买卖合同订立的过程中，双方当事人约定，一方向另一方发出订立合同的要约后，只要另一方当事人在收到三天内没有回复的，就视为作出了接受要约内容的承诺，这种约定以沉默作出意思表示也是可以的。

（六）关于当事人真实意思表示的解释

日常生活中，行为人作出意思表示时，会因意思表示不清楚或者不明确发生争议，这时就需要对意思表示进行解释。那么为探求意思表示的真实意思，需要借助各种解释方法或者考量与意思表示相关的因素。

对意思表示进行解释时需考量的因素包括词句、相关条款、行为的性质和目的、习惯、诚实信用原则等。对意思表示解释的方法包括文义解释、整体解释、目的解释及依据诚实信用原则解释等。

针对有无相对人，意思表示遵循的解释规则不一样。有相对人的意思表示应当遵循文义解释规则，对词句的解释应当按照一个合理人通常的理解进行解释。对于何为"合理人"应当结合具体情况判断，如果是一般的民事活动，则"合理人"就是社会一般的人；如果是某种特殊交易，则"合理人"就是该领域内的人。与有相对人的意思表示解释规则相比，无相对人的意思表示解释规则主要是探究表意人的内心真实意思，对客观情况考虑较少，所以遵循的是主观解释主义。

（七）民事法律行为的成立与生效

民事法律行为可以基于双方或者多方的意思表示一致成立，也可以基于单方的意思表示成立。单方行为，是有当事人一方的意思表示就可以成立的，比如立遗嘱，它就是单方的。双方和多方的法律行为，则要各方意思表示一致，达成"合意"，法律行为才能成立生效。民事法律行为的生效也要具备相应的条件，通常有三个：一是行为人具备相应的民事行为能力；二是意思表示真实；三是不违反法律、行政法规的强制性规定，不违背公序良俗。有的民事法律行为需要具备特殊生效要件才能生效，如法律规定的特殊生效要件，遗嘱在被继承人死亡后生效。又如，当事人约定的特殊生效要件，如附生效条件和生效期限的民事法律行为。民事法律行为的生效才是法律真正保护和承认民事法律行为的开始，其中意思表示是民事法律行为的重要要素，以虚假的意思表示事实的民事法律行为无效。

（八）默示行为的法律效力

在法律规定中，意思表示有两种表现形式：一是明示；二是默示。默示是指当事人没有用口头或者书面形式明确表达意思表示，但通过一定的行为作出意思表示，包括积极的作为或者消极的不作为。即在一定情况下，民事主体不以语言、文字、录音录像等明示方法，而以作为或不作为的事实行为进行意思表示的方式。默示必须以当事人的特定行为为基础，只有当相对人将当事人作为或不作为的事实行为与特定情况联系起来，能够推断出行为人的内心意思时，才能认定其具有意思表示的效果。

审判实践中，当事人主张自己或者对方的沉默应被视为意思表示时，负有相应的举证责任，比如：可以举出相应的法律规定，可以举证证明这是当事人之间的约定，还可以举证证明符合当事人之间的交易习惯。一般审判实践中的难点在于，如何证明沉默是符合当事人之间的交易习惯的，也就是说，负有举证责任的一方要证明沉默在双方之间的交易中反复、多次适用，另一方对此予以认可；至于对方予以认可的沉默适用多少次才能构成双方之间的交易习惯，则要结合当事人之间交易的类型、时间长短、熟悉程度、行业惯例等因素综合考虑。

默示规则在民法典中多处也予以体现。如第638条规定："试用买卖的买受人在试用期内可以购买标的物，也可以拒绝购买。试用期限届满，买受人对是否购买标的物未作表示的，视为购买。试用买卖的买受人在试用期内已经支付部分价款或者对标的物实施出卖、出租、设立担保物权等行为的，视为同意购买。"第718条规定："出租人知道或者应当知道承租人转租，但是在六个月内未提出异议的，视为出租人同意转租。"第726条第2款规定："出租人履行通知义务后，承租人在十五日内未明确表示购买的，视为承租人放弃优先购买权。"第1124条规定："继承开始后，继承人放弃继承的，应当在遗产处理前，以书面形式作出放弃继承的表示；没有表示的，视为接受继承。受遗赠人应当在知道受遗赠后六十日内，作出接受或者放弃受遗赠的表示；到期没有表示的，视为放弃受遗赠。"

（九）虚假意思表示及隐藏行为的效力

1. 双方以虚假意思表示作出的民事法律行为效力的规定，即行为人与相对人以虚假的意思表示实施的民事法律行为无效。之所以对通过虚伪表示实施的民事法律行为的效力予以否定，是因为这一"意思表示"所指向的法律效果并非双方当事人的内心真意，如果认定其为有效，有悖于意思自治的原则。

2. 行为人以虚假的意思表示隐藏的民事法律行为的效力，依照有关法律规定处理。所谓隐藏行为，是指在虚假表示掩盖之下行为人与相对人真心所欲达成的民事法律行为。根据虚假表示与隐藏行为的对应关系，有虚假表示，未必存在隐藏行为；但有隐藏行为，则一定存在虚假表示。当同时存在虚伪表示与隐藏行为时，虚伪表示无效，隐藏行为并不因此无效，其效力如何，应当依据有关法律规定处理。具体来说，如果这种隐藏行为本身符合该行为的生效要件，那么就可以生效。

（十）以欺诈手段实施的民事法律行为的效力

欺诈系由民事法律行为的一方当事人实施，而相对人因此欺诈行为陷入错误判断，并进而作出了意思表示。欺诈的构成并不需要受欺诈人客观上遭受损害后果的事实，只要受欺诈人因欺诈行为作出了实施民事法律行为的意思表示，即可成立欺诈。欺诈的法律后果为可撤销，享有撤销权的是受欺诈人。

（十一）第三人实施的欺诈民事法律行为的效力

第一，当事人以外的第三人对一方当事人实施了欺诈行为，并致使该当事人陷入错误判断且据此作出了意思表示。欺诈行为的具体形式，有可能是故意告知虚假信息，或者故意隐瞒真实情况，也可能存在其他不同形式，其根本目的在于使受欺诈人陷入错误认识，作出"若了解真实情况便不会作出的"意思表示。第二，受欺诈人享有对民事法律行为的撤销权，但是，第三人实施欺诈行为，只有在受欺诈人的相对方非属于善意时，受欺诈人才能行使撤销权。相对方的这种非善意表现为，对于第三人的欺诈行为，其知道或者应当知道。第三，撤销权的行使仍须通过人民法院或者仲裁机构行使。

（十二）以胁迫手段实施的民事法律行为的效力

第一，民事法律行为的一方当事人或者第三人实施了胁迫行为。这种行为的具体方式，既可以是威胁对受胁迫人或其亲友的人身权益造成损害，如以损害受胁迫人的荣誉为要挟；也可以是威胁对受胁迫人或其亲友的财产权益造成损害，如不将房子出租给胁迫人，胁迫人就烧掉房子。实施胁迫行为的主体既包括民事法律行为的一方当事人，也可以是民事法律行为之外的第三人。第二，受胁迫人基于对胁迫行为所产生的恐惧作出了意思表示。受胁迫人尽管作出的意思表示是其真实意思的外在表达，但这种意思表示的作出系受到胁迫人胁迫行为的结果。第三，受胁迫人享有对民事法律行为的撤销权。

（十三）显失公平民事法律行为的认定与效力

一是主观上民事法律行为的一方当事人利用了对方处于危困状态、缺乏判断能力等情形。即一方当事人主观上意识到对方当事人处于不利情境，且有利用这一不利情境之故意。所谓危困状态，一般指因陷入某种暂时性的急迫困境而对于金钱、物的需求极为迫切等。二是客观上民事法律行为成立时显失公平。此处的显失公平是指双方当事人在民事法律行为中的权利义务明显失衡、显著不相称。至于具体标准，需要结合民事法律行为的具体情形，如市场风险、交易行情、通常做法等加以判断。需要说明的是，对于显失公平的判断时点，应以民事法律行为成立时为限。关于显失公平民事法律行为的效力，从尊重权益受损害方意思自治的角度，民法典规定为可撤销的民事法律行为。受损害方可以基于民事法律行为的具体情况，选择是否向法院或者仲裁机构撤销这一行为。

（十四）撤销权的消灭期间

一是撤销权原则上应在权利人知道或者应当知道撤销事由之日起一年内行使，但自民事法律行为发生之日起五年内没有行使的，撤销权消灭。将期间起算的标准规定为"权利人知道或者应当知道撤销事由之日"有利于撤销权人的利益保护，防止其因不知道撤销事由存在而错失撤销权的行使。同时，辅之以"自民事法律行为发生之日起五年"的客观期间，有助于法律关系的稳定。二是对于因重大误解享有撤销权的，权利人应在知道或者应当知道撤销事由之日起90日内行使，否则撤销权消灭。同欺诈、胁迫、显失公平等影响意思表示自由的情形相比，重大误解权利人的撤销事由系自己造就，不应赋予其与其他撤销事由同样的除斥期间，而以权利人知道或者应当知道撤销事由之日起算。三是对于因胁迫享有撤销权的，应自胁迫行为终止之日起一年内行使，否则撤销权消灭。因胁迫享有撤销权的除斥期间起算为"自胁迫行为终止之日起"，期间仍为一年。四是对于权利人知道撤销事由后明确表示或者以自己的行为表明放弃撤销权的，撤销权消灭，不受一年期间的限制。权利人无论是明确表示还是通过行为表示对撤销权的放弃，均属于对自己权利的处分，依据意思自治的原则，法律予以准许。

（十五）违反法律、行政法规的强制性规定及违背公序良俗的民事法律行为的效力

一是违反法律、行政法规的强制性规定的民事法律行为无效，但是当该强制性规定本身并不导致民事法律行为无效时，民事法律行为并不无效。这里实际上涉及对具体强制性规定的性质判断问题。某些强制性规定尽管要求民事主体不得违反，但其并不导致民事法律行为无效。违反该法律规定的后果应由违法一方承担，对没有违法的当事人不应承受一方违法的后果。例如，一家经营水果的商店出售种子，农户购买了该种子，该商店违法经营种子，必须承担相应违法责任，但出于保护农户的目的，不宜认定该买卖行为无效。

二是违背公序良俗的民事法律行为无效。公序良俗是公共秩序和善良习俗的简称，属于不确定概念。同强制性规定一样，公序良俗也体现了国家对民事领域意思自治的一种限制。因此，对公序良俗的违背也构成民事法律行为无效的理由。

（十六）民事法律行为无效、被撤销及确定不发生效力的法律后果

1. 返还财产。即民事法律行为被确认无效、被撤销或者确定不发生效力后，行为人因民事法律行为所取得的财产应当予以返还，相对人亦享有对已交付财产的返还请求权。民事法律行为无效、被撤销或者确定不发生效力后，行为人对所取得的财产已没有合法占有的根据，双方的财产状况应当恢复到民事法律行为实施前的状态。

2. 折价补偿。民事法律行为无效、被撤销或者确定不发生效力后，返还财产应当作为恢复原状的原则做法。但是，在有些情况下，返还财产并不具备现实条件或者没有必要，此时应当通过折价补偿的方式来达到使财产关系恢复原状的目的。所谓财产不能返还，包括法律上的不能返还和事实上的不能返还。法律上的不能返还主要是指财产返还受到善意取得制度的影响，即一方当事人将通过民事法律行为取得的财产转让给第三人，第三人取得财产时符合善意取得制度的各项要件，此时该第三人因善意取得制度成为财产的所有权人，该财产又是不可替代的。民事法律行为虽事后被确认无效、被撤销或者确定不发生效力，当事人也不能实际返还财产，只能依当时市价折价补偿给对方当事人。事实上的不能返还主要是指因标的物已经灭失，造成客观上无法返还，且原物又是不可替代物。此时，取得该财产的当事人应当依据原物的市价进行折价补

偿。所谓没有必要返还财产的，主要包括以下两种情况：（1）如果当事人接受的财产是劳务或者利益，在性质上不能恢复原状，应以国家规定的价格计算，以金钱返还；没有国家规定的，按照市价或者同类劳务的报酬标准计算返还。（2）如果一方当事人是通过使用对方的知识产权获得的利益，因知识产权属于无形财产，此时应折价补偿对方当事人。

3. 赔偿损失。民事法律行为无效、被撤销以及确定不发生效力后，一般而言都存在损失赔偿的问题。如果因无效、被撤销以及确定不发生效力而给对方造成损失，主观上有故意或者过失的当事人应当赔偿对方的损失；双方都有过错的，应当各自承担相应的赔偿责任。

📖 重点条文与关联法律 >>>

第一百三十五条　【关于民事法律行为形式的规定】

民事法律行为可以采用书面形式、口头形式或者其他形式；法律、行政法规规定或者当事人约定采用特定形式的，应当采用特定形式。

第一百三十六条　【关于民事法律生效时间的规定】

民事法律行为自成立时生效，但是法律另有规定或者当事人另有约定的除外。

行为人非依法律规定或者未经对方同意，不得擅自变更或者解除民事法律行为。

第一百三十八条　【关于无相对人的意思表示的生效时间的规定】

无相对人的意思表示，表示完成时生效。法律另有规定的，依照其规定。

第一百三十九条　【关于以公告方式作出的意思表示生效时间的规定】

以公告方式作出的意思表示，公告发布时生效。

第一百四十条　【关于意思表示的作出方式的规定】

行为人可以明示或者默示作出意思表示。

沉默只有在有法律规定、当事人约定或者符合当事人之间的交易习惯时，才可以视为意思表示。

第一百四十一条　【关于意思表示撤回的规定】

行为人可以撤回意思表示。撤回意思表示的通知应当在意思表示到达相对人前或者与意思表示同时到达相对人。

第一百四十三条 【关于民事法律行为有效要件的规定】

具备下列条件的民事法律行为有效：

（一）行为人具有相应的民事行为能力；

（二）意思表示真实；

（三）不违反法律、行政法规的强制性规定，不违背公序良俗。

第一百四十六条 【关于虚假意思表示与隐藏行为的效力规定】

行为人与相对人以虚假的意思表示实施的民事法律行为无效。

以虚假的意思表示隐藏的民事法律行为的效力，依照有关法律规定处理。

第一百四十七条 【基于重大误解实施的民事法律行为的效力规定】

基于重大误解实施的民事法律行为，行为人有权请求人民法院或者仲裁机构予以撤销。

第一百四十八条 【关于以欺诈手段实施民事法律行为效力的规定】

一方以欺诈手段，使对方在违背真实意思的情况下实施的民事法律行为，受欺诈方有权请求人民法院或者仲裁机构予以撤销。

第一百四十九条 【关于第三人欺诈民事法律行为效力的规定】

第三人实施欺诈行为，使一方在违背真实意思的情况下实施的民事法律行为，对方知道或者应当知道该欺诈行为的，受欺诈方有权请求人民法院或者仲裁机构予以撤销。

第一百五十条 【关于以胁迫手段实施民事法律行为效力的规定】

一方或者第三人以胁迫手段，使对方在违背真实意思的情况下实施的民事法律行为，受胁迫方有权请求人民法院或者仲裁机构予以撤销。

第一百五十一条 【关于显失公平民事法律行为效力的规定】

一方利用对方处于危困状态、缺乏判断能力等情形，致使民事法律行为成立时显失公平的，受损害方有权请求人民法院或者仲裁机构予以撤销。

第一百五十二条 【关于撤销权消灭期间的规定】

有下列情形之一的，撤销权消灭：

（一）当事人自知道或者应当知道撤销事由之日起一年内、重大误解的当事人自知道或者应当知道撤销事由之日起九十日内没有行使撤销权；

（二）当事人受胁迫，自胁迫行为终止之日起一年内没有行使撤销权；

（三）当事人知道撤销事由后明确表示或者以自己的行为表明放弃撤销权。

当事人自民事法律行为发生之日起五年内没有行使撤销权的，撤销权消灭。

第一百五十四条 【关于恶意串通民事法律行为效力的规定】

行为人与相对人恶意串通，损害他人合法权益的民事法律行为无效。

第一百五十五条 【关于无效或者被撤销的民事法律行为效力的规定】

无效的或者被撤销的民事法律行为自始没有法律约束力。

第一百五十六条 【关于民事法律行为部分无效的规定】

民事法律行为部分无效，不影响其他部分效力的，其他部分仍然有效。

第一百五十七条 【关于民事法律行为无效、被撤销或者确定不发生效力的规定】

民事法律行为无效、被撤销或者确定不发生效力后，行为人因该行为取得的财产，应当予以返还；不能返还或者没有必要返还的，应当折价补偿。有过错的一方应当赔偿对方由此所受到的损失；各方都有过错的，应当各自承担相应的责任。法律另有规定的，依照其规定。

合同法及其司法解释	民法典	要点提示
《合同法》第十六条　要约到达受要约人时生效。 　　采用数据电文形式订立合同，收件人指定特定系统接收数据电文的，该数据电文进入该特定系统的时间，视为到达时间；未指定特定系统的，该数据电文进入收件人的任何系统的首次时间，视为到达时间。	第一百三十七条　以对话方式作出的意思表示，相对人知道其内容时生效。 　　以非对话方式作出的意思表示，到达相对人时生效。以非对话方式作出的采用数据电文形式的意思表示，相对人指定特定系统接收数据电文的，该数据电文进入该特定系统时生效；未指定特定系统的，相对人知道或者应当知道该数据电文进入其系统时生效。当事人对采用数据电文形式的意思表示的生效时间另有约定的，按照其约定。	将有相对人的意思表示区分为对话、非对话类型，分别予以规定。
《合同法》第一百二十五条第一款　当事人对合同条款的理解有争议的，应当按照合同所使用的词句、合同的有关条款、合同的目的、交易习惯以及诚实信用原则，确定该条款的真实意思。	第一百四十二条　有相对人的意思表示的解释，应当按照所使用的词句，结合相关条款、行为的性质和目的、习惯以及诚信原则，确定意思表示的含义。 　　无相对人的意思表示的解释，不能完全拘泥于所使用的词句，而应当结合相关条款、行为的性质和目的、习惯以及诚信原则，确定行为人的真实意思。	按照有相对人、无相对人的意思表示，分别规定解释的方法。

合同法及其司法解释	民法典	要点提示
《合同法》第五十二条第四项、第五项　有下列情形之一的，合同无效： （四）损害社会公共利益； （五）违反法律、行政法规的强制性规定。 《最高人民法院关于适用〈中华人民共和国合同法〉若干问题的解释（二）》第十四条　合同法第五十二条第（五）项规定的"强制性规定"，是指效力性强制性规定。	第一百五十三条　违反法律、行政法规的强制性规定的民事法律行为无效。但是，该强制性规定不导致该民事法律行为无效的除外。 违背公序良俗的民事法律行为无效。	明确了违背公序良俗的法律行为无效。

二、代理制度

📖 **典型案例** »»»

某建材经营部与王某买卖合同纠纷案

（一）事实概要

2013 年 11 月 20 日，某建材经营部与王某签订供货合同，王某因施工需要由某建材经营部供应砂石料，约定细砂单价为 30 元 / 吨。以上价格为暂定价，根据市场行情以及书面形式调整价格。

某建材经营部每月 26 日至 30 日和王某进行对账，结算方式为每月月底结账。

2015 年 1 月，某建材经营部向王某出具调价函，内容为："致王某：因细砂价格上涨，我单位自 2015 年 1 月 23 日，批发价格调至 35 元 / 吨。"王某于 2015 年 1 月 30 日在调价函上签字确认。

合同签订后，某建材经营部按约向王某供货，送货地点为纬三路隧道项目，某建材经营部提供的送货单由中交公司员工签收，送货单载明的收货单位为中交公司，载明的货物品名为砂、细砂。2015年4月1日至6月28日期间，某建材经营部供应细砂合计16599.44吨。

（二）裁判结果

法院认为，法人的工作人员就其职权范围内的事项以法人的名义从事经营活动构成职务行为，其行为后果由法人承担。中交公司否认王某系其公司工作人员，某建材经营部亦未能就王某是中交公司项目经理的身份进行举证证明，故法院对王某系中交公司工作人员的身份不予认定，王某的行为不构成职务行为。

王某的行为亦不构成表见代理，本案中，某建材经营部在与王某签订合同时，既不审查核实王某身份以及有无代理权限，又未要求中交公司在合同上加盖印章或事后追认，且在庭审中某建材经营部自认其疏于核实王某的真实身份。某建材经营部未尽到审慎的注意义务，其行为具有重大过失。某建材经营部称王某曾口头告知其为中交公司的项目经理，但未提供证据加以证明，法院不予采纳。

关于货款总额，王某与某建材经营部于2015年1月30日达成调价协议，将细砂的价格自2015年1月23日起调至35元/吨，且符合双方合同约定。本案的细砂买卖行为发生在2015年4月至6月间，故单价应按照35元/吨计算。某建材经营部主张货款总额为580980.4元（35元×16599.44吨），有合同和法律依据，法院予以支持。

（三）案例分析

本案主要涉及表见代理的法律问题。

本案中，王某的行为是否构成表见代理是认定中交公司是否承担责任的前提。表见代理是指行为人无代理权而实施代理行为，如果相对人有理由相信其有代理权，该代理行为有效。

综合本案情况，王某的行为之所以不构成表见代理，首先，供货合同的需方填写的是王某，最终签字确认的也是王某个人，中交公司并未签章，签约时王某亦未向某建材经营部出示其代表中交公司或受中交公司委托订立买卖合同的授权委托书。因此，王某的行为属于个人行为。其次，表见代理应当具备在签订合同时具有使相对人相信行为人具有代理权的事实或理由。本案中，无证据证明中交公司曾在纬三路隧道施工中标示王某系其项目人员的信息，王某亦没有出示相关凭证证明其与中交公司具有隶属身份，仅凭王某曾出现在项目工地，不具有使某建材经营部在订立合同时相信王某有权代表中交公司。最后，表见代理要求相对人主观上善意且无过失。本案中，某建材经营部在与王某签订合同时，既不审查核实王某身份以及有无代理权限，又不要求中交公司在合同上加盖印章或事后追认，且在庭审中某建材经营部自认其疏于核实王某的真实身份。某建材经营部未尽到审慎的注意义务，其行为具有重大过失。所以，在认定表见代理的过程中构成要件缺一不可，并且属于应依据证据所作出的事实认定和逻辑运用，而不能进行价值判断。

📖 难点解析 》》》

（一）代理的适用范围

代理主要适用于民事法律行为，即公民、法人可以通过代理人实施民事法律行为。凡是民事主体之间有关民事权利义务的设立、变更、消灭的民事法律行为，都可以适用代理制度。法律行为之外的其他行为也可以代理，例如：（1）申请行为，如代理申请注册公司；（2）申报行为，如申报纳税行为；（3）诉讼行为，如代理诉讼中的当事人进行各种诉讼行为，包括申请仲裁的行为。不适用代理的行为包括：（1）法律规定不得适用代理的行为，如设立遗嘱不得代理，结婚、离婚不得代理；（2）当事人约定某些事项不得代理，则不得适用代理；（3）根据民事法律行为的性质，该种民事法律行为的性质不得适用代理的，也不能适用代理；（4）人身行为，如婚姻登记、收养子女等；（5）人身性质的债务，如受约演出不得代为演出。

（二）代理类型及不同代理的法律后果

1. 违法代理。违法代理分为两种，即代理人知道或者应当知道代理的事项违法仍然实施代理行为，以及被代理人知道或者应当知道代理人的代理行为违法而未作反对表示的代理行为。

违法代理造成第三人损害的，应当承担民事责任。但由被代理人承担还是代理人承担应当区分不同的情形加以确定：

（1）代理事项违法，但代理人不知道或者不应当知道该代理事项违法造成第三人损害的，由被代理人承担民事责任；（2）代理事项违法，代理人知道或者应当知道该代理事项违法仍然实施了代理行为，此时代理人与被代理人应当承担连带责任；（3）代理事项不违法，但代理人实施了违法的代理行为，被代理人不知道或者不应当知道该行为违法，或者知道后表示反对的，此时应由代理人承担民事责任；（4）代理事项不违法，但代理人实施了违法的代理行为，被代理人知道或者应当知道该行为违法而未作反对表示的，此时被代理人应与代理人承担连带责任。

2. 自我代理和双方代理。自我代理和双方代理的禁止是维护被代理人利益的重要规则。为了维护被代理人的利益，应当对代理人行使代理权进行必要限制，自我代理和双方代理构成代理权滥用，为法律所禁止，但下列情形例外：（1）如果被代理人事先同意的，或者被代理人虽然没有事先同意，但事后追认了代理人的自我代理行为，法律应尊重被代理人的选择，认可自我代理行为的效力；（2）被代理的双方同意或者追认。因为如果双方都觉得没有损害其利益或者愿意承受这种不利益，法律也没有必要强行干预。

3. 无权代理。无权代理行为有三种类型，分别为有代理权的无权代理、超越代理权的无权代理以及代理权终止后的无权代理。无权代理因不同权利的行使会产生不同的效力。（1）被代理人享有追认权。无权代理设立的民事行为，如果经过被代理人的追认，使无权代理性质发生改变，其所欠缺的代理权得到补足，转化为有权代理，发生与有权代理同样的法律效果。（2）相对人享有催告权。如果无权代理行为的相对人欲使其有效，可以催告被代理人在30日内予以追认。被代理人未作表示的，视为拒绝追认，代理行为不发生效力。（3）善意相对人享有撤销权。善意相对人如果不承认该代理行为的效力，须在被代理人追认之前以通知的方式行使撤销权，撤销该代理行为。

行为人承担的责任基于相对人是否善意而有所区别：（1）相对人为善意时。行为人实施的无权代理行为未被被代理人追认时，允许相对人选择，可以让行为人直接承担行为后果，也可以让行为人承担损害赔偿责任。需要注意的是，如果善意相对人要求行为人承担损害赔偿责任，赔偿的范围不得超过履行利益。（2）相对人为恶意时。相对人知道或者应当知道行为人无权代理的，相对人和行为人按照各自的过错承担责任。

4. 表见代理。表见代理是指行为人无代理权而实施代理行为，如果相对人有理由相信其有代理权，该代理行为有效。

表见代理的构成要件除了无权处分之外，主要有以下两点：

一是行为人有被授予代理权的外观或表象。主要考量因素包括：（1）合同是否以被代理人名义订立。若签订合同未使用被代理人名义，合同文本没有任何与被代理人有关联的文字表述，须慎重认定表见代理。（2）行为人的身份、职务是否与被代理人有关联。（3）被代理人对行为人是否存在可合理推断的授权关系。如行为人原有代理权已被终止但被代理人未对外告知等情形。（4）合同等对外文件材料上是否加盖与被代理人有关的、可正常对外使用的有效印章。如果合同上加盖的被代理人项目部真实印章按常理可对外授权使用的，可作为考量因素；如果按照常理应当属于单位内部使用印章的，须慎重认定。（5）合同关系的建立方式是否与双方以往的交易方式相符。（6）合同订立过程、交易环境和周围情势等是否与被代理人有关。例如，行为人签约前曾陪同合同相对人参观考察被代理人的施工现场；签约地在被代理人营业地或办公场所的，可以作为判断因素。（7）被代理人是否存在能够使人相信其参与合同履行的行为。（8）标的物的用途、交付方式与交付地点等是否与被代理人有关，被代理人是否取得履行合同的利益。（9）其他具有代理权客观表象的情形。行为人在交易过程中存在其他行为，足以使一般人合理推断该行为系基于被代理人合法授权的，可以作为认定的考量因素。

二是相对人相信行为人有代理权且系善意无过失，一般而言，上述权利外观因素越充分，越能够说明合同相对人主观上善意无过失。此外，可供用于判断相对人主观善意的其他考量因素还可包括：其一，合同相对人与被代理人之间是否存在交易历史以及相互熟识程度。如交易双方彼此陌生，则相对人需说明并证明其对行为人代理权产生依赖的理由。其二，合同相对人在订立合同之前是否已充分知悉权利外观事实。对权利外观事实的充分知悉，是合理信任行为人具有代理权的前提。相对人主张自己善意且无过失，应证明自己知悉权利外观事实的时间早于实施交易行为，实施交易行为后或风险产生后才了解的相关事实则一般不能支持对相对人善意的判断。其三，合同相对人注意义务与交易规模大小是否相称。其四，其他影响合同相对人主观判断的因素。

📖 重点条文 ▶▶▶

第一百六十八条 【关于禁止自己代理和双方代理及例外的规定】

代理人不得以被代理人的名义与自己实施民事法律行为，但是被代理人同意或者追认的除外。

代理人不得以被代理人的名义与自己同时代理的其他人实施民事法律行为，但是被代理的双方同意或者追认的除外。

第一百六十九条 【关于复代理的规定】

代理人需要转委托第三人代理的，应当取得被代理人的同意或者追认。

转委托代理经被代理人同意或者追认的，被代理人可以就代理事务直接指示转委托的第三人，代理人仅就第三人的选任以及对第三人的指示承担责任。

转委托代理未经被代理人同意或者追认的，代理人应当对转委托的第三人的行为承担责任；但是，在紧急情况下代理人为了维护被代理人的利益需要转委托第三人代理的除外。

第一百七十一条 【关于无权代理的规定】

行为人没有代理权、超越代理权或者代理权终止后，仍然实施代理行为，未经被代理人追认的，对被代理人不发生效力。

相对人可以催告被代理人自收到通知之日起三十日内予以追认。被代理人未作表示的，视为拒绝追认。行为人实施的行为被追认前，善意相对人有撤销的权利。撤销应当以通知的方式作出。

行为人实施的行为未被追认的，善意相对人有权请求行为人履行债务或者就其受到的损害请求行为人赔偿。但是，赔偿的范围不得超过被代理人追认时相对人所能获得的利益。

相对人知道或者应当知道行为人无权代理的，相对人和行为人按照各自的过错承担责任。

第一百七十二条 【关于表见代理的规定】

行为人没有代理权、超越代理权或者代理权终止后，仍然实施代理行为，相对人有理由相信行为人有代理权的，代理行为有效。

第三讲　物权通则

一、一般规定

📖 **典型案例** >>>

姚某与陆某排除妨害纠纷案

（一）事实概要

陆某、姚某于 2016 年 1 月 3 日举办婚宴，但未办理结婚登记手续。2016 年 9 月 28 日，姚某生育一子名陆小某，出生医学证明记载新生儿陆小某的父母为陆某、姚某。

2020 年 5 月 18 日，陆某、姚某共同签署情况说明一份，主要载明：陆某、姚某生育一子陆小某，未申报户口，现因陆某、姚某感情不和，一直未申请结婚证，考虑到孩子今后的生活、学习，双方决定由父亲入户申报户口。2020 年 6 月 5 日，陆某为陆小某办理户籍登记。因与姚某协商搬迁事宜未果，陆某诉至一审法院，要求判令姚某立即腾退位于常州市天宁区××幢××单元××室的房屋（以下简称涉案房屋）并交付给陆某，判令姚某支付陆某房屋占有使用费 20000 元。

（二）裁判结果

一审法院判决，姚某于本判决发生法律效力之日起 30 日内自涉案房屋内迁出，并向陆某返还房屋；姚某于本判决发生法律效力之日起 30 日内向陆某支付房屋占有使用费。

二审法院认为，国家、集体、私人的物权和其他权利人的物权受法律平等保护，任何组织或者个人不得侵犯，同时法律规定父母对未成年子女负有抚养、教育和保护的义务。本案中，涉案房屋系陆某单独所有，姚某对涉案房屋未出资，陆某对涉案房屋享有占有、使用、收益、处分的权利。但因陆某与姚某曾生育一子陆小某，未成年人陆小某对涉案房屋具有居住权，现姚某以陆小某之母身份，需要照顾抚养孩子一起居住生活符合客观事实，姚某使用该房屋系基于抚养双方共同子女、履行父母义务所必需。且陆某本人对陆小某也负有法定抚养义务，双方应对陆小某的抚养权、监护权进行约定或通过诉讼程序解决后，再主张涉案房屋争议。现双方对同居关系期间生育子女的抚养权、监护权等问题尚未明确前，陆某要求姚某单独搬出该房屋条件尚未成就。为保护未成年人合法权益，应驳回陆某要求姚某单独搬出该房屋的诉讼请求。另外，姚某使用该房屋系基于抚养双方共同子女、履行父母义务所需，现陆某要求姚某支付期间房屋占有使用费依据不足。一审法院未充分考虑未成年子女权益，要求姚某单独搬出该房屋有悖常理。

二审法院判决：撤销天宁区人民法院（2021）苏0402民初601号民事判决；驳回陆某的诉讼请求。

（三）案例分析

本案主要涉及平等保护物权的相关规定。

《民法典》第206条第3款和第207条都体现了物权的平等保护物权。《民法典》第207条与原《物权法》第4条对比，增加了"平等"二字，将"单位和个人"修改为"组织或个人"，将平等保护私人物权写入民法典。

本案一审、二审法院作出了截然不同的判决。从二审法院的裁判结果来看，法律主张平等保护物权，不仅保护所有权人的所有权，还考虑到了未成年人的居住权。本案中，在陆某的所有权与未成年子女的居住权存在一定冲突的情况下，二审法院并没有一味地保护所有权人的所有权，说明法律平等保护的是方方面面的物权。

📖 难点解析 〉〉〉

（一）物权的调整范围

从《民法典》第205条可以看出物权编主要调整的是两个方面的民事关系。一方面调整物的归属关系，定分止争，保护权利人的物权；另一方面调整物的利用关系，充分发挥物的效用。

（二）物权公示原则

《民法典》第208条、第209条第1款、第216条、第224条均体现了物权的公示公信原则。公示指物权的发生和变动必须按照法定方式进行，使第三人能够从外部加以识别。公信指依法进行的物权公示具有社会公信力，即使公示有误，因相信其公示效力而与公示的物权名义人为交易行为的第三人的利益，仍受法律保护。此原则的目的在于维护交易安全，保护善意受让人的利益，维护现有的占有秩序。

物权公示的主要方法：不动产物权的设立、变更、转让和消灭经过登记发生效力，动产物权的设立、转让通过交付发生效力。也就是说，获得不动产的所有权，要进行登记；变更不动产所有权的内容，比如一人所有变为两人所有，也要进行登记；将不动产出售，还要进行登记。登记之后不动产所有权的设立、变动或者消灭才有效。获得一个动产的所有权，要通过交付。因此，物权变动的关键点，不动产就是登记，动产就是交付。这是一方面。另一方面，要了解一项不动产属于谁所有，就要查不动产登记簿，要了解动产属于谁，看谁占有它。简单地讲，确定物的归属就是不动产看登记，动产看占有。不动产不能移动，要靠不动产登记簿标明四至界限，除登记错误需要依法更正的外，不动产登记簿上记载的人就是该不动产的权利人。不动产登记簿是公开的，有关人员都能查阅、复制，因此，不动产登记簿的公示性是最强的，最能适应市场交易安全便捷的需要，能最大限度地满足保护权利人的要求。动产可能频繁移动，动产在谁的手里，除有相反证据外，谁就是该动产的权利人。民法典物权编有关财产归属的规定是人类文明的优秀成果，各国有关财产归属的规定大同小异，方法简单，一目了然。如果不采取这种方法，而采取别的什么方法，必然使经济秩序混乱不堪，最终影响经济的发展和社会的进步。

📖 重点条文与关联法律 ＞＞＞

第二百零五条 【关于物权编的调整范围的规定】
本编调整因物的归属和利用产生的民事关系。
第二百零六条 【关于社会主义基本经济制度与社会主义市场经济的规定】
国家坚持和完善公有制为主体、多种所有制经济共同发展，按劳分配为主体、多种分配方式并存，社会主义市场经济体制等社会主义基本经济制度。

国家巩固和发展公有制经济，鼓励、支持和引导非公有制经济的发展。

国家实行社会主义市场经济，保障一切市场主体的平等法律地位和发展权利。

第二百零七条 【关于物权平等保护原则的规定】

国家、集体、私人的物权和其他权利人的物权受法律平等保护，任何组织或者个人不得侵犯。

第二百零八条 【关于物权公示原则的规定】

不动产物权的设立、变更、转让和消灭，应当依照法律规定登记。动产物权的设立和转让，应当依照法律规定交付。

物权法	民法典	要点提示
第三条第一款 国家在社会主义初级阶段，坚持公有制为主体、多种所有制经济共同发展的基本经济制度。	**第二百零六条第一款** 国家坚持和完善公有制为主体、多种所有制经济共同发展，按劳分配为主体、多种分配方式并存，社会主义市场经济体制等社会主义基本经济制度。	修改了对于国家基本经济制度的表述。

二、物权的设立、变更、转让和消灭

📖 **典型案例** 》》》》

杨孙某某与南京市规划和自然资源局土地行政管理纠纷案

（一）事实概要

杨孙某某系中国台湾居民。杨孙某某称其原名为孙某某，婚后随夫姓改名为杨孙某某，其于 2002 年在江苏省南京市江宁区购买了 ×××301 室房屋。301 室房屋的房产登记档案、《江宁区私有房屋所有权登记申请表》、房屋交付使用证明、契税完税证、江宁区人民政府颁发的国有土地使用证等中均显示涉案房屋的所有权人为孙某某。杨孙某某购房后正常使用 301 室房屋，其间物业、水电等均未受任何影响。

杨孙某某称，其于 2016 年 3 月发现该房屋登记在如皋籍孙某某名下，遂向房产登记机关提出更正登记申请。江宁资源分局预受理其更正登记申请材料后于同年 6 月 13 日作出不予受理告知书，杨孙某某不服，以江宁资源分局为被申请人向南京市规划和自然资源局申请行政复议。南京市规划和自然资源局作出《行政复议不予受理决定书》。

杨孙某某不服，向一审法院提起行政诉讼，要求判令南京市规划和自然资源局受理杨孙某某的不动产更正登记申请，依法将江苏省南京市江宁区×××301室房屋的所有权人和土地使用权人由"孙某某"更正为"杨孙某某"。

（二）裁判结果

南京市中级人民法院一审认为，变更登记是在原不动产登记未出现错误登记的情况下，因产权人的相关事项发生变更而引起的变更登记。更正登记则是原不动产登记中存在错误，权利人或利害关系人要求纠正错误的登记行为。故杨孙某某的申请属于变更登记。

现已查明杨孙某某即为涉案江苏省南京市江宁区×××301房屋的实际产权人，但产权却登记在一名并不存在的自然人"孙某某"名下，在此情形下，对于杨孙某某诉请要求南京市资源局将该房屋产权更正至杨孙某某名下，法院应予以支持。

江苏省高级人民法院判决：撤销江苏省南京市中级人民法院一审判决；被上诉人南京市规划和自然资源局于本判决生效之日起 15 日内受理上诉人杨孙某某的更正登记申请，并将案涉房屋更正登记到上诉人杨孙某某名下。

（三）案例分析

本案主要涉及变更登记与更正登记的相关问题。

本案的争议焦点之一是杨孙某某提出的是更正登记还是变更登记。更正登记是权利人、利害关系人针对登记簿记载的事项存在错误进行更正。变更登记主要针对权利登记类型，存在发生变更的事项时申请的登记类型，因后续双方当事人共同合意引发的变更，如姓名变更的，在抵押权人登记后发生了名称变更，或是双方合意协商对主债权数额进行变更的，此种变更属于嗣后发生的，即在先登记的登记事项是没有错误的。

根据法院查明的事实，"孙某某"的身份信息系虚假信息，并不存在，杨孙某某不可能提供南京市规划和自然资源局在不予受理告知书上所要求提供的证明材料，而南京市规划和自然资源局不予办理本案更正登记申请，则将形成涉案房屋登记在一名并不存在的自然人名下的结果，这种结果显然是不合理的。

基于本案二审已经查明的事实，能够认定杨孙某某就是涉案江苏省南京市江宁区×××301室房屋的实际产权人。从客观公平、实事求是的原则出发，被上诉人应当受理杨孙某某的更正登记申请。

📖 难点解析 ＞＞＞

（一）更正登记

所谓更正登记，是指当不动产登记簿记载的事项发生错误时，不动产登记机构依权利人、利害关系人的申请或依职权消除该错误，保证登记簿的真实性与准确性而为的登记。《民法典》第220条第1款对更正登记作出了明确的规定。

1.更正登记与撤销登记。在我国不动产登记法上，用于纠正登记簿记载事项的错误的方法，除更正登记外，还有所谓的撤销登记。撤销登记可以分为以下两种情形：

一是人民法院撤销不动产登记机构的登记行为。我国不动产登记机构属于行政机关，登记行为属于行政行为。故此，在当事人认为不动产登记机构的登记行为违法时，可以提起行政诉讼。

《行政诉讼法》第70条规定："行政行为有下列情形之一的，人民法院判决撤销或者部分撤销，并可以判决被告重新作出行政行为：（一）主要证据不足的；（二）适用法律、法规错误的；（三）违反法定程序的；（四）超越职权的；（五）滥用职权的；（六）明显不当的。"

《最高人民法院关于审理房屋登记案件若干问题的规定》第11条第1款规定："被诉房屋登记行为涉及多个权利主体或者房屋可分，其中部分主体或者房屋的登记违法应予撤销的，可以判决部分撤销。"

二是不动产登记机构自行撤销登记，即登记机构因有关文件证明原先进行的登记是不正确的，而自行作出的撤销原登记的行为。

《最高人民法院关于房地产管理机关能否撤销错误的注销抵押登记行为问题的批复》规定："房地产管理机关可以撤销错误的注销抵押登记行为。"

在不动产统一登记之后，由于《不动产登记暂行条例》《不动产登记暂行条例实施细则》未再对不动产登记机构撤销登记的情形作出规定，因此，我国现行不动产登记法中已不再承认登记机构可以撤销登记。

2. 更正登记的类型。依据更正登记的启动原因，将更正登记分为以下三类：

一是依申请更正登记，即权利人、利害关系人认为不动产登记簿记载的事项错误的，向不动产登记机构申请的更正登记。二是依职权更正登记，即不动产登记机构发现不动产登记簿记载的事项错误并在通知当事人办理更正登记后，当事人逾期不办理，依据法定职权进行的更正登记（《不动产登记暂行条例实施细则》第81条）。三是依生效法律文书办理更正登记，依据人民法院生效法律文书和协助执行通知书要求不动产登记机构办理登记。

需要注意的是，如果登记机构主动发现原因文件与申请材料不一致的，因登记审核职责的缺位，应主动依据规范要求，联系双方当事人，确认原因文件与申请表不一致是否系错误存在，如果双方当事人主动配合则引发依申请更正登记据以登记，如果当事人拒不申请，则启动依职权程序，依据原因材料记载将登记错误事项予以更正。

3. 更正登记与变更登记的异同。二者的共同点在于：当事人申请登记时，都存在登记簿记载的事项与真实的情况不一致的情形。二者的区别是：

首先，导致登记簿的记载与真实情况不一致的原因不同。在更正登记中，登记簿的记载事项存在错误，而导致此种错误的原因可能是由于当事人申请虚假登记或是登记机构未尽审核职责，也可能是因为在登记簿之外的物权变动所致。但是，变更登记中登记簿记载的事项本无错误，只是由于此后不动产的自然状况、权利人的身份信息或者权利内容发生变化而导致登记簿的记载事项与真实的情况不一致。例如，房屋买卖合同在履行完毕后发生纠纷，法院判决确认合同无效，变更登记中登记簿记载的事项本无错误，由于发生纠纷导致登记簿上记载的房屋所有权人与真实的所有权人不一致。

其次，更正登记可以由权利人或者利害关系人提出申请，也可能在某些情形下由登记机构依职权为之。但是，变更登记只能由登记权利人单方或者当事人双方共同申请，不存在利害关系人申请变更登记或者登记机构依职权进行变更登记的情形。

（二）异议登记

1. 异议登记的申请。异议登记的申请人即利害关系人。所谓利害关系人，是指能够提出初步的证据证明自己与被申请异议登记的登记簿的记载事项具有法律上利害关系的民事主体。

尽管利害关系人多是在权利人不同意更正登记后才申请异议登记的，但需要注意的是，异议登记并不以权利人不同意更正登记为前提。

异议登记失效后，申请人就同一事项以同一理由再次申请异议登记的，不动产登记机构不予受理（《不动产登记暂行条例实施细则》第 83 条第 3 款）。

2. 异议登记的失效。《民法典》第 220 条第 2 款规定："……登记机构予以异议登记，申请人在异议登记之日起十五日内不提起诉讼的，异议登记失效。"

《不动产登记暂行条例实施细则》第 83 条第 2 款规定："异议登记申请人应当在异议登记之日起 15 日内，提交人民法院受理通知书、仲裁委员会受理通知书等提起诉讼、申请仲裁的材料；逾期不提交的，异议登记失效。"

异议登记的失效意味着登记簿重新具有公信力，但利害关系人并未丧失起诉的权利，其依然有权就不动产物权纠纷提起诉讼，请求法院确认自己的物权。正因如此，《最高人民法院关于适用〈中华人民共和国民法典〉物权编的解释（一）》第 3 条规定："异议登记因民法典第二百二十条第二款规定的事由失效后，当事人提起民事诉讼，请求确认物权归属的，应当依法受理。异议登记失效不影响人民法院对案件的实体审理。"

（三）预告登记

预告登记是不动产物权变动中的债权人为确保能够实现自己所期望的不动产物权变动而与债务人约定向不动产登记机构申请办理的登记。预告登记只是保障债权人的一种临时性担保手段，在条件具备时，其就要转为本登记。所谓条件具备之时，即《民法典》第 221 条第 2 款规定的"能够进行不动产登记之日"。

预告登记的消灭包括：未到期的可以申请注销预告登记；预告登记的权利人放弃预告登记的；债权消灭的；法律、行政法规规定的其他情形。

《最高人民法院关于适用〈中华人民共和国民法典〉物权编的解释（一）》第 5 条规定："预告登记的买卖不动产物权的协议被认定无效、被撤销，或者预告登记的权利人放弃债权的，应当认定为民法典第二百二十一条第二款所称的'债权消灭'。"

📖 **重点条文与关联法律** ▷▷▷

第二百一十六条　【关于不动产登记簿性质的规定】

不动产登记簿是物权归属和内容的根据。

不动产登记簿由登记机构管理。

第二百一十七条 [①] **【关于不动产权属证书性质的规定】**

不动产权属证书是权利人享有该不动产物权的证明。不动产权属证书记载的事项，应当与不动产登记簿一致；记载不一致的，除有证据证明不动产登记簿确有错误外，以不动产登记簿为准。

第二百二十条 [②] **【关于更正登记与异议登记的规定】**

权利人、利害关系人认为不动产登记簿记载的事项错误的，可以申请更正登记。不动产登记簿记载的权利人书面同意更正或者有证据证明登记确有错误的，登记机构应当予以更正。

不动产登记簿记载的权利人不同意更正的，利害关系人可以申请异议登记。登记机构予以异议登记，申请人自异议登记之日起十五日内不提起诉讼的，异议登记失效。异议登记不当，造成权利人损害的，权利人可以向申请人请求损害赔偿。

---

①《民法典》第216条第1款与第217条第1句都体现了不动产登记簿的推定效力。不动产登记簿的推定力并不意味着：凡是在登记中看到的都应该相信是真实的。不动产登记簿的推定力并非适用于登记簿上记载的全部内容，它只适用于登记簿上关于不动产物权归属、内容的记载即权利事项的记载，不适用于登记簿对不动产自然状况的记载。登记簿对不动产自然状况的记载，如不动产的标记、面积、位置、坐落、界址等均属于事实问题，不为不动产登记簿推定力所及。

②《民法典》第220条规定异议登记的原因在于：更正登记的程序较为费时，申请更正的权利人与登记名义人之间的争议一时难以解决，因此有必要在由法律上确立一种对真正权利人利益的临时性保护措施。确切地说，异议登记就是暂时中断登记簿公信力的一种登记程序法上的临时性保护措施。

物权法	民法典	要点提示
	第二百一十九条 利害关系人不得公开、非法使用权利人的不动产登记资料。	新增条款。
第二十条 当事人签订买卖房屋或者其他不动产物权的协议，为保障将来实现物权，按照约定可以向登记机构申请预告登记。预告登记后，未经预告登记的权利人同意，处分该不动产的，不发生物权效力。预告登记后，债权消灭或者自能够进行不动产登记之日起三个月内未申请登记的，预告登记失效。	**第二百二十一条**① 当事人签订买卖房屋的协议或者签订其他不动产物权的协议，为保障将来实现物权，按照约定可以向登记机构申请预告登记。预告登记后，未经预告登记的权利人同意，处分该不动产的，不发生物权效力。预告登记后，债权消灭或者自能够进行不动产登记之日起九十日内未申请登记的，预告登记失效。	将3个月改为90日。扩展不动产物权预告登记的适用范围，《民法典》第221条对《物权法》第20条在表述上作出调整之后，即便开发商没有房屋预售许可证，法律也允许在签订了房屋买卖意向协议后可以申请预告登记，从而确立该协议的法律效力，最大化保障了购房人的合法权益。
第二十五条 动产物权设立和转让前，权利人已经依法占有该动产的，物权自法律行为生效时发生效力。	**第二百二十六条** 动产物权设立和转让前，权利人经占有该动产的，物权自民事法律行为生效时发生效力。	删去"依法"二字，扩大了简易交付的适用情形，根据民法典新规，在动产物权设立和转让前，权利人对动产是无权占有，可以进行简易交付。
第二十六条 动产物权设立和转让前，第三人依法占有该动产的，负有交付义务的人可以通过转让请求第三人返还原物的权利代替交付。	**第二百二十七条** 动产物权设立和转让前，第三人占有该动产的，负有交付义务的人可以通过转让请求第三人返还原物的权利代替交付。	扩大指示交付的适用情形。
第二十九条 因继承或者受遗赠取得物权的，自继承或者受遗赠开始时发生效力。	**第二百三十条** 因继承取得物权的，自继承开始时发生效力。	删除"或者受遗赠"。

---

① 《民法典》第221条规定的是预告登记。预告登记只是保障债权人的一种临时性担保手段，在条件具备时，它就要转为本登记。所谓条件具备之时，即《民法典》第221条第2款规定的"能够进行不动产登记之日"。

三、物权的保护

吉林临江农村商业银行股份有限公司与曹某返还原物纠纷案

（一）事实概要

2015 年 11 月 12 日，曹某与甲公司签订商品房买卖合同（预售），购买位于吉林省临江市某庄园 1 号楼的三间房屋，合同签订后曹某支付了相应的首付款。曹某与中国农业银行股份有限公司临江市支行签订了个人购房担保借款合同，贷款 290 万元用以支付剩余购房款。曹某用于抵押贷款的临江市某庄园 1 号楼三间房屋于 2015 年 12 月 1 日在临江市房屋产权管理中心办理抵押（按揭、在建）备案登记。贷款发放后，曹某依照合同约定向甲公司履行了全部付款义务。曹某一直按合同约定偿还贷款。吉林临江农村商业银行股份有限公司（以下简称临江农商行）于 2016 年 9 月 23 日与某公司签订了四份购房协议，购买了临江市某庄园 1 号楼四间房屋，该四间房屋包含曹某的三间房屋，临江农商行现占有使用该四间房屋，占有使用期间的水费、电费、物业费、采暖费由临江农商行交付。

（二）裁判结果

吉林省高级人民法院再审认为，本案系返还原物纠纷案件，曹某提起本案诉讼，要求临江农商行返还案涉房屋，其请求在法律属性上系返还原物请求权，综合本案事实看，案发时，曹某并未办理房屋所有权登记，对房屋不享有物权，据此法院认为，临江农商行的再审请求成立，予以支持。本案一审、二审判决适用法律错误，应予纠正。依照《民事诉讼法》第 207 条第 1 款、第 170 条第 1 款第 2 项 ①，《物权法》第 9 条第 1 款规定，判决：撤销吉林省白山市中级人民法院（2018）吉 06 民终 832 号民事判决及吉林省临江市人民法院（2018）吉 0681 民初 790 号民事判决；驳回曹某的诉讼请求。

---

① 现行《民事诉讼法》第 214 条第 1 款、第 177 条第 1 款第 2 项。

（三）案例分析

本案主要涉及返还原物请求权的相关问题。

本案的主要争议焦点为曹某行使返还原物请求权是否符合法律规定。判断曹某在本案中是否享有返还原物请求权，需首先审查其对案涉房屋是否享有所有权。根据《物权法》第9条第1款①规定，不动产物权的设立、变更、转让和消灭，经依法登记，发生效力；未经登记，不发生效力，但法律另有规定的除外。结合本案事实，曹某尚未办理案涉房屋的所有权登记，故其对案涉房屋并不享有物权，不具备行使返还原物请求权之权利基础。

除所有权人的返还原物请求权外，《物权法》只在第245条②中对占有人的返还原物请求权作了特别规定，该条第1款规定："占有的不动产或者动产被侵占的，占有人有权请求返还原物；对妨害占有的行为，占有人有权请求排除妨害或者消除危险；因侵占或者妨害造成损害的，占有人有权请求损害赔偿。"占有保护请求权的基础是占有事实，是法律为保护占有的事实而特别赋予占有人的一种救济性权利。本案中，曹某并未提供充分证据证明其已对案涉房屋实现了占有，故其亦无法行使占有保护请求权要求临江农商行返还案涉房屋。

难点解析 >>>

（一）物权保护的分类及特点

物权的保护分为公法保护与私法保护。公法保护即运用行政法、刑法等公法手段对物权进行保护；私法保护主要是依据民法对物权进行的私法保护，可以分为两大类：公力保护与私力保护。

私法为物权人提供的"公力救济"方法包括：（1）物权的归属和内容发生争议时，请求有权机关确认权利（《民法典》第234条）；（2）在物被他人无权占有或者物权遭受侵害或妨碍时，行使物权请求权，要求返还原物、排除妨害和消除危险（《民法典》第235—236条）；（3）在物被毁损或因物权被侵害而遭受损害时，要求他人修理、重作、更换或者恢复原状，或者请求损害赔偿

---

① 现行《民法典》第209条。
② 现行《民法典》第462条。

（《民法典》第 237—238 条）。

上述公力救济措施中，第二类属于物权请求权，第三类则属于损害赔偿请求权。物权请求权不适用诉讼时效，对此，《民法典》第 196 条第 1、2 项有明确的规定。损害赔偿请求权则适用诉讼时效。

（二）返还原物请求权的构成要件

返还原物请求权的构成要件：

一是享有返还原物请求权的权利人为物权人。行使返还原物请求权的主体应为失去占有的所有权人、他物权人及其他依法享有权利的人。至于占有人，无论其是否为有权占有，均应依据占有请求权行使权利，而不能依返还原物请求权行使权利。

二是须有他人无权占有动产或不动产的事实。无权占有，是指没有法律根据、没有合法原因的占有。一般包括两种情形：一是占有人从占有之始就没有法律根据，如占有人占有的物是他人的盗窃物；二是占有之始本来有法律根据，但是后来该根据消灭，如租赁他人的物，已经超过约定的期限而不返还。

三是相对人须为现在的无权占有人。所谓现在占有该物之人，是指现在仍事实上管理其物但无正当权源的人。曾经占有该物但现在没有事实上管理其物之人，即使所有人的占有关系因其人的行为而丧失，所有人也仅在此项行为具备侵权行为要件时，向该人请求损害赔偿，而不能对其行使返还原物请求权。

凹凹 重点条文 >>>

第二百三十四条 【关于利害关系人请求确认权利的权利，即确认物权的请求权的规定】

因物权的归属、内容发生争议的，利害关系人可以请求确认权利。

第二百三十五条 【关于物权保护方式中的返还原物请求权的规定】

无权占有不动产或者动产的，权利人可以请求返还原物。

第二百三十六条 【关于物权保护方式中的排除妨害请求权的规定】

妨害物权或者可能妨害物权的，权利人可以请求排除妨害或者消除危险。

第二百三十七条 【关于物权保护方式中的物权复原请求权的规定】

造成不动产或者动产毁损的，权利人可以依法请求修理、重作、更换或者恢复原状。

第二百三十八条　【关于物权保护方式中的物权损害赔偿请求权的规定】

侵害物权，造成权利人损害的，权利人可以依法请求损害赔偿，也可以依法请求承担其他民事责任。

第四讲 所有权

一、所有权的一般规定

（一）所有权概述

所有权是完全物权，是所有人对所有物的充分的物权，以任何可能的方式实现的对物的直接支配的权利。当然，所有权占有、使用、收益和处分四项权能并非要求所有人同时拥有，比如设定用益物权时就是所有人让渡了对标的物占有、使用、收益的权能。此外，所有权还具有消极权能。这是指在所有权受到妨害或有妨害的危险时，权利人有排除他人干涉，以恢复对标的物的圆满支配状态的权能。

审判实践中关于本条的适用，需要注意的是，与其他权利一样，所有权也不是绝对无限制的，其行使须符合法律的规定或在法律允许的范围内进行。比如后面会讲到的相邻关系、征收、征用、耕地保护制度等，都是对所有权的限制，包括诉讼时效制度在一定程度上也是对所有权的限制。

（二）所有权人设立他物权的有关规定

1. 他物权的类别。此处的"他物权"，可区分为用益物权和担保物权。

用益物权，是指当事人依照法律规定，对他人所有的不动产或者动产，享有的占有、使用和收益的权利，是以支配物的使用价值为内容的物权，如土地承包经营权、建设用地使用权、宅基地使用权等。

担保物权，是指当债务人不履行债务时，债权人对债务人或者第三人提供的担保财产或者债权人合法占有的财产享有优先受偿的权利，它是以支配标的物交换价值为内容的物权，如抵押权、质权等。

因此，当标的物灭失，用益物权因无法达到目的而归于消灭，而担保物权则不一定，只要存在标的物的代位物，担保物权就继续存在于该代位物之上。

2. 他物权的行使限制。虽然他物权可以优先于所有权行使，但是他物权人行使他物权亦不得损害所有权人的利益。一是物权法定，他物权人只能在法律规定的范围内行使物权，如担保物权人不得就标的物进行使用和收益；二是他物权人应当合理利用标的物，不得损害所有权人的权益；三是用益物权在期限届满或者担保物权在债权实现后，他物权人应将标的物返还所有权人，恢复所有权人对标的物的全面支配状态，不得设定无期限的用益物权或者以其他方式损害所有权人的权益。

3. 他物权的保护。他物权作为物权的重要类型，与所有权一样，都具有排他效力、追及效力等物权相应的效力。他物权的排他效力既可以对抗其他不特定第三人，也可以对抗所有权人。人民法院在处理他物权人与所有权人权利冲突问题上，也会充分考虑他物权的物权属性，依法对他物权人进行保护。比如《土地管理法》第66条、《城市房地产管理法》第20条均对所有权人非因法定事由不得收回相应土地进行了明确规定。

（三）国家专属所有权

国家专有，是指只能为国家所有而不能为任何其他人所拥有。国家专有的财产由于不能为他人所拥有，因此不能通过交换或者赠与等任何流通手段转移所有权，这与非专有的国家财产的性质不同。非专有的国家财产是可以流转的，如国家用于投资的财产。

国家专有的财产范围很宽，各项具体的专有财产由各个相关单行法律、行政法规规定，《民法典》第242条只作了概括性规定。

域外法有"公用财产"的概念，指社会公众共同使用的财产，如公共道路、公路、街道、桥梁、水库、图书馆、港口等。有的国家规定公用财产属于社会公有，不属于国家所有，但国家享有主权和管理权。公用财产不能转让，不适用取得时效。在这一点上，与我国的国家专有财产有类似之处。

（四）征收

2004年《宪法修正案》通过之前，宪法、土地管理法等仅有不动产"征用"的规定，2004年《宪法修正案》首次在宪法中确立了"征收"制度，并将"征收"与"征用"并列；2007年实施的《物权法》第42条规定了征收的条件，第44条规定了财产的征用制度。

1. 征收对象。将征收的对象限于不动产，主要是考虑动产一般有很多替代物品，政府无须通过征收的方式取得。由于我国实行土地的社会主义公有制，即土地归国家所有或者集体所有，因此，征收的对象限于集体的土地以及单位或者个人的房屋或其他不动产。

2. 征收的适用条件。一是征收权的主体是国家，并由政府依法组织实施。一方面，征收、征用是一种国家强制行为，是政府行使征收、征用权的行政行为，因此，享有征收、征用权的主体只能是国家。另一方面，既然征收是基于公共利益而移转财产权的行为，只能由政府代表社会公众来行使征收权，实现社会公共利益。二是征收补偿应及时足额支付，征收个人住宅的，还应当保障被征收人的居住条件。三是征收程序问题。《民法典》第245条并未规定征收的程序，具体参照《土地管理法》《国有土地上房屋征收与补偿条例》等对征收程序的规定。

（五）征用

1. 征收、征用的区别。虽然征收和征用都是政府通过法定权限和程序对单位和个人财产所有权的一种限制，但二者还是存在很大的差异，主要表现在以下方面：一是适用情况不同。征收是基于公共利益的需要，征用则主要用于抢险救灾、疫情防控等紧急需要。二是适用对象不同。征收的对象仅限于不动产；征用的对象不仅包括不动产，也包括动产。三是法律效果不同。征收的结果是国家取得财产的所有权，此所有权自人民政府的征收决定生效时发生效力。征用的目的是取得使用权，而非所有权，发生转移的是所有权中的占有、使用权能。因此，在紧急情况消失后，政府应当将财产返还单位或者个人，并补偿被征收人所受到的损失。四是补偿标准不同。征收应按照标的物的价值进行及时充分的补偿；征用补偿则主要考虑被征用人所受到的损失。

2. 征用的适用条件。根据《民法典》第245条规定，征用的适用须满足以下条件：一是必须基于抢险救灾、疫情防控等紧急需要；二是必须严格按照法定权限进行征用；三是必须严格按照法定程序进行征用；四是对被征用人给予公平合理的补偿。

从对当事人救济的角度讲，当事人不服政府的征用决定，或者对补偿的标准有异议，可以提起行政复议或者行政诉讼加以解决。

📖 **重点条文与关联法律** »»»

第二百四十条　【关于所有权权能的规定】

所有权人对自己的不动产或者动产，依法享有占有、使用、收益和处分的权利。

第二百四十一条　【关于所有权人设定他物权的规定】

所有权人有权在自己的不动产或者动产上设立用益物权和担保物权。用益物权人、担保物权人行使权利，不得损害所有权人的权益。

第二百四十三条　【关于征收的规定】

为了公共利益的需要，依照法律规定的权限和程序可以征收集体所有的土地和组织、个人的房屋以及其他不动产。

征收集体所有的土地，应当依法及时足额支付土地补偿费、安置补助费以及农村村民住宅、其他地上附着物和青苗等的补偿费用，并安排被征地农民的社会保障费用，保障被征地农民的生活，维护被征地农民的合法权益。

征收组织、个人的房屋以及其他不动产，应当依法给予征收补偿，维护被征收人的合法权益；征收个人住宅的，还应当保障被征收人的居住条件。

任何组织或者个人不得贪污、挪用、私分、截留、拖欠征收补偿费等费用。

第二百四十四条　【关于耕地保护的规定】

国家对耕地实行特殊保护，严格限制农用地转为建设用地，控制建设用地总量。不得违反法律规定的权限和程序征收集体所有的土地。

物权法	民法典	要点提示
第四十四条　因抢险、救灾等紧急需要，依照法律规定的权限和程序可以征用单位、个人的不动产或者动产。被征用的不动产或者动产使用后，应当返还被征用人。单位、个人的不动产或者动产被征用或者征用后毁损、灭失的，应当给予补偿。	**第二百四十五条**　因抢险救灾、疫情防控等紧急需要，依照法律规定的权限和程序可以征用组织、个人的不动产或者动产。被征用的不动产或者动产使用后，应当返还被征用人。组织、个人的不动产或者动产被征用或者征用后毁损、灭失的，应当给予补偿。	将"疫情防控"增加为可以征用的紧急需要情形；将"单位"修改为"组织"。

二、国家所有权和集体所有权、私人所有权

难点解析 >>>

（一）国家所有权

1. 国家所有权的特殊性。根据民法典的相关规定，相较于其他所有权，国家所有权具有以下特点：一是国家所有权的内容和范围是法定的；二是国家所有权的取得不适用善意取得。

当事人取得专属于国家财产的合同，因为违反法律的禁止性规定而无效，不能发生取得国家专属财产权的效果。对于专属于国家的财产，不适用民法典关于善意取得的规定。

2. 国家所有的财产受到侵害后的维权。《民法典》第258条规定，国家所有的财产受法律保护，禁止任何组织或者个人侵占、哄抢、私分、截留、破坏。当国家所有的财产受到侵害时，有权直接支配该财产的机关、事业单位、企业、国有资产监督管理机构代表国家提起民事诉讼，维护国有财产所有权的，人民法院应当依法受理并适用停止侵害、返还财产、恢复原状、赔偿损失等民事责任方式，保护国有财产。

人民法院在审理民事案件中，发现以侵占、私分、破坏国家所有的财产为内容的合同，应当依法认定为无效合同。

3. 国有财产管理的法律责任。《民法典》第259条规定，履行国有财产管理、监督职责的机构及其工作人员，造成国有财产损失的，应承担相应法律责任。在民法典编纂过程中，曾有意见建议，将关于国有财产管理法律责任的规定删除。理由是，本条规定与原物权法确立和保护的合法财产权、维护交易安全等没有直接关系，而且本规定也仅具有宣示意义，本身缺乏明确的责任条款，不具有可操作性。但民法典最终保留了这一规定。主要考虑是，我国与其他市场经济国家不同，我国占主导地位的是国有经济。从国有财产流失的主要情形看，加大对国有财产的保护力度，切实防止国有财产流失，一方面要加强对国有财产的管理、监督；另一方面要明确规定造成国有财产流失应承担的法律责任。

（二）集体所有权

1.农民集体所有的含义。《民法典》第261条规定，农民集体所有的不动产和动产，属于本集体成员集体所有，依照法定程序经本集体成员决定。

此处"农民集体所有"，是指"本集体成员集体所有"，一般主要涉及三种基本权利：土地承包经营权、宅基地使用权、集体经济组织的收益分配权和管理权。实务中需要注意的是农村集体经济组织成员的资格确定问题。

2.集体成员知情权的行使。《民法典》第264条规定，集体成员对集体财产有知情权，有权查阅、复制相关资料。

众所周知，账簿能最真实地反映经济往来业务，然而账簿一旦泄露又可能会给村民集体经济组织带来无可挽回的损失，因此对账簿的查询复制权利主体要予以严格限制。实务中一般要求：（1）村民在该村委会所在地生活，且户籍地归属于村委会所管辖范围；（2）村民必须是以集体所有的土地利益作为社会保障的基础。只有同时符合上述两个条件，村民才具备该权利的主体资格。

（三）私人所有权

关于"私人"的理解，《民法典》第266条规定，私人对其合法的收入、房屋、生活用品、生产工具、原材料等不动产和动产享有所有权。至于哪些主体是条款中所称"私人"，民法典物权编延续了物权法有关所有权主体三分法的分类，依次明确了国家所有权、集体所有权和私人所有权三种所有权形态的保护。从体系上讲，《民法典》第266条规定的私人财产所有权似更加针对自然人，因为第269条、第270条规定了营利法人及营利法人以外的法人、社会团体法人、捐助法人的财产所有权。笔者认为，从宣示意义上讲，本条所规定的"私人"应理解为国家所有权、集体所有权之外的全部所有权主体。

📖 重点条文与关联法律 ▶▶▶

第二百四十六条 【关于国家所有权范围、性质和行使的规定】
法律规定属于国家所有的财产，属于国家所有即全民所有。
国有财产由国务院代表国家行使所有权。法律另有规定的，依照其规定。
第二百四十七条 【关于矿藏、水流、海域的所有权的规定】
矿藏、水流、海域属于国家所有。

第二百四十九条 【关于国家所有的土地的规定】

城市的土地，属于国家所有。法律规定属于国家所有的农村和城市郊区的土地，属于国家所有。

第二百五十五条 【关于国家机关的物权的规定】

国家机关对其直接支配的不动产和动产，享有占有、使用以及依照法律和国务院的有关规定处分的权利。

第二百六十条 【关于集体财产范围的规定】

集体所有的不动产和动产包括：

（一）法律规定属于集体所有的土地和森林、山岭、草原、荒地、滩涂；

（二）集体所有的建筑物、生产设施、农田水利设施；

（三）集体所有的教育、科学、文化、卫生、体育等设施；

（四）集体所有的其他不动产和动产。

第二百六十一条 【关于农民集体所有财产归属以及重大事项集体决定的规定】

农民集体所有的不动产和动产，属于本集体成员集体所有。

下列事项应当依照法定程序经本集体成员决定：

（一）土地承包方案以及将土地发包给本集体以外的组织或者个人承包；

（二）个别土地承包经营权人之间承包地的调整；

（三）土地补偿费等费用的使用、分配办法；

（四）集体出资的企业的所有权变动等事项；

（五）法律规定的其他事项。

第二百六十二条 【关于农民集体所有权行使的规定】

对于集体所有的土地和森林、山岭、草原、荒地、滩涂等，依照下列规定行使所有权：

（一）属于村农民集体所有的，由村集体经济组织或者村民委员会依法代表集体行使所有权；

（二）分别属于村内两个以上农民集体所有的，由村内各该集体经济组织或者村民小组依法代表集体行使所有权；

（三）属于乡镇农民集体所有的，由乡镇集体经济组织代表集体行使所有权。

第二百六十五条 【关于集体财产保护的规定】

集体所有的财产受法律保护，禁止任何组织或者个人侵占、哄抢、私分、破坏。

农村集体经济组织、村民委员会或者其负责人作出的决定侵害集体成员合法权益的，受侵害的集体成员可以请求人民法院予以撤销。

物权法	民法典	要点提示
第六十二条　集体经济组织或者村民委员会、村民小组应当依照法律、行政法规以及章程、村规民约向本集体成员公布集体财产的状况。	第二百六十四条　农村集体经济组织或者村民委员会、村民小组应当依照法律、行政法规以及章程、村规民约向本集体成员公布集体财产的状况。集体成员有权查阅、复制相关资料。	将原"集体经济组织"修改为"农村集体经济组织"；增加了"集体成员有权查阅、复制相关资料"。
第六十九条　社会团体依法所有的不动产和动产，受法律保护。	第二百七十条　社会团体法人、捐助法人依法所有的不动产和动产，受法律保护。	对合法财产受到保护的主体，将"社会团体"修改为"社会团体法人"；新增"捐助法人"。

三、业主的建筑物区分所有权

典型案例 》》》

【案例1】杨某甲、杨某乙（原告）与杨某丙（被告）排除妨害纠纷案

（一）事实概要

杨某甲、杨某乙（原告）与杨某丙（被告）系相邻关系。原告、被告在购买房屋时，开发商某房地产公司分别告之原告，其购买的6幢42号2-4层商品房楼下第一层东边对应车位一个配送给原告管理使用；告之被告购买的6幢42号第1层6-42号铺面无车位。2017年5月14日，因经营需要，被告在6幢42号对应车位下修建了一个污水处理池，且表面恢复了原状。后因原告在使用该车位的过程中安装了车锁装置，被告随即在该车位上摆放了花盆等障碍物，致双方发生争议。原告请求法院判令被告清除置放在原告车位上的障碍物，不得在该车位上摆放任何障碍物；判令被告拆除修建在原告车位下的污水池。

（二）裁判结果

法院判决被告杨某丙于判决生效后10日内自行清除置放在车位上的花盆等

障碍物，今后不得在该车位上摆放任何障碍物；驳回原告的其他诉讼请求。

（三）案例分析

本案主要涉及建筑物区分所有权人的物权保护请求权的法律问题。

不动产的相邻权利人应当按照有利生产、方便生活、团结互助、公平合理的原则，正确处理相邻关系。关于车位使用权的问题，根据《民法典》第275条第1款"建筑区划内，用于停放汽车的车位、车库的归属，由当事人通过出售、附赠或者出租等方式约定"的规定，本案案涉车位的使用权，虽然未办入原告产权登记面积，但在房屋销售时，已经由开发商某房地产公司以附赠方式配置给原告杨某甲、杨某乙使用和管理。现被告在案涉车位置放花盆等障碍物，阻止、干涉原告对该案涉车位行使管理使用权的行为，对原告权属已造成侵害。因此，根据《民法典》第236条"妨害物权或者可能妨害物权的，权利人可以请求排除妨害或者消除危险"的规定，原告提出的要求被告排除妨害的诉讼请求理应得到法院支持。

关于污水池的问题，根据《民法典》第292条"不动产权利人因建造、修缮建筑物以及铺设电线、电缆、水管、暖气和燃气管线等必须利用相邻土地、建筑物的，该土地、建筑物的权利人应当提供必要的便利"的规定，本案中，杨某丙因经营需要并达到了环保部门的相关要求，在6幢42号对应车位下修建了一个污水处理池，且表面恢复了原状，该污水处理池实际生活中并不影响原告对案涉车位的正常使用，故法院对原告要求拆除修建在案涉车位上的污水池的请求不予支持。

【案例2】 李某与某物业公司物业服务合同纠纷案

（一）事实概要

2016年5月20日，李某与某物业公司签订前期物业服务协议，约定经项目建设单位某房地产开发有限公司组织招标后，某物业公司与建设单位签订物业服务合同，由某物业公司提供物业服务，现该物业公司与李某就前期物业服务事宜订立协议。合同期限自2014年6月16日起至2019年6月15日止。若本协议到期，建设单位或业主委员会没有与第三方签订本项目物业管理服务合同，如该物业公司愿意继续提供物业管理服务，则本协议将自动延续至建设单位或业主委员会与该物业公司或其他物业服务企业签订新的物业管理服务合同时为止。物业服务费由业主按其拥有物业的建筑面积缴纳，住宅物业费为每月每平方米 1.7 元。合同就物业服务内容及标准、各方权利义务、专项维修资金的使用、违约责任等进行了约定。后李某与该物业公司对合同义务产生争议，遂诉至法院。

（二）裁判结果

法院判决，该物业公司首先应在案涉小区公告栏向业主公示是否记载有对案涉小区物业共用部位、共用设施设备的养护记录，如有记载，则应进一步公示 2016 年 10 月以来对物业共用部位、共用设施设备的养护记录。

（三）案例分析

本案主要涉及业主在物业管理合同中所享有的权利问题。

《民法典》第 285 条第 1 款规定："物业服务企业或者其他管理人根据业主的委托，依照本法第三编有关物业服务合同的规定管理建筑区划内的建筑物及其附属设施，并接受业主的监督，并及时答复业主对物业服务情况提出的询问。"《物业管理条例》第 6 条第 2 款规定："业主在物业管理活动中，享有下列权利……（七）监督物业服务企业履行物业服务合同；（八）对物业共用部位、共用设施设备和相关场地使用情况享有知情权和监督权……"《最高人民法院关于审理建筑物区分所有权纠纷案件具体应用法律若干问题的解释》第 13 条规定："业主请求公布、查阅下列应当向业主公开的情况和资料的，人民法院应予支持：（一）建筑物及其附属设施的维修资金的筹集、使用情况；（二）管理规约、业主大会议事规则，以及业主大会或者业主委员会的决定及会议记录；（三）物业服务合同、共有部分的使用和收益情况；（四）建筑区划内规划用于停放汽车的车位、车库的处分情况；（五）其他应当向业主公开的情况和资料。"

根据上述法律规定，物业公司有义务向业主公开相关资料。

难点解析

（一）物权保护请求权类型

物权保护请求权包括物权确认请求权、返还原物请求权、排除妨害（碍）请求权、消除危险请求权、物权恢复原状请求权、物权损害赔偿请求权。

1. 物权确认请求权 [①]

物权确认请求权，是指利害关系人就物权的归属，内容发生争议时，享有的请求有关机关或者法院对物权归属、权利内容予以确认的权利。物权确认请求权发挥着确认产权、定分止争的作用，是物权保护的一项重要内容。从性质上看，物权确认请求权属于物权保护请求权中的一种。物权确认请求权包括以下两个方面的内容：（1）对物权归属的确认。所谓物权归属的确认，即确认对特定的物权直接支配和排他权利。（2）对物权内容的确认。所谓对物权内容的确认，是指当事人在对物权的内容发生争议时，有权请求有关机关或者法院对物权的内容加以确认。根据法律规定，物权确认请求权的权利主体仅限于"利害关系人"。所谓"利害关系人"，包括真正权利人、对物主张权利的人，以及与他们具有债权债务关系的人。之所以将物权确认请求权的主体限定为利害关系人，其原因在于：如果任何人都可以主张确认权利，那么会增加法院的诉讼负担，浪费司法资源，且不利于财产秩序的稳定。

2. 返还原物请求权 [②]

返还原物请求权，是指权利人对无权占有或者侵夺其物的人，有权请求其返还占有物。该项请求权是由所有权所派生的或者基于占有而生的请求权，并且是所有权效力及占有效力的直接体现，只要他人无权占有或者侵夺权利人的财产，包括占有人在内的权利人都可以通过行使该项权利而恢复其物权的圆满状态。返还原物请求权的适用条件为：（1）返还原物请求权的主体即请求权人应为失去对物的占有的物权人或者占有人，既包括所有权人，也包括他物权人、占有人。（2）须有他人无权占有或者侵夺物权人的物权的事实。所谓无权占有，通常是指缺乏占有的本源，换言之，是指对相对人无法律和合同的依据而占有权利人的财产。所谓侵夺，是指违背权利人的意思而强行夺取并占有权利人的物。（3）须有无权占有物的相对人。返还原物请求权的相对人应为现实即在权利人提出请求时占有其物的人，即现在占有的人，包括直接占有人和间接占有人。（4）须以原物的存在为前提。因为返还原物请求权的目的就是为了保护物权的圆满状态，如果原物已经灭失，实际上物权因其客体的灭失而消灭，此时物权人只能要求无权占有人承担违约赔偿责任或侵权赔偿责任。如果物权仍然存在，但是遭受了损毁，则权利人可以请求

① 参见《民法典》第234条。
② 参见《民法典》第235条、第312条、第461条、第462条。

无权占有人返还，并承担恢复原状的责任，如果物权人遭受了损失，还可以要求无权占有人承担侵权赔偿责任。（5）请求权人须就对标的物享有有效的物权性权利的事实举证责任。亦即，应由权利人就其享有的合法物权性权利进行举证。如果权利人对这一点不能举证证明，则不论相对人就占有和抢夺事实有无抗辩，请求人均应受败诉的判决。

3. 排除妨害（碍）请求权 ①

排除妨害（碍）请求权，是指当物权性权利的权利人，在其权利享有和行使受到占有以外的方式妨害时，物权人对妨害人享有请求其排除妨害，使自己的权利恢复圆满状态的权利。该项请求权的行使必须符合以下构成要件：（1）请求权的主体为该标的物的物权性权利人，包括用益物权人、担保物权人以及占有制度保护的占有人。（2）须有妨害行为的发生。所谓"妨害"，是指以占有以外的方法，影响物权性权利人正常行使其物权性权利。从形态上看，妨害一般包括以下几种情况：一是行为人非法利用他人财产致使物权性权利人不能对其财产行使物权性权利；二是非法为所有权设定负担，如擅自在他人不动产上设定抵押权等；三是其他妨害行为。（3）妨碍须不法或者超出了正常的容忍限度。亦即，行为人实施的"妨害"没有法律上的依据。换言之，如果行为人实施某种行为具有法律上或者合同上的依据（如承租人正当使用房屋、某人紧急避险而给所有人造成妨害），则尽管对物权性权利人构成妨害，物权性权利人也不得请求行为人排除妨害。所谓"超出了正常的容忍限度"，是指物权性权利人应当容忍他人轻微的、正当的妨害。在他人实施了轻微的妨害的情况下，物权性权利人不得请求予以排除。至于轻微妨害的判断，一方面要看妨害是否超出了一个人合理的能够容忍的范围；另一方面需要考虑物权性权利人容忍此种妨害是否将使其物权性权利不能得到正常行使。

4. 消除危险请求权 ②

消除危险请求权，又称"妨害防止请求权""妨害预防请求权"，是指物权性权利虽未受到现实妨害，但在面对将要发生的侵害或者有受到妨害的危险时，物权性权利人有请求相对人为一定行为或者不为一定行为，以消除既存危险并避免侵害发生的权利。该项请求权的行使必须符合以下构成要件：（1）请求权的主体为该标的物的物权性权利人。（2）须有"危险"行为的存在。所谓"危险"，是

---

① 参见《民法典》第236条、第286条第2款、第462条第1款、第1167条、第1205条。
② 参见《民法典》第236条、第286条第2款、第462条第1款、第1167条、第1205条。

指他人的行为或者设施可能造成自己占有物的损害。危险的判断标准为：一是危险必须是可以合理预见的，而不是主观臆断的。例如，房屋倒塌必须是按照一般的社会观念或者工程建设领域普通技术人员的认识，其确有可能倒塌。二是危险必须是确实存在且有对他人财产造成损害的可能，如邻人的大树有可能倾倒，砸坏自己的房屋。（3）危险行为具有不法性。

5. 物权恢复原状请求权 [①]

物权恢复原状请求权，是指以修理、重作、更换之外的其他手段恢复原来的完好状态的行为。物权恢复原状请求权通常是在权利人的动产或者不动产造成损毁的情况下被采用的。一般来说，财产被损毁之后，在经济上可以利用，并且权利人可以继续利用的，行为人应当采取措施以恢复财产的原状。但如果财产已经造成了灭失或者无法恢复原状，或者恢复原状费用过高，而权利人又不愿意修补，则权利人只能采取损害赔偿方式，而不能采取恢复原状的方法。在民法典编纂过程中，不少意见提出，返还原物请求权、排除妨害请求权、消除危险请求权属于物权请求权，而物权恢复原状请求权，在性质上不属于物权法律制度上的物权请求权，权利人必须"依法"行使。这里的"依法"，是指依照民法典侵权责任编以及其他相关法律规范的规定。这就意味着权利人行使该权利，需要符合相关法律关于请求权具体要件等方面的规定。

6. 物权损害赔偿请求权 [②]

物权损害赔偿请求权，是指物权受到侵害，给权利人造成损害的，物权人依法享有请求侵权人进行损害赔偿的权利。民法典物权编考虑到物权保护的全面性，在对物权法的相关条款进行适当修改完善的基础上，保留了这一请求权规定。该损害赔偿请求权的行使要件包括：（1）须有侵害物权行为的发生，亦即加害人已经实施了侵害物权的行为。（2）须有损害事实的存在，亦即物权遭受的损害已经发生物权人的财产损失客观存在。（3）加害人须有过错，亦即遭受损害的物权人要主张权利就必须举证证明加害人具有过错；如果不能证明加害人具有过错，则加害人不负损害赔偿责任。

民法典对物权的保护还规定了损害赔偿请求权，但是损害赔偿请求权与物权请求权并不相同，损害赔偿请求权通常认为是债权请求权，其目的在于赔偿损害，而物权请求权设立的目的在于恢复物权人对物的支配。依据民法典的规

---

① 参见《民法典》第 237 条、第 286 条第 2 款、第 715 条第 2 款。
② 参见《民法典》第 238 条、第 312 条、第 462 条第 1 款。

定，物权被侵害的，物权人可以行使一种或者数种请求权。

（二）建筑物区分所有权

1. 权利主体

根据民法典规定，依法享有建筑物区分所有权的权利主体是业主。从我国现有法律法规规定情况看，较早规定业主问题的是物权法和物业管理条例。《物业管理条例》第6条第1款规定，房屋的所有权人为业主。《最高人民法院关于审理建筑物区分所有权纠纷案件适用法律若干问题的解释》第1条第1款规定："依法登记取得或者根据民法典第二百二十九条至第二百三十一条规定取得建筑物专有部分所有权的人，应当认定为民法典第二编第六章所称的业主。"简单地说，凡依法经登记或其他符合法律规定取得物业所有权的人是业主，其法律地位是得到法律确认并予保障的。

现实生活中，基于与建设单位之间的商品房买卖民事法律行为，房屋买受人在已经合法占有使用专有部分的情况下，仍未依法办理所有权登记的情形大量存在。而且未能完成依法登记程序的原因又十分复杂，在此情况下，如果仅以是否已经依法登记取得所有权作为界定业主身份的标准，将与现实生活产生冲突，并有可能对前述人群应当享有的权利造成损害。

鉴于此，《最高人民法院关于审理建筑物区分所有权纠纷案件适用法律若干问题的解释》第1条第2款作出了特别规定："基于与建设单位之间的商品房买卖民事法律行为，已经合法占有建筑物专有部分，但尚未依法办理所有权登记的人，可以认定为民法典第二编第六章所称的业主。"

2. 建筑物区分所有权与一般所有权的区别

（1）一物一权是传统物权法理论中的一项基本原则，建筑物区分所有权的出现，是对该传统理论的突破，是一物一权原则或物的一部分不能成为独立权利客体一般原则的例外。

（2）建筑物区分所有权包括专有权、共有权、成员权。但成员权本身并不是所有权，它是一种管理权，包括对建筑物的管理和对建筑物区分所有权人的管理。因此，建筑物区分所有权不是一种单纯的一般意义的不动产所有权，它源于传统所有权但权利范围又有所扩张，是一种在现代城市化进程中产生的新型的复合民事权利。

3. 建筑物区分所有权各区域的归属

（1）专有所有权（建筑物区分所有权的基础和核心）。业主对其建筑物专有部分享有占有、使用、收益和处分的权利。业主行使权利不得危及建筑物的安全，不得损害其他业主的合法权益。

第一，专有部分的界定。通说认为，应当以具有构造上的独立性和使用上的独立性作为标准。具体标准可参考《最高人民法院关于审理建筑物区分所有权纠纷案件适用法律若干问题的解释》第2条第1款，即"建筑区划内符合下列条件的房屋，以及车位、摊位等特定空间，应当认定为民法典第二编第六章所称的专有部分：（一）具有构造上的独立性，能够明确区分；（二）具有利用上的独立性，可以排他使用；（三）能够登记成为特定业主所有权的客体"。

第二，行使专有权时的限制。业主行使权利时不得危及建筑物安全、不得损害其他业主合法权益。这主要是因为在建筑物区分所有的情况下，各区分所有人之间的相邻关系是客观存在的。

（2）共有所有权。业主对建筑物专有部分以外的共有部分，享有权利承担义务，不得以放弃权利为由不履行义务。业主转让建筑物内的住宅、经营性用房，其对共有部分享有的共有和共同管理的权利一并转让。

第一，共有权有自身的独特性，与传统民法理论和民法典第八章专门规定的共有问题有很大的差别。传统共有是指两个或者两个以上的单位或者个人对同一不动产或者动产享有所有权。建筑物区分所有权人对共有部分的共有权，是对建筑物的共用部分、基地使用权、小区的公共场所和公共设施等所共同享有的财产权利。该共有权在性质上既不是传统共有中的按份共有，也不是共同共有，它是一种特殊的共有。

第二，共有部分的界定。根据《最高人民法院关于审理建筑物区分所有权纠纷案件适用法律若干问题的解释》第3条，实务中对共有部分一般理解为：一是法定共有部分。包括建筑物的基本构造部分（如维持建筑物的安全及其外观所必要的支柱、屋顶、外墙或地下构造等）；建筑区划内的道路（确定属于城镇公共道路的除外）；建筑区划内的绿地（属于城镇公共绿地或者明确属于个人的除外）；建筑区划内的其他公共场所、公用设施；物业服务用房。二是天然共有部分，指法律没有明文规定，当事人合同中也没有约定，但其属性上天然属于共有的部分，包括建筑物的基本结构部分、公共通行部分、公共设施设备部分和公共空间等（如基于建筑物的特性而当然存在的楼梯间、消防设备、走廊、水塔、自来水管道等）。三是约定共有部分。除以上所述法定共有、天然共有部分外，还存在既不属于业主专有的部分，也不属于市政公用部分或者其他权利人所有的场所和设施等，此类共有均属于约定共有。此外，建筑区划内的土地，排除一些有明确规定和当事人约定的情形外，依法由全体业主共同享有建设用地使用权。特别是当发生建筑区划内归业主共同享有使用权的土地被征收后给予的补偿费用，利用小区内土地在规划外建设车位而获取的收益等，都应当属于业主共有。

第三，共有权的权利义务内容。一是业主对共有部分享有共有权，包括占有、使用、收益和处分的权利。二是业主对共有部分享有共同管理的权利。三是业主相应地承担对共有部分的共负义务，如不得在共有部分任意弃置垃圾、违章搭建，不得随意侵占通道等。业主不得以放弃权利为由不履行义务，如业主不得以不使用电梯为由，不交纳电梯维修费用；在集中供暖的情况下，不得以冬季不在此住宅居住为由，不交纳暖气费用。

第四，业主对共有部分的权利一并转让。业主的建筑物区分所有权是一个集合权，包括对专有部分享有的所有权、对建筑区划内的共有部分享有的共有权和共同管理的权利，这三种权利具有不可分离性。业主在转让其位于建筑物内的住宅、经营性用房时，其因专有权而享有的对共有部分的共有和共同管理的权利将一并发生转让，不能与转让的专有部分发生分离或单独保留所有权。

4. 车位、车库的归属

（1）建筑区划内，规划用于停放汽车的车位、车库权属可约定。因车位、车库具有独立性、可分性，当事人可约定通过出售、附赠或出租等方式确定权属。

前述车位、车库应当首先满足业主的需要。民法典只对建筑区划内，规划用于停放汽车的车位、车库的归属予以了明确。对于不属于整个小区的地下停车场、地面有偿车位及违反规划要求所建的车位、车库等情形，均不属于《民法典》第276条调整范围。

（2）非规划内车位属于业主共有。占用业主共有的道路或者其他场地用于停车形成的车位，在最初批准的项目建设规划中，这部分作为停车之用的车位并不存在，所占用的道路或者场地属于业主共有财产。

应当注意的是，关于占用业主共有道路或场所停放汽车的仅有"车位"，没有"车库"。这是因为车库一般作为独立使用对象，不属于小区共用的公共设施，很少存在占用共有道路建设车库的现象。

（3）"应当首先满足业主的需要"的理解。《民法典》第276条属于法律规定的效力性强制性规定。该条属于调整小区公共利益的条款，车位、车库应当首先满足业主的需要，不是指满足某特定的业主的需要，而是满足全建筑区划内的所有的业主对车位、车库的需要。如果开发商违反了本条规定出卖或者出租车位、车库，有利害关系的业主请求宣告该买卖行为无效或者请求终止租赁关系的，人民法院应予支持。宣告无效的部分只是其在满足合理需要之外的超出配置比例的开发商与其他业主签订的买卖、租赁车位、车库的合同。

原告需满足以下条件才可能胜诉：一是必须是涉案小区的业主；二是原告必须是按照车位、车库与房屋套数的配置比例，合理的停车需要没有得到满足的业主。

（三）业主自治管理的相关规定

1.业主大会、业主委员会的设立

（1）业主大会由物业管理区域内的全体业主组成，一个物业管理区域成立一个业主大会。只有一个业主的，或者业主人数较少且经全体业主一致同意，决定不成立业主大会的，由业主共同履行业主大会、业主委员会职责。

（2）业主人数众多，可设立业主委员会，是业主大会的执行机构。首届业主委员会通常由小区全体业主投票选举产生；之后的业主委员会根据小区业主大会议事规则约定的规则进行选举产生，人数通常为5—11人的单数。业主委员会成立后，应当及时向物业所在地的区、县人民政府房地产行政主管部门和街道办事处、乡镇人民政府备案。

（3）地方人民政府有关部门、居民委员会应指导和协助成立业主大会和选举产生业主委员会。物业所在地的区、县房地产行政主管部门和街道办事处、乡镇人民政府负责对设立业主大会和选举业主委员会给予指导和协助，负责对业主大会和业主委员会的日常活动进行指导和监督。建设单位和物业服务企业应当配合协助业主大会筹备成立及开展工作。

2.业主共同决定事项及表决方式

（1）建筑区划内的下列事项由业主共同决定：制定和修改业主大会议事规则；制定和修改管理规约；选举业主委员会或者更换业主委员会成员；选聘和解聘物业服务企业或者其他管理人；使用建筑物及其附属设施的维修资金；筹集建筑物及其附属设施的维修资金；改建、重建建筑物及其附属设施；改变共有部分的用途或者利用共有部分从事经营活动；有关共有和共同管理权利的其他重大事项。

（2）表决方式：业主共同决定事项，应当由专有部分面积2/3以上的业主且人数占比2/3以上的业主参与表决。决定《民法典》第278条第1款第6至第 8 项规定的事项，应当经参与表决专有部分面积 3/4 以上的业主且参与表决人数 3/4 以上的业主同意。决定《民法典》第 278 条第 1 款其他事项，应当经参与表决专有部分面积 1/2 的业主且参与表决人数 1/2 的业主同意。

民法典所规定的表决方式与之前《物权法》第 76 条的规定相比，属于新增加的规定，更加规范了表决的程序，降低了业主表决同意人数及专有部分面积占比的要求，更加强调了业主的参与度和业主自治，保障了小业主的表决权，充分体现了民主原则。

（3）业主大会、业主委员会决定的效力：业主大会或者业主委员会的决定，对业主具有法律约束力。业主大会或者业主委员会作出的决定侵害业主合法权益的，受侵害的业主可以请求人民法院予以撤销。

3. 业主改变住宅用途的限制条件

随着经济发展，在建筑物区分所有的情形下，业主擅自将小区内的住宅房屋改变为餐饮、娱乐等商业用房，以及经营公司、服务行业等经营性用房的情况不断增加，实践中将此种情况称为"住改商"。将住宅改变为经营性用房，需满足以下条件：一是遵守法律、法规以及管理规约；二是必须经其他有利害关系业主一致同意。

此处有利害关系的业主须满足以下条件：具有业主身份（合法的物业使用人亦有权）；业主的合法权利受到或可能受到侵害；损害与"住改商"业主行为之间有法律上的因果关系。

未经有利害关系的业主一致同意，其行为不具备合法性。因此，《民法典》第 279 条实际上已经成为"住改商"业主对由此产生的损害后果需承担相应民事责任的法律依据。

（四）与建筑物有关的收益及费用分担

1. 维修资金的归属和处分

维修资金是指由业主缴纳的专门用于住宅共用部分、共用设施和设备维修保修期满后的维修和更新、改造的资金，如电梯、屋顶、外墙、无障碍设施等共有部分的维修费用。

（1）维修资金由业主共有。维修资金在性质上属于业主的共有财产，不能处分、转让及分割为业主所有的份额。政府只能对维修资金是否实际用于维修建筑物及其附属设施进行监督指导，并不能直接支配维修资金。

（2）维修资金必须专款专用，用于特定的目的。维修资金应当专项用于住宅共用部位、共用设施设备保修期满后的维修和更新、改造，特别是建筑物本身的修缮，不得挪作他用。具体使用流程按照《民法典》第 278 条规定由业主共同决定。

维修资金的筹集、使用情况应当定期公布。紧急情况下需要维修建筑物及其附属设施的，业主大会或者业主委员会可以依法申请使用建筑物及其附属设施的维修资金。

2. 共有部分的收入扣除合理成本后归业主共有

根据民法典规定，建设单位、物业服务企业或者其他管理人等利用业主的共有部分产生的收入，在扣除合理成本之后，属于业主共有。

（1）共有部分的范围界定。我国对业主共有部分范围的划分，采用的是排除加列举的方式，如《民法典》第 271 条、第 274 条等。首先需明晰的是业主的共有部分中能够产生收入的共有部分的范围。实务中，以下部分可以包括在内：一是车库、车位。如果车位、车库有空余，开发商可以将车位、车库出租给业主之外的第三人。二是楼顶平台。楼顶平台是建筑的楼顶及其空间，这一部分应当属于全体业主所有，如设置广告塔就必然会产生收益。三是建筑外墙面。建筑外墙面属于建筑物的整体构造部分，应当属于全体业主共有。如果开发商或者建筑物底商利用建筑物外墙设置广告、牌匾等商业宣传设施等，应当支付使用费。四是建筑物基本构造部分中的走廊、楼梯、过道、电梯间等。实践中，有开发商或物业服务机构在这些位置设置广告位，由此产生的收益也应当属于《民法典》第 282 条调整的范围。

（2）归属原则。共有部分产生的收益属于业主共有。业主主张返还共有部分产生的收入时，应扣除必要的、合理的管理成本。建筑物及其附属设施的费用分摊、收益分配等事项，有约定的，按照约定；没有约定或者约定不明确的，按照业主专有部分面积所占比例确定。

📖 重点条文与关联法律 〉〉〉

第二百七十一条 【关于建筑物区分所有权的规定】

业主对建筑物内的住宅、经营性用房等专有部分享有所有权，对专有部分以外的共有部分享有共有和共同管理的权利。

第二百七十二条 【关于业主对专有部分行使所有权的规定】

业主对其建筑物专有部分享有占有、使用、收益和处分的权利。业主行使权利不得危及建筑物的安全，不得损害其他业主的合法权益。

第二百七十三条　【关于业主对专有部分以外共有部分权利义务的规定】

业主对建筑物专有部分以外的共有部分，享有权利，承担义务；不得以放弃权利为由不履行义务。

业主转让建筑物内的住宅、经营性用房，其对共有部分享有的共有和共同管理的权利一并转让。

第二百七十四条　【关于建筑区划内道路等归属的规定】

建筑区划内的道路，属于业主共有，但是属于城镇公共道路的除外。建筑区划内的绿地，属于业主共有，但是属于城镇公共绿地或者明示属于个人的除外。建筑区划内的其他公共场所、公用设施和物业服务用房，属于业主共有。

第二百七十五条　【关于车位、车库归属的规定】

建筑区划内，规划用于停放汽车的车位、车库的归属，由当事人通过出售、附赠或者出租等方式约定。

占用业主共有的道路或者其他场地用于停放汽车的车位，属于业主共有。

第二百七十六条　【关于车位、车库使用的规定】

建筑区划内，规划用于停放汽车的车位、车库应当首先满足业主的需要。

第二百七十七条　【关于设立业主大会和选举业主委员会的规定】

业主可以设立业主大会，选举业主委员会。业主大会、业主委员会成立的具体条件和程序，依照法律、法规的规定。

地方人民政府有关部门、居民委员会应当对设立业主大会和选举业主委员会给予指导和协助。

第二百七十八条　【关于业主共同决定的重大事项及表决秩序的规定】

下列事项由业主共同决定：

（一）制定和修改业主大会议事规则；

（二）制定和修改管理规约；

（三）选举业主委员会或者更换业主委员会成员；

（四）选聘和解聘物业服务企业或者其他管理人；

（五）使用建筑物及其附属设施的维修资金；

（六）筹集建筑物及其附属设施的维修资金；

（七）改建、重建建筑物及其附属设施；

（八）改变共有部分的用途或者利用共有部分从事经营活动；

（九）有关共有和共同管理权利的其他重大事项。

业主共同决定事项，应当由专有部分面积占比三分之二以上的业主且人数占比三分之二以上的业主参与表决。决定前款第六项至第八项规定的事项，应当经参与表决专有部分面积四分之三以上的业主且参与表决人数四分之三以上的业主同意。决定前款其他事项，应当经参与表决专有部分面积过半数的业主且参与表决人数过半数的业主同意。

第二百八十条　【关于业主大会、业主委员会决定效力的规定】

业主大会或者业主委员会的决定，对业主具有法律约束力。

业主大会或者业主委员会作出的决定侵害业主合法权益的，受侵害的业主可以请求人民法院予以撤销。

第二百八十二条　【关于共有部分产生收益归属的规定】

建设单位、物业服务企业或者其他管理人等利用业主的共有部分产生的收入，在扣除合理成本之后，属于业主共有。

第二百八十六条　【关于业主义务的规定】

业主应当遵守法律、法规以及管理规约，相关行为应当符合节约资源、保护生态环境的要求。对于物业服务企业或者其他管理人执行政府依法实施的应急处置措施和其他管理措施，业主应当依法予以配合。

业主大会或者业主委员会，对任意弃置垃圾、排放污染物或者噪声、违反规定饲养动物、违章搭建、侵占通道、拒付物业费等损害他人合法权益的行为，有权依照法律、法规以及管理规约，请求行为人停止侵害、排除妨碍、消除危险、恢复原状、赔偿损失。

业主或者其他行为人拒不履行相关义务的，有关当事人可以向有关行政主管部门报告或者投诉，有关行政主管部门应当依法处理。

第二百八十七条　【关于业主维护合法权益的规定】

业主对建设单位、物业服务企业或者其他管理人以及其他业主侵害自己合法权益的行为，有权请求其承担民事责任。

物权法	民法典	要点提示
第七十七条　业主不得违反法律、法规以及管理规约，将住宅改变为经营性用房。业主将住宅改变为经营性用房的，除遵守法律、法规以及管理规约外，应当经有利害关系的业主同意。	**第二百七十九条**　业主不得违反法律、法规以及管理规约，将住宅改变为经营性用房。业主将住宅改变为经营性用房的，除遵守法律、法规以及管理规约外，应当经有利害关系的业主一致同意。	将"住改商"应当经有利害关系的业主"同意"修改为"一致同意"。

物权法	民法典	要点提示
第七十八条　业主大会或者业主委员会的决定，对业主具有约束力。 　　业主大会或者业主委员会作出的决定侵害业主合法权益的，受侵害的业主可以请求人民法院予以撤销。	第二百八十条　业主大会或者业主委员会的决定，对业主具有法律约束力。 　　业主大会或者业主委员会作出的决定侵害业主合法权益的，受侵害的业主可以请求人民法院予以撤销。	将业主大会或者业主委员会的决定，对业主"具有约束力"修改为"具有法律约束力"。
第七十九条　建筑物及其附属设施的维修资金，属于业主共有。经业主共同决定，可以用于电梯、水箱等共有部分的维修。维修资金的筹集、使用情况应当公布。	第二百八十一条　建筑物及其附属设施的维修资金，属于业主共有。经业主共同决定，可以用于电梯、屋顶、外墙、无障碍设施等共有部分的维修、更新和改造。建筑物及其附属设施的维修资金的筹集、使用情况应当定期公布。 　　紧急情况下需要维修建筑物及其附属设施的，业主大会或者业主委员会可以依法申请使用建筑物及其附属设施的维修资金。	扩大维修资金的用途，增加可用于"屋顶、外墙、无障碍设施等部分"规定，除可用于"维修"外，增加可用于"更新和改造"规定。 　　增加"建筑物及其附属设施的维修资金的筹集、使用情况应当定期公布"规定。 　　新增第2款。
第八十条　建筑物及其附属设施的费用分摊、收益分配等事项，有约定的，按照约定；没有约定或者约定不明确的，按照业主专有部分占建筑物总面积的比例确定。	第二百八十三条　建筑物及其附属设施的费用分摊、收益分配等事项，有约定的，按照约定；没有约定或者约定不明确的，按照业主专有部分面积所占比例确定。	将"按照业主专有部分占建筑物总面积的比例"修改为"按照业主专有部分所占比例"。
第八十二条　物业服务企业或者其他管理人根据业主的委托管理建筑区划内的建筑物及其附属设施，并接受业主的监督。	第二百八十五条　物业服务企业或者其他管理人根据业主的委托，依照本法第三编有关物业服务合同的规定管理建筑区划内的建筑物及其附属设施，接受业主的监督，并及时答复业主对物业服务情况提出的询问。 　　物业服务企业或者其他管理人应当执行政府依法实施的应急处置措施和其他管理措施，积极配合开展相关工作。	新增规定物业服务企业须"接受业主的监督，并及时答复业主对物业服务情况提出的询问"。 　　新增规定"物业服务企业或者其他管理人应当执行政府依法实施的应急处置措施和其他管理措施，积极配合开展相关工作"。

四、相邻关系

（一）处理相邻关系的依据

在现实生活中，基于相邻关系发生的纠纷的种类很多，人民法院或者其他有权调解、处理的机关在处理纠纷时，又必须依据一定的规范，所以本条规定：法律、法规对处理相邻关系有规定的，依照其规定；法律、法规没有规定的，可以按照当地习惯。

处理民事关系，首先应当依照民事法律的规定。在民事法律未作规定的情况下，法官在处理民事纠纷时，依习惯作出判断。《民法典》第 10 条规定，处理民事纠纷，应当依照法律；法律没有规定的，可以适用习惯，但是不得违背公序良俗。

在整个民法体系中，处理相邻关系需要以习惯作为依据所占的比例是比较大的。理由就是相邻关系的种类繁多且内容丰富。由于本法对相邻关系的规定比较原则和抽象，因此，更是大量需要以习惯作为标准来判决基于相邻关系而产生的纠纷的是与非。

需要注意的是，作为审案依据的"习惯"必须是当地多年实施且为当地多数人所遵从和认可的习惯，这种习惯已经具有"习惯法"的作用，在当地具有类似于法律一样的约束力。同时，这种习惯以不违背公序良俗为限。因此，当邻里因为不动产的使用而发生纠纷时，如果没有相应的民事法律进行调整，在是否适用习惯作为审案的依据，以及适用何种习惯作为审案的依据问题上，法官具有自由裁量权。

（二）相邻关系的处理原则

相邻关系是指两个或两个以上相互毗邻不动产的所有人或使用人，在行使不动产的所有权或使用权时，如通风、采光、用水、排水、通行等，相邻各方形成的相互给予便利和接受限制而产生的权利义务关系。

解决相邻不动产所有权人之间权利冲突的基本原则有：有利生产、方便生活、团结互助、公平合理。实践中要从这些原则出发，判断各自的权利界限，如果造成损失，应当根据补救原则，及时以停止侵害、排除妨碍、赔偿损失等方式恢复受到损害的权利。在处理相邻关系的过程中，法律法规有规定的依照规定；法律、法规没有规定的，可以按照当地习惯。

（三）不同相邻关系的处理

根据《民法典》第290条至第296条规定，不同相邻关系的处理原则如下：

一是用水、排水相邻关系：应该为相邻方提供便利，对自然流水的利用应合理分配，并尊重自然流向。

二是通行相邻关系：应当提供必要的便利。

三是相邻土地的利用：对因建造、修缮建筑物以及铺设管线等必须利用相邻土地的，应当提供必要的便利。

四是相邻通风、采光和日照：不得违反建设标准，不得妨碍相邻建筑物的通风、采光和日照。

五是不可量物侵害：相邻人不得违反国家规定弃置固体废物、排放大气污染物、水污染物、土壤污染物（新增）、噪声、光辐射（新增）、电磁辐射等有害物质。

六是不得危及相邻不动产的安全：权利人挖掘土地、建造建筑物等不得危及相邻不动产的安全。

七是使用相邻不动产的，应避免对相邻不动产权利人造成损害。

📖 重点条文与关联法律 ▷▷▷

第二百八十八条　【关于处理相邻关系原则的规定】

不动产的相邻权利人应当按照有利生产、方便生活、团结互助、公平合理的原则，正确处理相邻关系。

第二百八十九条　【关于处理相邻关系依据的规定】

法律、法规对处理相邻关系有规定的，依照其规定；法律、法规没有规定的，可以按照当地习惯。

第二百九十条　【关于用水、排水相邻关系的规定】

不动产权利人应当为相邻权利人用水、排水提供必要的便利。

对自然流水的利用，应当在不动产的相邻权利人之间合理分配。对自然流水的排放，应当尊重自然流向。

第二百九十一条 【关于不动产权利人提供必要便利的规定】

不动产权利人对相邻权利人因通行等必须利用其土地的，应当提供必要的便利。

第二百九十二条 【关于相邻土地利用的规定】

不动产权利人因建造、修缮建筑物以及铺设电线、电缆、水管、暖气和燃气管线等必须利用相邻土地、建筑物的，该土地、建筑物的权利人应当提供必要的便利。

第二百九十三条 【关于通风、采光和日照的规定】

建造建筑物，不得违反国家有关工程建设标准，不得妨碍相邻建筑物的通风、采光和日照。

第二百九十五条 【关于维护相邻不动产安全的规定】

不动产权利人挖掘土地、建造建筑物、铺设管线以及安装设备等，不得危及相邻不动产的安全。

物权法	民法典	要点提示
第九十条 不动产权利人不得违反国家规定弃置固体废物，排放大气污染物、水污染物、噪声、光、电磁波辐射等有害物质。	**第二百九十四条** 不动产权利人不得违反国家规定弃置固体废物，排放大气污染物、水污染物、土壤污染物、噪声、光辐射、电磁辐射等有害物质。	禁止相邻不动产之间排放的种类物中新增了"土壤污染物"，将"光"修改为"光辐射"。
第九十二条 不动产权利人因用水、排水、通行、铺设管线等利用相邻不动产的，应当尽量避免对相邻的不动产权利人造成损害；造成损害的，应当给予赔偿。	**第二百九十六条** 不动产权利人因用水、排水、通行、铺设管线等利用相邻不动产的，应当尽量避免对相邻的不动产权利人造成损害。	删除原"造成损害的，应当给予赔偿"的规定。

五、共有

典型案例 >>>

冷某玉与王某共有物分割纠纷案

（一）事实概要

被继承人王某花、冷某进于 1971 年结婚，婚生二女即本案原告冷某玉、被告王某。冷某进、王某花去世后，冷某玉、王某因继承问题发生纠纷，冷某玉起诉至法院，法院于 2020 年 10 月 10 日作出（2020）鲁 1082 民初 3783 号民事判决，判令被继承人王某花名下的"荣集用（2005）字第 14140233 号"集体土地使用证登记的宅基地所属房屋，由原告冷某玉继承 3/4 份额，被告王某继承 1/4 份额。

诉前，冷某玉申请对王某进行财产保全，法院依法作出（2020）鲁 1082 财保 223 号民事裁定，冻结王某在（2020）鲁 1082 民初 3783 号民事判决书中享有的执行款 28867.1 元，冻结期限为 3 年。冷某玉缴纳保全费 309 元。

因对上述房产价值及具体分割存在争议，冷某玉诉至本院，并申请鉴定，法院依法委托山东永平房地产评估有限公司进行评估，该公司出具鉴定意见，认定涉案房产评估价值为 7.73 万元。冷某玉支付评估费 2000 元。

（二）裁判结果

本案中，涉案宅基地所属房屋冷某玉继承 3/4 份额、被告王某继承 1/4 份额，已经由生效判决予以确认。本案争议的焦点是该共有物如何作价分割。关于共有物的价值，法院认为山东永平房地产评估有限公司具备合法的鉴定资质，鉴定程序合法，鉴定依据合理，予以采信其出具的鉴定意见。"荣集用（2005）字第 14140233 号"集体土地使用证登记的宅基地所属房屋价值应认定为 7.73 万元。

法院考虑到冷某玉继承份额远大于王某继承份额、冷某玉主张房屋所有权以及便利生产生活的原则，判决"荣集用（2005）字第 14140233 号"集体土地使用证登记的宅基地所属房屋归原告冷某玉所有；原告冷某玉于判决生效后 10

日内给付被告王某份额款 19325 元。

（三）案例分析

本案主要涉及共有物分割的问题。

1. 关于共有物分割的原则；根据《民法典》第 304 条规定，共有人可以协商确定分割方式。达不成协议，共有的不动产或者动产可以分割且不会因分割减损价值的，应当对实物予以分割；难以分割或者因分割会减损价值的，应当对折价或者拍卖、变卖取得的价款予以分割。共有人分割所得的不动产或者动产有瑕疵的，其他共有人应当分担损失。

2. 关于按份共有人的权利。《民法典》第 305 条规定，按份共有人可以转让其享有的共有的不动产或者动产份额。其他共有人在同等条件下享有优先购买的权利。

难点解析 >>>

（一）按份共有份额的推定

按份共有人对共有的不动产或动产按照其份额享有所有权。按份共有中的"份"，不是具体的份额，不能与共有物特定部分一一对应，而是所有权的抽象份额。按份共有的起因包括：一是基于当事人的意思，例如数人共同出资购买某物，共同受让所有权；二是基于法律规定；三是共同共有变为按份共有。如继承财产分配之前为共同共有，后来可能形成按份共有。

1. 共有人对共有性质没有约定或者约定不明的，除共有人具有家庭关系等外，视为按份共有。共有人之间可以对共有的性质进行约定。例如，《民法典》第 1065 条规定，男女双方可以约定婚姻关系存续期间所得的财产以及婚前财产归各自所有、共同所有或者部分各自所有、部分共同所有。约定应当采用书面形式。

如果没有约定为按份共有或者共同共有，或者约定不明确的，除共有人具有家庭关系等外，视为按份共有。推定为按份共有可能比推定为共同共有更加符合实际和有利于纠纷的解决：一是按份共有人对外承担连带债务，对内按照份额承担债务，超过应有份额者还可以向其他共有人追偿，体现了较为清晰的权利义务关系；二是按份共有物的分割与共同共有物的分割相比，限制相对较少。

2. 按份共有人对共有物享有的份额，首先依约定，没有约定或约定不明的，按照出资额确定；不能确定出资额的，视为等额享有。

（二）按份共有人的份额处分权和优先购买权

1. 按份共有人可以转让其份额。按份共有人的份额本质上属于按份共有人的所有权，转让自由是所有权的重要属性之一。但是，如果共有人之间约定份额不得自由转让，应如何处理？从理论上讲，如果有约定按照约定，但是按照《民法典》第 304 条关于共有物分割的规定，可以参照理解，即如果共有人有重大理由可以请求分割，那么转让份额也应当允许。

2. 按份共有人转让份额时，其他共有人在同等条件下享有优先购买权。（1）按份共有人对内转让其份额时，不触发其他共有人的优先购买权。如果对共有物采取强制执行措施，是否还享有优先购买权？按照通常理解，其他共有人在该情形下依然可以行使优先购买权。（2）优先购买权的行使应基于"同等条件"，此处"同等条件"的确定是以转让人与第三人之间的交易条件为参照的。根据《最高人民法院关于适用〈中华人民共和国民法典〉物权编的解释（一）》第 10 条规定，"同等条件"，应当综合共有份额的转让价格、价款履行方式及期限等因素确定。

3. 优先购买权的实现方式。根据《民法典》第 306 条规定，按份共有人转让份额的，应将转让条件及时通知其他共有人，其他共有人应在合理期限内行使优先购买权。两人以上主张行使优先购买权的，协商确定比例；协商不成的，按照转让时各自的共有份额比例行使优先购买权。本条系民法典新增条款，理解如下：

（1）通知的要求。通知的主体为拟转让份额的共有人，通知的对象是其他共有人。通知的内容是前文所述的"同等条件"，还是转让人与第三人达成的转让合同的全部内容，包括拟受让人的姓名等信息？可以参照公司法中有限责任公司股权外部转让时对通知内容的要求来理解按份共有人的通知内容，按份共有人应将与第三人达成的交易条件通知其他共有人，以便其他共有人决定是否行使优先购买权。按照本条规定，按份共有人应及时履行通知义务。

一是关于通知的方式。由于《民法典》第 306 条并未规定通知的方式，可否理解为书面及其他能够让其他共有人收悉的合理通知方式均可以。二是如果转让方将转让条件通知其他共有人之后，转让方是否可以撤回通知？或者当其他共有人主张行使优先购买权后，转让方对其他共有人行使优先购买权心生悔意，是否准许？实践中该问题值得关注。

（2）行权期间。关于《民法典》第306条规定的合理期限，一般采取：有约定按照约定；无约定按通知中载明的时间；通知中未载明时间的推定为15日；未通知的从知道或应当知道之日起15日内；未通知且无法确定知道日期的推定为共有份额权属转移之日起6个月内。

对于该期间的性质，笔者赞同将其定性为除斥期间而非诉讼时效。优先购买权的行使期限原则上不适用中止或者中断，亦不能延长，除非法律另有规定，一旦行使期限经过，优先购买权没有行使的，即告消灭。

（3）行权方式。实践中，转让人通常要求其他共有人对是否行使优先购买权进行答复。如果其他共有人并未按照通知要求进行答复，应如何处理？鉴于优先购买权的行权期间一般不会很长，因此，其他共有人只要在该期间行使了优先购买这一事实即可，不宜认定优先购买权这一法定权利因权利人未作答复而消灭。

（4）优先购买权的竞合。两个以上其他共有人主张行使优先购买权的，协商确定各自的购买比例；协商不成的，按照转让时各自的共有份额比例行使优先购买权。《民法典》第306条规定类似于公司法中的规定，亦吸收了《最高人民法院关于适用〈中华人民共和国民法典〉物权编的解释（一）》第14条的内容。适用本条的前提是经过协商而协商不成，应当按照"转让时"的份额比例行使权利。如果按照共有关系形成时的份额比例行使优先购买权，则对转让时的按份共有人不公平。

（三）共同共有及其特征

共同共有人对共有的不动产或者动产共同享有所有权。

1.共同共有产生的前提是存在共同关系。共同关系一般发生在互有特殊身份关系的当事人之间，如夫妻关系、家庭关系等。对于共同共有能否通过约定而产生，《民法典》第308条规定："共有人对共有的不动产或者动产没有约定为按份共有或者共同共有，或者约定不明确的，除共有人具有家庭关系等外，视为按份共有。"第1065条规定："男女双方可以约定婚姻关系存续期间所得的财产以及婚前财产归各自所有、共同所有或者部分各自所有、部分共同所有。"可见，我国民法典认可通过约定形成的共同共有。

2.共同共有的财产权利不分份额。这是共同共有区别于按份共有的特征之一。按份共有人按照份额享有权利；共同共有人不分份额地对共有物享有权利、承担义务，即共同共有人平等地对共同财产享有权利、承担义务。

3. 共有财产的类型。（1）夫妻共有财产。关于夫妻共同财产的范围参照《民法典》第 1062 条规定。（2）家庭共有财产。家庭共有财产是指家庭成员在家庭共同生活关系存续期间共同创造、共同所得的共同财产。需注意的是，家庭共有财产不等同于家庭财产。因为家庭财产还包括家庭个人财产。（3）共同继承的财产。继承发生后到遗产分割前，遗产作为整体由全体继承人共同共有。如果各继承人约定共同继承遗产，不分份额地共同继承，也发生共有关系。如果继承人约定不分割遗产，但按照份额对遗产享有所有权，则构成按份共有。当然，继承开始后各继承人可以分割遗产，此时不形成共有，各继承人对分割的遗产成立单独的所有权。（4）其他共有财产。家族共有的祠堂、学田、族产等属于共有财产。合伙财产的使用，按照民法典合伙合同的规则来处理。

（四）共有物的管理及处分

1. 一般管理原则。共有物管理是指共有人对共有物的保存、使用、简单改良与修缮等行为。例如，家庭成员对共同共有的土地承包经营权的利用或土地增肥、家庭成员对共有的房屋进行修缮等。共有人按照约定管理共有的不动产或者动产。

2. 重大事项管理原则。处分（如消费、拆除、抛弃、出卖、赠送等）共有的不动产或者动产，以及对共有的不动产或者动产作重大修缮（如旧房翻新）、变更性质或者用途的，应当经占份额 2/3 以上的按份共有人或者全体共同共有人同意，但是共有人之间另有约定的除外。

（五）共有物的分割

共有物的分割是指共有人对共有物采取实物分割或价值分割等方式以结束共有关系。

1. 共有物的分割要求

（1）有约定从约定。

（2）有重大理由需要分割的，可以请求分割。即使存在不得分割的约定，但如出现重大理由，也允许分割。对于重大理由的理解，须慎重把握。例如，按份共有人请求分割共有物是为了生活中的急需，如支付教育、医疗费用等，应视为构成重大理由，允许按份共有人请求分割共有物；但如果请求分割共有物是为了奢侈消费，则不能构成分割共有物的重大理由。

（3）没有约定或者约定不明确的，按份共有人可以随时请求分割。

（4）共同共有人在共有的基础丧失或者有重大理由需要分割时可以请求分割。在共同共有关系中，即使对共有物分割没有约定或者约定不明确的，共有人也不得随意请求分割共有物。此处的"重大理由"主要是指维持生活支出、医疗、教育等费用支出的事由。如《民法典》第1066条规定，婚姻关系存续期间，有下列情形之一的，夫妻一方可以向人民法院请求分割共同财产：一是一方有隐藏、转移、变卖、毁损、挥霍夫妻共同财产或者伪造夫妻共同债务等严重损害夫妻共同财产利益的行为；二是一方负有法定扶养义务的人患重大疾病需要医治，另一方不同意支付相关医疗费用。

（5）因分割造成其他共有人损害的，应当给予赔偿。因某些法定的特殊原因，共有人分割共有财产会使共有财产的功能丧失或减弱，降低其价值，有可能给其他共有人造成损害，对此，行使分割请求权的共有人须对造成的其他共有人的损失承担赔偿责任。

2. 共有物的分割方式

共有物分割法律意义在于：在未分割之前，按份共有人的份额为抽象的份额，但是分割之后，共有人就其分割所得部分单独成立所有权。根据民法典规定，具体的分割方式包括：

（1）实物分割。根据《民法典》第304条规定，共有的不动产或者动产可以分割且不会因分割减损价值的，应当对实物予以分割。从顺序上看，在达不成分割协议的情况下，实物分割应作为首选的共有物分割方式。实物分割无须进行变卖程序，也不增加变卖的费用。在条件上，实物分割须满足两个条件：一是共有物具有物理上的可分割性；二是分割不会减损共有物的价值。例如房屋若干、粮食若干，即可以按照共有人的人数进行分割。

（2）折价分割。折价分割是指由共有人中的一人或数人取得共有物的所有权，并向其他共有人按照份额比例支付补偿款或者其他对价的分割方式。折价分割必然涉及共有物的价值评估，因此折价分割原则上会邀请价值评估机构参与，产生估值费用，同时在共有物分割的及时性上也可能有影响。

（3）变价分割。变价分割是指将共有物转为货币形式价金，共有人就价金按比例分割。变价分割要满足一定的条件：一是实物分割不具有物理上的可行性，或者实物分割会减损价值，不具有经济性。如共有的汽车一辆，共有的宝石一块，虽然可以分割，但是分割将会降低其经济价值。二是通过拍卖、变卖方式将共有物变为价金。变价分割本身会产生一定的交易费用，同时需要一定的时间，可能会影响共有人权利的实现。

（4）瑕疵承担问题。共有人分割所得的不动产或者动产有瑕疵的，其他共有人应当分担损失。这里的瑕疵，既包括权利瑕疵，也包括物之瑕疵。

（六）因共有物产生的债权债务的承担

因共有的不动产或者动产产生的债权债务，在对外关系上，共有人享有连带债权、承担连带债务，但是法律另有规定或者第三人知道共有人不具有连带债权债务关系的除外；在共有人内部关系上，除共有人另有约定外，按份共有人按照份额享有债权、承担债务，共同共有人共同享有债权、承担债务。偿还债务超过自己应当承担份额的按份共有人，有权向其他共有人追偿。

1. 适用前提是因共有的不动产或者动产产生债权债务。如第三人损害共有物或者共有物致他人损害等侵权性质的债权债务；或者是因共有物的修缮而与第三人发生的合同性质的债权债务。

2. 在对外关系上，共有人享有连带债权、承担连带债务，但是法律另有规定或者第三人知道共有人不具有连带债权债务关系的除外。所谓"对外关系"，是指共有人与共有人之外的第三人的关系。对外关系中，没有必要区分按份共有还是共同共有。

3. 在共有人内部关系上，除共有人另有约定外，按份共有人按照份额享有债权、承担债务，共同共有人共同享有债权、承担债务。

共同享有用益物权、担保物权的，参照适用共有的有关规定。

（七）他物权的共有

共有原则上是指所有权共有，但是他物权也存在共有的可能。因此，传统民法理论承认他物权共有，他物权共有可以准用所有权共有的相关规则。所有权之外的物权，主要包括用益物权、担保物权。民法理论上也有准物权的概念。关于用益物权、担保物权的共有，可以参照适用所有权共有的有关规定。例如，两人以上共享建设用地使用权，家庭成员共享土地承包经营权等。

他物权共有的基本特征：（1）准共有的标的物是所有权之外的财产权，包括用益物权、担保物权。（2）准共有人就所有权之外的财产是准用按份共有还是共同共有，应当视其共有关系而定。（3）准共有准用按份共有或共同共有的前提是，规范该财产权的法律没有特别规定，如果有，则应首先适用该特别规定。

📖 重点条文与关联法律 ≫≫≫

第二百九十七条 【关于共有概念和形式的规定】

不动产或者动产可以由两个以上组织、个人共有。共有包括按份共有和共同共有。

第二百九十八条 【关于按份共有的规定】

按份共有人对共有的不动产或者动产按照其份额享有所有权。

第二百九十九条 【关于共同共有的规定】

共同共有人对共有的不动产或者动产共同享有所有权。

第三百条 【关于共有物管理的规定】

共有人按照约定管理共有的不动产或者动产；没有约定或者约定不明确的，各共有人都有管理的权利和义务。

第三百零二条 【关于共有物管理费用负担的规定】

共有人对共有物的管理费用以及其他负担，有约定的，按照其约定；没有约定或者约定不明确的，按份共有人按照其份额负担，共同共有人共同负担。

第三百零三条 【关于共有财产分割原则的规定】

共有人约定不得分割共有的不动产或者动产，以维持共有关系的，应当按照约定，但是共有人有重大理由需要分割的，可以请求分割；没有约定或者约定不明确的，按份共有人可以随时请求分割，共同共有人在共有的基础丧失或者有重大理由需要分割时可以请求分割。因分割造成其他共有人损害的，应当给予赔偿。

第三百零四条 【关于共有物分割方式的规定】

共有人可以协商确定分割方式。达不成协议，共有的不动产或者动产可以分割且不会因分割减损价值的，应当对实物予以分割；难以分割或者因分割会减损价值的，应当对折价或者拍卖、变卖取得的价款予以分割。

共有人分割所得的不动产或者动产有瑕疵的，其他共有人应当分担损失。

第三百零五条 【关于按份共有人优先购买权的规定】

按份共有人可以转让其享有的共有的不动产或者动产份额。其他共有人在同等条件下享有优先购买的权利。

第三百零七条 【关于共有财产债权债务效力的规定】

因共有的不动产或者动产产生的债权债务，在对外关系上，共有人享有连带债权、承担连带债务，但是法律另有规定或者第三人知道共有人不具有连带债权债务关系的除外；在共有人内部关系上，除共有人另有约定外，按份共有人按照份额享有债权、承担债务，共同共有人共同享有债权、承担债务。偿还债务超过自己应当承担份额的按份共有人，有权向其他共有人追偿。

第三百零八条 【关于共有关系不明时对共有关系推定的规定】

共有人对共有的不动产或者动产没有约定为按份共有或者共同共有，或者约定不明确的，除共有人具有家庭关系等外，视为按份共有。

第三百零九条 【关于按份共有人份额不明时份额确定的规定】

按份共有人对共有的不动产或者动产享有的份额，没有约定或者约定不明确的，按照出资额确定；不能确定出资额的，视为等额享有。

物权法及相关司法解释	民法典	要点提示
《物权法》第九十七条 处分共有的不动产或者动产以及对共有的不动产或者动产作重大修缮的，应当经占份额三分之二以上的按份共有人或者全体共同共有人同意，但共有人之间另有约定的除外。	第三百零一条 处分共有的不动产或者动产以及对共有的不动产或者动产作重大修缮、变更性质或者用途的，应当经占份额三分之二以上的按份共有人或者全体共同共有人同意，但是共有人之间另有约定的除外。	处分共有物需经 2/3 以上共有人同意的情形中，新增了"变更共有物的性质或者用途"。
《最高人民法院关于适用〈中华人民共和国物权法〉若干问题的解释（一）》第十三条 按份共有人之间转让共有份额，其他按份共有人主张根据物权法第一百零一条规定优先购买的，不予支持，但按份共有人之间另有约定的除外。 第十四条 两个以上按份共有人主张优先购买且协商不成时，请求按照转让时各自份额比例行使优先购买权的，应予支持。	第三百零六条 按份共有人转让其享有的共有的不动产或者动产份额的，应当将转让条件及时通知其他共有人。其他共有人应当在合理期限内行使优先购买权。 两个以上其他共有人主张行使优先购买权的，协商确定各自的购买比例；协商不成的，按照转让时各自的共有份额比例行使优先购买权。	新增条款。

六、所有权取得的特别规定

📖 **典型案例** ⟫⟫⟫

冉某与谭某、涂某不当得利纠纷案

（一）事实概要

被告谭某、涂某原系夫妻关系，2011 年 2 月 16 日，被告谭某、涂某购买了位于重庆市忠县的房屋一套。同年 9 月 26 日，被告谭某、涂某将上述房屋抵押给重庆农村商业银行股份有限公司忠县支行。现上述房产登记于谭某、涂某名下。同日，被告谭某、涂某协议离婚，离婚协议书约定案涉房屋归被告谭某所有。

原告冉某自述其于 2013 年 8 月通过案外人康某购买登记在被告名下的案涉房屋，并向康某支付全部购房款，2014 年初原告开始对案涉房屋进行装修，并居住使用至今。2019 年 11 月 1 日，两被告在（2019）渝 0233 民初 5325 号案件中作为原告向忠县人民法院起诉，要求冉某立即搬出案涉房屋，并将案涉房屋恢复到清水房原状。忠县人民法院于 2020 年 3 月 24 日作出（2019）渝 0233 民初 5325 号民事判决书，判决：原告冉某于本判决生效后 30 日内搬离登记在二被告名下的位于重庆市忠县的房屋；驳回被告谭某、涂某的其他诉讼请求。目前该判决已发生法律效力。

在诉讼过程中，原告申请对案涉房屋装修部分价值进行鉴定，法院依法委托重庆大华资产评估土地房地产估价有限公司对位于重庆市忠县的房屋装修现值进行评估。重庆大华资产评估土地房地产估价有限公司于 2021 年 3 月 15 日作出资产评估报告，经评估，案涉房屋装修在评估基准日 2021 年 3 月 1 日的现值为 91254 元，评估财产范围详见该评估报告中的评估结果明细表。原告冉某支付鉴定费 10000 元。

（二）裁判结果

本案适用《民法典》第 322 条规定的添附制度，不存在明显减损当事人合法权益、增加当事人法定义务或者背离当事人合理预期。法院根据《民法典》

第 322 条的规定，结合双方当事人的过错程度，由被告对原告造成的房屋装修损失进行补偿，酌情确定由被告向原告补偿 50000 元。

（三）案例分析

本案主要涉及添附的法律问题。

本案中，原告主张其是通过案外人康某购买被告的案涉房屋，但并未提供证据予以证实。原告作为完全民事行为能力人，在购买案涉房屋时未签订书面合同，也没有对案外人康某出售案涉房屋的资格进行合理审查，更没有对案涉房屋的实际登记权利人向房产部门进行查询，在未办理房屋登记之前即装修使用，没有尽到一般人的合理注意义务，对此存在过错。被告谭某由于其长期在外地工作，故委托作为朋友的案外人康某将案涉房屋（清水房）对外出租。被告谭某将作为住房的清水房委托康某对外出租，理应知晓潜在的承租人会对租赁的清水房进行装修使用，且原告装修时被告谭某知情亦未进行阻止，故被告谭某对此也存在过错。

原告主张其与被告存在不当得利纠纷。不当得利是指因他人没有法律根据取得不当利益，受损失的人有权请求其返还不当利益。不动产所有权人获取利益与动产所有权人遭受损失是构成不当得利的两个重要要件。本案中，被告收回房屋时取得装饰装修物的所有权，却不必然获得利益，不能适用不当得利理论。这是因为原告对租赁房屋装饰装修，是为满足己方的使用需要，根据其审美情趣和使用目的进行。当原告审美情趣与确定的房屋用途与被告不一致时，被告往往要重新进行装修，不会因接受原告的装饰装修获取利益。

📖 难点解析 》》》

（一）善意取得

善意取得作为一项重要的民事法律制度，是指行为人无权处分他人的财产，受让人取得该财产时出于善意，则受让人将依法即时取得对该财产的所有权或他物权的法律制度。

1.善意取得的构成要件

第一，受让人受让该财产时须是善意。所谓善意，是指受让人不知让与人无处分权，与让与人是否善意无关，且在受让时为善意即已足，若其后知其为无权处分之物，仍适用善意取得规定。针对具体交付形式，在实际交付中，应当把双方达成合意的时间作为判断善意的时间；在占有改定时，则应当将受让人取得间接占有的时间作为判断善意的时间。当然，如果受让人在交付以前出于恶意，也可推定其交付时为恶意。在判断受让人是否为善意时，应采取推定的方法，即推定受让人是善意的，应当由真实权利人对受让人是否具有恶意进行举证，如果不能证明其为恶意，则应认定受让人为善意。

第二，以合理的价格有偿转让。无偿取得财产时，不能适用善意取得。所谓合理，应当根据市场价格来判断。《最高人民法院关于适用〈中华人民共和国民法典〉物权编的解释（一）》第18条规定："民法典第三百一十一条第一款第二项所称'合理的价格'，应当根据转让标的物的性质、数量以及付款方式等具体情况，参考转让时交易地市场价格以及交易习惯等因素综合认定。"这一规定属于对"合理的价格"的细化解释，仍可以继续适用。

第三，转让财产依照法律规定应当登记的已经登记，不需要登记的已经交付给受让人。根据法律规定，有些财产的转让是以登记为要件的，如不动产的转让，在需要进行转让登记的情形下，以登记的时间作为财产所有权转移的时间标志。依照法律规定应当登记的已经登记，才能适用善意取得。

在此需要注意的是，《最高人民法院关于适用〈中华人民共和国民法典〉物权编的解释（一）》第19条规定，对于船舶、航空器和机动车等特殊动产，以交付给受让人作为善意取得成立的条件。

2. 善意取得的法律后果

第一，善意取得动产后，该动产上的原有权利消灭（知道或应当知道原有权利的除外）。

第二，原权利人与受让人之间的法律关系。在善意取得情况下，原权利人与受让人之间将确定物权变动。构成善意取得的，受让人因善意而即时取得标的物的所有权，原权利人的所有权将因此而消灭。受让人取得财产所有权是基于法律直接规定而不是法律行为，具有确定性和终局性，善意取得行为自始有效，无须权利人追认。善意取得是财产所有权取得的一种方式。原权利人不能再向善意受让人主张返还原物。

第三，让与人与受让人之间的法律关系。让与人与受让人基于法律行为而产生债权债务关系，受让人因善意而取得相应的财产所有权，而受让人应向让与人支付财产的价款，如果受让人没有按照与让与人之间的约定支付价款，应向让与人承担违约责任。

第四，原权利人与让与人之间的法律关系。原权利人可以基于债权请求权要求让与人承担违约、侵权责任或不当得利的返还责任。

第五，他物权的善意取得参照适用前两款规定。

（二）关于遗失物的规定

1.遗失物必须具备以下特征：

（1）遗失物不是无主物。遗失物是有人所有，而现为无人占有之物。无人占有不同于无人所有。同时，只有动产才会遗失，不动产不存在遗失问题，权利也不存在遗失的情形。

（2）所有人实际丧失占有。占有状态是否丧失，应依客观情形及社会一般观念而定，仅于暂时不能实现有效控制，不能称为丧失占有。如手上的物品坠落、自家动物进他人院落，不能称为遗失物，应允许所有人或占有人寻回。

（3）无人占有。在此需要注意的是，关于占有的构成，一方面要求占有人应有对物事实上的控制；另一方面要求占有人对物还应当具有管领的意思。实务中，所有权人或者其他权利人将某物品忘置于他人住所、宾馆、出租车上的物品仍属有人占有，该物品应属于遗忘物的范畴。

2.遗失物的所有权归属。民法典基本沿用《物权法》第107条的规定，明确了所有权人等权利人有权追回遗失物，物品的遗失并不必然导致物权发生变动，基于所有权本身的对世效力和追及效力，所有权人就遗失物可以向相对人主张所有物返还请求权。

3.遗失物可以善意取得，但需受到两年期限限制。民法典实际上是有限承认了遗失物的善意取得，即使受让人出于善意取得了遗失物，所有权人两年内提出请求返还原物，受让人需将遗失物返还给原所有权人；若所有权人超过两年未主张返还原物，其返还原物的请求权也消灭，此时受让人才能善意取得该标的物的所有权。

4.原所有权人享有侵害赔偿请求权和返还原物请求权的竞合。遗失物通过转让被他人占有的，权利人同时有两种权利：对无处分权人有损害赔偿请求权（包括对支付给受让人的费用的追偿权），对受让人有返还原物请求权（有两年限制）。前述两种权利是竞合的。

（三）关于主物与从物的规定

1. 主物与从物的转让原则

按照物之间的相互关系，物可被分为主物和从物。当物上的权利发生变动时，基本规则是"主物转让的，从物随主物转让，但是当事人另有约定的除外"。

2. 从物的特点

（1）从物并不是主物的组成部分。从物在物理性质上与主物是可分离的，并有其独立存在的价值。需要注意的是，如果某物已成为他物的组成部分，如安装在房屋里的灯具，其作为灯具虽有其独立存在的价值，但因其已安装于房屋中，即成为房屋功能的一部分而不具有从物的特点。而放置在房屋门口两侧的石狮子与房屋的使用功能无必然的联系，但因其存在，可使房屋的价值效能增加，因此，这对石狮子即为该房屋的从物。

（2）从物是为发挥主物的效用而存在的。从物的效用，须配属于主物方能发挥，从物的存在是为了辅助主物的存在，为了增加主物的价值。如手表与表链，若无表链，手表的价值就会减损。

（3）从物必须与主物同属于一人。因为只有从物与主物同属于一人的情况下，才能适用从物的所有权随主物的所有权转移的规则。

（四）孳息的归属

孳息是相对于原物而言的，是指由原物而产生的物，包括天然孳息与法定孳息。

1. 孳息的类型

天然孳息是指依物的自然属性所产生的物，主要源于种植业和养殖业，如种植果树产生果实，养殖牲畜获得各种仔畜和奶产品等。法定孳息是民事权利主体参与某种特定的民事法律关系应该获得的报偿，如房屋出租所得的租金，依股本金所得的股息等。

2. 孳息的归属原则

（1）天然孳息的归属原则：有约定的从约定；无约定的，由所有权人取得孳息是一般原则；既有所有权人，又有用益物权人的，由用益物权人取得孳息。

（2）法定孳息的归属原则：有约定的从约定；无约定的从交易习惯；一般以归属于原物的所有权人、持有人或者原物的合法占有人为原则。

（3）关于孳息的相关法律规定：一是买卖合同中以交付作为标志，而非所有权移转作为标志移转孳息权利的归属。《民法典》第630条规定："标的物在交付之前产生的孳息，归出卖人所有；交付之后产生的孳息，归买受人所有。但是，当事人另有约定的除外。"二是在保管合同中，保管人应将原物及孳息均归还寄存人。《民法典》第 900 条则规定："保管期限届满或者寄存人提前领取保管物的，保管人应当将原物及其孳息归还寄存人。"三是抵押财产即使未被抵押权人占有，其仍然有权收取该抵押财产的天然孳息或者法定孳息。《民法典》第 412 条规定："债务人不履行到期债务或者发生当事人约定的实现抵押权的情形，致使抵押财产被人民法院依法扣押的，自扣押之日起，抵押权人有权收取该抵押财产的天然孳息或者法定孳息，但是抵押权人未通知应当清偿法定孳息义务人的除外。前款规定的孳息应当先充抵收取孳息的费用。"

（五）添附制度

添附在于不同人的物结合或混合成为一个新物或因对物之加工而成为新物时，或者不能恢复原状，或者恢复原状费用过巨，不符合经济与效益原则。因此从增进社会财富、充分发挥物的效用的原则出发，应承认添附可以引起物权的变动，重新确认添附所形成的新物的所有权归属，使其归于一人所有或形成共有；未取得添附物所有权的一方所受损失，得请求取得添附物所有权的人予以偿付。此前，我国法律上没有关于添附的规定，但根据《民法典》第 322 条的规定，因加工、附合、混合而产生的物的归属，有约定的，按照约定；没有约定或者约定不明确的，依照法律规定；法律没有规定的，按照充分发挥物的效用以及保护无过错当事人的原则确定。因一方当事人的过错或者确定物的归属造成另一方当事人损害的，应当给予赔偿或者补偿。

1. 添附与添附制度

（1）添附，为加工、附合、混合三者在学术上之总称。添附之所以成为所有权取得的一种方式，是因为不同人的物结合或混合成为一个新物或因对物之加工而成为新物时，或者不能恢复原状，或者恢复原状费用过巨，不符合经济与效益原则。因此，从增进社会财富、充分发挥物的效用的原则出发，应承认添附可以引起物权的变动，重新确认添附所形成的新物的所有权归属。

（2）添附制度为新增明确的制度。添附制度是所有权取得中的一项重要内容，此前，只有《最高人民法院关于贯彻执行〈中华人民共和国民法通则〉若干问题的意见（试行）》第 86 条、《最高人民法院关于适用〈中华人民共和国担保法〉若干问题的解释》第 62 条有相关规定，司法实践中对此也积累了较为丰富的经验。民法典明确规定了添附制度，这是立法上的一大进步。

2.添附取得物的总体归属原则

（1）有约定的从约定；（2）无约定或约定不明的，从法律规定；（3）法律没有规定的，按照充分发挥物的效用，以及保护无过错当事人的原则确定；（4）因一方当事人的过错或者确定物的归属造成另一方当事人损害的，应当给予赔偿或者补偿。

3.添附物的类型

（1）加工物。加工是指在他人之物上进行劳动从而提升了该物之价值的法律事实。此处须行为人与标的物所有人之间就加工的情形没有约定，否则属于承揽合同或者其他合同的问题，应适用民法典合同编的规定。

就他人所有之物进行加工，原则上该物由该他人所有；只有在加工人善意进行加工行为且因加工所增加的价值明显大于他人的材料价值的，才可以由加工人取得加工物的所有权。

（2）附合物。附合是指不同所有人的物结合在一起而形成新物。因附合而形成的新物，称之为附合物。一般包括：动产与不动产的附合：除当事人另有约定外，一般由不动产所有人取得动产的所有权；动产与动产的附合：按照充分发挥物的效用以及保护无过错当事人的原则确定。

（3）混合物。混合是指不同所有人的动产混杂在一起而成为新物。例如，将不同所有人的气体、液体或粉末状物掺在一起而形成混合物。准用动产与动产附合的处理原则。

📖 重点条文与关联法律 ＞＞＞

第三百一十一条　【关于善意取得的规定】

无处分权人将不动产或者动产转让给受让人的，所有权人有权追回；除法律另有规定外，符合下列情形的，受让人取得该不动产或者动产的所有权：

（一）受让人受让该不动产或者动产时是善意；

（二）以合理的价格转让；

（三）转让的不动产或者动产依照法律规定应当登记的已经登记，不需要登记的已经交付给受让人。

受让人依据前款规定取得不动产或者动产的所有权的，原所有权人有权向无处分权人请求损害赔偿。

当事人善意取得其他物权的，参照适用前两款规定。

第三百一十二条　【关于遗失物善意取得的规定】

所有权人或者其他权利人有权追回遗失物。该遗失物通过转让被他人占有的，权利人有权向无处分权人请求损害赔偿，或者自知道或者应当知道受让人之日起二年内向受让人请求返还原物；但是，受让人通过拍卖或者向具有经营资格的经营者购得该遗失物的，权利人请求返还原物时应当支付受让人所付的费用。权利人向受让人支付所付费用后，有权向无处分权人追偿。

第三百一十三条　【关于善意受让人取得动产后原有权利消灭的规定】

善意受让人取得动产后，该动产上的原有权利消灭。但是，善意受让人在受让时知道或者应当知道该权利的除外。

第三百一十四条　【关于拾得遗失物返还的规定】

拾得遗失物，应当返还权利人。拾得人应当及时通知权利人领取，或者送交公安等有关部门。

第三百一十五条　【关于收到遗失物处理的规定】

有关部门收到遗失物，知道权利人的，应当及时通知其领取；不知道的，应当及时发布招领公告。

第三百一十六条　【关于遗失物保管的规定】

拾得人在遗失物送交有关部门前，有关部门在遗失物被领取前，应当妥善保管遗失物。因故意或者重大过失致使遗失物毁损、灭失的，应当承担民事责任。

第三百一十七条　【关于拾金不昧的规定】

权利人领取遗失物时，应当向拾得人或者有关部门支付保管遗失物等支出的必要费用。

权利人悬赏寻找遗失物的，领取遗失物时应当按照承诺履行义务。

拾得人侵占遗失物的，无权请求保管遗失物等支出的费用，也无权请求权利人按照承诺履行义务。

第三百二十条　【关于从物随主物转让的规定】

主物转让的，从物随主物转让，但是当事人另有约定的除外。

第三百二十一条　【关于天然孳息及法定孳息归属的规定】

天然孳息，由所有权人取得；既有所有权人又有用益物权人的，由用益物权人取得。当事人另有约定的，按照其约定。

法定孳息，当事人有约定的，按照约定取得；没有约定或者约定不明确的，按照交易习惯取得。

物权法	民法典	要点提示
第一百一十三条 遗失物自发布招领公告之日起六个月内无人认领的，归国家所有。	**第三百一十八条** 遗失物自发布招领公告之日起一年内无人认领的，归国家所有。	将遗失物自发布招领公告后无人认领归国家所有的公告期从"六个月"修改为"一年"。
	第三百二十二条 因加工、附合、混合而产生的物的归属，有约定的，按照约定；没有约定或者约定不明确的，依照法律规定；法律没有规定的，按照充分发挥物的效用以及保护无过错当事人的原则确定。因一方当事人的过错或者确定物的归属造成另一方当事人损害的，应当给予赔偿或者补偿。	新增条款。

第五讲　用益物权

一、土地承包经营权

史某与元村村委会土地承包经营权纠纷案

（一）事实概要

2003 年 3 月 15 日，史某与元村村委会签订合同书一份，双方约定史某承包村西苇子地一块（三亩）、四至南北地堰为界、西临十四组、东至苇子地，承包期限为 21 年，自 2003 年 5 月 31 日起至 2024 年 5 月 31 日止。三亩地 21 年的承包金为 5000 元，在双方签订合同时，史某向元村村委会交清全部承包金。2018 年，元村村委会经史某同意将史某承包的土地流转给洛邑水城，洛邑水城对史某承包的土地进行了补偿并支付了 2018 年、2019 年的承包金，并将款项支付给元村村委会。史某向元村村委会提供银行账号，并已经领取了补偿款 11790 元和承包金 6469.9 元，并将土地上的附属物杨树苗卖出后将土地交付给洛邑水城。2020 年，元村村委会不支付史某承包金，史某因元村村委会单方解除合同发生纠纷，遂向法院提起诉讼。

（二）裁判结果

二审法院认为，一审认定双方因土地流转给洛邑水城发生纠纷属定性错误，应予纠正。因宜阳县建设洛邑水城项目需占用案涉土地，史某不但领取了案涉土地上的树苗补偿款和相关地埋水管补偿款，而且将案涉土地上的杨树苗自卖自得，将土地交付给元村村委会，证明双方对土地承包合同的解除事宜达成了一致，应视为土地承包合同协议解除。本案属土地承包合同纠纷而非土地征收补偿纠纷，不适用洛阳市政府有关拆迁补偿的有关规定，加之史某已领取了土地附属物补偿款，并将地上树苗自卖自得，其一审所诉 72000 元经济损失的证据不足，一审未予支持并无不当。但在元村村委会表示愿意退还剩余租期承包金，且在没有提供证据证明史某2020年才交还土地的情况下，元村村委会应当返还自2018年至2024年剩余6年承包期的承包金1500元。一审判决驳回史某该项诉讼请求不当，应予以纠正。二审法院判决元村村委会返还史某剩余租期的租金。

（三）案例分析

本案主要涉及承包期内土地承包经营权保护的法律问题。

本案中，因当地政府规划并经双方协商，史某与元村村委会实际对土地承包合同的解除事宜已达成了一致意见，史某已丧失对案涉土地的承包经营权。双方存在争议的是2018年至2024年的承包金元村村委会是否应当退还。元村村委会认为史某2020年才交付土地，只应支付2020年以后的承包金，但又缺乏证据支持。因此法院判决，元村村委会应当返还史某2018年至2024年的承包金。

难点解析

（一）土地承包经营权的设立和登记

根据《民法典》第333条第1款的规定，土地承包经营权的设立不以登记为生效要件，而以土地承包合同生效为准。因此，要确定取得土地承包经营权的时间，就必须根据承包合同的生效时间判断。承包合同生效时间应当是当事人签名、盖章或者按印之时。

该条第2款的规定与《农村土地承包法》第24条的规定相衔接。《农村土地承包法》第24条第1款规定，国家对耕地、林地和草地等实行统一登记，登记机构应当向承包方颁发土地承包经营权证或者林权证等证书并登记造册，确认土地承包经营权；第2款规定，土地承包经营权证或者林权证等证书应当将具有土地承包经营权的全部家庭成员列入。

（二）土地承包经营权的互换转让

根据《民法典》第334条规定，土地承包经营权人有权将土地承包经营权互换、转让，但是必须依照法律规定，且不得将承包地用于非农建设。这里的依照法律规定，主要就是依照农村土地承包法的相关规定。

需要注意的是：第一，土地承包经营权互换只是土地承包经营权人改变，不是土地用途及承包义务的改变，互换后的土地承包经营权人仍然要按照发包时确定的该土地的用途使用土地，履行该地块原来负担的义务。比如，发包时确定某地块用于种植粮食作物，承包经营权互换后不能用于开挖鱼塘。第二，家庭承包的土地，不仅涉及不同集体经济组织的土地权属，而且关系农户的生存保障。因此，承包方只能与属于同一集体经济组织的农户互换土地承包经营权，不能与其他集体经济组织的农户互换土地承包经营权。

（三）土地承包经营权的互换、转让的登记

根据《民法典》第335条规定，土地承包经营权互换、转让，当事人要求登记的，应当向登记机构申请办理登记。申请登记时，应当提交土地变更登记申请书及相关资料，内容包括转让人与受让人的姓名、住所，土地坐落、面积、用途，土地承包合同、土地承包经营权转让或者互换合同、土地承包经营权证书，以及登记部门要求提供的其他文件。登记部门收到变更登记的申请及上述文件后，经调查、审核，符合变更登记规定的，变更注册登记，更换或者更改土地承包经营权证书。

（四）承包地的调整

《民法典》第336条第1款明确承包期内发包方不得调整承包地。具体而言：一是发包方不得单方要求调整承包地。发包方一般不得以任何理由要求承包方调整承包地。当然，如果承包方自己有合理理由，请求发包方适当调整，只要符合有关规定，发包方是可以调整的。二是在承包期内，发包方不得调整。这里的承包期既包括二轮承包期，也包括根据法律规定延长后的承包期，均不得延长。三是发包方只有在符合法律规定的情形下，根据《民法典》第336条第2款的规定才可以适当调整承包地。

《民法典》第336条第2款规定，因自然灾害严重毁损承包地等特殊情形，需要适当调整承包的耕地和草地的，应当依照农村土地承包的法律规定办理。《农村土地承包法》第28条第2款规定，承包期内，因自然灾害严重毁损承包地等特殊情形对个别农户之间承包的耕地和草地需要适当调整的，必须经本集体经济组织成员的村民会议2/3以上成员或者2/3以上村民代表的同意，并报乡（镇）人民政府和县级人民政府农业农村、林业和草原等主管部门批准。承包合同中约定不得调整的，按照其约定。

（五）承包地的征收补偿

我国宪法规定，国家为了公共利益的需要，可以依照法律规定对土地实行征收或者征用，并给予补偿。《民法典》第 338 条明确规定，承包地被征收的，土地承包经营权人有权依据《民法典》第 243 条的规定获得相应补偿。《民法典》第 243 条第 1 款规定，为了公共利益的需要，依照法律规定的权限和程序可以征收集体所有的土地和组织、个人的房屋以及其他不动产；第 2 款规定，征收集体所有的土地，应当依法及时足额支付土地补偿费、安置补助费以及农村村民住宅、其他地上附着物和青苗等的补偿费用，并安排被征地农民的社会保障费用，保障被征地农民的生活，维护被征地农民的合法权益。关于补偿的标准，农村土地承包法有相应的规定。

（六）土地经营权的流转

根据《民法典》第 339 条规定，土地承包经营权人可以自主决定依法采取出租、入股或者其他方式向他人流转土地经营权。具体而言，土地经营权流转的方式主要有三种：

一是出租。出租就是承包方以与非本集体经济组织成员的受让方签订租赁合同的方式设立土地经营权，由受让方在合同期限内占有、使用承包地，并按照约定向承包方支付租金。

二是入股。入股就是承包方将土地经营权作为出资方式，投入农民专业合作社、农业公司等，并按照出资协议约定取得分红。承包方以土地经营权入股后，即成为农民专业合作社的成员或者公司的股东，享有法律规定的合作社成员或公司股东的权利，可以参与合作社、公司的经营管理，与其他成员、股东共担风险、共享收益。为了促进和规范土地经营权入股行为，农业农村部等部门于 2018 年 12 月出台了《关于开展土地经营权入股发展农业产业化经营试点的指导意见》，对土地经营权入股的基本原则、入股的实现形式、运行机制、风险防范等作了详细规定。

三是其他方式。其他方式就是出租、入股之外的方式，比如，根据《农村土地承包法》第 47 条规定，承包方可以用承包地的土地经营权向金融机构融资担保。在当事人以土地经营权设定担保物权时，一旦债务人未能偿还到期债务，担保物权人就有权就土地经营权优先受偿。

（七）土地经营权的设立及登记

《民法典》第 341 条规定，土地经营权流转期限为 5 年以上的，当事人可以向登记机构申请土地经营权登记，取得物权效力。同时规定，土地经营权未经登记不得对抗善意第三人。根据本条规定，土地经营权登记后，可以对抗任何人，包括善意第三人。所谓善意第三人，是指不知道也不应当知道承包地上设有土地经营权的人。对于土地经营权而言，受让方一旦在流转的承包地上申请土地经营权登记，其他人就不得再在同一地块上申请土地经营权登记，包括土地承包经营权人。登记后的土地经营权相对于债权而言同样具有优先效力。从权利保护的角度而言，申请土地经营权登记对于土地经营权人具有更强的保护力。当然，由于土地经营权登记必然会对承包方的土地承包经营权形成更大的限制，受让方登记土地经营权后，由于物权排他性，这就意味着承包方自己将不能在承包地设定其他的土地经营权，承包方也就无法以该承包地的土地经营权向金融机构融资担保。还应当注意的是，流转期限为 5 年以上的未登记的土地经营权能够对抗恶意第三人，即可以对抗知情第三人。

（八）其他方式承包的土地经营权流转

根据农村土地承包法的规定，通过家庭承包方式的承包取得土地承包经营权后，登记机构应当向承包方颁发土地承包经营权证或者林权证等证书，并登记造册，确认土地承包经营权。承包方在此基础上，可以直接向他人流转土地经营权。但是，以招标、拍卖、公开协商等方式取得的土地经营权，承包方有的与发包人是债权关系，如承包菜地，约定承包期 3 年，其间是一种合同关系。而承包"四荒地"由于期限较长，投入又大，双方需要建立一种物权关系，以便更好地得到保护。因此，应当依法登记取得权属证书。在此前提下，土地经营权才具备流转的基础，承包方才可以依法向他人流转土地经营权。需要注意的是，通过其他方式的承包所取得的土地经营权是通过市场化的行为并支付一定的对价获得的，其流转无须向发包人备案或经发包人同意。对受让方也没有特别限制，接受流转的一方可以是本集体经济组织以外的个人、农业公司等。

（九）承包地的收回

《民法典》第 337 条规定，承包期内发包人不得收回承包地。法律另有规定的，依照其规定。当然，承包地并非一律不得收回，根据有关规定，在符合法律规定的情形下，也是可以收回的。《中共中央、国务院关于保持土地承包关系稳定并长久不变的意见》明确，维护进城农户土地承包权益，现阶段不得以退出土地承包权作为农户进城落户的条件。对承包农户进城落户的，引导支持其按照自愿有偿原则依法在本集体经济组织内转让土地承包经营权或将承包地退还集体经济组织，也可鼓励其多种形式流转承包地经营权。对长期弃耕抛荒承包地的，发包方可以依法采取措施防止和纠正弃耕抛荒行为。《农村土地承包法》第 27 条第 2—4 款规定，国家保护进城农户的土地承包经营权，不得以退出土地承包经营权作为农户进城落户的条件。承包期内，承包农户进城落户的，引导支持其按照自愿有偿原则依法在本集体经济组织内转让土地承包经营权或者将承包地交回发包方，也可以鼓励其流转土地经营权。承包期内，承包方交回承包地或者发包方依法收回承包地时，承包方对其在承包地上投入而提高土地生产能力的，有权获得相应的补偿。

📖 重点条文与关联法律 》》》

第三百三十六条　【关于承包地调整的规定】

承包期内发包人不得调整承包地。

因自然灾害严重毁损承包地等特殊情形，需要适当调整承包的耕地和草地的，应当依照农村土地承包的法律规定办理。

第三百三十七条　【关于承包地收回的规定】

承包期内发包人不得收回承包地。法律另有规定的，依照其规定。

第三百三十八条　【关于承包地征收的规定】

承包地被征收的，土地承包经营权人有权依据本法第二百四十三条的规定获得相应补偿。

第三百三十九条　【关于土地经营权人权利的规定】

土地承包经营权人可以自主决定依法采取出租、入股或者其他方式向他人流转土地经营权。

第三百四十条　【关于土地经营权人权利的规定】

土地经营权人有权在合同约定的期限内占有农村土地，自主开展农业生产经营并取得收益。

第三百四十一条　【关于土地经营权设立与登记的规定】

流转期限为五年以上的土地经营权，自流转合同生效时设立。当事人可以向登记机构申请土地经营权登记；未经登记，不得对抗善意第三人。

第三百四十三条　【关于国有农用地实行承包经营的规定】

国家所有的农用地实行承包经营的，参照适用本编的有关规定。

物权法	民法典	要点提示
第一百二十六条　耕地的承包期为三十年。草地的承包期为三十年至五十年。林地的承包期为三十年至七十年；特殊林木的林地承包期，经国务院林业行政主管部门批准可以延长。 前款规定的承包期限届满，由土地承包经营权人按照国家有关规定继续承包。	**第三百三十二条**　耕地的承包期为三十年。草地的承包期为三十年至五十年。林地的承包期为三十年至七十年。 前款规定的承包期限届满，由土地承包经营权人依照农村土地承包的法律规定继续承包。	删除"特殊林木的林地承包期，经国务院林业行政主管部门批准可以延长"的规定。
第一百二十七条　土地承包经营权自土地承包经营权合同生效时设立。 县级以上地方人民政府应当向土地承包经营权人发放土地承包经营权证、林权证、草原使用权证，并登记造册，确认土地承包经营权。	**第三百三十三条**　土地承包经营权自土地承包经营权合同生效时设立。 登记机构应当向土地承包经营权人发放土地承包经营权证、林权证等证书，并登记造册，确认土地承包经营权。	将"县级以上地方人民政府"改为"登记机构"；"草原使用权证"改为"等证书"。
第一百二十八条　土地承包经营权人依照农村土地承包法的规定，有权将土地承包经营权采取转包、互换、转让等方式流转。流转的期限不得超过承包期的剩余期限。未经依法批准，不得将承包地用于非农建设。	**第三百三十四条**　土地承包经营权人依照法律规定，有权将土地承包经营权互换、转让。未经依法批准，不得将承包地用于非农建设。	删除"流转的期限不得超过承包期的剩余期限"的规定。
第一百二十九条　土地承包经营权人将土地承包经营权互换、转让，当事人要求登记的，应当向县级以上地方人民政府申请土地承包经营权变更登记；未经登记，不得对抗善意第三人。	**第三百三十五条**　土地承包经营权互换、转让的，当事人可以向登记机构申请登记；未经登记，不得对抗善意第三人。	将"当事人要求登记的，应当向县级以上地方人民政府申请土地承包经营权变更登记"变更为"当事人可以向登记机构申请登记"。
第一百三十三条　通过招标、拍卖、公开协商等方式承包荒地等农村土地，依照农村土地承包法等法律和国务院的有关规定，其土地承包经营权可以转让、入股、抵押或者以其他方式流转。	**第三百四十二条**　通过招标、拍卖、公开协商等方式承包农村土地，经依法登记取得权属证书的，可以依法采取出租、入股、抵押或者其他方式流转土地经营权。	删除"荒地等"规定；将"依照农村土地承包法等法律和国务院的有关规定，其土地承包经营权可以转让、入股、抵押或者以其他方式流转"改为"经依法登记取得权属证书的，可以依法采取出租、入股、抵押或者其他方式流转土地经营权"。

二、建设用地使用权

典型案例 >>>

会昌县国土资源局与朱某等人建设用地使用权出让合同纠纷案

（一）事实概要

2014 年 5 月 28 日，会昌县国土资源局（原告）以网上挂牌方式出让某国有建设用地使用权，并指定会昌县土地交易中心组织实施。公告载明，申请人可以单独申请，也可以联合申请。2014 年 6 月 20 日，13 名被告以 450 万元的价格竞得了案涉地块。2014 年 6 月 23 日，会昌县土地交易中心向被告出具国有建设用地使用权成交确认书，确认：竞得人应当在交易结束后 3 个工作日内签订本成交确认书，在签订成交确认书后 10 个工作日内必须与出让人签订国有建设用地使用权出让合同，不按规定签订国有建设用地使用权出让合同，或者放弃竞得宗地的，应当承担法律责任。13 名被告的委托代理人朱某在国有建设用地使用权成交确认书上签名确认。此后，13 名被告未与出让人会昌县国土资源局签订国有建设用地使用权出让合同，被告仅在 2014 年 10 月 13 日支付土地出让金 100 万元，数名被告已在案涉土地上建房。剩余 350 万元后经原告多次向被告朱某等人催取未果，故原告诉至本院。

（二）裁判结果

法院认为，原告（会昌县国土资源局）依法公开挂牌出让土地，13 名被告以 450 万元竞得案涉土地，双方的建设用地使用权出让合同关系成立。虽然委托书系被告的委托代理人朱某代签，但 13 名被告均承认向被告的委托代理人朱某交付身份证复印件以及部分购买土地的款项，该瑕疵不足以阻却合同成立生效。各方当事人应全面履行合同义务，原告的诉讼请求符合法律规定，予以支持。

（三）案例分析

本案主要涉及建设用地使用权出让的法律问题。

本案中，原告（会昌县国土资源局）依法公开挂牌出让土地，13 名被告以

450 万元竞得案涉土地，双方虽没有签订书面建设用地使用权出让合同，但被告已支付部分出让金，原告也已交付土地，合同已实际履行。根据《合同法》第 36 条[①] 规定，法律、行政法规规定或者当事人约定采用书面形式订立合同，当事人未采用书面形式但一方已经履行主要义务，对方接受的，该合同成立。所以，双方建设用地使用权出让合同关系成立。委托书虽系被告的委托代理人朱某代签，但 13 名被告均承认向被告朱某交付身份证复印件以及部分购买土地的款项，该瑕疵不足以阻却合同成立生效，各方当事人应全面履行合同义务，法院支持原告诉请，符合法律规定。

📖 难点解析 ⟩⟩⟩

（一）建设用地使用权出让合同

根据《民法典》第 348 条规定，建设用地使用权出让合同的内容主要包括：

1. 当事人的名称和住所。当事人的名称和住所是合同中最基本的要件。

2. 土地界址、面积等。建设用地出让合同中应当明确标明出让建设用地的具体界址、面积等基本的用地状况。为了准确界定建设用地的基本数据，建设用地使用权合同一般会附"出让宗地界址图"，标明建设用地的位置、四至范围等，该附件须经双方当事人确认。

3. 建筑物、构筑物及其附属设施占用的空间。在分层设立建设用地使用权的情况下，必须界定每一建设用地使用权具体占用的空间，即标明建设用地占用的面积和四至，建筑物、构筑物以及附属设施的高度和深度，使建设用地使用权人行使权利的范围得以确定。

4. 土地用途、规划条件。为了保证建设用地使用权人按照约定的用途使用建设用地，在合同期限内，建设用地使用权人不得擅自改变建设用地的用途；需要改变建设用地使用权用途的，应当征得出让人的同意并经土地行政主管部门和城市规划行政主管部门批准，重新签订或者更改原有的建设用地使用权出让合同，调整土地出让金，并办理相应的登记。

5. 建设用地使用权期限。以出让方式设立的建设用地使用权都有期限的规定。建设用地使用权出让的期限自出让人向建设用地使用权人实际交付土地之日起算，原划拨土地使用权补办出让手续的，出让年限自合同签订之日起算。

---

① 现行《民法典》第 490 条第 2 款。

6. 出让金等费用及其支付方式。以出让方式取得建设用地使用权是有偿的，建设用地使用权人应当按照约定支付出让金等费用。建设用地使用权人未按照出让合同约定支付出让金等费用的，出让人有权解除合同，并可以请求违约赔偿。

7. 解决争议的方法。因履行建设用地使用权合同发生争议的，出让人和建设用地使用权人可以双方协商解决，协商不成的，提交双方当事人指定的仲裁委员会仲裁，或者依法向人民法院起诉。

（二）建设用地使用权人建造的建筑物等设施的权属

建设用地使用权人依法取得国有土地的使用权后，有权利用该土地建造建筑物、构筑物及其附属设施。根据《民法典》第 231 条的规定，合法建造房屋的，自事实行为成就时取得建筑物的所有权。在多数情况下，建设用地使用权人建造的建筑物、构筑物及其附属设施的所有权属于建设用地使用权人。

建设用地使用权人建造的建筑物、构筑物及其附属设施由建设用地使用权人所有作为通常情况，但仍然存在以下例外：一部分市政公共设施是通过开发商和有关部门约定，由开发商在房地产项目开发中配套建设的，但是所有权归国家。这部分设施性质属于市政公用，其归属应当按照有充分证据证明的事先约定来确定，而不是当然地归建设用地使用权人。后续通过房地产交易成为建设用地使用权人的权利人也应当尊重这种权属划分。

（三）建筑物等设施随建设用地使用权的流转而一并处分

在我国，建筑物、其他附着物的归属虽然具有相对独立性，但在转让中必须实行"房地一致"原则。《城市房地产管理法》第 32 条规定，房地产转让、抵押时，房屋的所有权和该房屋占用范围内的土地使用权同时转让、抵押。《城镇国有土地使用权出让和转让暂行条例》第 23 条规定，土地使用权转让时，其地上建筑物、其他附着物所有权随之转让；第 33 条第 1 款规定，土地使用权抵押时，其地上建筑物、其他附着物随之抵押。

（四）建设用地使用权随建筑物等设施的流转而一并处分

根据法律和行政法规的规定，地上建筑物和其他附着物所有权流转时，其使用范围内的建设用地使用权随之流转。《民法典》第 357 条规定了实现"房地一致"的另一种方式"地随房走"，这也已被法律实践和社会生活普遍接受。在理解和适用第 357 条规定时，要特别注意和第 356 条的衔接，只要建设用地使用权和地上房屋有一个发生了转让，另一个就要相应转让。从法律后果来说，不可能也不允许把"房"和"地"分别转让给不同的主体。

（五）建设用地使用权的续期

国家通过出让的方式，使建设用地使用权人获得一定期限内利用土地的权利。土地使用权出让的最高年限为：居住用地 70 年；工业用地 50 年；教育、科技、文化、卫生、体育用地 50 年；商业、旅游、娱乐用地 40 年、综合或者其他用地 50 年。因此，建设用地使用权期限届满后，面临如何续期的问题。《民法典》第 359 条对此作出原则性规定，即住宅建设用地使用权期限届满的，自动续期。续期费用的缴纳或者减免，依照法律、行政法规的规定办理。

📖 重点条文与关联法律 》》》

第三百四十六条 【关于设立建设用地使用权的规定】

设立建设用地使用权，应当符合节约资源、保护生态环境的要求，遵守法律、行政法规关于土地用途的规定，不得损害已经设立的用益物权。

第三百四十八条 【关于建设用地使用权出让合同内容的规定】

通过招标、拍卖、协议等出让方式设立建设用地使用权的，当事人应当采用书面形式订立建设用地使用权出让合同。

建设用地使用权出让合同一般包括下列条款：

（一）当事人的名称和住所；

（二）土地界址、面积等；

（三）建筑物、构筑物及其附属设施占用的空间；

（四）土地用途、规划条件；

（五）建设用地使用权期限；

（六）出让金等费用及其支付方式；

（七）解决争议的方法。

第三百四十九条 【关于建设用地使用权登记的规定】

设立建设用地使用权的，应当向登记机构申请建设用地使用权登记。建设用地使用权自登记时设立。登记机构应当向建设用地使用权人发放权属证书。

第三百五十二条 【关于建造的建筑物等设施权属的规定】

建设用地使用权人建造的建筑物、构筑物及其附属设施的所有权属于建设用地使用权人，但是有相反证据证明的除外。

第三百五十三条 【关于建设用地使用权流转方式的规定】

建设用地使用权人有权将建设用地使用权转让、互换、出资、赠与或者抵押，但是法律另有规定的除外。

第三百五十四条 【关于处分建设用地使用权的合同形式和期限的规定】

建设用地使用权转让、互换、出资、赠与或者抵押的，当事人应当采用书面形式订立相应的合同。使用期限由当事人约定，但是不得超过建设用地使用权的剩余期限。

第三百五十五条 【关于建设用地使用权流转后变更登记的规定】

建设用地使用权转让、互换、出资或者赠与的，应当向登记机构申请变更登记。

第三百五十六条 【关于建筑物等设施随建设用地使用权流转的规定】

建设用地使用权转让、互换、出资或者赠与的，附着于该土地上的建筑物、构筑物及其附属设施一并处分。

第三百五十七条 【关于建设用地使用权随建筑物等设施流转的规定】

建筑物、构筑物及其附属设施转让、互换、出资或者赠与的，该建筑物、构筑物及其附属设施占用范围内的建设用地使用权一并处分。

物权法	民法典	要点提示
第一百三十七条 设立建设用地使用权，可以采取出让或者划拨等方式。 工业、商业、旅游、娱乐和商品住宅等经营性用地以及同一土地有两个以上意向用地者的，应当采取招标、拍卖等公开竞价的方式出让。 严格限制以划拨方式设立建设用地使用权。采取划拨方式的，应当遵守法律、行政法规关于土地用途的规定。	**第三百四十七条** 设立建设用地使用权，可以采取出让或者划拨等方式。 工业、商业、旅游、娱乐和商品住宅等经营性用地以及同一土地有两个以上意向用地者的，应当采取招标、拍卖等公开竞价的方式出让。 严格限制以划拨方式设立建设用地使用权。	删除"采取划拨方式的，应当遵守法律、行政法规关于土地用途的规定"。
第一百四十九条 住宅建设用地使用权期间届满的，自动续期。 非住宅建设用地使用权期间届满后的续期，依照法律规定办理。该土地上的房屋及其他不动产的归属，有约定的，按照约定；没有约定或者约定不明确的，依照法律、行政法规的规定办理。	**第三百五十九条** 住宅建设用地使用权期限届满的，自动续期。续期费用的缴纳或者减免，依照法律、行政法规的规定办理。 非住宅建设用地使用权期限届满后的续期，依照法律规定办理。该土地上的房屋以及其他不动产的归属，有约定的，按照约定；没有约定或者约定不明确的，依照法律、行政法规的规定办理。	增加"续期费用的缴纳或者减免，依照法律、行政法规的规定办理"。

三、宅基地使用权

📖 **典型案例** ❯❯❯

原告吕某甲与被告吕某乙合同纠纷案

（一）事实概要

2001年2月4日，原告吕某甲与被告吕某乙签订了房屋买卖协议书，约定被告将其名下的瓦房四间及院落作价12000元卖给原告，由被告负责房院"顺契"，原告按约定向被告支付了全部房屋价款。因原被告买卖的农村房屋没有房屋所有权证，只有宅基地使用证，现原告要求被告为其办理宅基地使用权变更登记，被告认为办理宅基地使用权变更登记不符合法律规定，双方对该宅基地使用权发生争议。

（二）裁判结果

一审和二审法院均认为：该案不属于人民法院受理民事案件的受案范围，不支持原告吕某甲的诉请。

（三）案例分析

本案主要涉及宅基地转让的法律问题。

《民法典》第363条规定，宅基地使用权的取得、行使和转让，适用土地管理的法律和国家有关规定。《土地管理法》第14条规定，土地所有权和使用权争议，由当事人协商解决；协商不成的，由人民政府处理。据此，原告吕某甲办理宅基地使用权变更登记，可在取得村民集体经济组织同意后，向土地行政主管部门申请。因此，本案不属于法院受理民事案件的受案范围。

📖 **难点解析** ❯❯❯

（一）宅基地归集体所有

宅基地归集体所有是宅基地使用权能够成为用益物权的前提。根据《宪法》

第 10 条的规定，宅基地和自留地、自留山一样，属于集体所有。《土地管理法》第 9 条规定，城市市区的土地属于国家所有。农村和城市郊区的土地，除由法律规定属于国家所有的以外，属于农民集体所有；宅基地和自留地、自留山，属于农民集体所有。因此，农民使用宅基地是对集体所有的土地的使用。农民取得宅基地，必须依法办理有关手续，不得超量多占，也不得违反有关规划，改变土地用途。

（二）宅基地使用权取得、行使和转让的法律适用

根据土地管理法和国家有关规定，农村村民一户只能拥有一处宅基地，其宅基地的面积不得超过省、自治区、直辖市规定的标准。多出的宅基地，要依法收归集体所有。农村村民住宅用地，由乡（镇）人民政府审核批准。农村村民出卖、出租、赠与住宅后，再申请宅基地的，不予批准。国家允许进城落户的农村村民依法自愿有偿退出宅基地，鼓励农村集体经济组织及其成员盘活利用闲置宅基地和闲置住宅。

（三）宅基地的灭失和重新分配

理解和把握《民法典》第 364 条的规定，需要注意以下几个方面：（1）重新分配宅基地的客观原因是自然灾害导致宅基地的灭失。（2）可以享受重新分配宅基地的权利人应当是因此而丧失宅基地的集体成员。因自然灾害等原因重新分配宅基地时，应当按照规定的标准分配给仍然属于本集体且丧失基本居住条件的村民。对于多占的宅基地的情况，要予以纠正，不应当把多占宅基地的人员也纳入重新分配宅基地的村民中。（3）重新分配宅基地应当按照国家有关规定，注意节约利用和保护耕地。

（四）宅基地使用权变更登记与注销登记

目前关于宅基地使用权变更登记与注销登记的规定有：《土地登记规则》第 37 条规定："有下列情形之一的，土地使用权转让双方当事人应当在转让合同或者协议签订后三十日内，涉及房产变更的，在房产变更登记发证后十五日内，持转让合同或者协议、土地税费缴纳证明文件和原土地证书等申请变更登记：（一）依法转让土地使用权的；（二）因买卖、转让地上建筑物、附着物等一并转移土地使用权的；房屋所有权变更而使土地使用权变更的，在申请变更登记时，应当提交变更后的房屋所有权证书。"

民法典对宅基地使用权的取得、行使和转让作了与其他法律和国家有关规

定的衔接性规定，为未来宅基地使用权制度的发展完善留下了空间，随着我国的土地使用制度和宅基地使用权制度的发展完善，逐渐发挥其应有作用。

📖 **重点条文** >>>

第三百六十二条 【关于宅基地使用权人权利的规定】

宅基地使用权人依法对集体所有的土地享有占有和使用的权利，有权依法利用该土地建造住宅及其附属设施。

第三百六十三条 【关于宅基地使用权的规定】

宅基地使用权的取得、行使和转让，适用土地管理的法律和国家有关规定。

第三百六十四条 【关于宅基地灭失后重新分配的规定】

宅基地因自然灾害等原因灭失的，宅基地使用权消灭。对失去宅基地的村民，应当依法重新分配宅基地。

第三百六十五条 【关于宅基地使用权变更登记和注销登记的规定】

已经登记的宅基地使用权转让或者消灭的，应当及时办理变更登记或者注销登记。

四、居住权

📖 **难点解析** >>>

（一）居住权合同

《民法典》第367条是对居住权合同的形式和内容的规定。根据本条第1款的规定，设立居住权，当事人应当采用书面形式订立居住权合同。住宅所有权人为满足他人生活居住的需要想在自己所有的住宅上为他人设立居住权的，途径之一就是与他人订立居住权合同，再按照订立的居住权合同向登记机构申请居住权登记。

需要注意的是，本条第2款规定的内容并非都是居住权合同必须约定的内容。当事人应当对"当事人的姓名或者名称和住所""住宅的位置"作出明确约定，如果欠缺这两项内容将导致居住权的主体和客体不明，不可能设立居住权。其他各项均非合同必须约定的内容，如果当事人未作约定，不影响居住权的设立。

（二）居住权的设立

我国设立有"登记生效"与"登记对抗"两种物权变动模式。对于居住权的设立，采用登记生效的物权变动模式。不动产登记簿是确定居住权的根本依据。根据《民法典》第368条规定，当事人签订居住权合同后，居住权并未设立，当事人须持居住权合同到不动产登记机构申请居住权登记。不动产登记机构将设立居住权的情况登记在不动产登记簿上，居住权自登记时设立。如果仅就住宅的部分设立居住权，应当在居住权合同中予以明确，并在不动产登记簿上予以明确。

（三）居住权的限制

居住权一般为满足特定自然人生活居住的需要设立，通常只具有占有、使用的权能，一般情况下居住权人不得利用房屋进行收益。居住权不得转让、继承，设立居住权的住宅不能出租是居住权的权利特征之一。

《民法典》第369条关于居住权的限制主要有以下几点：一是居住权不得转让。居住权人对他人的住宅享有占有、使用的权利，但只能由居住权人本人享有，居住权人不得将其享有的居住权转让。二是居住权不得继承。居住权人死亡的，居住权消灭，居住权人的继承人不能继承居住权人对住宅享有的居住权。三是设立居住权的住宅不得出租。一般情形下，居住权人不能将住宅出租给他人以收取租金，但当事人根据需要达成协议的除外。

（四）居住权的消灭

根据《民法典》第370条规定，居住权消灭主要包括两种情形：一是居住权期限届满。当事人可以根据自己的意思自由在居住权合同中约定居住权期限，居住权期限届满的，居住权消灭。居住权因期限届满消灭的，居住权人有返还房屋的义务。二是居住权人死亡。当事人可以根据意思自由约定居住权期限，如果没有约定，居住权一般至居住权人死亡时消灭。同时根据本条的规定，居住权消灭的，当事人应当及时到不动产登记机构办理注销登记，将登记于不动产登记簿的居住权信息注销。

📖 **重点条文** 〉〉〉

第三百六十六条　【关于居住权人权利的规定】

居住权人有权按照合同约定，对他人的住宅享有占有、使用的用益物权，以满足生活居住的需要。

第三百六十七条　【关于居住权合同形式和内容的规定】

设立居住权，当事人应当采用书面形式订立居住权合同。

居住权合同一般包括下列条款：

（一）当事人的姓名或者名称和住所；

（二）住宅的位置；

（三）居住的条件和要求；

（四）居住权期限；

（五）解决争议的方法。

第三百六十八条　【关于居住权设立的规定】

居住权无偿设立，但是当事人另有约定的除外。设立居住权的，应当向登记机构申请居住权登记。居住权自登记时设立。

第三百六十九条　【关于居住权限制的规定】

居住权不得转让、继承。设立居住权的住宅不得出租，但是当事人另有约定的除外。

第三百七十条　【关于居住权消灭的规定】

居住权期限届满或者居住权人死亡的，居住权消灭。居住权消灭的，应当及时办理注销登记。

五、地役权

📖 **难点解析** 〉〉〉

（一）地役权的设立与登记

根据《民法典》第 373 条规定，设立地役权必须签订书面地役权合同。根据本条规定，地役权自地役权合同生效时设立。地役权合同的成立以双方当事人均签字、盖章或者按指印之时为准。如果一方先签字另一方后签字的，应以后签字的时间为成立之时。通常而言，合同成立之时即为生效之时。

民法典物权编对地役权实行登记对抗主义。所谓登记对抗主义，主要指不登记不得对抗不知道也不应知道土地设有地役权，而受让了该土地使用权的第三人。需要注意的是，地役权不登记，并非意味着地役权就不能对抗第三人，未登记的地役权，仅是不得对抗善意第三人。未登记的地役权可以对抗恶意第三人，所谓恶意第三人，包括以不公正手段获得地役权登记的人，或者明知该地役权已经存在的第三人。

（二）地役权的期限

《民法典》第377条规定，地役权期限由当事人约定。因此，双方当事人应当在签订地役权合同时协商确定地役权的期限。本条同时规定，地役权期限不得超过土地承包经营权、建设用地使用权等用益物权的剩余期限。这是对涉及特殊类型用益物权的地役权期限作出的特别规定。由于用益物权属于他物权，属于有期限物权。地役权具有从属性，必须依附于所涉不动产权利。比如，供役地属于用益物权，所设定的地役权不能脱离该用益物权，供役地的用益物权消灭的，在其上所设的地役权自然消灭。同样，需役地权利人对土地所享有的如果并非所有权，那么需役地权利人所享有的权利到期终止后，为该权利所设立的地役权也就失去意义，自然应当终止。

（三）地役权的承继

根据宪法和有关法律的规定，我国农村的土地属于农民集体所有。在农村，由于实行农村土地承包经营制度和宅基地制度，从集体所有的农业用地上可以派生出土地承包经营权这一用益物权，从集体所有的建设用地上可以派生出宅基地使用权这一用益物权。因此，由于集体所有的土地可能会依法提供给集体成员使用，此时，对涉及集体所有土地的地役权如何处理，需要立法予以明确。《民法典》第378条专门针对这种情况作出了规定，土地所有权人享有地役权或者负担地役权的，设立土地承包经营权、宅基地使用权等用益物权时，该用益物权人继续享有或者负担已设立的地役权。

（四）在先用益物权对地役权的限制

根据《民法典》第379条规定，用益物权具有一定的优先效力，这种效力还可以对抗所有权人的所有权。第一，用益物权设立在先。土地所有人此前已经为他人设立了用益物权。比如，国有建设用地已经出让给他人，或者集体所有的农业用地已经发包给村民，或者集体所有的建设用地已经划定给村民作为宅基地使用，此时，他人在先取得用益物权，用益物权人对所涉土地即享有占有、使用、收益的权利。这种占有是排他性的占有，包括排除所有权人。第二，未经在先用益物权人同意，所有权人不得设立地役权。如果用益物权在先设立，土地所有权人应当尊重用益物权人的权利。如果所有权人想以所涉地块为供役地为他人设立地役权，必须征得用益物权人的同意。

（五）地役权的转让

《民法典》第380条规定，土地承包经营权、建设用地使用权等转让的，地役权一并转让，但是合同另有约定的除外。首先，当设立了地役权的土地承包经营权、建设用地使用权转让时，以该土地承包经营权、建设用地使用权的土地为需役地的地役权须一并转让。其次，当事人在合同中有不同约定的，地役权并不必然一并转让。如果当事人在设立地役权合同时，明确约定地役权仅为特定权利主体设立，则需役地的所有权或者使用权转移的，地役权消灭。法律尊重当事人的意思自治。此时，如果需役地的所有权或者使用权转移，并不会导致地役权的转移。

（六）地役权的抵押

地役权是为了提高土地利用的便利设立的，不能与土地承包经营权、建设用地使用权等用益物权分离而单独存在。对于受让地役权的主体来说，没有取得土地承包经营权和建设用地使用权的，地役权也就无从发挥作用。地役权作为土地使用权的物上权利或者物上负担，与土地使用权紧紧联系在一起，因此应一并转让，否则设定抵押的土地价值就会降低或者丧失。

（七）地役权对需役地及其上权利的不可分性

根据《民法典》第382条规定，需注意以下几个方面：一是部分转让的标的。部分转让包括两种情况：第一种是需役地部分转让；第二种是需役地上的土地承包经营权、建设用地使用权等的部分转让；二是转让部分需涉及地役权。无论是土地所有权的转让，还是用益物权的转让，只有在转让部分涉及地役权时，才涉及地役权的效力问题。如果所转让的部分不涉及地役权，则不得享有地役权。三是受让人的权利。受让人同时享有地役权。所谓同时，即只要受让人所受让的土地使用权、用益物权与地役权有关，即可以享有该地役权。受让人享有地役权是基于法律的规定享有的，并不需要当事人就此另行签订协议。

（八）地役权对供役地及其上权利的不可分性

准确理解《民法典》第383条，需要注意以下三个方面内容：（1）供役地的所有权部分转让时，转让部分涉及地役权的，地役权对受让人具有法律约束力。（2）供役地上的土地承包经营权、建设用地使用权等部分转让时，地役权对受让人有约束力。供役地上的建设用地使用权等用益物权部分转让时，如果所转让部分涉及地役权的，因地役权的不可分性，受让人仍需要承担地役权的义务。（3）供役地以及供役地上的用益物权部分转让时，转让部分不涉及地役权的，地役权对受让人不再具有约束力。

（九）地役权的消灭

根据《民法典》第384条规定，供役地权利人行使单方解除权的法定事由包括：

1.地役权人违反法律规定或者合同约定，滥用地役权。认定地役权人是否滥用地役权，可以从两个方面判断：一是根据合同约定判断。一般而言，地役权合同会就供役地和需役地的位置、地役权的利用目的和方法等作出约定。如果地役权人违反合同约定的目的、方法等行使地役权，即可以认定为构成滥用地役权，此时供役地权利人可以单方面解除地役权合同。二是根据法律规定判断。根据法律判断地役权人是否滥用地役权，所依据的法律既包括民法典，也包括其他与行使地役权相关的法律。

2.有偿利用供役地的，地役权人在约定的付款期限届满后在合理期限内经两次催告仍未支付费用。地役权合同是否有偿，由地役权人和供役地权利人约定。如果地役权为有偿，则地役权人必须按照合同的约定履行付款义务。如果地役权人无正当理由，在合同约定的履行期限届满后，仍没有按照合同约定支付供役地权利人费用的，而且在一个合理期限内经两次催告，地役权人仍不履行付款义务的，表明地役权人没有履行合同的诚意，或者根本不可能再履行合同，供役地权利人可以解除地役权合同。

本条规定的地役权消灭的两项法定事由，是专门为供役地权利人设立的权利。当然，供役地权利人除可以根据本条规定的法定解除事由解除地役权合同之外，还可以基于当事人的约定行使解除权。约定解除事由既可以是在订立合同时双方约定的解除事由，也可以在地役权合同履行过程中，双方协商一致解除。

📖 **重点条文与关联法律** ≫≫≫

第三百七十二条 【关于地役权人的权利的规定】

地役权人有权按照合同约定，利用他人的不动产，以提高自己的不动产的效益。

前款所称他人的不动产为供役地，自己的不动产为需役地。

第三百七十三条 【关于地役权合同的规定】

设立地役权，当事人应当采用书面形式订立地役权合同。

地役权合同一般包括下列条款：

（一）当事人的姓名或者名称和住所；

（二）供役地和需役地的位置；

（三）利用目的和方法；

（四）地役权期限；

（五）费用及其支付方式；

（六）解决争议的方法。

第三百七十四条 【关于地役权设立与登记的规定】

地役权自地役权合同生效时设立。当事人要求登记的，可以向登记机构申请地役权登记；未经登记，不得对抗善意第三人。

第三百七十五条 【关于供役地权利人义务的规定】

供役地权利人应当按照合同约定，允许地役权人利用其不动产，不得妨害地役权人行使权利。

第三百七十六条 【关于地役权人权利义务的规定】

地役权人应当按照合同约定的利用目的和方法利用供役地，尽量减少对供役地权利人物权的限制。

第三百七十七条 【关于地役权期限的规定】

地役权期限由当事人约定；但是，不得超过土地承包经营权、建设用地使用权等用益物权的剩余期限。

第三百七十九条 【关于用益物权土地上的地役权的规定】

土地上已经设立土地承包经营权、建设用地使用权、宅基地使用权等用益物权的，未经用益物权人同意，土地所有权人不得设立地役权。

第三百八十条 【关于地役权转让的规定】

地役权不得单独转让。土地承包经营权、建设用地使用权等转让的，地役权一并转让，但是合同另有约定的除外。

第三百八十一条 【关于地役权抵押的规定】

地役权不得单独抵押。土地经营权、建设用地使用权等抵押的，在实现抵押权时，地役权一并转让。

第三百八十二条 【关于需役地部分转让的规定】

需役地以及需役地上的土地承包经营权、建设用地使用权等部分转让时，转让部分涉及地役权的，受让人同时享有地役权。

第三百八十三条 【关于供役地部分转让的规定】

供役地以及供役地上的土地承包经营权、建设用地使用权等部分转让时，转让部分涉及地役权的，地役权对受让人具有法律约束力。

第三百八十四条 【关于地役权消灭的规定】

地役权人有下列情形之一的，供役地权利人有权解除地役权合同，地役权消灭：

（一）违反法律规定或者合同约定，滥用地役权；

（二）有偿利用供役地，约定的付款期限届满后在合理期限内经两次催告未支付费用。

第三百八十五条 【关于地役权变动登记的规定】

已经登记的地役权变更、转让或者消灭的，应当及时办理变更登记或者注销登记。

物权法	民法典	要点提示
第一百五十七条 设立地役权，当事人应当采取书面形式订立地役权合同。 地役权合同一般包括下列条款： （一）当事人的姓名或者名称和住所； （二）供役地和需役地的位置； （三）利用目的和方法； （四）利用期限； （五）费用及其支付方式； （六）解决争议的方法。	**第三百七十三条** 设立地役权，当事人应当采用书面形式订立地役权合同。 地役权合同一般包括下列条款： （一）当事人的姓名或者名称和住所； （二）供役地和需役地的位置； （三）利用目的和方法； （四）地役权期限； （五）费用及其支付方式； （六）解决争议的方法。	将第2款第4项"利用期限"改为"地役权期限"。
第一百六十二条 土地所有权人享有地役权或者负担地役权的，设立土地承包经营权、宅基地使用权时，该土地承包经营权人、宅基地使用权人继续享有或者负担已设立的地役权。	**第三百七十八条** 土地所有权人享有地役权或者负担地役权的，设立土地承包经营权、宅基地使用权等用益物权时，该用益物权人继续享有或者负担已经设立的地役权。	增加"等用益物权"的规定。

第六讲　担保物权

一、担保物权的一般规定

📖 **典型案例** 〉〉〉

上海某新能源科技有限公司与北京银行股份有限公司某分行、上海某建筑工程有限公司金融借款合同纠纷案

（一）事实概要

2017 年 12 月 14 日，北京银行股份有限公司某分行（以下简称某分行）作为贷款人与上海某建筑工程有限公司（以下简称某建筑公司）作为借款人签订借款合同，约定：贷款金额为 1.455 亿元；贷款期限为自首次提款日起 1 年；贷款用途为支付采购货款；保证人为上海某实业有限公司（以下简称某实业公司）、出质人为上海某新能源科技有限公司（以下简称某科技公司）。同日，某科技公司与某分行签订单位大额存单协议，约定某科技公司作为出质人以其名下的大额存单为某建筑公司与某分行签订的借款合同提供担保。合同签订后，某分行依约发放贷款。

2018 年 1 月 24 日，某分行向某建筑公司、某科技公司发出《宣布贷款全部提前到期函》，向某建筑公司宣布贷款全部提前到期，请某建筑公司清偿全部应付款项，某科技公司履行质押担保责任。同日，某分行扣划了某科技公司质押的单位大额存单下的存款清偿某建筑公司的借款。

甲公司的实际控制人为颜某某，某科技公司为甲公司的全资子公司。某科技公司的公司章程第 7 条规定，公司不设股东会，为公司股东或者实际控制人提供担保作出决议，由股东行使职权。股东作出决定时，应当采用书面形式，并由股东签名后置备于公司。第 8 条规定，公司向其他企业投资或者为他人提供担保，由股东作出决定。在涉案贷款业务办理过程中，某科技公司向某分行提供了股东决定。

某科技公司和甲公司向法院提起诉讼主张某建筑公司与某分行之间签订的借款合同无效。

（二）裁判结果

一审法院判决：驳回甲公司、某科技公司的全部诉讼请求。

二审法院判决：驳回上诉，维持原判。

（三）案例分析

本案主要涉及担保合同的效力问题。

担保人某科技公司主张主合同系借款人与出借人恶意串通签订的，主合同无效，从而以主合同无效为由主张担保合同无效。但本案中的借款合同上有各方当事人的签章，贷款也已实际发放和使用，主合同不存在无效情形。

在主合同有效的前提下，需要进一步审查担保合同的效力。本案中，出借人作为银行，在借款合同签订及贷款发放过程中，出借人虽然存在未严格依照商业银行法等法律法规及监管要求履行审核义务的情形，但并未违背效力性强制性规定，并未导致担保合同无效。

值得注意的是，本案中的某科技公司系上市公司甲公司的全资子公司，如本案发生在 2021 年民法典实行后，则依据《最高人民法院关于适用〈中华人民共和国民法典〉有关担保制度的解释》第 9 条的规定，本案中的担保合同有可能会被认定为无效。

📖 难点解析 》》》

（一）担保物权的从属性

担保物权内容上的从属性包含三层意思：

第一，除非法律规定，否则担保物权成立后，如当事人对于担保范围已有明确约定，则担保物权人只能在该范围内享有优先受偿权。未经担保人同意，债权人与债务人不得加重担保人的负担，否则超过的部分不属于担保的范围。

第二，只有当担保物权担保的债权到期之后，担保物权才相应到期，此时债权人才能行使担保物权，要求担保人承担担保责任。这一点从《民法典》第386 条的规定可以看出——"担保物权人在债务人不履行到期债务或者发生当事人约定的实现担保物权的情形，依法享有就担保财产优先受偿的权利，但是法律另有规定的除外"。

第三，担保人享有主债务人针对担保权人的抗辩权，即使债务人放弃该等抗辩权，担保人依然享有之。

（二）担保物权的物上代位性

担保物权的"物上代位性"，又称担保物权人的"物上代位权"，是指担保物因灭失、毁损而获得金钱或其他物的赔偿或补偿时，此等金钱或其他物成为担保物的代替物，担保物权依然存在于其上，债权人有权就该代替物行使担保物权。关于代位物的范围，《民法典》第390条只是明确列举了保险金、赔偿金和补偿金，虽然有"等"字兜底，但是，价金、租金不属于代位物。

一是因转让担保物而获得的价金不属于代位物。依据《民法典》第406条第2款规定，只有当抵押权人能够证明抵押财产转让可能损害抵押权的，才可以请求抵押人将转让所得的价款向抵押权人提前清偿债务或者提存。

二是担保物出租获得的租金也不属于代位物。依据《民法典》第412条规定，只有当债务人不履行到期债务或者发生当事人约定的实现抵押权的情形，致使抵押财产被人民法院依法扣押的，自扣押之日起，抵押权人才有权收取该抵押财产的法定孳息。

三是抵押物被毁损后剩余的材料不属于代位物。抵押物灭失毁损后所剩的残余物，不属于抵押物的代位物，仍然为抵押权的标的物。抵押权人有权依据《民法典》第408条要求抵押人恢复抵押财产的价值，或者提供与毁损、减少的价值相当的担保。

（三）债务承担与物上保证人的担保责任

《民法典》第391条延续了原《物权法》第175条的规定。具体来说，就该条应作如下理解：

1.《民法典》第551条第1款规定，无论是债务人将债务的全部还是部分转让给第三人，都应当经过债权人同意。故此，免责的债务承担必须经过债权人的同意。

2.如果第三人提供担保，须经物上保证人书面同意后，才会继续就新的债务人的债务承担担保责任。因为第三人之所以愿意以自己的财产对债务人的债务提供担保，为债权人设立担保物权，通常都是因为他与债务人之间存在某种协议（委托合同）或者基于信任关系。当出现免责的债务承担时，新的债务人很可能是与物上保证人没有信任关系的人，且其清偿能力可能不如原债务人，从而增加物上保证人承担担保责任的风险。

所谓"相应的担保责任"，是指对未经其同意转让的部分债务不再承担担保责任，这些债务被排除在担保物权担保的范围之外。

3. 债务加入不影响物上保证人的担保责任。《民法典》第552条规定，第三人与债务人约定加入债务并通知债权人，或者第三人向债权人表示愿意加入债务，债权人未在合理期限内明确拒绝的，债权人可以请求第三人在其愿意承担的债务范围内和债务人承担连带债务。由于债务加入中，第三人与债务人承担连带责任，增强了债权人的债权保障，对其没有损害，故此不仅不需要得到债权人的同意，也不需要取得物上保证人的同意。

（四）担保的范围与担保物权登记

《全国法院民商事审判工作会议纪要》第58条提出了担保债权的范围。该问题主要存在于不动产抵押登记中。在不动产抵押权的实现尤其是强制执行程序中，当事人在抵押合同中约定的担保范围与抵押权首次登记时登记簿上的记载不一致时，究竟以哪一个为准？

《全国法院民商事审判工作会议纪要》第58条认为，人民法院在审理案件时应当充分注意制度设计上的差别，作出符合实际的判断：一是多数省、自治区、直辖市的不动产登记系统中未设置"担保范围"栏目，仅有"被担保主债权数额（最高债权数额）"的表述，且只能填写固定数字。但当事人在合同中又往往约定担保物权的担保范围包括主债权及其利息、违约金等附属债权，致使合同约定的担保范围与登记不一致。显然，这种不一致是由于该地区登记系统设置及登记规则造成的普遍现象。人民法院以合同约定认定担保物权的担保范围，是符合实际的妥当选择。二是一些省、自治区、直辖市不动产登记系统设置与登记规则比较规范，担保物权登记范围与合同约定一致在该地区是常态或者普遍现象，人民法院在审理案件时，应当以登记的担保范围为准。

（五）担保合同的范围界定

《民法典》第388条第1款明确担保合同除抵押合同、质押合同外，还包括其他具有担保功能的合同，这意味着：

1.《民法典》虽然继续坚持物权法定主义（第116条），担保物权的种类和内容必须由法律规定，但是，基于意思自治原则，出于优化营商环境的考虑，允许当事人创设各种具有担保功能的合同，如融资租赁、保理、所有权保留、让与担保等非典型担保合同。

2.《全国法院民商事审判工作会议纪要》第67条规定，债权人与担保人订立担保合同，约定以法律、行政法规未禁止抵押或者质押的财产设定以登记作为公示方法的担保，因无法定的登记机构而未能进行登记的，不具有物权效力。当事人请求按照担保合同的约定就该财产折价、变卖或者拍卖所得价款等方式清偿债务的，人民法院依法予以支持，但对其他权利人不具有对抗效力和优先性。

3. 明确了非典型担保合同与主合同的关系也适用《民法典》第388条的规定，即其效力从属于主合同，因主合同的无效而无效，除非法律另有规定。也就是说，非典型担保与主合同的效力关系不能由当事人约定，必须由法律规定。此点在《民法典》第682条也有体现，即"保证合同是主债权债务合同的从合同。主债权债务合同无效的，保证合同无效，但是法律另有规定的除外"。

（六）主合同与担保合同的无效

1. 主合同无效，担保合同原则上也无效。《民法典》第388条第1款中"法律另有规定的除外"意味着：如果法律特别规定了担保合同不因主债权债务合同的无效而归于无效，即担保物权依然存在，那么就按照法律的这一特别规定处理。

最高额抵押权担保的是一定期间内将要连续发生的债权。最高额抵押权并不从属于具体的某一个债权，如果该债权无效，最高额抵押权并不因此无效。所以，民法典为特定情形中排除担保物权的从属性留了一个口子。

2. 担保合同无效原则上不影响主合同的效力。担保合同是从合同，从合同无效原则上不会影响主合同的效力，除非主合同和担保合同具有相同的无效原因，例如，无民事行为能力人订立的抵押合同和借款合同皆归于无效。

就设立担保物权的担保合同而言，导致其无效的情形有二：

一是以法律、行政法规禁止流通的财产或不得转让的财产设定抵押权、质权等担保物权的。例如，违反《文物保护法》第24条的规定，以国有不可移动文物设定抵押权的，该抵押合同无效。

二是国家机关和以公益为目的的非营利法人违反法律规定设定担保物权的。例如，某监狱的下属企业以属于监狱的国有土地使用权为自己的银行贷款设定抵押，法院认为："将监狱土地用作抵押物，不符合我国土地用途管制制度。违反法律规定以监狱土地提供抵押担保的，合同无效。"

3. 担保合同自身原因无效的后果。担保合同属于从合同，因此，导致其无效的原因可能是主合同的无效，也可能是其自身的原因，故此，在处理因担保合同无效而产生的损失时，需要考虑其有无过错的主体不限于担保合同的当事人，即债权人与担保人，还包括债务人。根据《民法典》第388条第2款规定，担保合同被确认无效后，债务人、担保人、债权人有过错的，应当根据其过错各自承担相应的民事责任。担保人没有过错的，不承担民事责任。

所谓担保人有过错，是指担保人明知主合同无效仍为之提供担保、担保人明知主合同无效仍促使主合同成立或为主合同的签订做中介等。例如，最高人民法院的一则判决认为："在主合同无效导致担保合同无效的情形下，担保人并非主合同的当事人，主合同无效不应当要求非合同当事人的担保人承担无效结果。因此，担保人的过错不应是指担保人在主合同无效上的过错。担保人的过错是指，'担保人明知主合同无效仍为之提供担保、担保人明知主合同无效仍促使主合同成立或为主合同的签订作中介等'。"

担保人的此种过错的特点在于：首先，它是主合同无效的过错向担保人的延伸，是担保人承担赔偿责任的根据。按照民事责任的原理，担保人主观上具有过错，又实施了无效的民事行为，并造成了损害后果，当然需要承担民事责任。例如，A公司实为地下钱庄，违法向B公司发放高额贷款，C公司的法人代表明知A公司与B公司签订的贷款合同是无效的，但碍于与B公司法人代表的朋友关系，仍由C公司为该贷款提供动产质押担保。这种情况下，可以看作担保人对于主合同的无效具有过错的情形。虽然担保人知道或者应当知道主合同无效仍提供担保是存在过错的行为，但这种过错毕竟不是导致主合同无效的直接原因，所以，主合同的当事人要就合同的无效承担主要的责任。

（七）担保物权随同主债权转移而转移，不以登记或交付为要件

《民法典》第547条明确了担保物权作为从权利随同主债权的转移而转移，不以登记或交付作为担保物权转让的生效要件。此前，在司法实践中，法院也是采取这一观点。

根据《全国法院民商事审判工作会议纪要》第62条规定，抵押权是从属于主合同的从权利，根据"从随主"规则，债权转让的，除法律另有规定或者当事人另有约定外，担保该债权的抵押权一并转让。受让人向抵押人主张行使抵押权，抵押人以受让人不是抵押合同的当事人、未办理变更登记等为由提出抗辩的，人民法院不予支持。

（八）共同担保与追偿权

1.共同担保，是指同一债权存在多个担保的情形。依据各担保的性质不同，可将之分为共同保证、共同物权担保以及混合担保。

其一，共同保证，是指多个保证人为同一债务提供保证担保。按照是否存在担保份额的约定，可分为连带共同保证与按份共同保证。

其二，共同物权担保，即多个担保物权担保同一债权的情形，包括共同抵押、共同质押、混合物权担保（即抵押权与质权共同担保同一债权）。

其三，混合担保，多个不同性质的担保方式担保同一债权，如保证与抵押权的混合共同担保、保证与质权的混合共同担保以及保证与抵押权、质权的混合共同担保等。

2.混合担保中担保人的追偿权。所谓混合担保中担保人的追偿权，是指担保人相互之间的追偿权。该问题理论上一直有很大的争议，立法和司法解释也经历了多次变化。最初承认担保人之间的追偿权的是《最高人民法院关于适用〈中华人民共和国担保法〉若干问题的解释》，该解释第38条第1款规定："同一债权既有保证又有第三人提供物的担保的，债权人可以请求保证人或者物的担保人承担担保责任。当事人对保证担保的范围或者物的担保的范围没有约定或者约定不明的，承担了担保责任的担保人，可以向债务人追偿，也可以要求其他担保人清偿其应当分担的份额。"《物权法》第176条规定了混合担保，却未对担保人之间的追偿权作出规定，仅规定了担保人对债务人的追偿权。虽然物权法没有明确肯定也没有明确否定追偿权，但从该法第194条第2款的规定来看，实际上还是持一种否认的态度。因为《物权法》第194条第2款只是规定了抵押权人放弃债务人提供的抵押担保时，其他担保人有权在抵押权人丧失优先受偿权益的范围内免除担保责任。《民法典》第392条延续了《物权法》第176条的规定。

立法机关否定担保人之间的追偿权，主要原因：一是当事人既然没有相互追偿的意思，甚至为同一债权提供担保的各担保人互不认识，为什么能够追偿？二是如果允许追偿，可能会出现担保人循环追偿而产生大量的案件，浪费司法资源。《全国法院民商事审判工作会议纪要》第56条也明确，除非担保人之间明确约定了可以相互追偿，否则相互之间不享有追偿权。

3.共同保证中保证人之间的追偿权。对于该问题，原担保法是明确认可保证人之间的追偿权的。该法第12条规定："同一债务有两个以上保证人的，保证人应当按照保证合同约定的保证份额，承担保证责任。没有约定保证份额的，保证人承担连带责任，债权人可以要求任何一个保证人承担全部保证责任，保证人都负有担保全部债权实现的义务。"然而，民法典没有如担保法那样要求承担连带责任的其他保证人清偿其应当承担的份额，其第 700 条规定："保证人承担保证责任后，除当事人另有约定外，有权在其承担保证责任的范围内向债务人追偿，享有债权人对债务人的权利，但是不得损害债权人的利益。"

📖 重点条文与关联法律 》》》

第三百八十六条 【关于担保物权人权利的规定】

担保物权人在债务人不履行到期债务或者发生当事人约定的实现担保物权的情形，依法享有就担保财产优先受偿的权利，但是法律另有规定的除外。

第三百八十七条 【关于担保物权适用范围及反担保的规定】

债权人在借贷、买卖等民事活动中，为保障实现其债权，需要担保的，可以依照本法和其他法律的规定设立担保物权。

第三人为债务人向债权人提供担保的，可以要求债务人提供反担保。反担保适用本法和其他法律的规定。

第三百八十九条 【关于担保物权的担保范围的规定】

担保物权的担保范围包括主债权及其利息、违约金、损害赔偿金、保管担保财产和实现担保物权的费用。当事人另有约定的，按照其约定。

第三百九十条 【关于担保物权的物上代位性及代位物的提存的规定】

担保期间，担保财产毁损、灭失或者被征收等，担保物权人可以就获得的保险金、赔偿金或者补偿金等优先受偿。被担保债权的履行期限未届满的，也可以提存该保险金、赔偿金或者补偿金等。

第三百九十一条 【关于未经担保人同意转移债务的法律后果的规定】

第三人提供担保，未经其书面同意，债权人允许债务人转移全部或者部分债务的，担保人不再承担相应的担保责任。

第三百九十二条 【关于人的担保和物的担保并存时担保权的实行规则的规定】

被担保的债权既有物的担保又有人的担保的，债务人不履行到期债务或者发生当事人约定的实现担保物权的情形，债权人应当按照约定实现债权；没有约定或者约定不明确，债务人自己提供物的担保的，债权人应当先就该物的担保实现债权；第三人提供物的担保的，债权人可以就物的担保实现债权，也可以请求保证人承担保证责任。提供担保的第三人承担担保责任后，有权向债务人追偿。

第三百九十三条 【关于担保物权消灭情形的规定】

有下列情形之一的，担保物权消灭：

（一）主债权消灭；

（二）担保物权实现；

（三）债权人放弃担保物权；

（四）法律规定担保物权消灭的其他情形。

物权法	民法典	要点提示
第一百七十二条 设立担保物权，应当依照本法和其他法律的规定订立担保合同。担保合同是主债权债务合同的从合同。主债权债务合同无效，担保合同无效，但法律另有规定的除外。	第三百八十八条第一款 设立担保物权，应当依照本法和其他法律的规定订立担保合同。担保合同包括抵押合同、质押合同和其他具有担保功能的合同。担保合同是主债权债务合同的从合同。主债权债务合同无效的，担保合同无效，但是法律另有规定的除外。	增加了"担保合同包括抵押合同、质押合同和其他具有担保功能的合同"规定，此处增加关于担保合同的规定，为除担保物权外的其他财产性担保留下了空间，以满足社会融资需求。

二、抵押权

典型案例

方某、王某返还原物纠纷案

（一）事实概要

2014 年 8 月 10 日，王某向方某借款 15 万元，并向其出具一份借据，内容为：今借方某现金 15 万元，承诺在 2014 年 11 月 10 日前还清，本人愿意将一辆奥迪车，车号为豫 K ×××××，颜色为黑色，抵押给被借款人方某，如未按时偿还此借款，此车将归被借款人所有。后原告王某未偿还全部款项。2020 年 12 月 24 日，被告方某将案涉车辆开走并实际控制。2021 年 1 月 22 日，原告王某起诉至法院。另查明，2021 年 3 月 5 日，案涉车辆因另案被禹州市人民法院查封。

（二）裁判结果

一审法院判决：被告方某于判决生效之日起 10 日内返还原告王某的车辆。

二审法院判决：驳回上诉，维持原判。

（三）案例分析

本案主要涉及动产抵押以及流质抵押的相关问题。

本案中，原告王某在向被告方某出具的借条中约定"愿意将一辆奥迪车，车号为豫 K ×××××，颜色为黑色，抵押给被借款人方某"。后未转移该财产的占有，但该抵押约定已生效，因此，被告方某依法可就案涉车辆优先受偿。原告王某出具的借据中虽有"如未按时偿还此借款，此车将归被借款人所有"的约定，但违反了法律的禁止性规定，约定无效。因此，被告无权占有该车辆。《民法典》第 235 条规定："无权占有不动产或者动产的，权利人可以请求返还原物。"案涉车辆虽处于被查封状态，但不影响被告方某返还车辆。综上所述，被告方某占有原告车辆无合法依据，属无权占有他人动产，原告主张被告返还案涉车辆，符合法律规定，法院应予以支持。

📖 **难点解析** >>>

（一）动产抵押与流质抵押

1. 动产抵押。抵押的类型主要有不动产抵押、动产抵押、权利抵押、财团抵押、共同抵押、最高额抵押，本案主要涉及动产抵押。

《民法典》第 394 条第 1 款规定："为担保债务的履行，债务人或者第三人不转移财产的占有，将该财产抵押给债权人的，债务人不履行到期债务或者发生当事人约定的实现抵押权的情形，债权人有权就该财产优先受偿。"第 401 条规定："抵押权人在债务履行期限届满前，与抵押人约定债务人不履行到期债务时抵押财产归债权人所有的，只能依法就抵押财产优先受偿。"第 403 条规定："以动产抵押的，抵押权自抵押合同生效时设立；未经登记，不得对抗善意第三人。"

2. 流质抵押。原《物权法》第 186 条规定："抵押权人在债务履行期届满前，不得与抵押人约定债务人不履行到期债务时抵押财产归债权人所有。"在民法典物权编草案的审议过程中，有的专家学者、单位提出，为进一步优化营商环境，建议完善上述规定，明确当事人事先作出此类约定的，仍享有担保权益，但只能依法就抵押财产或者质押财产优先受偿。故此，《民法典》第401条规定："抵押权人在债务履行期限届满前，与抵押人约定债务人不履行到期债务时抵押财产归债权人所有的，只能依法就抵押财产优先受偿。"

原物权法是从否定性的角度作出规定，民法典是从肯定性角度的规定，没有改变不得约定流抵条款的实质。只是规定，即便有流抵条款的约定，抵押权亦不受影响，抵押权人仍然可以依法就抵押财产优先受偿。

（二）房地一并抵押

1.《民法典》第397条是关于房地一并抵押的规定，与原《物权法》第182条相比，只是将"依照"改为"依据"，未有变化。

2.房地分别抵押时，房屋抵押权和房屋占用范围内的建设用地使用权抵押权的效力，司法实践中没有争议，都是肯定两个抵押权是成立且有效的。

以往存在争议的问题主要是这两个抵押权实现时的先后顺序问题。民法典颁布前，《全国法院民商事审判工作会议纪要》第61条规定："基于'房地一体'规则，此时应当将建筑物和建设用地使用权视为同一财产，从而依照《物权法》第199条的规定确定清偿顺序：登记在先的先清偿；同时登记的，按照债权比例清偿。同一天登记的，视为同时登记。"

民法典建立了统一的担保物权清偿顺序确定规则，其第414条规定："同一财产向两个以上债权人抵押的，拍卖、变卖抵押财产所得的价款依照下列规定清偿：（一）抵押权已经登记的，按照登记的时间先后确定清偿顺序；（二）抵押权已经登记的先于未登记的受偿；（三）抵押权未登记的，按照债权比例清偿。其他可以登记的担保物权，清偿顺序参照适用前款规定。"

3.建设用地使用权已经办理了登记，地上已经建有了建筑物，但是该建筑物没有办理所有权登记，而没有办理的原因可能是建筑物本身就是非法建筑物，也可能是合法建筑但因为缺乏一些登记材料而没有办理登记的。此时，权利人能否仅以建设用地使用权抵押？依据《民法典》第397条第2款的规定，未抵押的地上建筑物视为一并抵押，应当如何理解？是否意味着在非法建筑物上也产生了抵押权？

第一，民法典中建设用地使用权和房屋所有权是两项独立的财产权利。民法典对于未抵押的视为一并抵押的目的在于防止分别抵押带来的法律风险和处置障碍，并非强制性的权利捆绑，更不能以程序性的"一并抵押"而对权利人的实体民事权利进行限制。除非土地上的违法建筑物依据法律的规定会导致建设用地使用权消灭，否则登记机构不得以建筑物未办理登记为由，而不为建设用地使用权抵押权办理登记。

第二，所谓"视为一并抵押"的前提条件，即建设用地使用权是合法取得的，房屋也属于合法建筑，能够产生所有权。因此，"视为一并抵押"的含义有二：一是在合法取得的土地上合法建造房屋的，未抵押的视为一并抵押；二是在合法取得的土地上违法建造房屋，未抵押的非法建筑物，在抵押权实现时也要一并处置（按照现状处置）。

（三）抵押权与租赁权的关系

《物权法》第190条规定："订立抵押合同前抵押财产已出租的，原租赁关系不受该抵押权的影响。抵押权设立后抵押财产出租的，该租赁关系不得对抗已登记的抵押权。"《民法典》第405条对该条作了两处较大的修改：

1. 将"订立抵押合同前抵押财产已出租的"修改为"抵押权设立前抵押财产已经出租并转移占有的"。因为对于以房屋、建设用地使用权等以登记作为生效要件的抵押权而言，只有登记了，抵押权才设立，故此，不能以订立抵押合同的时间来判断究竟是租赁权在先还是抵押权在先。由于租赁合同只是出租人与承租人之间的法律关系，就会出现当事人倒签租赁合同日期的情形，即明明租赁合同成立于抵押权设立之后，出租人与承租人却通过将合同生效时间提前的做法，使租赁权产生于抵押权之前，从而达到损害抵押权人利益的目的。尽管通过鉴定合同签署日期或笔迹印章能解决这个问题，但鉴定意见会因样本或技术差异而具有不确定性，同时还会产生不小的成本。因此，司法实践中出现了不应以租赁合同生效时间来认定租赁权产生时间的观点。

因此，民法典对于抵押权前设立的租赁权提出了两个要求：一是抵押财产已出租，即签订了租赁合同；二是承租人已经占有了租赁财产。

2. 删除"抵押权设立后抵押财产出租的，该租赁关系不得对抗已登记的抵押权"规定。理由在于：立法者认为，这种情形可以通过适用民法典的相关规定加以解决，是自然而然的事情，无须特别规定。申言之，就以登记为生效要件的抵押权而言，抵押权设立在先而租赁权设立在后，那么依据"时间在先，权利在先"的原则，在后的租赁权当然不能对抗在先的抵押权。

（四）未办理登记的不动产抵押合同的效力

1. 不动产抵押登记的法律效力。对基于法律行为的不动产物权变动，我国法采取的是登记生效要件主义，没有办理不动产抵押权登记的，抵押权没有产生。不动产抵押登记与否不影响合同的效力。《民法典》第215条规定："未办理物权登记的，不影响合同效力。"故此，未办理登记的不动产抵押合同本身，并不因为登记与否而影响其效力，除非该合同本身存在法定无效的情形。

2. 抵押人不履行抵押合同的责任。依据抵押合同，抵押人负有与抵押权人一并申请抵押权登记的义务。《不动产登记暂行条例实施细则》第66条第1款也规定："自然人、法人或者其他组织为保障其债权的实现，依法以不动产设定抵押的，可以由当事人持不动产权属证书、抵押合同与主债权合同等必要材料，共同申请办理抵押登记。"因此，抵押人不履行共同申请抵押权登记义务的，债权人可以起诉抵押人要求其履行该义务，人民法院判决后，债权人单方即可凭借生效的判决向不动产登记机构办理登记。

如果由于抵押财产被转让或灭失导致无法登记，以致抵押权没有设立的，并且因此给债权人造成损失的，抵押人应当承担的是违反抵押合同的违约赔偿责任，而非抵押担保责任。但是，赔偿责任的范围应当有所限制，即不应当超过抵押财产的价值。

在抵押权没有成立的情形下，抵押人承担的违约赔偿责任不能超出抵押财产或质押财产的价值。《全国法院民商事审判工作会议纪要》第60条明确了这一点。

（五）抵押人转让抵押财产的规定

在民法典颁布之前，原物权法采取的是禁止抵押人转让抵押财产的立场。依据该法第191条的规定，抵押期间，抵押人未经抵押权人同意，不得转让抵押财产；只有得到了抵押权人的同意后，抵押人才能转让抵押财产。抵押人虽然将财产设立抵押，用于担保，但并未因此丧失财产的所有权或者处分权，要求抵押人转让抵押财产必须得到抵押权人的同意，就意味着抵押人丧失了对抵押财产的处分权。

《民法典》第406条改变了《物权法》第191条的规定，允许抵押人在抵押期间转让抵押财产，承认抵押权具有追及效力。

尽管民法典允许抵押人在抵押期间转让抵押财产，但为了维护抵押权人的合法权益，避免因抵押财产转让给抵押权人造成损害，本条规定了抵押人转让抵押财产的两项限制性措施：

1. 抵押人与抵押权人可以在抵押合同中通过约定禁止抵押财产转让。也就是说，如果抵押权人认为抵押人转让抵押财产会对自己的权益产生不利影响，则其可以与抵押人约定，不允许抵押人在抵押期间转让抵押财产。这种约定不仅是在抵押人与抵押权人之间产生法律效力，而且通过将此种禁止抵押财产转让的约定记载于不动产登记簿，还能产生对办理抵押财产转移登记的登记机构以及抵押财产受让人的约束效力。

2. 抵押权人可以通过证明抵押财产转让可能损害抵押权，而请求抵押人将转让所得的价款提前清偿债务或者提存而维护自己的权益。由于我国法上抵押权的客体既包括不动产，也包括动产，不动产以登记作为基于法律行为的物权变动的生效要件，故此，已经抵押的不动产在转让时也必须办理登记，受让人可以通过登记簿了解到受让财产上的权利负担，而抵押权人也可以通过登记簿的记载了解到抵押财产转让的受让人，从而在债务人不履行到期债务或者发生实现抵押权的情形时，及时实现抵押权。

对于不动产抵押而言，因为存在登记这一有效的公示方法，故此，受让人在受让不动产时完全可以通过查询不动产登记簿而了解到不动产上是否存在抵押权这样的权利负担，从而自行决定是否愿意受让有权利负担的财产。

至于动产抵押，其不以登记为生效要件，但是登记具有对抗效力，即不登记不得对抗善意第三人。因此，如果动产抵押已经办理了登记，那么动产的受让人可以通过查询登记簿等谨慎的调查义务了解动产上是否存在权利负担；如果动产抵押权没有办理登记，因为不登记的动产抵押权不得对抗善意第三人（《民法典》第403条），且《民法典》第404条还规定，以动产抵押的，不得对抗正常经营活动中已支付合理价款并取得抵押财产的买受人，故此，受让抵押的动产的受让人的合法权益也不会因此遭受损害。

（六）实现担保物权的统一受偿规则

《民法典》第414条第2款为其他可以登记的担保物权的清偿顺序的确定提供了基本依据，无须对其他可以登记的担保物权的清偿顺序再作规定，也为今后法律上创设的新的可以登记的担保物权清偿顺序的确定提供了法律依据。

这些权利主要包括以下几类：

1. 可以登记的权利质权，即《民法典》第443条、第444条和第445条规定的，以基金份额、股权设立的权利质权；以注册商标专用权、专利权、著作权等知识产权中的财产权设立的权利质权；以应收账款设立的权利质权。

2. 所有权保留买卖中出卖人的所有权，即《民法典》第641条规定，当事人可以在买卖合同中约定买受人未履行支付价款或者其他义务的，标的物的所有权属于出卖人。出卖人对标的物保留的所有权，未经登记，不得对抗善意第三人。

3. 融资租赁中出租人对租赁物的所有权。《民法典》第 745 条规定，出租人对租赁物享有的所有权，未经登记，不得对抗善意第三人。

4. 保理人对应收账款的权利。依据《民法典》第 768 条规定，应收账款债权人就同一应收账款订立多个保理合同，致使多个保理人主张权利的，已经登记的先于未登记的取得应收账款；均已经登记的，按照登记时间的先后顺序取得应收账款；均未登记的，由最先到达应收账款债务人的转让通知中载明的保理人取得应收账款；既未登记也未通知的，按照保理融资款或者服务报酬的比例取得应收账款。

（七）购置款抵押权的规定

《民法典》第 416 条是对购置款抵押权的规定。此种抵押权也是动产抵押权，担保的是购买抵押物的价款，具体而言，是指债权人提供资金给债务人用于购买其生产经营所需的动产，债务人以所购的动产作为抵押财产为债权人提供的购买该动产的价款债权提供担保，如果债务人不能履行到期债务或者发生当事人约定的实现抵押权的情形，则作为抵押权人的债权人有权以该动产变价并优先受偿。

依据《民法典》第 414 条、第 415 条，无论是同一财产上有多个抵押权，还是同一财产上既有抵押权又有质权，原则上都应当遵循"时间在先，权利在先"的原则，即按照登记时间先后或者按照登记、交付的时间先后确定清偿顺序。

但是，依据《民法典》第 416 条规定，购置款抵押权的效力突破了这一规则，其享有超级优先效力，即虽然购置款抵押权登记在后，却优先于抵押物买受人的其他担保物权人受偿。作此规定的理由在于："针对交易实践中普遍存在的借款人借款购买货物，同时将该货物抵押给贷款人作为价款担保的情形，赋予该抵押权优先效力，以保护融资人的权利，促进融资。"不过，购置款抵押权人要取得此种超级优先效力，必须在标的物交付后 10 日内办理抵押登记。

（八）主债权诉讼时效届满与抵押权

《民法典》第 419 条延续了《物权法》第 202 条规定，规定抵押权人应当在主债权诉讼时效期间行使抵押权；未行使的，人民法院不予保护。所谓的"人民法院不予保护"，一直存有争议，有时效抗辩权发生说与抵押权消灭说等不同的观点。

第一种观点为"胜诉权丧失说"，也称"执行力丧失说"。该观点认为，过了主债权诉讼时效期间后，抵押权人丧失的是抵押权受人民法院保护的权利，即胜诉权，而抵押权本身并没有消灭，如果抵押人自愿履行担保义务的，抵押权人仍可以行使抵押权。

第二种观点为"时效抗辩权发生说"，这是多数学者所赞同的观点。此观点认为，对于主债权诉讼时效期间已经届满的抵押权，人民法院不予保护不等于该抵押权已经消灭，只是抵押人因此享有了主债务人的时效抗辩权。

第三种观点为"抵押权消灭说"，这是司法实践中多数法院赞同的观点。抵押权消灭说认为，主债权诉讼时效期间届满而担保物权人仍未行使担保物权的，该担保物权归于消灭。

📖 重点条文与关联法律 ⟫⟫⟫

第三百九十四条 【关于抵押权人权利的规定】

为担保债务的履行，债务人或者第三人不转移财产的占有，将该财产抵押给债权人的，债务人不履行到期债务或者发生当事人约定的实现抵押权的情形，债权人有权就该财产优先受偿。

前款规定的债务人或者第三人为抵押人，债权人为抵押权人，提供担保的财产为抵押财产。

第三百九十七条 【关于房地一并抵押的规定】

以建筑物抵押的，该建筑物占用范围内的建设用地使用权一并抵押。以建设用地使用权抵押的，该土地上的建筑物一并抵押。

抵押人未依据前款规定一并抵押的，未抵押的财产视为一并抵押。

第三百九十九条 【关于禁止抵押财产的规定】

下列财产不得抵押：

（一）土地所有权；

（二）宅基地、自留地、自留山等集体所有土地的使用权，但是法律规定可以抵押的除外；

（三）学校、幼儿园、医疗机构等为公益目的成立的非营利法人的教育设施、医疗卫生设施和其他公益设施；

（四）所有权、使用权不明或者有争议的财产；

（五）依法被查封、扣押、监管的财产；

（六）法律、行政法规规定不得抵押的其他财产。

第四百条　【关于抵押合同的规定】

设立抵押权，当事人应当采用书面形式订立抵押合同。

抵押合同一般包括下列条款：

（一）被担保债权的种类和数额；

（二）债务人履行债务的期限；

（三）抵押财产的名称、数量等情况；

（四）担保的范围。

第四百零二条　【关于不动产抵押登记的规定】

以本法第三百九十五条第一款第一项至第三项规定的财产或者第五项规定的正在建造的建筑物抵押的，应当办理抵押登记。抵押权自登记时设立。

第四百零三条　【关于动产抵押效力的规定】

以动产抵押的，抵押权自抵押合同生效时设立；未经登记，不得对抗善意第三人。

第四百零四条　【关于动产抵押不得对抗正常经营活动中的买受人的规定】

以动产抵押的，不得对抗正常经营活动中已经支付合理价款并取得抵押财产的买受人。

第四百零五条　【关于抵押权与租赁权的关系的规定】

抵押权设立前，抵押财产已经出租并转移占有的，原租赁关系不受该抵押权的影响。

第四百零六条　【关于抵押财产的转让的规定】

抵押期间，抵押人可以转让抵押财产。当事人另有约定的，按照其约定。抵押财产转让的，抵押权不受影响。

抵押人转让抵押财产的，应当及时通知抵押权人。抵押权人能够证明抵押财产转让可能损害抵押权的，可以请求抵押人将转让所得的价款向抵押权人提前清偿债务或者提存。转让的价款超过债权数额的部分归抵押人所有，不足部分由债务人清偿。

第四百零九条　【关于抵押权人放弃抵押权、抵押权顺位以及变更抵押权的规定】

抵押权人可以放弃抵押权或者抵押权的顺位。抵押权人与抵押人可以协议变更抵押权顺位以及被担保的债权数额等内容。但是，抵押权的变更未经其他抵押权人书面同意的，不得对其他抵押权人产生不利影响。

债务人以自己的财产设定抵押，抵押权人放弃该抵押权、抵押权顺位或者变更抵押权的，其他担保人在抵押权人丧失优先受偿权益的范围内免除担保责任，但是其他担保人承诺仍然提供担保的除外。

第四百一十条 【关于抵押权实现的规定】

债务人不履行到期债务或者发生当事人约定的实现抵押权的情形，抵押权人可以与抵押人协议以抵押财产折价或者以拍卖、变卖该抵押财产所得的价款优先受偿。协议损害其他债权人利益的，其他债权人可以请求人民法院撤销该协议。

抵押权人与抵押人未就抵押权实现方式达成协议的，抵押权人可以请求人民法院拍卖、变卖抵押财产。

抵押财产折价或者变卖的，应当参照市场价格。

第四百一十四条 【关于数个抵押权的清偿顺序的规定】

同一财产向两个以上债权人抵押的，拍卖、变卖抵押财产所得的价款依照下列规定清偿：

（一）抵押权已经登记的，按照登记的时间先后确定清偿顺序；

（二）抵押权已经登记的先于未登记的受偿；

（三）抵押权未登记的，按照债权比例清偿。

其他可以登记的担保物权，清偿顺序参照适用前款规定。

第四百一十九条 【关于抵押权存续期间的规定】

抵押权人应当在主债权诉讼时效期间行使抵押权；未行使的，人民法院不予保护。

物权法	民法典	要点提示
第一百八十条　债务人或者第三人有权处分的下列财产可以抵押： （一）建筑物和其他土地附着物； （二）建设用地使用权； （三）以招标、拍卖、公开协商等方式取得的荒地等土地承包经营权； （四）生产设备、原材料、半成品、产品； （五）正在建造的建筑物、船舶、航空器； （六）交通运输工具； （七）法律、行政法规未禁止抵押的其他财产。 抵押人可以将前款所列财产一并抵押。	**第三百九十五条**　债务人或者第三人有权处分的下列财产可以抵押： （一）建筑物和其他土地附着物； （二）建设用地使用权； （三）海域使用权； （四）生产设备、原材料、半成品、产品； （五）正在建造的建筑物、船舶、航空器； （六）交通运输工具； （七）法律、行政法规未禁止抵押的其他财产。 抵押人可以将前款所列财产一并抵押。	增加了"海域使用权"，删除了"以招标、拍卖、公开协商等方式取得的荒地等土地承包经营权"。
第一百八十一条　经当事人书面协议，企业、个体工商户、农业生产经营者可以将现有的以及将有的生产设备、原材料、半成品、产品抵押，债务人不履行到期债务或者发生当事人约定的实现抵押权的情形，债权人有权就实现抵押权时的动产优先受偿。	**第三百九十六条**　企业、个体工商户、农业生产经营者可以将现有的以及将有的生产设备、原材料、半成品、产品抵押，债务人不履行到期债务或者发生当事人约定的实现抵押权的情形，债权人有权就抵押财产确定时的动产优先受偿。	删除了"经当事人书面协议"。 将"债权人有权就实现抵押权时的动产优先受偿"改为"债权人有权就抵押财产确定时的动产优先受偿"。
第一百八十六条　抵押权人在债务履行期届满前，不得与抵押人约定债务人不履行到期债务时抵押财产归债权人所有。	**第四百零一条**　抵押权人在债务履行期限届满前，与抵押人约定债务人不履行到期债务时抵押财产归债权人所有的，只能依法就抵押财产优先受偿。	没有改变不得约定流抵条款的实质。只是规定，即便有流抵条款的约定，抵押权不受影响，抵押权人仍然可以依法就抵押财产优先受偿。
第一百八十九条　企业、个体工商户、农业生产经营者以本法第一百八十一条规定的动产抵押的，应当向抵押人住所地的工商行政管理部门办理登记。抵押权自抵押合同生效时设立；未经登记，不得对抗善意第三人。依照本法第一百八十一条规定抵押的，不得对抗正常经营活动中已支付合理价款并取得抵押财产的买受人。	**第四百零四条**　以动产抵押的，不得对抗正常经营活动中已经支付合理价款并取得抵押财产的买受人。	将仅限于浮动抵押的动产抵押权追及效力限制扩展到所有动产抵押。

物权法	民法典	要点提示
	第四百一十五条 同一财产既设立抵押权又设立质权的，拍卖、变卖该财产所得的价款按照登记、交付的时间先后确定清偿顺序。	新增条款，确定了抵押权和质权按登记和交付的先后顺序清偿，即按照公示的先后顺序清偿。
	第四百一十六条 动产抵押担保的主债权是抵押物的价款，标的物交付后十日内办理抵押登记的，该抵押权人优先于抵押物买受人的其他担保物权人受偿，但是留置权人除外。	新增条款。

三、质权

典型案例

莱阳市某果蔬有限公司、山东莱阳农村商业银行股份有限公司等质押合同纠纷案

（一）事实概要

2015 年 11 月 9 日，山前店信用社向莱阳市某果蔬有限公司（以下简称某果蔬公司）出具了质押标签，该质押标签载明："货主（出质人）：某果蔬公司，质押品名称：苹果，质押品数量：一等、460000 千克，质押期限：2015 年 11 月 9 日到 2016 年 9 月 8 日，仓储单位：某果蔬公司，备注：20 号库，下方注：'未经信用社许可，任何单位和个人不得搬运该质押品。'"2015 年 11 月 12 日，某果蔬公司与山前店信用社签订流动资金借款合同一份，约定："某果蔬公司向山前店信用社借款 350 万元整，借款用途：购苹果，借款期限自 2015 年 11 月 12 日至 2016 年 9 月 8 日。"本合同项下借款的担保方式为保证，保证人莱阳某农业开发有限公司与贷款人签订保证合同；担保人唐某静、唐某殿、刘某花与贷款人签订最高额保证合同。

2016 年 9 月 5 日，某果蔬公司与山东莱阳农村商业银行股份有限公司（山前店信用社债权债务的继承人，以下简称莱阳农商行）签订流动资金借款合同一份，某果蔬公司向莱阳农商行借款 350 万元整，借款用途：借新还旧。

贷款到期后鉴于某果蔬公司无力按期偿付贷款的现实，某果蔬公司请求莱阳农商行处置质押物，莱阳农商行并未行使质押权，质押物灭失。

某果蔬公司向一审法院起诉请求：依法判令莱阳农商行赔偿损失。

（二）裁判结果

一审法院判决：驳回原告某果蔬公司的诉讼请求。

二审法院判决：驳回上诉，维持原判。

（三）案例分析

本案主要涉及质押财产交付与动产质权设立的问题。

本案争议的焦点问题是双方当事人之间是否设立了质权。莱阳农商行提交的证据证实 2015 年 11 月 12 日某果蔬公司与山前店信用社签订的流动资金借款合同，担保方式是保证，原告未提交证据证实原告与被告签订了书面质押合同，原告虽然针对前述借款合同向莱阳农商行出具了承诺书，山前店信用社亦向原告出具了质押标签，但莱阳农商行对贷款的最终审批意见中关于担保方式为保证，并未涉及质押，另质押标签亦未对被担保债权、债务人履行债务的期限、担保的范围、质押财产交付的时间等事项作出约定，质押标签上的苹果仓储单位为原告，原告未实际将苹果交付被告，故原、被告之间未成立质押合同，亦未设立质权。莱阳农商行辩称，山前店信用社与原告之间不存在动产质押合同关系，双方未订立质押合同，未依法设立质权，被告不负有妥善保管质押财产的义务，不负有解除质押的义务，不论原告所称苹果损失是否属实，均非被告原因造成，该辩解意见理由正当，一审法院予以采纳。莱阳农商行辩称原告 2015 年 11 月的 350 万元贷款通过借新还旧已经于 2016 年 9 月还清，原告出具的针对苹果的承诺书已不具约束力，且原告关于新的贷款出具的承诺并不涉及苹果，原告完全可以自行决定处置 20 号库的苹果，苹果是否损失与被告没有必然联系。

某果蔬公司未提供质押合同，亦未举证证实双方当事人签订过质押合同。即使双方之间存在质押担保，双方后续又签订了新的借新还旧的借款合同，依据《全国法院民商事审判工作会议纪要》第 57 条规定，贷款到期后，借款人与贷款人订立新的借款合同，将新贷用于归还旧贷，旧贷因清偿而消灭，为旧贷设立的担保物权也随之消灭，本案担保亦随主债权的清偿而消灭。

1. 所谓出质人交付质押财产，首先是指出质人向债权人即质权人交付质押的财产。质押财产是指作为主物的质押财产，而不包括从物。如果出质人仅交付从物，而未交付主物的，不成立动产质权。此时只在从物上产生质权，主物上没有质权。

2. 所谓交付质押财产，意味着出质人要将质押财产的占有移转给质权人，其中，最典型的方式当然是现实交付，即出质人将对质押动产的占有现实地移转给质权人。只有当质权人取得了对质押财产的单独占有并且出质人不享有任何占有时，现实交付才算完成。现实交付也可以借由占有辅助人、占有媒介人等第三人的加入甚或被指令人的加入而完成。

3. 交付质押财产也可以采取简易交付和指示交付的方式。在债权人或者其代理人已经占有了将被用于出质的动产的情况下，只要出质人与质权人达成设立质权的合意即签订书面的质权合同，就发生了交付的效果，这就是通过所谓的简易交付设立动产质权。例如，A 公司有 5000 吨小麦储存在 B 公司的仓库，由 B 公司保管。A 公司现以该 5000 吨小麦向 C 银行质押贷款。双方就可以通过指示交付的方式设立动产质权。

4. 出质人不得以占有改定的方式继续占有标的物。在动产质权的设立中，出质人不得以占有改定的方式设立质权是因为：一方面，动产质权以占有作为公示要件，如果出质人代质权人占有质物，则无法使该动产上设立的质权向外界加以公示，势必危害交易安全；另一方面，由于出质人仍直接占有质物，因而质权人无法对质物加以留置，质权的留置效力丧失。

📖 难点解析 ▷▷▷

（一）质权的法律特征

1. 动产质权是担保物权。债务人或第三人将质押财产交由债权人占有，是为了担保债权的实现。质权人占有质押财产实际上是取得了质押财产上的交换价值。在一般情况下，其只能占有质押财产，而不能使用、收益。质权是为了保证特定债权的实现而设定，附随于债权而存在。

2. 动产质权是在他人的财产上设立的物权。动产质权是在债务人或第三人的动产上设定的担保物权，因此属于他物权。质权的标的可以是债务人自己的财产，也可以是第三人的财产。

3.动产质权由债权人占有质押财产为生效条件。质权人只有占有质押财产才享有质权，移转质押财产的占有是质权与抵押权的根本区别。

4.动产质权是就质押财产价值优先受偿的权利。由于动产质权的设定是以担保特定债权的实现为目的，因此，当债务履行期限届满或出现当事人约定的实现质权的情形时，质权人有权就质押财产折价或以拍卖、变卖该质押财产的价款优先受偿。

（二）质押合同的设立

1.订立质押合同应当采用书面形式。设定质权的行为为要式行为，应当采用书面的形式进行。对于设立动产质押合同未采用书面形式的，依据本法规定，法律、行政法规规定或当事人约定合同应当采用书面形式订立，当事人未采用书面形式但是一方已经履行主要义务，对方接受时，该合同成立。

2.动产质押合同的内容主要有：

第一，被担保债权的种类和数额。被担保债权，通常被称为主债权。主债权的种类有金钱债权、特定物给付债权、种类物给付债权以及以作为或不作为为标的的债权等。数额是指主债权的财务金额；不属于金钱债权的，可以明确债权标的额的数量、价款等。被担保债权的种类和数额，是确定质权发生的依据，也是质权人实现质权时优先受偿的范围的确定基础。

第二，债务人履行债务的期限。债务人履行债务的期限是指债务人偿付债务的时间。质押合同订立后，在主债权清偿期限届满前，质权人享有的只是占有质押财产的权利。质权人对质押财产的变价受偿必须要等到债务履行期限届满且债务人没有履行债务，或出现了当事人在合同中约定的实现质权的情形实际发生。质押合同规定债务人履行债务的期限，可以准确确定债务人清偿债务的时间，明确质权人实现质权的时间。

第三，质押财产的名称、数量等。动产质押合同中要对质押财产的相关情况有所描述，包括质押财产的名称、数量等情况，以确定质押财产为何种标的物以及价值量。

第四，担保的范围。质权担保的范围应当由当事人协商确定。当事人对担保范围未作约定或约定不明确时，质权的担保范围包括主债权及其利息、违约金、损害赔偿金、保管担保财产和实现担保物权的费用。

第五，质押财产交付的时间、方式。质押财产的交付直接关系到质权的生效。当事人在质押合同中约定质押财产的交付时间，可以明确出质人应当在何时将质押财产移转给质权人，以确定质权的效力。质押财产交付的方式除了现实交付外，还有简易交付、指示交付等方式，约定质押财产的交付方式可以明确质押合同的履行方式。

（三）动产质押的设立与生效

1. 交付质押财产是质权的生效要件。动产质权的标的是动产。动产具有易于转移、难以控制的特点。为了保障动产质权的实现，也为了保护善意第三人的合法权益，《民法典》第 429 条规定，动产质权的设立以交付质押财产为生效要件。

2. 质权自出质人交付质押财产时设立。出质人与质权人订立动产质押合同，该合同自成立时生效。但是在移转质押财产的占有之前，并不发生担保物权的效力；出质人只有将质押财产通过交付的形式实际移转给质权人占有时，质权才发生效力。质押财产是否移转是质权是否生效的判断标准：当事人没有移转质押财产，质权无效。其质押合同是否有效要根据民法典合同编的有关规定判断，质权无效并不当然导致合同无效。

（四）质押财产毁损或者价值减少的救济措施

1. 替代担保。当质押财产可能存在损坏或者价值明显减少的事实足以危害质权人的利益时，质权人为保全其质权不受损害，可以要求出质人提供相应的担保。规定质押财产的替代担保，主要是由于质押是以质押财产所具有的交换价值确保债权的实现。如果质押财产的价值可能明显减少或者质押财产毁损，将直接危害到质权人的利益，法律应当赋予质权人维护其担保利益的救济手段，允许质权人要求出质人提供相应的担保。"相应的担保"是指与毁损或者价值明显减少的数额相当的担保。

2. 提前清偿债务或者提存。当质押财产有可能损坏或者价值明显减少的情况出现时，质权人请求出质人提供相应的担保，但出质人不提供的，质权人可以拍卖或者变卖质押财产，并与出质人通过协议将拍卖或者变卖所得的价款提前清偿债权，也可以将处分质押财产的价款提存。此时质权人拍卖、变卖质押财产无须经过出质人同意。拍卖、变卖所得的价款，性质上属于质押财产的替代物，质权人不当然取得价款的所有权，出质人可以用该价款提前向质权人清偿债务；如果以该价款提存的，则要等债务履行期限届满，以提存的价款清偿债务。

（五）质权人放弃质权情形下其他担保人担保责任的承担

质权人有权处分自己的质权。当质权人以放弃质权的方式处分质权时，应当符合法律的规定。质权人放弃质权应当明示作出意思表示。质权人不行使质权或怠于行使质权的，不能推定为质权人放弃质权。质权人放弃质权如果是质权人单方的意思表示，无须取得出质人的同意。质权因质权人的放弃而消灭。

质权人放弃质权，不得有损于其他利害关系人的利益。《民法典》第435条规定，在质权担保主债权的全部时，质权人放弃质权的，保证人免除全部保证责任；在质权担保的是主债权的部分责任时，质权人放弃质权的，保证人在质权所担保的债权范围内免除担保责任。在质权人放弃在债务人的财产上设定的质权的情形下，如果其他担保人承诺仍然提供保证的，应当尊重当事人自愿的意思表示，其他担保人的担保责任不予免除。

（六）质权的实现方式

当债务人不履行债务或者违约时，质权人有权将占有的质押财产以折价、拍卖、变卖等方式变价后优先受偿。

1. 折价。即债务人在履行期限届满未履行其债务时，经出质人与质权人协议，依据质押财产的品质、市场价格等因素，将把质押财产的所有权由出质人转移给质权人，从而实现质权的一种方式。折价必须由出质人与质权人协商一致，否则只能拍卖或变卖。折价与流质不同：折价是发生在债务履行期限届满，债务人不履行债务，质权人实现质权时；流质是债权人在债务履行期间届满前与出质人约定，债务人届期不履行债务时质押财产归债权人所有。

2. 拍卖。即按照拍卖程序，以公开竞价的方式将质押财产卖给出价最高者的买卖。变卖是指直接将质押财产变价卖出的行为，变卖没有公开竞价等形式与程序上的限制，方便、快捷、变价成本小。本条规定实现质权时，仅要求质押财产折价时双方当事人达成协议，没有要求拍卖、变卖质押财产需要协议，也没有对拍卖、变卖质押财产的主体作出限定。在实现质权时，质权人可以自行拍卖、变卖其占有的质押财产。

与拍卖财产相比，对财产进行折价或者变卖由于没有公开的竞价模式，可能会与财产的实际价值偏离较大。为了保护出质人的利益，避免出质人的财产以较低价格折价或者变卖，本法规定对质押财产折价或者变卖的，应当参照市场价格。

（七）质权人怠于行使质权的责任

质押财产存在毁损、灭失以及价值下跌的风险。当债务履行期限届满，而债务人未清偿债务的，质权人应当及时行使质权，以免给出质人造成损失，出质人也有权请求质权人行使权利。质权人怠于行使权利致使质押财产价格下跌，或者发生其他毁损、灭失等情形，质押财产无法获得与原有价值相当的变价款时，质权人对于出质人的损失要承担赔偿责任。需要注意的是，要求质权人承担责任，出质人首先要有请求质权人及时行使质权的行为；其次要有证据证明造成损害是由于质权人怠于行使质权造成的，损害的事实应当与质权人怠于行使质权有直接因果关系。

质权人在实现质权时，应当注意：

一是如果数个可分的质押财产为同一债权担保时，各个质押财产都担保债权的全部，但在实现质权时，如果质权人折价、拍卖或者变卖部分质押财产的价款足以清偿质押担保范围的债权，则应停止折价、拍卖或者变卖其余的质押财产。因为质押财产的所有权归出质人，出质人只是以质押财产担保质权人的债权，一旦债权受清偿，质权也就消灭了，剩余的质押财产应当归还出质人。

二是如果以一个质押财产作为债权担保的，质押财产的变价款超出所担保的债权的，应当将剩余价款还给出质人。

三是如果质押财产的变价款不足以清偿所担保的债权的，出质人以全部变价款交给质权人后，质权消灭。担保债权未清偿的部分，仍然在债权人与债务人之间存在，但不再是质权担保的债权，而是无质权担保的普通债权，债务人仍负有清偿债务的义务。如果债务人和出质人不是同一人时，未偿还的债务由债务人承担，出质人不再承担责任。

（八）可以出质的权利范围

可以出质的权利包括：

1. 汇票、本票、支票。汇票是指出票人签发的，委托付款人在见票时或者在指定日期无条件支付确定的金额给收款人或者持票人的票据。本票是指出票人签发的，承诺自己在见票时无条件支付确定的金额给收款人或者持票人的票据。支票是指出票人签发的，委托办理支票存款业务的银行或者其他金融机构在见票时无条件支付确定的金额给收款人或者持票人的票据。

2. 债券、存款单。债券是指由政府、金融机构或者企业为了筹措资金而依照法定程序向社会发行的，约定在一定期限内还本付息的有价证券。存款单，是指存款人在银行或者储蓄机构存了一定数额的款项后，由银行或者储蓄机构开具的到期还本付息的债权凭证。

3. 仓单、提单。仓单是指仓储保管人应存货人的请求而填发的提取仓储物的凭证。仓单是提取仓储物的凭证。存货人或者仓单持有人在仓单上背书并经保管人签字或者盖章的，可以转让提取仓储物的权利。提单是指用以证明海上货物运输合同和货物已经由承运人接收或者装船，以及承运人保证据以交付货物的单证。

4.可以转让的基金份额、股权。基金份额是指向投资者发行的，表示持有人按其所持份额对基金财产享有收益分配权、清算后剩余财产取得权和其他相关权利，并承担相应义务的凭证。股权是指股东因向公司直接投资而享有的权利。在我国，公司包括有限责任公司和股份有限公司。有限责任公司股东的股权是通过公司签发的出资证明书来体现的，股份有限公司股东的股权是通过公司签发的股票来体现的。出资证明书和股票就是股东享有股权的法定凭证，股东凭此证券就可以享有相应的股权。

只有可以转让的基金份额和股权才可以作为权利质权的标的；有的基金份额和股权依法不得转让，则不能出质；有的基金份额和股权有转让限制，这些股权和基金份额在出质时也需要遵守相应的限制。

5.可以转让的注册商标专用权、专利权、著作权等知识产权中的财产权。知识产权是指人们对于自己的创造性智力活动成果和经营管理中的标记所依法享有的权利，包括注册商标专用权、专利权和著作权等。知识产权主要是一种财产权利；但某些知识产权如著作权既具有人身权部分又具有财产权部分，只有财产权部分才能作为权利质权的标的。

注册商标专用权是指注册商标所有人依法对注册商标享有的独占使用权。根据商标法的规定，注册商标所有人享有注册商标转让权和注册商标许可权。这两者都是注册商标专用权中的财产权，都可以作为权利质权的标的。

专利权是指由国家专利主管机关授予专利申请人或其继受人在一定期限内实施其发明创造的专有权，包括发明专利权、实用新型专利权及外观设计专利权。根据专利法的规定，专利权人享有专利转让权和专利实施许可权。二者都是专利权中的财产权，都可以作为权利质权的标的。

著作权是指文学、艺术和科学作品的创作者对其创作完成的作品所享有的权利。根据著作权法的规定，著作权可分为人身权和财产权两部分。人身权包括发表权、署名权、修改权和保护作品完整权。财产权是指著作权人对作品的使用权和获得报酬权。只有著作权中的财产权才可以作为权利质权的标的。

6.现有的以及将有的应收账款。应收账款实质上属于一般债权，包括尚未产生的将来的债权，但是仅限于金钱债权。需要注意的是，物权法中应收账款的概念包括"公路、桥梁等收费权"。在民法典编纂过程中，将物权法上述条文中的"应收账款"修改为"现有的以及将有的应收账款",明确将来发生的债权可以作为质押的客体。

7.法律、行政法规规定的可以出质的其他财产权利。这是对可以出质的权利的兜底规定。前六项规定并不能涵盖所有可以出质的权利范围,为此作了一个授权性规定,根据现实需要、权利质押的可行性、市场风险等因素,法律、行政法规可以规定其他权利可以出质;只要在法律、行政法规中明确规定可以出质的,也适用本节权利质权的有关规定。

(九)以汇票、本票、支票、债券、存款单、仓单、提单出质的权利质权设立

以汇票、本票、支票、债券、存款单、仓单、提单出质的,其质权设立的情形可以分为两种:

一是有权利凭证的,质权自权利凭证交付质权人时设立。权利凭证是指记载权利内容的象征性证书,通常采用书面形式,如汇票、本票、支票、存款单、仓单、提单和一部分实物债券等都是有权利凭证。此时出质人需要将该权利凭证交付给质权人,质权自交付时设立。

二是没有权利凭证的,质权自有关部门办理出质登记时设立。在我国,部分债券如记账式国库券和在证券交易所上市交易的公司债券等都已经实现无纸化,这些债券没有权利凭证,如果要出质,就必须到法律、法规规定的有关登记部门办理出质登记,质权自登记时设立。

票据法等特别法对于以汇票、本票、支票等出质的权利质权的设立要件有特别规定的,依照其规定。

(十)以汇票、本票、支票、债券、存款单、仓单、提单出质的权利质权人行使质权的特别规定

汇票、本票、支票、债券、存款单、仓单、提单的兑现日期或者提货日期先于主债权到期的,质权人可以不经过出质人同意,有权将汇票、本票、支票、债券或者存款单上所载款项兑现,有权将仓单或者提单上所载货物提货。但是质权人兑现款项或者提取货物后不能据为己有,必须通知出质人,并与出质人协商,或者用兑现的款项或提取的货物提前清偿债权,或者将兑现的款项或提取的货物提存。提前清偿债权的,质权消灭;提存的,质权继续存在于提存的款项或者货物上,在主债权到期时可以以该提存的款项或者货物优先受偿。出质人只能在提前清偿债权和提存中选择,不能既不同意提前清偿债权也不同意提存。

（十一）关于出质人处分基金份额和股权的限制

基金份额和股权出质后，原则上不能转让。一方面，出质人的基金份额和股权虽然被出质了，但是质权人无权转让作为债权担保的基金份额和股权，否则构成对基金份额持有人和股东权利的侵害。另一方面，基金份额和股权虽然为出质人所有，但是其作为债权的担保，是有负担的，如果随意转让可能会损害质权人的利益，不利于担保债权的实现。所以，原则上基金份额和股权出质后，不能转让；如果出质人与质权人协商一致，都同意转让已出质的基金份额和股权的，属于双方当事人对自己权利的自由处分，法律应当允许。转让基金份额和股权所得的价款，并不当然用于清偿所担保的债权，因为此时债务清偿期限尚未届至，出质人应当与质权人协商，将所得的价款提前清偿所担保的债权或者提存。提前清偿债权的，质权消灭。提存的，质权继续存在于提存的价款上，在债务履行期限届满时，质权人可以对该价款优先受偿。出质人只能在提前清偿债权和提存中选择，不能既不同意提前清偿债权，也不同意提存。

（十二）关于出质人处分知识产权的限制

以注册商标专用权、专利权、著作权等知识产权中的财产权出质的，权利虽然仍属于知识产权人，但由于该知识产权是有负担的权利，因此，出质人不能自由转让或者许可他人使用，否则可能会损害质权人的利益，不利于担保债权的实现。如果经出质人与质权人协商同意，可以转让或者许可他人使用出质的注册商标专用权、专利权、著作权等知识产权中的财产权。

转让或者许可他人使用出质的注册商标专用权、专利权、著作权等知识产权中的财产权所得的价款，不当然用于清偿所担保的债权。因为此时债务清偿期限尚未届至，出质人应当与质权人协商，将所得的价款提前清偿所担保的债权或者提存。提前清偿债权的，质权消灭。提存的，质权继续存在于提存的价款上，在债务履行期限届满时，质权人可以对该价款优先受偿。出质人只能在提前清偿债权和提存中选择；不能既不同意提前清偿债权，也不同意提存。

📖 重点条文与关联法律 〉〉〉

第四百二十五条 【关于动产质权人权利的规定】

为担保债务的履行，债务人或者第三人将其动产出质给债权人占有的，债务人不履行到期债务或者发生当事人约定的实现质权的情形，债权人有权就该动产优先受偿。

前款规定的债务人或者第三人为出质人，债权人为质权人，交付的动产为质押财产。

第四百二十六条 【关于禁止出质动产的规定】

法律、行政法规禁止转让的动产不得出质。

第四百二十七条 【关于质押合同的规定】

设立质权，当事人应当采用书面形式订立质押合同。

质押合同一般包括下列条款：

（一）被担保债权的种类和数额；

（二）债务人履行债务的期限；

（三）质押财产的名称、数量等情况；

（四）担保的范围；

（五）质押财产交付的时间、方式。

第四百二十八条 【关于流质的规定】

质权人在债务履行期限届满前，与出质人约定债务人不履行到期债务时质押财产归债权人所有的，只能依法就质押财产优先受偿。

第四百二十九条 【关于动产质权设立的规定】

质权自出质人交付质押财产时设立。

第四百三十一条 【关于质权人对质押财产适用、处分的限制及法律责任的规定】

质权人在质权存续期间，未经出质人同意，擅自使用、处分质押财产，造成出质人损害的，应当承担赔偿责任。

第四百三十三条 【关于质押财产保全的规定】

因不可归责于质权人的事由可能使质押财产毁损或者价值明显减少，足以危害质权人权利的，质权人有权请求出质人提供相应的担保；出质人不提供的，质权人可以拍卖、变卖质押财产，并与出质人协议将拍卖、变卖所得的价款提前清偿债务或者提存。

第四百三十四条 【关于转质权的规定】

质权人在质权存续期间，未经出质人同意转质，造成质押财产毁损、灭失的，应当承担赔偿责任。

第四百三十五条 【关于质权放弃及其他担保人责任承担原则的规定】

质权人可以放弃质权。债务人以自己的财产出质，质权人放弃该质权的，其他担保人在质权人丧失优先受偿权益的范围内免除担保责任，但是其他担保人承诺仍然提供担保的除外。

第四百三十六条 【关于质押财产返还及质权实现的规定】

债务人履行债务或者出质人提前清偿所担保的债权的，质权人应当返还质押财产。

债务人不履行到期债务或者发生当事人约定的实现质权的情形，质权人可以与出质人协议以质押财产折价，也可以就拍卖、变卖质押财产所得的价款优先受偿。

质押财产折价或者变卖的，应当参照市场价格。

第四百三十七条 【关于请求行使质权的规定】

出质人可以请求质权人在债务履行期限届满后及时行使质权；质权人不行使的，出质人可以请求人民法院拍卖、变卖质押财产。

出质人请求质权人及时行使质权，因质权人怠于行使权利造成出质人损害的，由质权人承担赔偿责任。

第四百三十八条 【关于质押财产变价款归属的规定】

质押财产折价或者拍卖、变卖后，其价款超过债权数额的部分归出质人所有，不足部分由债务人清偿。

第四百四十一条 【关于以汇票、本票、支票、债券、存款单、仓单、提单出质的权利质权的规定】

以汇票、本票、支票、债券、存款单、仓单、提单出质的，质权自权利凭证交付质权人时设立；没有权利凭证的，质权自办理出质登记时设立。法律另有规定的，依照其规定。

第四百四十二条 【关于以汇票、本票、支票、债券、存款单、仓单、提单出质的权利质权人行使权利的特别规定】

汇票、本票、支票、债券、存款单、仓单、提单的兑现日期或者提货日期先于主债权到期的，质权人可以兑现或者提货，并与出质人协议将兑现的价款或者提取的货物提前清偿债务或者提存。

第四百四十四条 【关于以知识产权中的财产权出质的权利质权人处分的限制的规定】

以注册商标专用权、专利权、著作权等知识产权中的财产权出质的，质权自办理出质登记时设立。

知识产权中的财产权出质后，出质人不得转让或者许可他人使用，但是出质人与质权人协商同意的除外。出质人转让或者许可他人使用出质的知识产权中的财产权所得的价款，应当向质权人提前清偿债务或者提存。

第四百四十五条　【关于以应收账款出质的权利质权的设立和出质人转让的限制的规定】

以应收账款出质的，质权自办理出质登记时设立。

应收账款出质后，不得转让，但是出质人与质权人协商同意的除外。出质人转让应收账款所得的价款，应当向质权人提前清偿债务或者提存。

物权法	民法典	要点提示
第二百二十三条　债务人或者第三人有权处分的下列权利可以出质： （一）汇票、支票、本票； （二）债券、存款单； （三）仓单、提单； （四）可以转让的基金份额、股权； （五）可以转让的注册商标专用权、专利权、著作权等知识产权中的财产权； （六）应收账款； （七）法律、行政法规规定可以出质的其他财产权利。	**第四百四十条**　债务人或者第三人有权处分的下列权利可以出质： （一）汇票、本票、支票； （二）债券、存款单； （三）仓单、提单； （四）可以转让的基金份额、股权； （五）可以转让的注册商标专用权、专利权、著作权等知识产权中的财产权； （六）现有的以及将有的应收账款； （七）法律、行政法规规定可以出质的其他财产权利。	将"应收账款"改为"现有的以及将有的应收账款"
第二百二十六条　以基金份额、股权出质的，当事人应当订立书面合同。以基金份额、证券登记结算机构登记的股权出质的，质权自证券登记结算机构办理出质登记时设立；以其他股权出质的，质权自工商行政管理部门办理出质登记时设立。基金份额、股权出质后，不得转让，但经出质人与质权人协商同意的除外。出质人转让基金份额、股权所得的价款，应当向质权人提前清偿债务或者提存。	**第四百四十三条**　以基金份额、股权出质的，质权自办理出质登记时设立。 基金份额、股权出质后，不得转让，但是出质人与质权人协商同意的除外。出质人转让基金份额、股权所得的价款，应当向质权人提前清偿债务或者提存。	删除了"证券登记结算机构办理出质登记时设立""工商行政管理部门办理出质登记时设立"的规定，意味着出质登记办理机构不仅是"证券登记结算机构""工商行政管理部门"，合法确定的机构均有可能承担出质登记职能。

四、占有

典型案例

陈某请求排除妨害纠纷案

（一）事实概要

2009 年万润公司取得了在案涉地块上开发建设的相关手续。2009 年 12 月 16 日，陈某与万润公司签订了联合投资建设协议，共同参与案涉地块的开发建设。合同签订后，陈某依据联合投资建设协议向万润公司缴纳了相关费用。双方此后各自投资建设 4S 店。陈某在建设 4S 店的过程中，于 2012 年 1 月开挖了两家 4S 店中间共用道路，徐州高新技术产业开发区规划局于 2012 年 1 月 31 日认定陈某的上述建设行为系违法建筑，应予以拆除。

2017 年 12 月 19 日，万润公司与鹏之远公司签订租赁合同，约定：万润公司将位于案涉地块上的厂房租赁给鹏之远公司，租赁期限自 2018 年 2 月 18 日起至 2028 年 2 月 17 日止。

2020 年 6 月 5 日，鹏之远公司与裕鸿公司签订房屋租赁合同，鹏之远公司将其从万润公司处承租的案涉汽车产业园的房屋转租给裕鸿公司，租赁期限为 5 年，自 2020 年 6 月 5 日起至 2025 年 6 月 4 日止。

陈某向一审法院起诉请求：判令立即停止在陈某出资建设的案涉区域内的施工，排除妨害，恢复原状。

（二）裁判结果

一审法院判决：驳回陈某的诉讼请求。

二审法院判决：驳回上诉，维持原判。

（三）案例分析

本案主要涉及占有保护请求权及占有妨害排除请求权的法律问题。

不动产物权变动以法定登记为原则，以事实行为成就等为例外。具体到本案，陈某要求排除妨害的理由为：陈某出资建设案涉建筑物，基于原始取得物权。但案涉建筑物取得的建设工程规划许可证、建设用地规划许可证、建设工程施工许可证的权利人均记载为万润公司，陈某并非物权法意义上的建造主体，并不能依照《物权法》第30条 ① 的规定原始取得涉诉建筑的所有权。（2017）苏 03 民终 803 号民事生效判决认定陈某与万润公司就案涉建筑物签订的联合投资建设协议为无效协议，陈某应根据合同法中关于合同无效的相关规定，维护其合法权益。

排除妨害请求权系物权请求权，排除妨害请求权以物权的行使受到妨害为成立要件。本案中，陈某对案涉土地并不享有土地使用权，其在案涉土地上的建造行为亦非合法建造行为，不当然据此取得诉争建筑物的所有权。

同时，占有保护请求权应适用于双方不存在其他法律关系为前提，而万润公司与陈某之间存在事实上的合同关系，陈某亦不能基于占有而请求排除妨害。现案涉土地已挂牌出让，由案外人竞买取得，万润公司至今未取得案涉土地的使用权，其与陈某之间签订的联合投资建设协议亦被确认为无效协议，故基于双方签订的联合投资建设协议，陈某对此仅享有合同债权，其应依据合同无效主张相应权利。陈某关于原始取得涉案建筑物物权进而要求排除妨害的主张，于法无据。

难点解析 >>>

占有保护请求权是指占有人的占有被侵夺、妨害或者有妨害的危险时请求侵害人为一定行为或不为一定行为的能力。占有保护请求权具体可以分为占有物返还请求权、占有妨害排除请求权及占有妨害防止请求权。

占有妨害排除请求权的构成要件如下：（1）占有被妨害，指以侵夺以外的方式妨害占有人的占有；（2）请求人为占有被妨碍者，无论是无权占有或有权占有，妨害具有不法性或者超越了正常的容忍程度；（3）提出请求时，妨害仍在持续中；（4）被请求人系对妨害的除去具有支配力的人。

（一）有权占有和无权占有

有权占有，主要指基于合同等债的关系而产生的占有，如根据运输或者保管合同，承运人或者保管人对托运或者寄存货物发生的占有；无权占有，主要发生在占有人对不动产或者动产的占有无正当法律关系，或者原法律关系被撤销或无效时占有人对占有物的占有，包括误将他人之物认为己有或者借用他人

---

① 现行《民法典》第 231 条。

之物到期不还等。

（二）有权占有与无权占有的责任分担

1. 有权占有时的责任分担。在有权占有的情况下，如基于租赁或者借用等正当法律关系而占有他人的不动产或者动产时，当事人双方多会对因使用而导致不动产或者动产的损害责任做出约定。大多数情况下，对于因正常使用而导致不动产或者动产的损耗、折旧等，往往由所有权人负担，因为有权占有人所支付的对价就是对不动产或者动产因正常使用而发生损耗的补偿。

实践中，在有权占有情况下，被占有的不动产或者动产因使用而产生损害，其责任确定和解决方法，按照一般的惯例，如果要把自己的不动产或者动产租给他人使用，应当先收取一定的押金，作为不动产或者动产被他人损坏后的担保。此外，相关的法律也会对特定情形下占有物损害的责任作出规定。如《民法典》第784条规定，承揽人应妥善保管定作人提供的材料以及完成的工作成果，因保管不善造成毁损、灭失的，应当承担赔偿责任。

2. 无权占有时的责任承担。对于无权占有时，无权占有人需要承担何种责任，就需要根据无权占有的具体情况判断。根据占有人的主观状态，可以分为善意占有和恶意占有。所谓善意占有，就是占有人在主观上认为自己有权占有标的物。所谓恶意占有，指明知或者因重大过失不知自己为无权占有而仍然进行的占有。占有人因使用占有的不动产或者动产，致使该不动产或者动产受到损害的，恶意占有人应当承担赔偿责任。

（三）关于占有人对占有物毁损、灭失的责任

1. 善意占有人对占有物毁损、灭失的责任。善意占有人在占有物上所行使的权利，被推定为其合法享有，其对被占有物的使用被规定为占有人的权利。但该物毕竟在法律上不属于占有人所有，如果造成占有物毁损、灭失的，占有人还应当对物的真正权利人承担赔偿责任。但法律还应当考虑减轻善意占有人的责任，以贯彻法律对善意占有人的保护。因此，在确定善意占有人的责任时，应当依照不当得利的返还原则，即只有善意占有人因物的毁损、灭失而获得利益时，才对物的权利人承担赔偿责任；如果未获得利益，则不必赔偿。所谓因物的毁损、灭失而获得利益，指占有人所受积极利益，如当物的毁损灭失由第三人造成时，占有人取得的赔偿金或者替代物；而消极利益，指占有人因物的毁损灭失而减少支出的费用，则不在此列。

2. 恶意占有人对占有物毁损、灭失的责任。恶意占有是占有人明知或者因

重大过失不知自己为无权占有而仍然进行的占有。是否为恶意占有，依占有人取得占有时的具体情况而进行判断。取得时为善意，而后得知自己为无权占有的，自其知道之时起，变为恶意占有人。恶意占有人明知自己无权而仍然占有他人之物，其占有不仅缺乏法律上的正当根据，道德上也乏善可陈，因此各国立法均对恶意占有人苛以较重的责任。

恶意占有人通常系由侵权行为取得占有，因此在决定恶意占有人责任时，应参考侵权损害赔偿的原则，损失多少赔多少，除去占有物的价值外，还包括物的权利人所失的利益。此外，占有物的价值，以物的实际价值为准；恶意占有人取得占有时的价值与物的权利人请求返还时的价值不同的，以较高价值的为准。

（四）占有保护请求权的类型

根据占有受侵害的不同情形，分为占有物返还请求权、占有妨害排除请求权和占有危险消除请求权。

1. 占有物返还请求权。占有物返还请求权发生于占有物被侵夺的情形。此种侵夺占有而构成的侵占，是指非基于占有人的意思，采取违法的行为使其丧失对物的控制与支配。需要注意的是，非因他人的侵夺而丧失占有的，如因受欺诈或者胁迫而交付的，不享有占有物返还请求权。此种情形下，原占有人要恢复占有，必须依法律行为的规定，主张撤销已经成立的法律关系等去解决。此外，占有物返还请求权的要件之一为侵占人的行为必须是造成占有人丧失占有的直接原因，否则不发生依据本条规定而产生的占有物返还请求权。例如，遗失物之拾得人，虽然拾得人未将遗失物交送有关机关而据为己有，但此种侵占非本条所规定的情形。拾得人将遗失物据为己有的行为，并非失主丧失占有的直接原因（失主最初丧失对物的占有，可能是由于疏忽大意遗忘物品等），因此失主对于拾得人不得依占有物返还请求权为据提起诉讼，而应依其所有权人的地位提请行使返还原物请求权。占有保护请求权中的返还原物请求权，自侵占发生之日起一年内未行使的，该请求权消灭。

2. 排除妨害请求权。占有被他人妨害时，占有人得请求妨害人除去妨害。妨害除去请求权的相对人，为妨害占有的人。数人相继为妨害的，以现为妨害的人为请求权的相对人；继续妨害的，占有人可请求相对人停止妨害；一次妨害的，占有人可请求相对人除去妨害。排除妨害的费用应由妨害人负担。占有人自行除去妨害的，其费用可依无因管理的规定向相对人请求偿还。

3.消除危险请求权。消除危险请求权中的危险，应为具体的事实的危险；对于一般抽象的危险，法律不加以保护。具体的事实的危险，指其所用的方法，使外界感知对占有的妨害。需要说明的是：首先，危险消除请求权中的危险，必须持续存在；请求权行使之时危险已经消失的，不得请求防止。其次，必须有客观的产生危险的事实；被请求人有无故意或者过失，法律在所不问。

📖 重点条文 »»»

第四百五十八条　【关于占有的法律适用的规定】

基于合同关系等产生的占有，有关不动产或者动产的使用、收益、违约责任等，按照合同约定；合同没有约定或者约定不明确的，依照有关法律规定。

第四百五十九条　【关于无权占有造成占有物损害的赔偿责任的规定】

占有人因使用占有的不动产或者动产，致使该不动产或者动产受到损害的，恶意占有人应当承担赔偿责任。

第四百六十条　【关于无权占有返还的规定】

不动产或者动产被占有人占有的，权利人可以请求返还原物及其孳息；但是，应当支付善意占有人因维护该不动产或者动产支出的必要费用。

第四百六十一条　【关于占有物毁损灭失责任的规定】

占有的不动产或者动产毁损、灭失，该不动产或者动产的权利人请求赔偿的，占有人应当将因毁损、灭失取得的保险金、赔偿金或者补偿金等返还给权利人；权利人的损害未得到足够弥补的，恶意占有人还应当赔偿损失。

第四百六十二条　【关于占有保护请求权的规定】

占有的不动产或者动产被侵占的，占有人有权请求返还原物；对妨害占有的行为，占有人有权请求排除妨害或者消除危险；因侵占或者妨害造成损害的，占有人有权依法请求损害赔偿。

占有人返还原物的请求权，自侵占发生之日起一年内未行使的，该请求权消灭。

第七讲　合同通则

一、一般规定

戚某与刘某、夏某等合伙协议纠纷案

（一）事实概要

2018年1月15日，戚某与刘某、夏某、沈某、李某、孟某、黄某、房某签订投资协议书一份，约定拟设立公司名称为某运动理疗中心，同时约定了出资方式及占股比例。此后，合伙各方并未按照投资协议书的约定成立公司，而是于2018年5月9日成立了个体工商户健身馆，经营者为戚某，各方按照投资协议书的约定金额进行了投资。2019年1月1日，合伙各方签订了退出经营协议书一份，该协议内容由戚某请的律师拟定。其中协议第4条约定：各方一致确认，自本协议签订之日，健身馆结算办理完毕，经营利润等已按照原协议约定进行分配，各方均已收取；本协议签订之后，刘某、夏某等人不得以任何理由向健身馆或戚某主张任何权利。协议第5条约定：各方一致确认，健身馆于本协议签订前对外负债由各方按照原协议的约定承担；本协议签订之后，健身馆对外债权、债务以及经营一切事项均归戚某负责。现戚某提出在合伙投资经营期间对外销售的预售卡，各方已将利润在扣除共同经营期间产生的各项支出后进行了分配，但在戚某独自经营期间该预售卡已经产生了各项成本费用并且预期还将产生成本费用，对该部分费用，各方应当按照出资比例承担相应的责任。

（二）裁判结果

原被告之间签订的合作协议书、退出经营协议书均是双方当事人之间真实意思表示，合法有效，双方应当按照协议的约定享有权利并承担义务。根据退出经营协议书第4条、第5条的约定，应认定在签订退出经营协议书时，各方对于合伙的账目未有争议，并在此前提下签署了退出经营协议书。关于原告主张的案涉费用是否属于协议第 5 条约定的健身馆在退出协议签订之前的对外债务，各被告是否应按照投资比例承担，还应结合双方所签投资协议书以及双方在退出经营前后沟通交流的内容、相关行为来查明原被告双方的真实意思表示。结合案件具体情形，一审法院认定，原被告之间在签订退出经营协议书时并不要求被告在退出经营后还需承担案涉争议的费用。

一审法院判决：驳回原告的诉讼请求。

二审法院判决：驳回上诉，维持原判。

（三）案例分析

本案主要涉及合同条款的解释问题。

《民法典》第 466 条第 1 款规定："当事人对合同条款的理解有争议的，应当依据本法第一百四十二条第一款的规定，确定争议条款的含义。"第 142 条第 1 款规定："有相对人的意思表示的解释，应当按照所使用的词句，结合相关条款、行为的性质和目的、习惯以及诚信原则，确定意思表示的含义。"

本案中，戚某诉请原合伙各方对合伙期间的亏损共同承担责任，其请求权基础是退出经营协议第 5 条的约定，而各合伙人则以第 4 条的约定予以抗辩。退出经营协议书是各方当事人针对退伙所作的协议，系认定各方真实意思表示的主要证据。该协议第 4 条明确约定了合伙各方对合伙企业的结算完毕，利润等分配完毕；第 5 条约定：各方一致确认，健身馆于本协议签订前对外负债由各方按照原协议的约定承担。但对外负债是指什么债务，协议中未予明确。通常理解是指健身馆对外所欠的债务，而退伙协议签订前的对外负债，合伙各方均未明确债务是否存在、债务金额、所欠何人债务。戚某主张的预付卡成本的损失，是发生在退伙协议签订之后，原合伙人不再参与预售卡退卡、销售、成本核算等经营事宜。根据《民法典》第 466 条的规定，退伙协议签订后发生的或将要发生的债务，不应当认定为该健身馆退伙协议签订前的对外负债，也不应当由已经退伙的各方承担。

难点解析

（一）关于合同相对性及其例外

1.关于合同相对性原则。合同相对性原则是指合同项下的权利与义务只由合同当事人享有或者承担，合同仅对当事人具有法律约束力，对合同当事人之外的第三人不具有法律约束力。具体而言，对于依法成立的合同，只能由合同当事人享有合同上的权利，当事人之外的任何第三人不能向合同债务人主张合同上的权利；合同义务由合同当事人承担，合同债权人不得要求当事人之外的第三人承担合同义务，当事人之外的第三人也不得代为履行合同义务；合同债务人不履行合同义务或者履行合同义务不符合约定的，应当向债权人承担违约责任，而非向当事人之外的第三人承担违约责任。

合同相对性原则在整个合同制度中具有重要的基础地位，民法典合同编将合同相对性原则在第一章"一般规定"中予以明确，确立了合同相对性原则在合同编中的基础地位，并在相关制度中得到具体体现，如第522条第1款关于不真正第三人利益合同的规定、第523条关于由第三人履行合同的规定。

2.合同相对性原则的例外。合同相对性原则只有一个例外，即"法律另有规定"。民事活动纷繁复杂，当事人之间订立的合同不可避免地与第三人产生各种各样的联系，在法律确立合同相对性原则的前提下，有必要针对个别情形作出例外规定，允许在特定情形下突破合同相对性原则。目前，法律对合同相对性原则的例外规定主要有：（1）合同的保全；（2）真正的利益第三人合同制度；（3）当事人之外的第三人对履行债务具有合法利益情形时的代为履行制度；（4）"买卖不破租赁"制度。

（二）关于合同争议条款解释的规定

对合同争议条款的解释规则：

首先按照条款所使用的词句进行解释。一些词句在不同的场合可能表达出不同的含义，对条款中词句的理解首先应当按照一个合理人通常的理解来进行。也就是说，法官应当考虑一个合理的人在通常情况下对有争议的条款所能理解的含义作为解释词句含义的标准。其次对条款中词句的理解不能孤立进行，应结合其他相关条款、行为的性质和目的、习惯以及诚实信用原则，综合判断、确定争议条款的含义。

（三）关于非典型合同法律适用规则的规定

民法典合同编通则的规定是针对所有合同的共性规定。因此，非典型合同应当适用合同编通则的规定。合同编第二分编规定的典型合同，虽然是对某类合同的专门性规定，但其他一些合同可能会与合同编规定的典型合同存在着共同之处或者相近之处。例如，买卖合同是典型的有偿合同，非典型合同中也有许多有偿合同，此时可以参照适用买卖合同的有关规定。基于合同编关于买卖合同的规定在有偿类合同中的指引、示范作用较强，《民法典》第646条对此专门作了规定，即"法律对其他有偿合同有规定的，依照其规定；没有规定的，参照适用买卖合同的有关规定"。同理，其他非典型合同也可以参照适用本编或者其他法律最相类似合同的规定，本条对此予以明确。

此外，对特定涉外合同，即在中华人民共和国境内履行的中外合资经营企业合同、中外合作经营企业合同、中外合作勘探开发自然资源合同，适用中华人民共和国法律。

（四）关于非因合同产生的债权债务关系的法律适用

非因合同产生的债权债务关系，是指无因管理、不当得利、侵权行为等产生的债权债务关系。《民法典》第468条规定："非因合同产生的债权债务关系，适用有关该债权债务关系的法律规定；没有规定的，适用本编通则的有关规定，但是根据其性质不能适用的除外。"这里的"没有规定的"，指直接适用民法典合同编通则的有关规定，而不是参照适用。适用有关该债权债务关系的法律规定有：侵权责任法、产品质量法、消费者权益保护法等。根据其性质不能适用的，是指专门适用于合同的规定，如合同的订立、解除、违约责任等。

📖 重点条文与关联法律 》》》

第四百六十五条 【关于合同受法律保护以及合同相对性原则的规定】

依法成立的合同，受法律保护。

依法成立的合同，仅对当事人具有法律约束力，但是法律另有规定的除外。

第四百六十七条 【关于非典型合同及特定涉外合同的法律适用的规定】

本法或者其他法律没有明文规定的合同，适用本编通则的规定，并可以参照适用本编或者其他法律最相类似合同的规定。

在中华人民共和国境内履行的中外合资经营企业合同、中外合作经营企业合同、中外合作勘探开发自然资源合同，适用中华人民共和国法律。

合同法	民法典	要点提示
第二条　本法所称合同是平等主体的自然人、法人、其他组织之间设立、变更、终止民事权利义务关系的协议。 　婚姻、收养、监护等有关身份关系的协议，适用其他法律的规定。	第四百六十四条　合同是民事主体之间设立、变更、终止民事法律关系的协议。 　婚姻、收养、监护等有关身份关系的协议，适用有关该身份关系的法律规定；没有规定的，可以根据其性质参照适用本编规定。	新增有关身份关系的协议规定，"没有规定的，可以根据其性质参照适用本编规定"。
第一百二十五条　当事人对合同条款的理解有争议的，应当按照合同所使用的词句、合同的有关条款、合同的目的、交易习惯以及诚实信用原则，确定该条款的真实意思。 　合同文本采用两种以上文字订立并约定具有同等效力的，对各文本使用的词句推定具有相同含义。各文本使用的词句不一致的，应当根据合同的目的予以解释。	第四百六十六条　当事人对合同条款的理解有争议的，应当依据本法第一百四十二条第一款的规定，确定争议条款的含义。 　合同文本采用两种以上文字订立并约定具有同等效力的，对各文本使用的词句推定具有相同含义。各文本使用的词句不一致的，应当根据合同的相关条款、性质、目的以及诚信原则等予以解释。	将"根据合同的目的予以解释"修改为"根据合同的相关条款、性质、目的以及诚信原则等予以解释"，更为周全、全面。
	第四百六十八条　非因合同产生的债权债务关系，适用有关该债权债务关系的法律规定；没有规定的，适用本编通则的有关规定，但是根据其性质不能适用的除外。	新增条款，增加非因合同产生的债权债务关系的法律适用，更好地发挥了合同编通则的债法总则功能。

二、合同的订立

📖 **典型案例** >>>>

魏某、熊某民间借贷纠纷案

（一）事实概要

熊某、魏某系朋友关系。2020年4月4日，熊某通过其名下的中国建设银行卡向魏某转账5万元。2020年4月13日，因魏某需买车，熊某通过其名下的广东南粤银行卡向魏某转账 20 万元，转账原因注明是借款。2020 年 5 月 12 日，熊某通过微信共向魏某转账 2 万元。针对案涉借款 27 万元，熊某因与魏某协商不能，特向法院提起诉讼。

（二）裁判结果

一审法院认为，对于案涉借款是否已约定履行期限和方式的问题。《民法典》第 488 条规定："承诺的内容应当与要约的内容一致。受要约人对要约的内容作出实质性变更的，为新要约。有关合同标的、数量、质量、价款或者报酬、履行期限、履行地点和方式、违约责任和解决争议方法等的变更，是对要约内容的实质性变更。"第 491 条第 1 款规定："当事人采用信件、数据电文等形式订立合同要求签订确认书的，签订确认书时合同成立。"确认书实际上是与承诺联系在一起的。合同的订立过程是当事人之间反复协商的过程，也是要约—新要约—再要约—承诺多次反复的过程。采用信件、数据电文等形式订立合同的当事人，可以在合同成立之前要求签订确认书。只有签订了确认书，才算真正作出了承诺。在当事人要求签订确认书的情况下，合同成立的时间以当事人签订确认书来确定。本案中，熊某要求签订借据，且在熊某出具借据后，魏某对其归还时间无法与熊某达成一致，因此案涉借款的归还时间未能确定。合法的借贷关系受法律保护，而上述借款未约定归还时间，因此，熊某有权随时向魏某主张权利，故人民法院对熊某请求魏某归还借款 27 万元的诉讼请求，予以支持。综上所述，依照《民法典》第 489 条、第 491 条、第 577 条、第 667 条、第 676 条，《最高人民法院关于审理民间借贷案件适用法律若干问题的规定》（2020 年第二次修正）第 16 条、第 28 条第 2 款规定，一审法院判决：限魏某于判决发生法律效力之日起 10 日内偿还熊某借款本金 27 万元，并偿付以 27 万元为基数自 2021 年 1 月 8 日（立案之日）起按当时一年期贷款市场报价利率标准计算至实际归还之日止的利息。

二审法院判决：驳回上诉，维持原判。

（三）案例分析

本案涉及双方是否达成合意的问题。

根据《民法典》第 488 条规定，以及魏某与熊某协商还款事宜的微信聊天内容来看，双方对涉案借款的还款时间、还款顺序等问题仍处在协商过程中，并未达成一致意见，且魏某最后亦未向熊某出具借据对上述还款事宜予以确认，故不能认定双方对涉案借款的还款时间达成合意，双方在协商过程中所提及的还款时间对双方并不具有约束力。因此，在双方对案涉借款的还款时间并未达成合意的情况下，应视为双方对涉案借款没有约定明确的还款时间，熊某可随时要求魏某返还涉案借款。

📖 **难点解析** ▷▷▷

（一）要约

1. 要约的含义及构成要件。要约是指一方当事人以缔结合同为目的，向对方当事人提出合同条件，希望对方当事人接受的意思表示。其核心条件有：（1）要约的内容必须具体明确，指要约的内容必须具有足以使合同成立的主要条款（如标的、数量、质量、价款或者报酬、履行期限、地点和方式等）。如果没有包含合同的主要条款，受要约人难以作出承诺，即使作出了承诺，也会因为双方的合意不具备合同的主要条款而使合同不能成立。（2）要约必须具有订立合同的意图，表明经受要约人承诺，要约人即受该意思表示的约束。

2. 要约与要约邀请的区分。要约邀请是希望他人向自己发出要约的表示。拍卖公告、招标公告、招股说明书、债券募集办法、基金招募说明书、商业广告和宣传、寄送的价目表等为要约邀请。商业广告和宣传的内容符合要约条件的，构成要约。要约的内容一定是明确的，包含合同的主要条款；而要约邀请的内容通常是很模糊的，比如告诉你这是件什么商品，但是不告诉你这件商品多少钱。

3. 要约生效的时间。

一是以对话方式发出的要约。所谓以对话方式发出的要约，是指要约人采取使相对方可以同步受领的方式进行意思表示，如面对面交谈、电话等方式。在以这种方式进行的意思表示中，要约人作出意思表示和相对人受领意思表示是同步进行的，没有时间差。因此，要约人作出意思表示，相对人知道其内容时，要约生效。

二是以非对话方式发出的要约。对于以非对话方式发出的要约，要约人作出意思表示的时间与相对人受领意思表示的时间不同步，二者之间存在时间差。非对话的意思表示在现实生活中存在的形式多样，如传真、信函等。《民法典》第137条规定以非对话方式作出的意思表示，到达相对人时生效。要约也属于一种意思表示，那么以非对话方式发出的要约，自然是到达相对人时生效。

三是以非对话方式作出的采用数据电文形式的要约。依照《民法典》第

137 条第 2 款规定，可以分三个层次对以数据电文形式发出的要约的生效时间予以理解：第一，对以非对话方式发出的采用数据电文形式的要约，相对人指定特定系统接收数据电文的，该数据电文进入该特定系统时生效。第二，未指定特定系统的，相对人知道或者应当知道该数据电文进入其系统时生效。第三，当事人对采用数据电文形式发出的要约的生效时间另有约定的，按照其约定。

（二）承诺

1. 承诺的含义及构成要件。承诺是受要约人同意要约的意思表示。承诺应当以通知的方式向要约人作出，但是根据交易习惯或者要约表明可以通过行为作出承诺的除外。

2. 承诺对要约内容的变更。

一是实质性变更。承诺的内容应当与要约的内容一致。受要约人对要约的内容作出实质性变更的，为新要约。有关合同标的、数量、质量、价款或者报酬、履行期限、履行地点和方式、违约责任和解决争议方法等的变更，是对要约内容的实质性变更。

二是非实质性变更。承诺对要约的内容作出非实质性变更的，除要约人及时表示反对或者要约表明承诺不得对要约的内容作出任何变更外，该承诺有效，合同的内容以承诺的内容为准。

3. 承诺的生效时间。

一是以通知方式作出的承诺的生效时间。第一，承诺是以对话方式作出的，即受要约人通过面对面交谈、电话等方式向要约人作出承诺的，受要约人作出承诺和要约人受领承诺是同步进行的，没有时间差。受要约人作出承诺并使要约人知道时即发生效力。第二，承诺是以非对话方式作出的，比如受要约人通过信函、传真、电子邮件等方式向要约人作出承诺的，受要约人作出承诺的时间与要约人受领承诺的时间不同步，二者之间存在时间差。根据《民法典》第137 条规定，以非对话方式作出的承诺，到达要约人时生效。以非对话方式作出的采用数据电文形式的承诺，要约人指定特定系统接收数据电文的，该数据电文进入该特定系统时生效；未指定特定系统的，要约人知道或者应当知道该数据电文进入其系统时生效。要约人与受要约人对采用数据电文形式的承诺的生效时间另有约定的，按照其约定。

二是通过行为作出承诺的生效时间。承诺不需要通知的，根据交易习惯或者要约的要求作出承诺的行为时，承诺生效。

（三）合同订立的其他方式

当事人订立合同，可以采取要约、承诺方式或者其他方式。即除了要约、承诺两种方式以外，订立合同还可以采取"其他方式"。所谓"其他方式"，有观点认为，合同成立的其他方式主要是指格式条款和悬赏广告等。格式条款是当事人为了重复使用而预先拟定，并在订立合同时未与对方协商的条款。格式条款订立时，要约、承诺的外在形态不够明显。悬赏广告是民法典的新增规定，是指广告人以公开广告的形式允诺对完成指定行为并给付一定报酬，行为人完成该种行为后，有权获得该报酬的方式。悬赏广告是广告人以不特定的多数人为对象发出的要约，只要某人完成指定的行为即构成承诺，更是缺少典型的要约、承诺的过程，因而是合同成立的其他形式。

（四）电子合同的成立条件

一是当事人一方通过互联网等信息网络发布的商品或者服务信息符合要约条件。对于传统交易，当事人往往会通过商店橱窗展示货物及其价格，也可能会通过商业广告和宣传、寄送价目表等形式发布商品或者服务信息，当事人的这些行为一般视为要约邀请，目的在于希望他人向自己发出要约，展示或者发布信息的人不受约束。欲与发布信息的该当事人订立合同，要先向发布信息的该当事人发出要约。对于"线上交易"，当事人发布商品或者服务信息的信息网络系统，往往具有互动性，相对方不仅可以浏览商品或者服务的价格、规格等具体信息，还可以网上直接选择交易标的、提交订单，这种情况下当事人通过信息网络发布商品或者服务信息的行为就不能简单地认为是要约邀请，该行为符合要约条件的，应当作为要约对待。符合要约条件，是指符合《民法典》第472条规定的要约条件。《民法典》第472条规定，要约是希望与他人订立合同的意思表示，该意思表示应当符合下列条件：内容具体确定；表明经受要约人承诺，要约人即受该意思表示约束。"内容具体确定"是指当事人通过信息网络发布的商品或者服务信息要达到内容具体确定的程度，比如对商品的名称、数量、质量、规格、价格、运费等都作了明确表述。"表明经受要约人承诺，要约人即受该意思表示约束"这一要约条件需要根据实践中的具体情况进行判断，一般来说可以从相对方是否能够直接选择商品或者服务并提交订单等情况进行综合判断。

二是相对方选择该商品或者服务并提交订单成功。当事人通过信息网络发布的商品或者服务信息符合要约条件的，相对方可以直接作出承诺达成交易。

相对方选择该商品或者服务并成功提交订单，即属于作出承诺。订单一旦提交成功，合同即成立，订单提交成功的时间即为合同成立的时间。合同成立后，对双方当事人均产生了法律约束力，发布商品或者服务信息的当事人应当按时交付商品或者提供服务。

📖 重点条文与关联法律 》》》

第四百八十八条 【关于承诺对要约内容作出实质性变更的规定】

承诺的内容应当与要约的内容一致。受要约人对要约的内容作出实质性变更的，为新要约。有关合同标的、数量、质量、价款或者报酬、履行期限、履行地点和方式、违约责任和解决争议方法等的变更，是对要约内容的实质性变更。

第四百八十九条 【关于承诺对要约内容作非实质性变更的规定】

承诺对要约的内容作出非实质性变更的，除要约人及时表示反对或者要约表明承诺不得对要约的内容作出任何变更外，该承诺有效，合同的内容以承诺的内容为准。

第四百九十八条 【关于格式条款解释规则的规定】

对格式条款的理解发生争议的，应当按照通常理解予以解释。对格式条款有两种以上解释的，应当作出不利于提供格式条款一方的解释。格式条款和非格式条款不一致的，应当采用非格式条款。

第五百条 【关于缔约过失责任的规定】

当事人在订立合同过程中有下列情形之一，造成对方损失的，应当承担赔偿责任：

（一）假借订立合同，恶意进行磋商；

（二）故意隐瞒与订立合同有关的重要事实或者提供虚假情况；

（三）有其他违背诚信原则的行为。

合同法	民法典	要点提示
第十条 当事人订立合同，有书面形式、口头形式和其他形式。 法律、行政法规规定采用书面形式的，应当采用书面形式。当事人约定采用书面形式的，应当采用书面形式。	**第四百六十九条** 当事人订立合同，可以采用书面形式、口头形式或者其他形式。 书面形式是合同书、信件、电报、电传、传真等可以有形地表现所载内容的形式。	确立了合同的书面形式和电子合同的法律地位。

合同法	民法典	要点提示
第十一条 书面形式是指合同书、信件和数据电文（包括电报、电传、传真、电子数据交换和电子邮件）等可以有形地表现所载内容的形式。	以电子数据交换、电子邮件等方式能够有形地表现所载内容，并可以随时调取查用的数据电文，视为书面形式。	
第十三条 当事人订立合同，采取要约、承诺方式。	**第四百七十一条** 当事人订立合同，可以采取要约、承诺或者其他方式。	合同的订立方式增加了"其他方式"，更为完善。
第十五条 要约邀请是希望他人向自己发出要约的意思表示。寄送的价目表、拍卖公告、招标公告、招股说明书、商业广告等为要约邀请。 商业广告的内容符合要约规定的，视为要约。	**第四百七十三条** 要约邀请是希望他人向自己发出要约的表示。拍卖公告、招标公告、招股说明书、债券募集办法、基金招募说明书、商业广告和宣传、寄送的价目表等为要约邀请。 商业广告和宣传的内容符合要约条件的，构成要约。	增加"债券募集办法、基金招募说明书、商业广告和宣传"等要约邀请的情形。
第十八条 要约可以撤销。撤销要约的通知应当在受要约人发出承诺通知之前到达受要约人。	**第四百七十七条** 撤销要约的意思表示以对话方式作出的，该意思表示的内容应当在受要约人作出承诺之前为受要约人所知道；撤销要约的意思表示以非对话方式作出的，应当在受要约人作出承诺之前到达受要约人。	为契合《民法典》第137条规定的原则，将邀约撤销分为"以对话方式作出的要约撤销"和"以非对话方式作出的要约撤销"。
第二十八条 受要约人超过承诺期限发出承诺的，除要约人及时通知受要约人该承诺有效的以外，为新要约。	**第四百八十六条** 受要约人超过承诺期限发出承诺，或者在承诺期限内发出承诺，按照通常情形不能及时到达要约人的，为新要约；但是，要约人及时通知受要约人该承诺有效的除外。	明确将迟延承诺分为因迟发而迟到的承诺和未迟发而迟到的承诺。 增加受要约人迟延承诺，"但是，要约人及时通知受要约人该承诺有效的"，承诺仍具有效力。
第三十三条 当事人采用信件、数据电文等形式订立合同的，可以在合同成立之前要求签订确认书。签订确认书时合同成立。	**第四百九十一条** 当事人采用信件、数据电文等形式订立合同要求签订确认书的，签订确认书时合同成立。 当事人一方通过互联网等信息网络发布的商品或者服务信息符合要约条件的，对方选择该商品或者服务并提交订单成功时合同成立，但是当事人另有约定的除外。	删除"可以在合同成立之前"的表述。 增加第2款关于通过互联网签订的合同成立时间的规定。

合同法	民法典	要点提示
第三十八条　国家根据需要下达指令性任务或者国家订货任务的，有关法人、其他组织之间应当依照有关法律、行政法规规定的权利和义务订立合同。	**第四百九十四条**　国家根据抢险救灾、疫情防控或者其他需要下达国家订货任务、指令性任务的，有关民事主体之间应当依照有关法律、行政法规规定的权利和义务订立合同。 　　依照法律、行政法规的规定负有发出要约义务的当事人，应当及时发出合理的要约。 　　依照法律、行政法规的规定负有作出承诺义务的当事人，不得拒绝对方合理的订立合同要求。	列举了"抢险救灾、疫情防控类"的情形，改变了合同法概括规定的做法。 　　扩大了签约主体的范围至有关的民事主体。
	第四百九十五条　当事人约定在将来一定期限内订立合同的认购书、订购书、预订书等，构成预约合同。 　　当事人一方不履行预约合同约定的订立合同义务的，对方可以请求其承担预约合同的违约责任。	从立法层面上认可了预约合同是一种独立合同，并扩大预约合同的适用范围，不再限于买卖合同。
第三十九条　采用格式条款订立合同的，提供格式条款的一方应当遵循公平原则确定当事人之间的权利和义务，并采取合理的方式提请对方注意免除或者限制其责任的条款，按照对方的要求，对该条款予以说明。 　　格式条款是当事人为了重复使用而预先拟定，并在订立合同时未与对方协商的条款。	**第四百九十六条**　格式条款是当事人为了重复使用而预先拟定，并在订立合同时未与对方协商的条款。 　　采用格式条款订立合同的，提供格式条款的一方应当遵循公平原则确定当事人之间的权利和义务，并采取合理的方式提示对方注意免除或者减轻其责任等与对方有重大利害关系的条款，按照对方的要求，对该条款予以说明。提供格式条款的一方未履行提示或者说明义务，致使对方没有注意或者理解与其有重大利害关系的条款的，对方可以主张该条款不成为合同的内容。	增加提供格式条款一方提示说明的情形："与对方有重大利害关系的条款"，扩大了提示义务的范围。 　　增加提供格式条款一方未履行义务的法律效果，即"对方可以主张该条款不成为合同的内容"。

续表

合同法	民法典	要点提示
第四十条 格式条款具有本法第五十二条和第五十三条规定情形的，或者提供格式条款一方免除其责任、加重对方责任、排除对方主要权利的，该条款无效。	第四百九十七条 有下列情形之一的，该格式条款无效： （一）具有本法第一编第六章第三节和本法第五百零六条规定的无效情形； （二）提供格式条款一方不合理地免除或者减轻其责任、加重对方责任、限制对方主要权利； （三）提供格式条款一方排除对方主要权利。	将"提供格式条款一方免除其责任、加重对方责任"修改为"提供格式条款一方不合理地免除或者减轻其责任、加重对方责任、限制对方主要权利"。
	第四百九十九条 悬赏人以公开方式声明对完成特定行为的人支付报酬的，完成该行为的人可以请求其支付。	以立法的形式确立"悬赏广告"的效力问题，为人民法院审理此类纠纷提供了法律依据。

三、合同的效力

典型案例 >>>

曹某、王某等房屋买卖合同纠纷案

（一）事实概要

曹某、侯某海是侯某威的父母。讼争房屋系由产权人曹某名下位于蚌埠市蚌山区房屋拆迁安置还原所得。2020 年 8 月 14 日，侯某威与其友江某以曹某委托代理人的身份与王某签订房屋买卖合同，约定由王某购买讼争房屋，总价为 290000 元，买方在合同生效之日起 7 日内向卖方支付定金 20000 元，剩余购房款一次性支付。同时约定"如卖方在签订合同后不依合同条款将房屋售予买方，则卖方须赔偿买方已付定金的双倍金额以弥补买方之损失""房屋首套证由卖方办理，产权分割产生费用由卖方支付，二次过户契税、个税由买方支付，即日起买方付完定金 50 个工作日内将尾款付齐，房主及家人不得以任何理由收房，不得再转卖他人，如房主与家人任何一人违约，按全款购房价双倍赔偿"。合同签订后王某于当日转账支付给侯某威定金 20000 元，曹某出具收据。2020 年 9 月，王某要求支付剩余购房款，侯某威告知房屋已转卖给了他人。

（二）裁判结果

本案中的房屋买卖合同虽为侯某威及他人与王某签订，但其是以曹某委托代理人的身份所为，曹某亦于合同签订后向王某出具了定金收据，视为对本案房屋买卖合同的认可。因此，曹某与王某之间形成房屋买卖合同关系，合同双方理应按照合同约定行使权利、履行义务。依据合同约定，王某作为买方应当自定金给付之日起 50 日内付清购房尾款；曹某作为卖方应当履行不提高房价、不转卖他人等诚信出卖的义务。曹某却将案涉房屋转卖他人，构成根本违约。王某可以据此要求解除合同并主张双倍返还定金。买卖合同约定的定金不足以弥补一方违约造成的损失，对方请求赔偿超过定金部分的损失的，人民法院可以并处，但定金和损失赔偿的数额总和不应高于因违约造成的损失。本案中双方合同约定的定金 20000 元，适用定金罚则足以弥补王某所主张的损失。综上所述，对王某要求解除合同、双倍返还定金的诉讼请求一审法院予以支持，对其他诉讼请求一审法院不予支持。依据《民法典》第 172 条、第 465 条、第 503 条、第 509 条、第 587 条、第 588 条规定，一审法院判决：解除王某、曹某于 2020 年 8 月 14 日签订的房屋买卖合同；曹某于本判决生效之日起 7 日内双倍返还王某定金共计 40000 元；驳回王某的其他诉讼请求。二审法院判决：驳回上诉，维持原判。

（三）案例分析

本案涉及狭义无权代理中被代理人以事实行为行使追认权的问题。

根据《民法典》第 503 条规定，无权代理人以被代理人的名义订立合同，被代理人已经开始履行合同义务或者接受相对人履行的，视为对合同的追认。

本案中，曹某与侯某威系母子关系；侯某威以曹某委托代理人的身份与王某签订房屋买卖合同；曹某向王某出具定金收据。上述事实结合曹某陈述内容，即出具定金收据时王某、房屋中介、侯某威等人均在场，充分表明曹某清楚并认可侯某威代其签订房屋买卖合同，并认可收到王某给付的 20000 元购房定金。也就是说，曹某已经开始履行合同义务或者接受相对人履行，视为对合同的追认。故曹某为本案房屋买卖合同的一方主体，应当依法承担相应的违约责任。

📖 难点解析 ⟫⟫⟫

（一）关于未办理批准等手续影响合同生效情形的法律效果

一是未办理批准等手续影响合同生效的情形。法律、行政法规对合同规定了批准等手续的，当事人应当依法办理批准等手续，但不是所有的批准等手续都能影响合同的生效。"未办理批准等手续影响合同生效"是指只有办理了批准等手续，合同才能生效；反之，未办理批准等手续合同不生效。法律、行政法规要求某些合同应当办理批准等手续，是国家基于社会管理的需要，对特定的合同交易活动进行管理和控制的一种手段。当事人未办理批准等手续是否影响合同生效，涉及法律、行政法规设定有关批准等手续进行社会管理的性质、目的判断问题，需要结合具体情况，在设定批准等手续的社会管理政策与合同法保障意思自治、鼓励交易之间作平衡性判断。

二是未办理批准等手续影响合同生效情形的法律效果。对于未办理批准等手续影响合同生效的情形，如果当事人未办理批准等手续，该合同不生效。但此类合同中往往存在履行报批等义务条款及相关条款，这些条款对报批等义务的履行甚至违反报批义务的责任等作了专门约定。这类报批条款的履行是整个合同生效的前提和基础，合同生效后，才能进入合同的履行环节，当事人一方才能请求对方履行合同义务。据此，此类合同因未办理批准等手续整体来说不生效，当事人就无法请求相对方履行合同义务，当然也不能请求对方按照合同约定履行报批义务。这显然不符合当事人的真实意愿，也有违民法典鼓励交易的立法目的。《民法典》第502条明确将履行报批等义务条款以及相关条款作为一种特殊的条款予以独立对待，即使合同整体因未办理批准等手续不生效，也不影响合同中履行报批等义务条款以及相关条款的效力。

既然合同中履行报批等义务条款以及相关条款独立生效，负有报批义务的一方当事人未履行义务的，对方也就可以单独就违反报批义务要求其承担责任。基于此，《民法典》第502条第2款规定，应当办理申请批准等手续的当事人未履行义务的，对方可以请求其承担违反该义务的责任，如继续履行、赔偿损失等责任形式。

（二）无权代理

1.狭义的无权代理和表见代理在构成上的区别。无权代理分为三种情况，分别是行为人曾经获得代理权，而现在没有代理权的；行为人自始至终都有代理权，但是该项民事法律行为超越了其授权范围的；行为人自始至终都未获授权。无论是哪一种情况，均有可能构成表见代理，关键在于相对人是否有理由相信行为人有代理权。比如，超越代理权限的或者曾经获得授权的行为人之前已经与相对人就被代理人的相关事宜多次合作，后在新的合作事宜中伪造了新的授权委托书，出示给相对人，则相对人自然属于有理由相信行为人有代理权，但是如果代理人自始至终均未获得过代理权，而伪造授权，则相对人是否善意且无过失则成了决定该行为否构成表见代理的核心要点。

2. 善意且无过失。确定相对人是否善意的标准为：对于该代理行为系无权代理不知情且不应当知情，但是这种善意的标准也不应当是完全主观的，以相对人本人的认知能力为标准，而是应当以一个合理第三人的判断力去衡量是否知道且应当知道。相对人应尽到审慎的义务，而不能让被代理人为自己的疏忽大意等过失买单。

只有在满足善意且无过失的主观要件情况下，相对人才有可能构成"有理由相信行为人有代理权"的情形。当然，善意且无过失并不能够与"有理由相信"等同起来，"有理由相信"还应当包含表见代理的客观条件：代理行为外观上存在有使相对人相信行为人有代理权的理由。

3. 无权代理的法律后果。相对人可以催告被代理人自收到通知之日起 30 日内予以追认。被代理人未作表示的，视为拒绝追认。行为人实施的行为被追认前，善意相对人有撤销的权利。撤销应当以通知的方式作出。

（1）得到被代理人追认，合同有效，对被代理人发生法律效力，行为人不对行为人承担履行义务或损害赔偿的责任，均由被代理人承担。需要注意的是，被代理人已经开始履行合同义务或者接受相对人履行的，视为对合同的追认。

（2）未得到被代理人追认，对被代理人不发生法律效力。根据相对人是否善意，又可分为三种情形：第一，善意相对人情形下，善意相对人有权请求行为人履行债务或者就其受到的损害请求行为人赔偿。但是，赔偿的范围不得超过被代理人追认时相对人能获得的利益。第二，非善意相对人情形下，相对人知道或者应当知道行为人无权代理的，相对人和行为人按照各自的过错承担责任。第三，善意且无过失情形下，且按照合理第三人的判断能力也无法得知行为人系无权代理的，同时不存在任何主观疏忽大意等过失的，相信了行为人具有代理权的外观理由，则应当构成表见代理，被代理人须承担有权代理的法律后果。

（三）关于免责条款无效的情形

1.造成对方人身伤害的条款无效。对于人身的健康和生命安全，法律是给予特殊保护的。如果允许免除一方当事人对另一方当事人人身伤害的责任，无异于纵容当事人利用合同形式对另一方当事人的生命健康进行摧残，这与保护公民的人身权利的宪法原则是相违背的。实践中，这种免责条款一般也都是与另一方当事人的真实意思相违背的。所以，《民法典》第506条对于这类免责条款加以禁止。

2.因故意或者重大过失给对方造成财产损失的免责条款。之所以将免除因故意或者重大过失造成对方财产损失的条款确认无效，是因为这种条款严重违反了诚信原则，如果允许这类条款的存在，就意味着允许一方当事人利用这种条款不公平对待对方当事人，损害对方当事人的权益，这是与合同制度的设立目的相违背的。

重点条文与关联法律 >>>

第五百零三条[1]　【关于狭义无权代理中被代理人以事实行为行使追认权的规定】

无权代理人以被代理人的名义订立合同，被代理人已经开始履行合同义务或者接受相对人履行的，视为对合同的追认。

第五百零四条　【关于法定代表人、负责人超越权限订立的合同效力归属的规定】

法人的法定代表人或者非法人组织的负责人超越权限订立的合同，除相对人知道或者应当知道其超越权限外，该代表行为有效，订立的合同对法人或者非法人组织发生效力。

第五百零五条[2]　【关于当事人超越经营范围订立合同效力的规定】

当事人超越经营范围订立的合同的效力，应当依照本法第一编第六章第三节和本编的有关规定确定，不得仅以超越经营范围确认合同无效。

---

[1]　民法典增加关于狭义无权代理中被代理人以事实行为行使追认权的规定。

[2]　民法典吸收合同法司法解释的内容，明确超越经营范围订立的合同的效力应当依照民法典总则编和合同编的有关规定加以确认，不得仅以超越经营范围而认定合同无效。

合同法	民法典	要点提示
第四十四条　依法成立的合同，自成立时生效。 法律、行政法规规定应当办理批准、登记等手续生效的，依照其规定。 第七十七条　当事人协商一致，可以变更合同。 法律、行政法规规定变更合同应当办理批准、登记等手续的，依照其规定。 第八十七条　法律、行政法规规定转让权利或者转移义务应当办理批准、登记等手续的，依照其规定。 第九十六条　当事人一方依照本法第九十三条第二款、第九十四条的规定主张解除合同的，应当通知对方。合同自通知到达对方时解除。对方有异议的，可以请求人民法院或者仲裁机构确认解除合同的效力。 法律、行政法规规定解除合同应当办理批准、登记等手续的，依照其规定。	第五百零二条　依法成立的合同，自成立时生效，但是法律另有规定或者当事人另有约定的除外。 依照法律、行政法规的规定，合同应当办理批准等手续的，依照其规定。未办理批准等手续影响合同生效的，不影响合同中履行报批等义务条款以及相关条款的效力。应当办理申请批准等手续的当事人未履行义务的，对方可以请求其承担违反该义务的责任。 依照法律、行政法规的规定，合同的变更、转让、解除等情形应当办理批准等手续的，适用前款规定。	新增"未办理批准等手续影响合同生效的，不影响合同中履行报批等义务条款以及相关条款的效力。应当办理申请批准等手续的当事人未履行义务的，对方可以请求其承担违反该义务的责任"。 新增第3款。
第五十七条　合同无效、被撤销或者终止的，不影响合同中独立存在的有关解决争议方法的条款的效力。	第五百零七条　合同不生效、无效、被撤销或者终止的，不影响合同中有关解决争议方法的条款的效力。	增加合同"不生效"的适用，更为规范。

四、合同的履行

📖 **典型案例** ▶▶▶

林某淋、林某泉合同纠纷案

（一）事实概要

阳泉某材料公司设立于2012年3月26日，注册资本为1200万元，设立时的股东为林某泉（持有公司40%的股权）、林某富（持有公司60%的股权）。现公司股东为阳泉某商贸公司，法定代表人为林某泉。2013年1月至4月间，该材料公司分别收到林某淋、陈某旺、林某禄、林某秋、林某焰支付的款项合计 785 万元。2017 年 10 月 19 日，以该材料公司为甲方、林某泉为丙方与作为乙方的林某淋（代表陈某旺等 5 户）签订投资转让协议，协议约定：（1）股份转让内容：三方同意，乙方投资该材料公司所有投资款共计 745 万元全部转让给丙方，转让价款为 745 万元。（2）支付方式：经甲、乙、丙三方协商同意，丙方可以现金或阳泉地区房产作为转让和受让支付方式；丙方若以现金支付乙方时，按转让款总额的 70% 给乙方；丙方若以阳泉地区的房产作为抵充转让款时，按转让款总额的 100% 给乙方，该房产的价格以当时甲方或丙方选择的房地售楼部原价为准，丙方不给予乙方优惠。协议并对其他事项作了约定。协议签订后，林某泉曾要求林某淋前往阳泉地区选房，双方还对房产的具体坐落、价值等事宜进行沟通，但因房屋价格问题无法达成一致。林某淋遂向法院提起诉讼。

（二）裁判结果

法院判决：被告林某泉应于本判决生效之日起 10 日内向原告林某淋偿还投资款 521.5 万元并支付逾期还款利息；驳回原告林某淋的其他诉讼请求。

（三）案例分析

本案主要涉及选择之债履行不能的问题。

林某淋与林某泉签订的投资转让协议系双方当事人的真实意思表示，且不违反法律规定，合法有效，双方应按照合同约定履行各自的义务。从双方微信聊天和通话录音记录看，可以确认在林某泉选择以房产抵偿转让款的支付方式为案涉协议的履行方式后，林某淋亦同意以房产抵偿转让款的支付方式履行协议。但双方对抵偿的房产具体坐落、价格仍无法达成一致，导致双方所选择的以房产抵偿转让款的支付方式至今不能履行，属于不可归责于合同当事人的事由。林某泉作为选择权人在其所选择的支付方式履行不能的情形下，可以按协议约定的以现金支付方式继续履行。由于案涉协议约定案涉转让款若以现金支付时，按转让款总额的 70% 计付，故林某泉应向林某淋支付转让款为 521.5 万元。另现协议约定转让款支付期限均已届满，林某泉未予以支付，必然给林某淋造成利息损失，故林某泉应向林某淋支付逾期付款期间的资金占用利息。但是因不可归责于合同当事人的事由，导致案涉协议不能履行，林某淋以林某泉未及时偿还投资款构成违约为由，请求按月利率 2% 计付利息，不予支持。

📖 难点解析 ⟫⟫⟫

（一）选择之债履行问题

1. 选择之债中选择权归属与移转。根据《民法典》第515条规定，选择权原则上归属于债务人，法律另有规定、当事人另有约定或者另有交易习惯的除外。当一方享有选择权，但在约定期限内或者履行期限届满并未行使权利，可能就要发生选择权的转移。根据法律规定，选择权的转移除了选择权人不行使选择权外，还有一个要件，就是原本不享有选择权的一方进行了催告，选择权人经催告后在合理期限内仍未选择的方发生选择权的移转。

2. 选择权的行使方式。根据《民法典》第516条规定，享有选择权的当事人作出选择意思表示，即发生选择的效力，被选择的债务就被特定化，其他选项的债务消灭。债务标的确定后，选择之债自始成为简单之债，非经相对人同意不得变更或者撤销。如果在选择之债的数种给付中，其中一个或者数个因不可抗力等原因而履行不能，则选择权人只能就剩余给付加以选择。若只有一种可以履行，则当事人丧失选择权，只能按照可以履行的标的履行。此种不能履行以不可归责于无选择权的当事人为限。

（二）合同没有约定或者约定不明时的履行

合同生效后，当事人就质量、价款或者报酬、履行地点等内容没有约定或者约定不明确的，可以协议补充；不能达成补充协议的，按照合同相关条款或者交易习惯确定。仍不能确定的，适用下列规定：

1. 质量要求不明确的，按照强制性国家标准履行；没有强制性国家标准的，按照推荐性国家标准履行；没有推荐性国家标准的，按照行业标准履行；没有国家标准、行业标准的，按照通常标准或者符合合同目的的特定标准履行。

2. 价款或者报酬不明确的，按照订立合同时履行地的市场价格履行；依法应当执行政府定价或者政府指导价的，依照规定履行。

3. 履行地点不明确，给付货币的，在接受货币一方所在地履行；交付不动产的，在不动产所在地履行；其他标的，在履行义务一方所在地履行。

4. 履行期限不明确的，债务人可以随时履行，债权人也可以随时请求履行，但是应当给对方必要的准备时间。

5. 履行方式不明确的，按照有利于实现合同目的的方式履行。

6. 履行费用的负担不明确的，由履行义务一方负担；因债权人原因增加的履行费用，由债权人负担。

（三）情势变更

根据《民法典》第533条规定，情势变更适用的条件为：合同的基础条件发生了当事人在订立合同时无法预见的、不属于商业风险的重大变化，继续履行合同对于当事人一方明显不公平，其主要包含以下变化：

1.民法典删去了情势变更"非不可抗力"的限定语，即不可抗力情况下符合情势变更适用条件的也可适用。在发生不可抗力事件时，需要判断不可抗力对合同履行的障碍程度：如果不可抗力导致履行不能，则可以解除合同，适用不可抗力规则；如果不可抗力使作为合同基础的"情势"发生重大变化，致给付与对待给付严重失衡，明显超出合同的通常风险，则可以适用情势变更规则。

2.以"合同基础条件"的变化替代"客观情况"的变化。合同严守原则的推定性前提在于，双方订立合同时作为基础关系的主、客观事实不变且一直存在，若交易基础发生了重大变化，要求当事人继续严守合同是不可期待的。

3.规定再交涉权利。在构成情势变更的情况下，受不利影响的当事人可以与对方重新协商，在合理期限内协商不成的，可以请求变更或解除合同。

4.请求变更或者解除合同可以向仲裁机构提出。

📖 **重点条文与关联法律** 》》》

第五百一十二条　【关于电子商务合同标的交付时间与交付方式的规定】

通过互联网等信息网络订立的电子合同的标的为交付商品并采用快递物流方式交付的，收货人的签收时间为交付时间。电子合同的标的为提供服务的，生成的电子凭证或者实物凭证中载明的时间为提供服务时间；前述凭证没有载明时间或者载明时间与实际提供服务时间不一致的，以实际提供服务的时间为准。

电子合同的标的物为采用在线传输方式交付的，合同标的物进入对方当事人指定的特定系统且能够检索识别的时间为交付时间。

电子合同当事人对交付商品或者提供服务的方式、时间另有约定的，按照其约定。

第五百一十四条　【关于金钱之债的履行的规定】

以支付金钱为内容的债，除法律另有规定或者当事人另有约定外，债权人可以请求债务人以实际履行地的法定货币履行。

第五百一十五条 【关于选择之债及选择权的转移的规定】

标的有多项而债务人只需履行其中一项的，债务人享有选择权；但是，法律另有规定、当事人另有约定或者另有交易习惯的除外。

享有选择权的当事人在约定期限内或者履行期限届满未作选择，经催告后在合理期限内仍未选择的，选择权转移至对方。

第五百一十六条 【关于选择权的行使及选择之债的履行不能的规定】

当事人行使选择权应当及时通知对方，通知到达对方时，标的确定。标的确定后不得变更，但是经对方同意的除外。

可选择的标的发生不能履行情形的，享有选择权的当事人不得选择不能履行的标的，但是该不能履行的情形是由对方造成的除外。

第五百一十七条 【关于按份之债的含义与类型的规定】

债权人为二人以上，标的可分，按照份额各自享有债权的，为按份债权；债务人为二人以上，标的可分，按照份额各自负担债务的，为按份债务。

按份债权人或者按份债务人的份额难以确定的，视为份额相同。

第五百一十八条 【关于连带之债的含义、类型与发生原因的规定】

债权人为二人以上，部分或者全部债权人均可以请求债务人履行债务的，为连带债权；债务人为二人以上，债权人可以请求部分或者全部债务人履行全部债务的，为连带债务。

连带债权或者连带债务，由法律规定或者当事人约定。

第五百二十四条 【关于第三人单方自愿代为履行构成要件及法律效力的规定】

债务人不履行债务，第三人对履行该债务具有合法利益的，第三人有权向债权人代为履行；但是，根据债务性质、按照当事人约定或者依照法律规定只能由债务人履行的除外。

债权人接受第三人履行后，其对债务人的债权转让给第三人，但是债务人和第三人另有约定的除外。

第五百三十三条 【关于情势变更制度的规定】

合同成立后，合同的基础条件发生了当事人在订立合同时无法预见的、不属于商业风险的重大变化，继续履行合同对于当事人一方明显不公平的，受不利影响的当事人可以与对方重新协商；在合理期限内协商不成的，当事人可以请求人民法院或者仲裁机构变更或者解除合同。

人民法院或者仲裁机构应当结合案件的实际情况，根据公平原则变更或者解除合同。

合同法	民法典	要点提示
第六十条 当事人应当按照约定全面履行自己的义务。 当事人应当遵循诚实信用原则，根据合同的性质、目的和交易习惯履行通知、协助、保密等义务。	**第五百零九条** 当事人应当按照约定全面履行自己的义务。 当事人应当遵循诚信原则，根据合同的性质、目的和交易习惯履行通知、协助、保密等义务。 当事人在履行合同过程中，应当避免浪费资源、污染环境和破坏生态。	新增第3款，将绿色原则贯彻其中。
第六十二条 当事人就有关合同内容约定不明确，依照本法第六十一条的规定仍不能确定的，适用下列规定： （一）质量要求不明确的，按照国家标准、行业标准履行；没有国家标准、行业标准的，按照通常标准或者符合合同目的的特定标准履行。 （二）价款或者报酬不明确的，按照订立合同时履行地的市场价格履行；依法应当执行政府定价或者政府指导价的，按照规定履行。 （三）履行地点不明确，给付货币的，在接受货币一方所在地履行；交付不动产的，在不动产所在地履行；其他标的，在履行义务一方所在地履行。 （四）履行期限不明确的，债务人可以随时履行，债权人也可以随时要求履行，但应当给对方必要的准备时间。 （五）履行方式不明确的，按照有利于实现合同目的的方式履行。 （六）履行费用的负担不明确的，由履行义务一方负担。	**第五百一十一条** 当事人就有关合同内容约定不明确，依据前条规定仍不能确定的，适用下列规定： （一）质量要求不明确的，按照强制性国家标准履行；没有强制性国家标准的，按照推荐性国家标准履行；没有推荐性国家标准的，按照行业标准履行；没有国家标准、行业标准的，按照通常标准或者符合合同目的的特定标准履行。 （二）价款或者报酬不明确的，按照订立合同时履行地的市场价格履行；依法应当执行政府定价或者政府指导价的，依照规定履行。 （三）履行地点不明确，给付货币的，在接受货币一方所在地履行；交付不动产的，在不动产所在地履行；其他标的，在履行义务一方所在地履行。 （四）履行期限不明确的，债务人可以随时履行，债权人也可以随时请求履行，但是应当给对方必要的准备时间。 （五）履行方式不明确的，按照有利于实现合同目的的方式履行。 （六）履行费用的负担不明确的，由履行义务一方负担；因债权人原因增加的履行费用，由债权人负担。	在质量要求方面，对国家标准进行了区分，分为强制性国家标准和推荐性国家标准。 在履行费用方面，增加"因债权人原因增加的履行费用，由债权人负担"。 进一步明确了合同当事人权利义务内容的细节，使合同得以继续履行，实现当事人的合同目的。

续表

合同法	民法典	要点提示
第六十四条　当事人约定由债务人向第三人履行债务的，债务人未向第三人履行债务或者履行债务不符合约定，应当向债权人承担违约责任。	**第五百二十二条**　当事人约定由债务人向第三人履行债务，债务人未向第三人履行债务或者履行债务不符合约定的，应当向债权人承担违约责任。 　　法律规定或者当事人约定第三人可以直接请求债务人向其履行债务，第三人未在合理期限内明确拒绝，债务人未向第三人履行债务或者履行债务不符合约定的，第三人可以请求债务人承担违约责任；债务人对债权人的抗辩，可以向第三人主张。	新增第2款对真正利益第三人的合同的规定，具体规定在第三人可以直接请求债务人向其履行债务情形下，第三人所享有的拒绝权、履行请求权以及在债务人不履行债务时的违约责任请求权。
第六十九条　当事人依照本法第六十八条的规定中止履行的，应当及时通知对方。对方提供适当担保时，应当恢复履行。中止履行后，对方在合理期限内未恢复履行能力并且未提供适当担保的，中止履行的一方可以解除合同。	**第五百二十八条**　当事人依据前条规定中止履行的，应当及时通知对方。对方提供适当担保的，应当恢复履行。中止履行后，对方在合理期限内未恢复履行能力且未提供适当担保的，视为以自己的行为表明不履行主要债务，中止履行的一方可以解除合同并可以请求对方承担违约责任。	在中止履行一方"可以解除合同"的基础上，增加"可以请求对方承担违约责任"。

五、合同的保全

📖 **典型案例** 》》》

某文旅公司、刘某债权人代位权纠纷案

（一）事实概要

2018年7月22日、8月22日、9月22日，孙某、周某以孙某名义分别向刘某借款，由孙某出具借据三份，约定月利率1%。刘某分五次交付了1200万元。2018年11月1日，刘某与孙某、周某签订还款协议书，约定孙某、周某共同偿还借款本金 1200 万元及利息，于 2018 年 11 月 22 日前一次性还清。后二人偿还完毕借期内利息，本金未还。2018 年 9 月 18 日，某文旅公司与某祥公司签订了建设工程施工合同，工程价款为 4425.1069 万元，按工程进度付款，工程进度计量以月为周期。发包人不按期支付的，按照专用合同条款的约定应当自支付之日起向承包人支付逾期付款违约金。后周某将部分工程分包给他人。2019 年 3 月 13 日，某祥公司出具授权委托书，委托周某为代理人，授权周某以其名义处理该工程项目施工有关事宜，委托期限为 90 天。孙某将工程所需款项转给周某等人。2018 年 11 月 27 日，某文旅公司董事长肖某认可周某是施工方，应该有 2000 万元工程款未付。2019 年 8 月 29 日，周某称其挂靠某祥公司为文旅公司施工，工程已经施工完毕且投入使用，该文旅公司尚欠周某工程款约 2400 万元未付。

（二）裁判结果

一审法院认为，本案中，肖某以董事长的名义认可周某是实际施工人，欠款应该有 2000 万元，但未到庭说明如此陈述的原因。从建设工程施工合同来看，工程价款为固定价款 4425.1069 万元，该文旅公司对已付和尚欠工程款均以没有结算和工程存在质量问题为由未予说清，也未提供财务账册，应承担未能举证的不利后果。结合周某的分包合同，证人证言及周某、孙某的陈述，应当认定周某系案涉工程的实际施工人，该文旅公司应在 2000 万元范围内对刘某的债权承担责任，但刘某已经执行部分应当扣除。周某完成了工程的主要部分并且工程已经投入使用，刘某有权代位取得相应的工程款，并且刘某取得代位权没有损害发包人的权利，债权代位权人应当享有该工程款的优先受偿权。判决：该文旅公司于判决生效之日起 10 日内在 2000 万元范围内给付刘某欠款 1200 万元及自 2018 年 11 月 23 日起至实际清偿完毕之日止按月利率 1% 计算的逾期利息；刘某在上述债权范围内对案涉工程的工程款享有优先受偿权；驳回刘某的其他诉讼请求。

二审法院判决：驳回上诉，维持原判。

（三）案例分析

本案主要涉及债权人代位权的行使问题。

本案中，刘某对周某、孙某享有 1200 万元本金及利息的债权，该债权已到期且合法、有效。本案中，周某是案涉工程的实际施工人，享有向该文旅公司主张案涉工程款的权利。根据建设工程施工合同的约定，该文旅公司应按月工程进度在监理人收到进度付款申请单后的 28 天内，将进度应付款支付给周某。现案涉工程已经投入使用，但周某未提供证据证明已经收到全部工程进度款，亦未提供证据证明其主张给付工程进度款或对工程款进行结算。该文旅公司拒不提供支付工程款的证据，故可以认定周某对该文旅公司享有到期债权且怠于行使权利，侵害了刘某的权益。案涉工程款性质为债权，且非专属于周某自身的权利，综上所述，刘某有权代位周某向该文旅公司主张其债权数额的工程款。

难点解析 >>>

（一）债权人行使代位权的条件

一是债务人享有对外的债权，这是代位权存在的基础。二是债务人怠于行使其债权或者与该债权有关的从权利。所谓怠于行使，是指债务人应当行使其权利，且能够行使而不行使。如果债务人已经行使了权利，不论行使权利的实际效果如何，债权人都不能行使代位权。三是债务人怠于行使自己的权利，已影响债权人的到期债权实现。债务人怠于行使权利若不影响债权人的到期债权实现，则不发生代位权。四是迟延履行债务。债务人的债务履行期限未届满的，债权人不能行使代位权。债务履行期限已届满，迟延履行的，债权人方可行使代位权。

（二）债权人代位权的提前行使

根据《民法典》第 536 条规定，关于代位权提前行使规则，系代位权行使条件的特殊规则，突破了"代位权的行使范围以债权人的到期债权为限"的制约，主要有三种情形：（1）债务人的债权或者与该债权有关的从权利诉讼时效期间即将届满；（2）相对人在破产程序中，债务人未及时申报破产债权；（3）影响债权人的债权实现的其他情形。

相应地，债权代位权行使方式有三种：（1）代位向债务人的相对人请求其向债务人履行，此时应列债务人为第三人参加诉讼；（2）相对人在破产程序中，代债务人之位向破产管理人申报债权，将该债权纳入破产财产清偿范围，期待在破产清算中实现债权；（3）作出其他必要的行为，如符合条件的，可以请求查封、冻结财产等。

（三）债权人撤销权行使的适用范围

1. 无偿处分时的债权人撤销权行使。债务人以放弃其债权、放弃债权担保、无偿转让财产等方式无偿处分财产权益，或者恶意延长其到期债权的履行期限，影响债权人的债权实现的，债权人可以请求人民法院撤销债务人的行为。

2. 不合理价格交易时的债权人撤销权行使。债务人以明显不合理的低价转让财产、以明显不合理的高价受让他人财产或者为他人的债务提供担保，影响债权人的债权实现，债务人的相对人知道或者应当知道该情形的，债权人可以请求人民法院撤销债务人的行为。

关于明显不合理的低价或者高价，以交易当地一般经营者的判断，并参考交易当时交易地的物价部门指导价或者市场交易价，结合其他相关因素综合考虑予以认定。转让价格达不到交易时交易地的指导价或者市场交易价 70% 的，一般可以视为明显不合理的低价；对转让价格高于当地指导价或者市场交易价 30% 的，一般可以视为明显不合理的高价。当事人对于其所主张的交易时交易地的指导价或者市场交易价承担举证责任。

（四）债务人无偿处分财产情形下撤销权的成立要件

一是债务人有无偿处分财产的行为。比较典型的无偿处分财产的行为有债务人放弃其债权、放弃债权担保、无偿转让财产等。如果债务人没有放弃债权、放弃债权担保的行为，仅是怠于行使债权或者担保权，债权人通过代位权制度保全债务人责任财产即可，无须提起撤销权诉讼。无偿转让财产的行为既包括无偿转让动产或者不动产等有形财产的行为，也包括无偿转让股权、债权、知识产权、网络虚拟财产等财产权益的行为；既可以是双方民事法律行为，也可以是单方民事法律行为。无偿处分财产的行为主要是民事法律行为，当然对于债务人作出的无效民事法律行为直接主张无效即可，无须撤销。对于事实行为，如果债务人毁损责任财产，则无从撤销。对于债务人的身份行为，如结婚、离婚、收养等，也可能会影响到债务人的财产状况，但不能成为撤销权行使的对象，否则就构成了对债务人人身权利的不当限制。此外，民法典吸收司法实践经验，规定债权人也可以撤销债务人恶意延长其到期债权的履行期限的行为。如果债务人的债权履行期限届满后，债务人的相对人暂无力履行债务而与债务人就履行期限问题重新协商，债务人付出适当代价以换取履行期限延长的，不属于撤销权行使的对象。

二是债务人的行为影响债权人债权的实现。债务人无偿处分财产等行为要影响到债权人债权的实现，方有予以撤销的必要。《民法典》第 538 条并不要求债务人必须要有损害债权的主观过错，只要是债务人的行为在客观上影响到债权人债权的实现，就可以行使撤销权。一般来说，债务人的不当行为要发生在债权人的债权设立后；如果债务人的不当行为发生在先、债权成立在后的，一般很难界定债务人的不当行为与影响债权人债权实现之间存在联系。当然也不排除个别情况下，债务人知道债权即将设立，为了损害将来的债权提前故意作出不当行为。《民法典》第538条规定的是债务人的行为是无偿情形下撤销权的成立要件，也不要求利益受到影响的债务人的相对人主观上存在过错，不管债务人的相对人对于其与债务人之间的行为影响债权人的债权实现是否知情，都不影响撤销权的成立。这一点与债务人的行为是有偿情形下撤销权的成立有所不同。对于"影响债权人债权的实现"要结合债权人的债权情况、债务人的责任财产状况等在个案中予以具体判断，不可机械理解。

（五）债务人有偿行为情形下撤销权的成立要件

一是有以明显不合理的低价转让财产、以明显不合理的高价受让他人财产或者为他人的债务提供担保的行为。债务人以明显不合理的低价转让财产、以明显不合理的高价受让他人财产的，虽然债务人的相对人也付出了一定代价，但因其明显不合理，实际上减少了债务人的责任财产，可以成为撤销权的行使对象。对于"明显不合理的低价""明显不合理的高价"，需要结合具体交易情况，在个案中作具体判断。"为他人的债务提供担保的行为"系民法典新增规定，既包括为他人的债务担任保证人，也包括为他人的债务以自己的财产设定抵押、质押等，这些行为也会对债权人的债权实现造成重大影响，因此《民法典》第539条将其纳入撤销权的行使对象。

二是债务人的行为影响债权人的债权实现。债务人以明显不合理的低价转让财产、以明显不合理的高价受让他人财产或者为他人的债务提供担保的行为，在客观上影响了债权人债权的实现。关于"影响债权人债权的实现"，亦要结合债权人的债权情况、债务人的责任财产状况等在个案中予以具体判断。另外，不论债务人的行为是影响债权人的到期债权实现还是影响债权人的未到期债权将来实现的，债权人均可以行使撤销权。

三是债务人的相对人主观上存在恶意。债务人的相对人在主观上存在恶意，是指债务人的相对人知道或者应当知道债务人的行为影响债权人的债权实现，该要件的举证责任由行使撤销权的债权人承担。如果债务人的相对人在主观上并不存在恶意，对债务人的有偿行为或者债务人提供担保的行为影响债权人的债权实现的情况并不知情，那么债权人也不得撤销债务人的行为。

（六）撤销权行使期间

撤销权的行使期间为除斥期间。撤销权原则上应在债权人知道或者应当知道撤销事由之日起一年内行使，但自债务人的行为发生之日起五年内没有行使的，撤销权消灭。民法典将撤销权行使期间起算点规定为"债权人知道或者应当知道撤销事由之日起"有利于保护债权人的利益，防止其因不知撤销事由存在而错失撤销权的行使；规定"自债务人的行为发生之日起五年"的客观期间，有助于稳定民事法律关系，维护交易秩序。

（七）债务人行为被撤销的法律效果

债权人的撤销权成立，债务人的行为被人民法院撤销的，债务人的行为自始没有法律约束力。债务人放弃其债权、放弃债权担保的行为被撤销后，债务人的相对人仍对债务人负有债务、担保人仍对债务人负有担保责任。债务人无偿或者低价转让财产的行为、高价受让财产的行为被撤销后，债务人尚未给付的，不得再向相对人给付，相对人也不再享有请求债务人给付的权利；债务人已经向相对人给付的或者已经互相给付的，债务人、债务人的相对人负有返还财产、恢复原状的义务，不能返还的应当折价补偿。债务人为他人的债务提供担保的行为被撤销后，债务人不再负有担保责任；债务人已经承担担保责任的，担保权人对债务人负有返还义务。

📖 重点条文与关联法律 》》》

第五百三十六条 【关于债权人代位保存权的规定】

债权人的债权到期前，债务人的债权或者与该债权有关的从权利存在诉讼时效期间即将届满或者未及时申报破产债权等情形，影响债权人的债权实现的，债权人可以代位向债务人的相对人请求其向债务人履行、向破产管理人申报或者作出其他必要的行为。

合同法	民法典	要点提示
第七十三条 因债务人怠于行使其到期债权，对债权人造成损害的，债权人可以向人民法院请求以自己的名义代位行使债务人的债权，但该债权专属于债务人自身的除外。 代位权的行使范围以债权人的债权为限。债权人行使代位权的必要费用，由债务人负担。	第五百三十五条 因债务人怠于行使其债权或者与该债权有关的从权利，影响债权人的到期债权实现的，债权人可以向人民法院请求以自己的名义代位行使债务人对相对人的权利，但是该权利专属于债务人自身的除外。 代位权的行使范围以债权人的到期债权为限。债权人行使代位权的必要费用，由债务人负担。 相对人对债务人的抗辩，可以向债权人主张。	代位权的客体扩大到债务人的债权及其从权利。 代位权的行使要件是"影响债权人的到期债权实现"，不再是"对债权人造成损害"。 代位权的行使范围"以债权人的到期债权为限"，不再是"以债权人的债权为限"。 明确相对人对债务人的抗辩可以向债权人主张。
第七十四条 因债务人放弃其到期债权或者无偿转让财产，对债权人造成损害的，债权人可以请求人民法院撤销债务人的行为。债务人以明显不合理的低价转让财产，对债权人造成损害，并且受让人知道该情形的，债权人也可以请求人民法院撤销债务人的行为。 撤销权的行使范围以债权人的债权为限。债权人行使撤销权的必要费用，由债务人负担。	第五百三十八条 债务人以放弃其债权、放弃债权担保、无偿转让财产等方式无偿处分财产权益，或者恶意延长其到期债权的履行期限，影响债权人的债权实现的，债权人可以请求人民法院撤销债务人的行为。 第五百三十九条 债务人以明显不合理的低价转让财产、以明显不合理的高价受让他人财产或者为他人的债务提供担保，影响债权人的债权实现，债务人的相对人知道或者应当知道该情形的，债权人可以请求人民法院撤销债务人的行为。 第五百四十条 撤销权的行使范围以债权人的债权为限。债权人行使撤销权的必要费用，由债务人负担。	扩大债权人撤销权的适用范围，包括无偿处分时的债权人撤销权和不合理价格交易时的债权人撤销权。

六、合同的变更和转让

📖 **典型案例** >>>

太平洋保险与刘某、平安保险保险人代位求偿权纠纷案

（一）事实概要

案涉客车的所有人是谢某，该车在太平洋保险处投保了保险金额为 196800 元的损失保险（含不计免赔）及其他商业保险。案涉轿车的所有人是刘某，该车在平安保险处投保了交强险。2020 年 2 月 22 日 20 时 16 分左右，刘某驾驶案涉轿车与谢某驾驶的案涉客车发生碰撞，造成车上乘客 3 人轻微伤及两车损坏的交通事故，刘某负事故的全部责任。事故发生后，受损车辆被送至一机修厂进行维修。刘某通过其姐夫在 2020 年 3 月 12 日向谢某微信转账 5000 元，2020 年 3 月 26 日又向机修厂的老板微信转账 1000 元。2020 年 3 月 28 日，平安保险为承保的案涉轿车在交强险财产损失险限额内向刘某支付了 2000 元保险金。谢某的案涉客车维修总费用为 31219.34 元。2020 年 4 月 1 日，谢某向太平洋保险出具了《机动车辆索赔权转让书》，同意在收到原告的定损金额 31219.34 元和施救费 500 元后，将已获取的赔偿款部分向责任对方追偿的权利转让给太平洋保险，并保证为太平洋保险行使追偿权提供充分协助。车辆修好后，太平洋保险在 2020 年 8 月 26 日向该机修厂转账支付了 31219.34 元，并向谢某账户转账支付了施救费 500 元。此后，太平洋保险就上述已支付的款项向两被告追偿，提起诉讼。

（二）裁判结果

法院依据《保险法》第 60 条、《民法典》第 549 条、《最高人民法院关于审理道路交通事故损害赔偿案件适用法律若干问题的解释》第 15 条规定，判决：刘某应在本判决生效之日起 10 日内偿还太平洋保险保险损失 25219.34 元；驳回太平洋保险的其他诉讼请求。

（三）案例分析

本案主要涉及债权转让后债务人抵销权的问题。

《民法典》第 549 条较之《合同法》第 83 条，增加了债务人可以向受让人主张抵销的情形，即债务人的债权与转让的债权是基于同一合同产生。对于此种情形，并不需要债务人的债权已经到期或者二者属于同一种类，仅需要二者基于同一合同关系。本案中，事故给谢某的案涉客车造成的损失包含维修费 31219.34 元和施救费 500 元。根据《保险法》第 60 条第 1 款规定，因第三者对保险标的的损害而造成保险事故的，保险人自向被保险人赔偿保险金之日起，在赔偿金额范围内代位行使被保险人对第三者请求赔偿的权利。现太平洋保险支付了赔偿款后，行使追偿权，符合法律规定，但同时该法第 2 款规定，保险事故发生后，被保险人已经从第三者取得损害赔偿的，保险人赔偿保险金时，可以相应扣减被保险人从第三者已取得的赔偿金额。本案中，由于刘某与谢某除发生交通事故外，并无其他经济往来，刘某已支付的 6000 元只能作为赔偿款。从该款项的付款时间来看，明显早于太平洋保险的付款时间，属于太平洋保险在向谢某付款时需要相应扣减的部分，太平洋保险可另行向谢某主张返还。根据《民法典》第 549 条的规定，刘某对谢某的抗辩可以向太平洋保险主张，即可以要求扣减 6000 元。扣减后，刘某实际只需向太平洋保险支付 25219.34 元。对于平安保险，由于其已向刘某赔付了 2000 元，履行赔付保险金的义务，无须再承担该笔赔偿责任。

📖 难点解析 》》》

（一）合同变更与注意事项

合同变更，一是要求存在已成立的有效合同关系；二是要求对合同的内容进行了变更，包括但不限于数量、履行地点、履行方式、违约责任等内容；三是要求当事人就变更事项协商一致。当事人的协商一致，可能是事先协商约定一定条件下的变更权，也可能是事后协商。双方当事人就变更事项达成了一致意见，就应当按照变更后的内容履行合同，合同没有发生变更的部分对当事人仍具有法律约束力。

实践中需要注意的是，一是当事人之间的合同变更，未经第三人同意，不得对该第三人产生不利影响，否则对第三人不发生效力；二是要注意区分合同变更与合同更新，根据当事人的意思表示看合同是否丧失了同一性，注意合同债权所附着的担保、抗辩等利益和瑕疵是否继续存在。

此外，当事人在变更合同的过程中，可能出现对需要变更的内容达不成完全一致意见的情况。根据《民法典》第544条规定，当事人对于合同变更的内容约定不明确的，推定为未变更。即使当事人对变更形成合意，但是在对变更的内容约定不明确的情况下，亦推定为未变更，除非当事人可以举证推翻该推定。此时，当事人按照原有合同的规定履行。如果当事人在约定合同变更时，对部分条款的变更的约定是明确的，但另一部分条款的变更约定不明确，如果这两类条款在内容上可以分开，则约定明确的部分有效，而约定不明确的部分推定为未变更；如果这两类条款在内容上是不可分割的，则应当认为整个合同条款的变更约定不明确，推定为未变更。

（二）债权转让的例外情形

根据《民法典》第545条规定，按照当事人约定不得转让的债权属于相对禁止，其于债权、债务人之间可生效力，但是否对第三人发生效力，需要判断债权的标的及第三人的主观善意：非金钱债权不得转让的约定，不得对抗善意第三人；金钱债权不得转让的特别约定，不得对抗第三人。该约定之所以仅具有相对效力，是因为债权与物权一样具有财产价值，不仅在流转中实现价值，而且也能作为责任财产发挥作用，若赋予该特别约定绝对效力，其代价是债权不能自由流通。

不得转让的债权主要有：

1. 依债权性质不得转让的债权。这类债权要么与债权人的人身有不可分割的关系，要么基于债权人与债务人间的信任关系产生，如扶养请求权、雇主对于雇员、委托人对于代理人的债权、不作为债权等。对这类债权转让，应按照无效处理。需注意的是，一般认为，由性质上不得转让的债权所生的损害赔偿请求权，可以转让。

2. 当事人约定不得转让的债权。该约定不得对抗善意第三人，如果债权人违反双方禁止转让的约定，将债权转让给善意第三人，善意第三人可取得该债权。

3. 法律规定不得转让的债权。国家以法律禁止转让的，违反禁止性规定的，合同当然无效。在我国，禁止转让债权多以行政规章形式出现，如下列资产不得对外公开转让：（1）债务人或担保人为国家机关的不良债权；（2）经国务院批准列入全国企业政策性关闭破产计划的国有企业债权；（3）国防、军工等涉及国家安全和敏感信息的债权以及其他限制转让的债权。

（三）债权转让通知

根据《民法典》第 546 条规定，债权转让自通知到达债务人时，该转让对债务人始发生效力。通知是有相对人的意思表示，而意思表示由效果意思、表示意思与表示行为构成。债务人对债权的知晓不能替代债权转让的通知。在债权转让人与受让人欠缺通知债务人的表示意思与表示行为的情况下，债务人虽从其他渠道获悉债权转让的事实，但仍不能认定债权转让已通知债务人。故该债权转让对债务人尚未发生法律效力。

（四）债权转让时从权利一并变动

根据《民法典》第 547 条规定，除专属于债权人自身的从权利外，具有从属性的权利只能随着主债权的转移而一同转移，实践中有疑问的是，若从权利转移以变更登记或转移占有为条件，则未登记或转移占有是否影响从权利转移的效力。对此，民法典回应：受让人取得从权利不因该从权利未办理转移登记手续或者未转移占有而受到影响。

（五）债权转让中债务人的抗辩权与撤销权

根据《民法典》第 548 条规定，债务人接到债权转让通知后，债务人对让与人的抗辩，可以向受让人主张。一是债务人在接到债权转让通知后，可以向受让人主张债务人对让与人的抗辩。实践中需要注意的是，"债务人接到债权转让通知后"并非抗辩产生的时点，只要是债务人可以对让与人主张的抗辩都可以对受让人主张。但是，在受让人取得债权后，在债务人接到转让通知后因债务人和让与人之间的民事法律行为所产生的债务人对让与人的抗辩，未经受让人同意，一般对受让人不能发生效力。二是债务人可以向受让人主张其对让与人的抗辩。债务人接到债权转让通知后，可以行使抗辩来保护自己的利益，债务人的抗辩并不随债权的转让而消灭，因此在债权转让的情况下，债务人可以向作为新债权人的受让人行使该抗辩，该抗辩包括阻止或者排斥债权的成立、存续或者行使的所有事由所产生的一切实体抗辩以及程序抗辩。

根据《民法典》第 549 条第 1 项规定，债务人对受让人主张抵销权的条件：一是债务人必须对让与人享有债权，且标的物种类、品质相同。二是债务人对让与人享有债权的法律原因必须在债务人接到债权转让通知时已经存在。这是为了避免债务人在接到债权转让通知后才紧急从他人处低价取得对让与人的债权，进而损害受让人的利益，受让人此时也无法预防此种情形的出现。三是债务人对让与人的债权先于转让的债权到期或者同时到期。根据《民法典》第549条第2项规定，债务人对受让人主张抵销权的条件：一是债务人必须对让与人享有债权，且标的物种类、品质相同；二是债务人对让与人的债权与转让债权是基于同一合同产生的。由于这两个债权是基于同一合同产生的，因此具有密切的联系，受让人就应当认识到债务人对让与人可能基于该合同享有债权，因此受让人能够在订立债权转让合同时对这种抵销可能性进行预先的安排。

债务人向受让人主张此种抵销的，应当依据《民法典》第568条第2款的规定通知受让人，并且抵销不得附条件或者附期限。

（六）债务加入与债务转移、连带保证的区分

所谓债务加入，即第三人加入到债务中，作为新债务人和原债务人一起向债权人负有连带债务。

债务加入与债务转移之间的区别在于，债务转移中，原则上原债务人不再作为债务人，而由第三人作为债务人，因此债务转移又被称为免责的债务转移；但债务加入中，第三人和原债务人一起对债权人负有连带债务，因此债务加入也被称为并存的债务转移。可以看出，较之债务转移，债务加入对债权人更为有利。

债务加入和连带保证的区分在于，两者均增加了担保债权实现的责任财产，但不同在于：第一，保证债务是债务人不履行债务时，保证人承担保证责任的从属性债务，而债务加入时第三人作为连带债务人，没有主从关系；第二，连带保证具有保证期间和诉讼时效的限制，而债务加入后产生的连带债务仅具有诉讼时效的限制；第三，连带保证人承担保证责任后，可以向债务人追偿，而债务加入人作为连带债务人履行债务后，是否对债务人有追偿权，取决于其与债务人之间的约定。

（七）关于合同权利和义务一并转让适用的有关条款

合同权利和义务一并转让时，应当遵守本法有关债权转让和债务转移的其他规定。具体而言，在涉及债权转让的范围内，适用以下规定：

1. 不得转让的债权的规定（第545条）。

2. 债权受让人取得与债权有关的从权利的规定（第547条）。

3. 债务人对让与人的抗辩可以继续向受让人主张的规定（第548条）。

4. 债务人对受让人主张抵销的规定（第549条）。

5. 债权转让增加的履行费用的负担的规定（第550条）。

6. 债权转让批准的规定（第502条第3款）。

在涉及债务转移的范围内，适用以下规定：

1. 新债务人的抗辩和抵销的规定（第553条）。

2. 新债务人承担与主债务有关的从债务的规定（第554条）。

3. 债务转移批准的规定（第502条第3款）。

重点条文与关联法律 >>>

第五百四十四条　【关于合同变更内容约定不明确处理的规定】

当事人对合同变更的内容约定不明确的，推定为未变更。

第五百四十六条　【关于债权转让通知的规定】

债权人转让债权，未通知债务人的，该转让对债务人不发生效力。

债权转让的通知不得撤销，但是经受让人同意的除外。

第五百四十八条　【关于债权转让中债务人抗辩的规定】

债务人接到债权转让通知后，债务人对让与人的抗辩，可以向受让人主张。

第五百五十二条　【关于债务加入的规定】

第三人与债务人约定加入债务并通知债权人，或者第三人向债权人表示愿意加入债务，债权人未在合理期限内明确拒绝的，债权人可以请求第三人在其愿意承担的债务范围内和债务人承担连带债务。

第五百五十四条　【关于债务转移中新债务人承担从债务的规定】

债务人转移债务的，新债务人应当承担与主债务有关的从债务，但是该从债务专属于原债务人自身的除外。

第五百五十五条　【关于合同权利义务一并转让的规定】

当事人一方经对方同意，可以将自己在合同中的权利和义务一并转让给第三人。

合同法	民法典	要点提示
第七十九条 债权人可以将合同的权利全部或者部分转让给第三人，但有下列情形之一的除外： （一）根据合同性质不得转让； （二）按照当事人约定不得转让； （三）依照法律规定不得转让。	第五百四十五条 债权人可以将债权的全部或者部分转让给第三人，但是有下列情形之一的除外： （一）根据债权性质不得转让； （二）按照当事人约定不得转让； （三）依照法律规定不得转让。 当事人约定非金钱债权不得转让的，不得对抗善意第二人。当事人约定金钱债权不得转让的，不得对抗第三人。	新增第3款，明确债权不得转让的约定的效力问题，既符合有关债法法理，也有利于促进交易流转。
第八十一条 债权人转让权利的，受让人取得与债权有关的从权利，但该从权利专属于债权人自身的除外。	第五百四十七条 债权人转让债权的，受让人取得与债权有关的从权利，但是该从权利专属于债权人自身的除外。 受让人取得从权利不因该从权利未办理转移登记手续或者未转移占有而受到影响。	新增第2款。
第八十三条 债务人接到债权转让通知时，债务人对让与人享有债权，并且债务人的债权先于转让的债权到期或者同时到期的，债务人可以向受让人主张抵销。	第五百四十九条 有下列情形之一的，债务人可以向受让人主张抵销： （一）债务人接到债权转让通知时，债务人对让与人享有债权，且债务人的债权先于转让的债权到期或者同时到期； （二）债务人的债权与转让的债权是基于同一合同产生。	增加债务人可以向受让人主张抵销的情形："债务人的债权与转让的债权是基于同一合同产生"。对于此种情形，不需要债务人的债权已经到期或者二者属于同一种类，二者基于同一合同关系即可。
第八十四条 债务人将合同的义务全部或者部分转移给第三人的，应当经债权人同意。	第五百五十一条 债务人将债务的全部或者部分转移给第三人的，应当经债权人同意。 债务人或者第三人可以催告债权人在合理期限内予以同意，债权人未作表示的，视为不同意。	新增第2款关于催告债权人的规定。
第八十五条 债务人转移义务的，新债务人可以主张原债务人对债权人的抗辩。	第五百五十三条 债务人转移债务的，新债务人可以主张原债务人对债权人的抗辩；原债务人对债权人享有债权的，新债务人不得向债权人主张抵销。	增加"原债务人对债权人享有债权的，新债务人不得向债权人主张抵销"的规定，明确新债务人不享有原债务人对债权人的抵销权。

七、合同权利义务的终止

📖 典型案例 》》》

郭某、桑某房屋租赁合同纠纷案

（一）事实概要

桑某（甲方）与郭某（乙方）于 2020 年 3 月 28 日签订商铺租赁合同，合同约定：桑某将某商业用房出租给郭某。租赁期限为 2020 年 4 月 1 日至 2024 年 4 月 1 日。每年租金为 15 万元，每年起租日付清。租期内发生的物业费、取暖费、电费、水费等费用由郭某方负责。同时在合同第 6 条第 1 项约定双方的职责为：必须依约缴纳租金及其他费用，如有无故拖欠，甲方有权解除本合同。如拖欠租金大，视为违约，甲方有权收回房屋。如在合同履行四年时间内乙方提前退租，也应如期向甲方交纳每年 15 万元租金，直至合同期满。2021 年 3 月 23 日，郭某给桑某发微信告知桑某"房租到期之前我会归还您钥匙，第二年的房租我实在是拿不出来了"。2021 年 3 月 25 日，郭某给桑某发微信告知桑某"所有钥匙都放在您家房子的黑色书桌抽屉里"。桑某表示拒收。另查，郭某收到起诉状副本的时间为 2021 年 4 月 27 日。

（二）裁判结果

法院认为，桑某与郭某签订的商铺租赁合同系双方的真实意思表示，不违反法律和行政法规的强制性规定，合法有效，双方应按照合同约定全面履行义务。桑某向郭某交付了租赁房屋，已依约履行了合同规定的出租人义务，郭某在租赁期满前提前退租，可以要求解除合同。关于合同的解除时间，根据《民法典》第 565 条第 2 款"当事人一方未通知对方，直接以提起诉讼或者申请仲裁的方式依法主张解除合同，人民法院或者仲裁机构确认该主张的，合同自起诉状副本或者仲裁申请书副本送达对方时解除"的规定，涉案合同的解除时间应为 2021 年 4 月 27 日。关于桑某要求郭某按照合同约定支付违约金 45 万元的主张，该违约金过分高于造成的损失的，人民法院可以根据当事人的请求予以适当减少。结合合同的履行情况、当事人的过错程度以及桑某的预期利益等因素，应以 45 万元的 30% 为宜，即违约金应为 13.5 万元。关于桑某提出要求郭某缴纳租赁期间拖欠的房屋其他费用的主张，因未提供证据，不予支持。判决：桑某与郭某签订的商铺租赁合同于 2021 年 4 月 27 日解除；郭某于判决生效后 15 日内给付桑某违约金 13.5 万元。

（三）案例分析

本案主要涉及以诉讼方式行使单方解除权的问题。

根据《民法典》第 565 条规定，当事人一方依法主张解除合同的，应当通知对方。合同自通知到达对方时解除；通知载明债务人在一定期限内不履行债务则合同自动解除，债务人在该期限内未履行债务的，合同自通知载明的期限届满时解除。对方对解除合同有异议的，任何一方当事人均可以请求人民法院或者仲裁机构确认解除行为的效力。当事人一方未通知对方，直接以提起诉讼或者申请仲裁的方式依法主张解除合同，人民法院或者仲裁机构确认该主张的，合同自起诉状副本或者仲裁申请书副本送达对方时解除。

相比原《合同法》第 96 条，增加了直接以提起诉讼或者申请仲裁方式主张合同解除的情形。即当事人一方未通知对方，直接以提起诉讼或者申请仲裁的方式依法主张解除合同，人民法院或者仲裁机构确认该主张的，合同自起诉状副本或者仲裁申请书副本送达对方时解除，故案涉商铺租赁合同已于 2021 年 4 月 27 日实际解除。郭某在租赁期满前提前退租，其行为违反了合同约定，桑某依法有权要求郭某承担违约责任。

难点解析 >>>

（一）合同的解除

从合同解除的依据划分，合同解除分为协议解除、约定解除和法定解除。

1. 协议解除。协议解除是指当事人双方通过协商同意将合同解除的行为，与解除权无关。协议解除是采取合同的形式，需具备合同的有效要件：当事人有相应的行为能力，意思表示真实，内容不违反效力性规定和公序良俗等。

2. 约定解除。约定解除指通过当事人约定于一定事由发生时，一方或双方可以解除合同。约定解除权的产生是基于双方当事人的约定，这种约定可以在订立合同时在合同中约定，也可以在订立合同后另行约定。法律没有明确规定哪些事由不可作为约定合同解除的事由，但是，民法典的两个重要原则对此进行了限制：一是诚实信用原则，二是禁止权利滥用原则。

3. 法定解除。法定解除是指合同生效后未履行或者未履行完毕前，当事人在法律规定的解除事由出现时，通过行使解除权而使合同关系归于消灭。法定解除的事由由法律直接规定，只要发生法律规定的具体情形，当事人一方即可行使解除合同的权利。法定解除的事由主要包括：

第一，因不可抗力致使不能实现合同目的导致的合同解除，不可抗力是不能预见、不能避免且不能克服的客观情况。因不可抗力不能履行合同亦属于违约行为，只不过系可部分或全部免责的违约。不可抗力或暂时阻碍合同履行，或影响合同部分内容的履行，但只有在因不可抗力达到不能实现合同目的的程度时，当事人才能解除合同。

第二，因预期违约造成的合同解除。在当事人一方明确表示或以自己的行为表示不履行合同主要债务的情况下，构成对债权人信赖的破坏，但是原则上只有拒绝履行主给付义务才能引发解除权的产生。如果一方当事人只是拒绝履行从给付义务或者附随义务，若是该行为并未实质性影响另一方当事人合同目的的实现，则不应认定构成本条所规制的情形。

第三，因迟延履行债务而引起的合同解除。（1）履行期限对合同目的实现不具有实质性影响的，即使债务人迟延履行合同主要债务，也不允许债权人立即解除合同，其应先向债务人发出履行债务的催告；（2）履行期限对合同目的的实现具有实质性影响的，只要债务人陷入迟延，即可认为构成根本违约，非违约方不必再发出催告，可立即解除合同。

第四，其他违约行为导致不能实现合同目的引起的合同解除。

第五，法律规定的其他情形。有法律明文规定的其他合同解除的情形，当事人亦可以主张解除合同。

第六，不定期继续性合同的法定解除。不定期继续性合同，不管是否构成违约，当事人可以随时解除合同，但是应当在合理期限之前通知对方。

（二）解除权行使期限

解除权行使期限规定，由原来的商品房买卖合同解除权行使期限规则，扩大适用于所有民事合同。适用时需注意两点：（1）解除权的行使期限，有约定的从约定，无约定的自权利人知道或者应当知道解除事由之日起一年内行使，且可通过催告加速到期；（2）该期限属除斥期间，即不适用诉讼时效中止、中断和延长规定，期限届满该权利消灭。

（三）合同解除程序

根据《民法典》第 565 条规定，任何持有异议的一方均具有合同解除权。实践中，无论哪一方当事人在收到解除通知且有异议时，此时的合同是否解除处于争议状态，为尽快确定法律关系，双方均可以通过司法程序确认解除行为的效力。

关于合同解除的行使方式与生效时间：（1）直接主张解除的，自通知到达对方时解除；（2）通知载明债务人在一定期限内不履行债务则合同自动解除的，债务人在该期限内未履行债务的，自通知载明的期限届满时解除；（3）直接以提起诉讼或者申请仲裁方式主张解除的，人民法院或者仲裁机构确认该主张的，自起诉状副本或者仲裁申请书副本送达对方时解除。

（四）合同解除的效力

根据《民法典》第 566 条规定，合同是因违约而解除的，未违约的一方当事人是解除权人，可以请求违约方承担违约责任。如果当事人另有约定，则按当事人约定办理。主合同解除后，合同当事人的权利义务不消灭，故而担保人的担保责任也不必然消灭。担保人，包括第三人担保和债务人自己担保，对债务人应当承担的民事责任仍应承担。需要注意的是，担保合同可通过特别约定排除适用此项规则。

（五）法定抵销与约定抵销

抵销是指当事人双方互负债务，各以其债权充抵债务的履行，双方各自的债权和对应债务在对等额内消灭。抵销因其产生的根据不同，可分为法定抵销和约定抵销。

1. 法定抵销是指法律规定抵销的条件，具备条件时依当事人一方的意思表示即发生抵销的效力。法定抵销的成立条件：

第一，当事人双方互负有效的债务、互享有效的债权。抵销发生的基础在于当事人双方既互负有效的债务，又互享有效的债权。双方当事人互负的债权债务，可能会因同一个法律关系而发生，也可能基于两个或两个以上的法律关系发生。

第二，被抵销一方的债务已经到期。抵销具有相互清偿的作用，因此只有在提出抵销的一方所享有的主动债权的履行期限届至时，才可以主张抵销，否则等于强制债务人提前履行债务。《民法典》第 568 条第 1 款对《合同法》第

99 条第 1 款的规定予以修改，将"当事人互负到期债务"为主动债权人也可以主张抵销，只要主动债权一方提前履行不损害另一方当事人的利益。

第三，债务的标的物种类、品质相同。种类相同，是指合同标的物本身的性质和特点一致，如都是支付金钱，或者交付同样的种类物。品质相同，是指标的物的质量、规格、等级无差别，如都是一级天津大米。当事人互负债务，该债务的标的物种类、品质相同的，任何一方可以将自己的债务与对方的到期债务抵销，但根据债务性质不得抵销、按照当事人约定不得抵销的以及依照法律规定不得抵销的除外。

实践中需要注意的问题是，主动债权数额较少，不足以抵销全部被动债权数额时，应当参照适用《民法典》第 560 条、第 561 条的清偿抵充规则。

2. 约定抵销，是指当事人双方协商一致，使自己的债务与对方的债务在对等额内消灭。法定抵销与约定抵销都是将双方的债务在对等额内消灭，两者的区别是：

第一，抵销的根据不同。法定抵销是基于法律规定，只要具备法定条件，任何一方可将自己的债务与对方的债务抵销，无须对方当事人的同意；约定抵销，双方必须协商一致，不能由单方决定抵销。

第二，对抵销的债务的要求不同。法定抵销要求标的物的种类、品质相同；约定抵销标的物的种类、品质可以不同。

第三，对抵销的债务的期限要求不同。法定抵销要求提出抵销的当事人一方所享有的债权也即对方的债务已经到期；约定抵销，双方互负的债务即使没有到期，只要双方当事人协商一致，愿意在履行期到来前将互负的债务抵销，也可以抵销。

第四，程序要求不同。法定抵销，当事人主张抵销的应当通知对方，通知未到达对方，抵销不生效；约定抵销，双方达成抵销协议时，除双方另有约定外，即发生抵销的法律效力，不必履行通知义务。

（六）提存

有下列情形之一，难以履行债务的，债务人可以将标的物提存：

1. 债权人无正当理由拒绝受领。在债务履行期届至后，债务的履行需要债权人受领时，债务人提出了履行债务的请求，债权人能够接受履行，却无正当理由不予受领。构成拒绝受领的正当理由有：（1）债权人受到了不可抗力的影响；（2）债权人遇到了难以克服的意外情况，无法受领；（3）债务人交付的标的物存在严重质量问题，甚至与合同约定根本不符；（4）债务人迟延交付致使不能实现合同目的；（5）合同被解除、被确认无效等。

2. 债权人下落不明。债权人下落不明，即使未被宣告失踪，债务人也无法履行，为消灭债权债务关系，债务人可以将标的物提存。债权人下落不明也包括债权人的代理人下落不明，如果债权人下落不明但其代理人确定，此时债务人可以向其代理人履行以清偿债务，不得将标的物提存。

3. 债权人死亡未确定继承人、遗产管理人或者丧失民事行为能力未确定监护人。债权人死亡或者丧失民事行为能力，并不必然导致债务人债务的消灭。当债权人死亡时，由于该债权人的继承人可以继承其债权，因此，债务人应当向债权人的继承人、遗产管理人履行债务。如果债权人死亡以后其继承人、遗产管理人未确定，造成债务人无法履行其债务的，债务人可以将标的物提存。

4. 法律规定的其他情形。除了上述三种由于债权人的原因导致难以履行债务的事由外，还存在法律规定的其他事由，主要指债务人非因过失而无法确切地知道谁是债权人，也即债权人不明的其他情形。比如，债权人和债权人的受让人之间就债权转让发生争议，此时债务人无法确知谁是真正的债权人，债务人就可以提存。

具备提存的上述情形之一的，除法律另有规定外，必须是导致债务人难以履行债务的才可以提存。所谓难以履行，是指债权人不能受领给付的情形不是暂时的、无法解决的，而是不易克服的。以下情况不能认为是难以履行：（1）债权人虽然迟延受领但迟延时间很短；（2）下落不明的债权人有财产代管人可以代为接受履行；（3）债权人的继承人、遗产管理人或者监护人很快可以确定。

提存的标的物主要是货币、有价证券、票据、提单、权利证书、贵重物品等适宜提存的标的物。标的物不适于提存或者提存费用过高的，即标的物不适于长期保管或者长期保管将损害价值的，如易腐、易烂、易燃、易爆等物品；提存费与所提存的标的的价额不成比例，如需要特殊设备或者人工照顾的动物等，债务人依法可以拍卖或者变卖标的物，提存所得的价款。

关于提存的成立：（1）提存货币的，以现金、支票交付提存部门的日期或提存款划入提存部门提存账户的日期为提存成立的日期；（2）提存的物品需要验收的，以提存部门验收合格的日期为提存成立的日期；（3）提存的有价证券、提单、权利证书或无须验收的物品，以实际交付提存部门的日期为提存成立的日期。

📖 **重点条文与关联法律** ≫≫≫

第五百六十条 【关于债的清偿抵充顺序的规定】

债务人对同一债权人负担的数项债务种类相同，债务人的给付不足以清偿全部债务的，除当事人另有约定外，由债务人在清偿时指定其履行的债务。

债务人未作指定的，应当优先履行已经到期的债务；数项债务均到期的，优先履行对债权人缺乏担保或者担保最少的债务；均无担保或者担保相等的，优先履行债务人负担较重的债务；负担相同的，按照债务到期的先后顺序履行；到期时间相同的，按照债务比例履行。

第五百六十四条 【关于合同解除权行使期限的规定】

法律规定或者当事人约定解除权行使期限，期限届满当事人不行使的，该权利消灭。

法律没有规定或者当事人没有约定解除权行使期限，自解除权人知道或者应当知道解除事由之日起一年内不行使，或者经对方催告后在合理期限内不行使的，该权利消灭。

第五百六十八条 【关于法定抵销的规定】

当事人互负债务，该债务的标的物种类、品质相同的，任何一方可以将自己的债务与对方的到期债务抵销；但是，根据债务性质、按照当事人约定或者依照法律规定不得抵销的除外。

当事人主张抵销的，应当通知对方。通知自到达对方时生效。抵销不得附条件或者附期限。

第五百六十九条 【关于约定抵销的规定】

当事人互负债务，标的物种类、品质不相同的，经协商一致，也可以抵销。

第五百七十条 【关于提存条件及不宜提存如何处理的规定】

有下列情形之一，难以履行债务的，债务人可以将标的物提存：

（一）债权人无正当理由拒绝受领；

（二）债权人下落不明；

（三）债权人死亡未确定继承人、遗产管理人，或者丧失民事行为能力未确定监护人；

（四）法律规定的其他情形。

标的物不适于提存或者提存费用过高的，债务人依法可以拍卖或者变卖标的物，提存所得的价款。

第五百七十一条 【关于提存成立的规定】

债务人将标的物或者将标的物依法拍卖、变卖所得价款交付提存部门时，提存成立。

提存成立的，视为债务人在其提存范围内已经交付标的物。

合同法	民法典	要点提示
第九十一条 有下列情形之一的，合同的权利义务终止： （一）债务已经按照约定履行； （二）合同解除； （三）债务相互抵销； （四）债务人依法将标的物提存； （五）债权人免除债务； （六）债权债务同归于一人； （七）法律规定或者当事人约定终止的其他情形。	**第五百五十七条** 有下列情形之一的，债权债务终止： （一）债务已经履行； （二）债务相互抵销； （三）债务人依法将标的物提存； （四）债权人免除债务； （五）债权债务同归于一人； （六）法律规定或者当事人约定终止的其他情形。 合同解除的，该合同的权利义务关系终止。	区分"债权债务终止"和"合同的权利义务终止"的概念，在债权债务终止的情形中，删去合同的权利义务终止的"合同解除"情形，并将其列为第2款，体系上更为科学严谨。
第九十二条 合同的权利义务终止后，当事人应当遵循诚实信用原则，根据交易习惯履行通知、协助、保密等义务。	**第五百五十八条** 债权债务终止后，当事人应当遵循诚信等原则，根据交易习惯履行通知、协助、保密、旧物回收等义务。	增加旧物回收的义务。
第九十四条 有下列情形之一的，当事人可以解除合同： （一）因不可抗力致使不能实现合同目的； （二）在履行期限届满之前，当事人一方明确表示或者以自己的行为表明不履行主要债务； （三）当事人一方迟延履行主要债务，经催告后在合理期限内仍未履行； （四）当事人一方迟延履行债务或者有其他违约行为致使不能实现合同目的； （五）法律规定的其他情形。	**第五百六十三条** 有下列情形之一的，当事人可以解除合同： （一）因不可抗力致使不能实现合同目的； （二）在履行期限届满前，当事人一方明确表示或者以自己的行为表明不履行主要债务； （三）当事人一方迟延履行主要债务，经催告后在合理期限内仍未履行； （四）当事人一方迟延履行债务或者有其他违约行为致使不能实现合同目的； （五）法律规定的其他情形。 以持续履行的债务为内容的不定期合同，当事人可以随时解除合同，但是应当在合理期限之前通知对方。	增加不定期合同的解除规定。

合同法	民法典	要点提示
第九十五条　法律规定或者当事人约定解除权行使期限，期限届满当事人不行使的，该权利消灭。 法律没有规定或者当事人没有约定解除权行使期限，经对方催告后在合理期限内不行使的，该权利消灭。	**第五百六十四条**　法律规定或者当事人约定解除权行使期限，期限届满当事人不行使的，该权利消灭。 法律没有规定或者当事人没有约定解除权行使期限，自解除权人知道或者应当知道解除事由之日起一年内不行使，或者经对方催告后在合理期限内不行使的，该权利消灭。	将法定解除权的消灭期限修改为"自解除权人知道或者应当知道解除事由之日起一年内不行使，或者经对方催告后在合理期限内不行使的，该权利消灭"，增加"知情一年"的情形。
第九十六条　当事人一方依照本法第九十三条第二款、第九十四条的规定主张解除合同的，应当通知对方。合同自通知到达对方时解除。对方有异议的，可以请求人民法院或者仲裁机构确认解除合同的效力。 法律、行政法规规定解除合同应当办理批准、登记等手续的，依照其规定。	**第五百六十五条**　当事人一方依法主张解除合同的，应当通知对方。合同自通知到达对方时解除；通知载明债务人在一定期限内不履行债务则合同自动解除，债务人在该期限内未履行债务的，合同自通知载明的期限届满时解除。对方对解除合同有异议的，任何一方当事人均可以请求人民法院或者仲裁机构确认解除行为的效力。 当事人一方未通知对方，直接以提起诉讼或者申请仲裁的方式依法主张解除合同，人民法院或者仲裁机构确认该主张的，合同自起诉状副本或者仲裁申请书副本送达对方时解除。	完善合同解除程序，新增"合同自通知载明的期限届满时解除"的情形，明确规定"任何一方当事人"均可提起诉讼或申请仲裁申请主张解除合同，自法律文书副本"送达对方时解除"。
第九十七条　合同解除后，尚未履行的，终止履行；已经履行的，根据履行情况和合同性质，当事人可以要求恢复原状、采取其他补救措施，并有权要求赔偿损失。	**第五百六十六条**　合同解除后，尚未履行的，终止履行；已经履行的，根据履行情况和合同性质，当事人可以请求恢复原状或者采取其他补救措施，并有权请求赔偿损失。 合同因违约解除的，解除权人可以请求违约方承担违约责任，但是当事人另有约定的除外。 主合同解除后，担保人对债务人应当承担的民事责任仍应当承担担保责任，但是担保合同另有约定的除外。	新增第2款、第3款，规定合同解除不影响违约责任和担保责任承担的法律规则。

合同法	民法典	要点提示
第一百零二条 标的物提存后，除债权人下落不明的以外，债务人应当及时通知债权人或者债权人的继承人、监护人。	第五百七十二条 标的物提存后，债务人应当及时通知债权人或者债权人的继承人、遗产管理人、监护人、财产代管人。	删除"除债权人下落不明的以外"的例外，增加应当及时通知的人员：遗产管理人、财产代管人。
第一百零四条 债权人可以随时领取提存物，但债权人对债务人负有到期债务的，在债权人未履行债务或者提供担保之前，提存部门根据债务人的要求应当拒绝其领取提存物。 债权人领取提存物的权利，自提存之日起五年内不行使而消灭，提存物扣除提存费用后归国家所有。	第五百七十四条 债权人可以随时领取提存物。但是，债权人对债务人负有到期债务的，在债权人未履行债务或者提供担保之前，提存部门根据债务人的要求应当拒绝其领取提存物。 债权人领取提存物的权利，自提存之日起五年内不行使而消灭，提存物扣除提存费用后归国家所有。但是，债权人未履行对债务人的到期债务，或者债权人向提存部门书面表示放弃领取提存物权利的，债务人负担提存费用后有权取回提存物。	增加提存物归国家所有的例外。
第一百零六条 债权和债务同归于一人的，合同的权利义务终止，但涉及第三人利益的除外。	第五百七十六条 债权和债务同归于一人的，债权债务终止，但是损害第三人利益的除外。	将"涉及第三人利益"修改为"损害第三人利益"。

八、违约责任

📖 **典型案例** 》》》

山东省某置业公司、何某商品房预售合同纠纷案

（一）事实概要

2019 年 3 月 18 日，何某（买方）与山东省某置业公司（卖方）签订《商品房买卖合同（预售）》，约定何某购买该置业公司位于青岛市即墨区房屋。房屋总价款（不包含房屋装修）为 458125 元，装修总价为 153612 元。买受人采用公积金贷款方式支付购房款，应于 2019 年 3 月 12 日前支付首期房价款 291737 元，余款 320000 元向青岛市住房公积金管理中心申请贷款支付。关于逾期付款责任：合同第 8 条约定，逾期在 30 日之内，买受人按日计算向出卖人支付逾期应付款 1‰的违约金；逾期超过 30 日，出卖人有权单方面解除本合同，买受人应当承担赔偿责任。关于房屋交付：合同第 9 条约定，交付条件包括商品房已经取得建设工程竣工验收备案证明文件、已取得房屋测绘报告、买受人已全额支付房价款及首期住宅专项维修基金、房屋已经完成装修。第 11 条约定，出卖人应在 2020 年 4 月 30 日前向买受人交付商品房。第 12 条约定，出卖人未能在约定期限内将房屋交付，应当向买受人支付违约金，违约金按照已支付的房价款日 0.1‰计算，违约金自约定的最后交付期限第二天起算至实际交付之日止。自逾期超过 90 天之日起（超出部分），出卖人按买受人已支付房价款的日 0.15‰向买受人支付违约金，买受人有权解除合同。合同签订后，何某依约支付购房款，该置业公司出具相应发票。房屋交房日期截止后，该置业公司未如期交付房屋。截至 2021 年 5 月 20 日，涉案房屋尚未进行竣工验收备案。

（二）裁判结果

一审法院根据《民法典》第 509 条、第 577 条、第 585 条规定，判决：该置业公司于本判决生效后 10 日内向何某支付逾期交房违约金 19943 元；该置业公司于本判决生效后 10 日内向何某支付保全保险费 500 元；驳回何某的其他诉讼请求。

二审法院判决：驳回上诉，维持原判。

（三）案例分析

本案涉及不可抗力的认定及法律后果的问题。

根据《民法典》第 590 条规定，合同履行过程中，当事人一方因不可抗力不能履行合同的，根据不可抗力的影响，可以部分或者全部免除责任。该置业公司与购房人签订合同后，履行合同过程中因不可抗力导致逾期交房的，可以主张部分或者全部免除责任，但该置业公司应当对其主张的事由系不可抗力，且系致其逾期交房的直接原因，承担证明责任。除新冠肺炎疫情外，诉讼过程中，该置业公司未能提交证据证明其主张的其他因素构成妨碍履行合同的不可抗力，故只能酌定免除新冠肺炎疫情发生后疫情期间返乡人员隔离期间的逾期交房违约金。

本案中，何某、置业公司签订《商品房买卖合同（预售）》系双方真实意思表示，不违反法律、行政法规的强制性规定，合法有效，双方均应依约全面履行各自义务。根据双方约定，该置业公司应于 2020 年 4 月 30 日前向该置业公司交付涉案房屋，截至 2021 年 5 月 20 日，该置业公司仍未进行竣工验收备案，不符合合同约定的交房条件，何某有权要求该置业公司支付逾期交房违约金。在合同约定履行期间内，突发新冠肺炎疫情，新冠肺炎疫情系突然发生的公共卫生事件，属于何某、该置业公司双方签订合同时，不能预见、不能避免且不能克服的客观情况，应适用不可抗力的免责规范。同时，考虑到疫情期间返乡人员的隔离期间等相关政策对施工进度的影响，一审法院酌定对 2020 年 1 月 24 日至 2020 年 3 月 22 日（共计 58 天）的履行期间予以顺延，即自 2020 年 6 月 28 日起开始计算逾期交房的违约时间。关于违约金计算标准问题，合同约定逾期交房违约金为购房款的日 0.1‰，该约定明显低于何某实际损失，综合考虑同地段同类型租金价格等因素，酌定按照购房款的日 1‰计算逾期交房违约金。

难点解析 >>>

（一）违约损害赔偿责任的范围

当事人一方违约的，在履行义务或者采取补救措施后，对方还有其他损失的，应当赔偿损失。赔偿的范围包括对实际损失和可得利益的赔偿。

1. 实际损失，即所受损害，是指因违约而导致现有利益的减少，是现实利益的损失。包括：（1）信赖利益的损失，包括费用的支出、丧失其他交易机会的损失以及因对方违约导致自己对第三人承担违约赔偿的损失等；（2）固有利益的损失，体现在债务人违反保护义务的情形中，例如债务人交付了病鸡，导致债权人现有养鸡场的鸡也生病。此时，债务人不仅应当赔偿债权人费用的支出，还应当赔偿债权人现有的鸡生病造成的损失。

2. 可得利益是合同履行后债权人所能获得的纯利润，且不得超过违约一方订立合同时预见到或者应当预见到的因违约可能造成的损失。可得利益也可能与信赖利益中的丧失其他交易机会的损失存在重合。可得利益必须是将来按照通常情形能够得到的利益，这要求对可得利益的赔偿应当考量发生的概率程度。

例如，甲将一份投标书委托快递公司递交，快递公司承诺在投标结束日前送到，但实际上是在投标结束日之后才送到，因此甲的投标书被拒绝。此时，赔偿的数额将取决于甲的投标书被接受的概率。如果不能以充分确定性程度来确定赔偿的数额，赔偿数额的确定只能取决于人民法院或者仲裁机构的自由裁量。

（二）违约金的酌定增减

根据《民法典》第585条规定，当事人之间约定的违约金低于或过分高于造成的损失的，人民法院或者仲裁机构可以根据当事人的请求予以增加或适当减少。

1. 予以增加适用的前提是：（1）约定的违约金低于造成的损失；（2）债权人提出申请，并应当对违约金低于造成的损失予以举证。此时，人民法院或者仲裁机构可以增加，但并非应当增加，一般而言，增加后的违约金数额不应超过对债权人造成的损失。

当事人请求人民法院增加违约金的，增加后的违约金数额以不超过《民法典》第584条规定的损失为限。增加违约金以后，当事人又请求对方赔偿损失的，人民法院不予支持。

2. 予以减少适用的前提是：（1）约定的违约金"过分高于"造成的损失的。这意味着，如果约定的违约金虽然高于造成的损失，但并未"过分"高于，就不应当适用司法酌减；（2）债务人提出申请，并就约定的违约金高于造成的损失予以举证。债务人提出请求的方式可以是提起反诉，也可以是抗辩。

当事人请求人民法院减少违约金的，人民法院应当以《民法典》第584条规定的损失为基础，兼顾合同的履行情况、当事人的过错程度等综合因素，根据公平原则和诚信原则予以衡量，并作出裁判。约定的违约金超过根据《民法典》第584条规定确定的损失的30%的，一般可以认定为《民法典》第585条第2款规定的"过分高于造成的损失"。当事人主张约定的违约金过高请求予以适当减少的，应当承担举证责任；相对人主张违约金约定合理的，也应提供相应的证据。

（三）定金与预付款、押金的区别

1. 定金与预付款不同，定金具有担保作用，不履行债务或者履行债务不符合约定，致使不能实现合同目的的，适用定金罚则；但预付款仅仅是在标的物正常交付或者服务正常提供的情况下预付的款项，如有不足，交付预付款的一方再补交剩余的价款即可，在交付标的物或者提供服务的一方违约时，如果交付预付款的一方解除合同，有权请求返还预付款。

2.定金与押金不同，一般而言，押金没有数额的限制，而且没有定金罚则的适用。押金类型非常多，无法统一确定，甚至有的押金需要清算，多退少补。履约保证金的类型也是多种多样，如当事人交付留置金、担保金、保证金、订约金、押金或者订金等，但没有约定定金性质的，不能按照定金处理。但是，如果押金和保证金根据当事人的约定符合定金构成要件的，可以按照定金处理。

3.当事人既约定违约金，又约定定金的，一方违约时，对方可以选择适用违约金或者定金条款。

📖 重点条文与关联法律 ≫≫

第五百七十八条　【关于预期违约承担违约责任的规定】

当事人一方明确表示或者以自己的行为表明不履行合同义务的，对方可以在履行期限届满前请求其承担违约责任。

第五百八十四条　【关于损失赔偿的范围和确认规则的规定】

当事人一方不履行合同义务或者履行合同义务不符合约定，造成对方损失的，损失赔偿额应当相当于因违约所造成的损失，包括合同履行后可以获得的利益；但是，不得超过违约一方订立合同时预见到或者应当预见到的因违约可能造成的损失。

第五百八十五条　【关于违约金的调整方法的规定】

当事人可以约定一方违约时应当根据违约情况向对方支付一定数额的违约金，也可以约定因违约产生的损失赔偿额的计算方法。

约定的违约金低于造成的损失的，人民法院或者仲裁机构可以根据当事人的请求予以增加；约定的违约金过分高于造成的损失的，人民法院或者仲裁机构可以根据当事人的请求予以适当减少。

当事人就迟延履行约定违约金的，违约方支付违约金后，还应当履行债务。

第五百九十条　【关于不可抗力法律后果和举证责任分配的规定】

当事人一方因不可抗力不能履行合同的，根据不可抗力的影响，部分或者全部免除责任，但是法律另有规定的除外。因不可抗力不能履行合同的，应当及时通知对方，以减轻可能给对方造成的损失，并应当在合理期限内提供证明。

当事人迟延履行后发生不可抗力的，不免除其违约责任。

合同法	民法典	要点提示
第一百零九条　当事人一方未支付价款或者报酬的，对方可以要求其支付价款或者报酬。	**第五百七十九条**　当事人一方未支付价款、报酬、租金、利息，或者不履行其他金钱债务的，对方可以请求其支付。	在价款、劳动报酬等金钱债务种类的基础上增加租金、利息等。将"可以要求其支付价款或者报酬"修改为"可以请求其支付"。
第一百一十条　当事人一方不履行非金钱债务或者履行非金钱债务不符合约定的，对方可以要求履行，但有下列情形之一的除外： （一）法律上或者事实上不能履行； （二）债务的标的不适于强制履行或者履行费用过高； （三）债权人在合理期限内未要求履行。	**第五百八十条**　当事人一方不履行非金钱债务或者履行非金钱债务不符合约定的，对方可以请求履行，但是有下列情形之一的除外： （一）法律上或者事实上不能履行； （二）债务的标的不适于强制履行或者履行费用过高； （三）债权人在合理期限内未请求履行。 　　有前款规定的除外情形之一，致使不能实现合同目的的，人民法院或者仲裁机构可以根据当事人的请求终止合同权利义务关系，但是不影响违约责任的承担。	新增第2款，完善合同的违约责任制度。
第一百一十五条　当事人可以依照《中华人民共和国担保法》约定一方向对方给付定金作为债权的担保。债务人履行债务后，定金应当抵作价款或者收回。给付定金的一方不履行约定的债务的，无权要求返还定金；收受定金的一方不履行约定的债务的，应当双倍返还定金。	**第五百八十六条**　当事人可以约定一方向对方给付定金作为债权的担保。定金合同自实际交付定金时成立。 　　定金的数额由当事人约定；但是，不得超过主合同标的额的百分之二十，超过部分不产生定金的效力。实际交付的定金数额多于或者少于约定数额的，视为变更约定的定金数额。	增加"定金合同自实际交付定金时成立"规定，明确定金合同的成立问题。 　　新增第2款，明确定金的数额问题。

合同法	民法典	要点提示
第一百一十五条 当事人可以依照《中华人民共和国担保法》约定一方向对方给付定金作为债权的担保。债务人履行债务后，定金应当抵作价款或者收回。给付定金的一方不履行约定的债务的，无权要求返还定金；收受定金的一方不履行约定的债务的，应当双倍返还定金。	**第五百八十七条** 债务人履行债务的，定金应当抵作价款或者收回。给付定金的一方不履行债务或者履行债务不符合约定，致使不能实现合同目的的，无权请求返还定金；收受定金的一方不履行债务或者履行债务不符合约定，致使不能实现合同目的的，应当双倍返还定金。	将"不履行约定的债务"修改为"不履行债务或者履行债务不符合约定，致使不能实现合同目的"。
第一百一十六条 当事人既约定违约金，又约定定金的，一方违约时，对方可以选择适用违约金或者定金条款。	**第五百八十八条** 当事人既约定违约金，又约定定金的，一方违约时，对方可以选择适用违约金或者定金条款。 定金不足以弥补一方违约造成的损失的，对方可以请求赔偿超过定金数额的损失。	新增第2款，规定定金与赔偿损失之间的关系。
第一百二十条 当事人双方都违反合同的，应当各自承担相应的责任。	**第五百九十二条** 当事人都违反合同的，应当各自承担相应的责任。 当事人一方违约造成对方损失，对方对损失的发生有过错的，可以减少相应的损失赔偿额。	新增第2款，规定过失相抵责任承担的原则。

第八讲　典型合同

一、买卖合同

📖 典型案例 >>>

【案例1】 朱某玉与刘某华确认合同无效纠纷案

（一）事实概要

2019年2月23日，刘某华与朱某玉协议将位于驼峰乡某村某组的宅田合一宅基地转让给朱某玉，并收取转让费10万元。早在2015年，朱某玉已经将涉案宅基地上的原朱某连所建的三间房屋翻盖为四间平房，并继续让朱某连居住。在2019年2月23日朱某玉与刘某华达成协议，确认宅基地转让的买卖关系。现朱某玉称因宅基地登记使用权人为朱某连，无法办理过户手续，才知道涉案宅基地并非刘某华所有，故诉至一审法院要求确认双方之间的买卖合同无效，并返还转让费。庭审中，朱某连称他知道刘某华将宅基地卖给朱某玉后，就一直向刘某华要钱，但刘某华一直不给，朱某连还称"房子卖给其外孙（朱某玉儿子）没有意见，但钱应当给我"。庭后多日，朱某连又口头向法官表示他不同意卖宅基地。另，朱某连共有四个女儿，均已结婚成家。刘某华系朱某连的三女儿朱利某的丈夫，朱某玉系朱某连的大女儿，均是该村人。涉案宅基地系朱某连于1993年2月2日取得，上面有朱某连所建三间房屋，登记土地使用者为朱某连，一直未变更。

（二）裁判结果

一审法院判决：驳回朱某玉的诉讼请求。

二审法院判决：驳回上诉，维持原判。

（三）案例分析

本案主要涉及无权处分下买卖合同的效力问题。

本案中，朱某玉以刘某华无权出售涉案房屋，及涉案房屋登记产权人没有追认刘某华无权处分行为而主张刘某华与朱某玉之间的房屋买卖合同无效的观点不能成立，主要理由：首先，涉案房屋早在1993年就已经登记在朱某连名下，且期间从未变更过，朱某玉、朱利某及刘某华作为朱某连子女应当知晓涉案房屋的权属情况，朱某玉称不知房屋产权人为朱某连明显与事实不符，若朱某连不同意出卖涉案房屋，刘某华、朱利某也不会顺利出卖房屋并收取房款。其次，朱某连一直居住在涉案房屋中，且与刘某华、朱利某在同一户口中，出售朱某连居住的房屋属于家庭重大事宜，若朱某连不同意出卖涉案房屋，刘某华、朱利某也不会顺利出卖房屋并收取房款。最后，朱某连在庭审中也确认，知晓卖房但要主张购房款，而且要求住在涉案房屋中，现又称不同意出售房屋，前后陈述不一致，因此，结合朱某连售房前后的行为，综合认定朱某连应当知晓并且同意刘某华出售涉案房屋，且不存在法律规定的无效情形，故合同有效。故法院对于朱某玉的诉讼请求不予支持。

【案例2】 江苏某机械设备制造有限公司与溧阳市某浴室、朱某某买卖合同纠纷案

（一）事实概要

原被告于2017年10月9日签订了《机械停车设备采购安装合同》，合同的总价款为66万元，对案涉机械设备在货款未付清的前提下原告保留所有权，并约定了其他事项。原告按照合同的约定履行了相关的义务，被告也支付了37万元的设备款，但余款29万元经原告多次催要，一直未予支付。对此，被告认为原告的机械设备存在质量问题，但庭审中未提供书面证据予以证实。另，被告的登记经营者与实际经营者不一致，实际经营者为被告朱某某。

（二）裁判结果

法院判决：被告溧阳市某浴室、朱某某支付原告江苏某机械设备制造有限公司设备款29万元并承担违约金2万元，合计31万元；原告对设备的拍卖、变卖款中享有优先受偿的权利。

（三）案例分析

本案主要涉及所有权保留买卖合同中优先受偿权的问题。

根据原、被告的陈述及提供的证据能够认定原被告签订的《机械停车设

采购安装合同》合法有效，原告按约履行了合同的相关义务，被告也一直在实际使用原告提供并安装的机械设备，并向原告支付了 37 万元的设备款，尚欠 29 万元未予支付，被告不予支付的抗辩理由是产品存在质量瑕疵，但未能提供充分证据予以证明。对此，法院不予采纳。对于原告主张的违约金 3.3 万元，法院根据查明的事实，酌情支持 2 万元。对于原告主张的优先权问题，因原被告合同约定了设备款项未支付完毕前，原告保留对该设备的所有权，现原告要求从该设备的拍卖、变卖所得的价款中享有优先受偿权。对此，法院应予以支持。

📖 难点解析 ▷▷▷

（一）标的物风险负担

1. 基本原则。根据《民法典》第 604 条规定，关于风险负担的基本原则，我国采取交付移转风险原则，又称交付主义，指以标的物的交付作为风险移转的时间标准，在标的物交付于买受人之前，由出卖人承担风险；在标的物交付于买受人之后，则由买受人承担风险，不论标的物的所有权是否已经移转。

需要注意的是：第一，风险移转规则适用的前提是买卖合同，而非其他合同。第二，我国法律关于风险负担的规定属于任意性规定，如果当事人在合同中对风险负担的移转有特别约定，该约定有效。但是，这里的"另有约定"专指买卖合同的双方当事人就"风险负担的移转"，另有约定，而不是指就"标的物所有权的移转"另有约定。如果当事人仅就买卖标的物所有权的移转作出特别约定的，并不影响标的物的风险依据"交付"标准而移转。第三，法律对买卖合同中标的物的风险负担有特别规定的，应从其规定。

2. 几种特殊情形：

（1）迟延交付标的物的风险负担。根据《民法典》第 605 条规定，因买受人的原因致使标的物未按照约定的期限交付的，买受人应当自违反约定时起承担标的物毁损、灭失的风险。

（2）路货买卖中的标的物风险负担。《民法典》第 606 条规定，出卖人出卖交由承运人运输的在途标的物，除当事人另有约定外，毁损、灭失的风险自合同成立时起由买受人承担。

路货买卖又称在途货物的买卖，是指货物已在运输途中，出卖人寻找买受人，出卖在途货物的买卖。在途货物的风险自合同成立时转移，但是路货买卖中出卖人隐瞒风险事实，则风险仍由出卖人承担。对于出卖人对标的物毁损、灭失的实际情况是否知道或应当知道，买受人应承担相应的举证责任。

（3）需要运输的标的物风险负担。根据《民法典》第607条规定，在异地买卖中，货交承运人后，标的物毁损、灭失的风险由买受人承担。当一项货物运输涉及多式联运，即同时涉及陆上运输和海上运输时，风险仍须在出卖人将货物交付给第一承运人之时转至买受人承担，除非合同明确约定出卖人需将货物交付给处于某一特定地点（如某港口）的承运人的情况下，风险才在出卖人在该地点将货物交付给承运人之时转移。

（4）买受人不收取标的物的风险负担。根据《民法典》第608条的规定，出卖人按照约定或者依法将标的物置于交付地点，买受人违反约定没有收取的，标的物毁损、灭失的风险自违反约定时起由买受人承担。

（5）标的物存在质量问题时的标的物风险负担。《民法典》第610条规定，出卖人违反质量瑕疵担保义务构成根本违约的责任承担，标的物毁损、灭失的风险由其负担。需要注意的是，如果标的物质量瑕疵并不构成根本违约，或者构成根本违约后买受人并未拒绝接受标的物或者解除合同，则视为买受人接受出卖人的交货行为，此时买受人依然承担风险，但可以要求出卖人承担相应的违约责任。

（6）标的物数量瑕疵履行情况下的风险负担。在出卖人少交标的物的情况下，如果买受人不能行使拒收权（部分履行不损害债权人利益时）或者没有行使拒收权，则视为买受人接受了出卖人的部分标的物履行行为，该部分标的物的风险负担自交付之日起移转于买受人，但买受人有权请求出卖人承担继续履行等违约责任；如果买受人行使拒收权，则视为出卖人的部分交货行为未得到买受人的认可，则此时不存在依合同意旨的交货行为，该部分标的物的风险仍应由出卖人负担。

在出卖人多交标的物的情况下，如果买受人接收多交部分的，可视为买卖双方临时达成合意变更了标的物的数量，此时多交部分也作为买卖合同的标的物，其风险负担自交付之时移转于买受人；如果买受人拒绝接收多交部分的，则多交部分并不是合同的标的物，其风险仍应由出卖人（所有权人）承担，但这以买受人及时通知出卖人为前提条件。

（二）买卖合同的检验

1. 买受人的通知义务。根据《民法典》第 621 条规定，买受人应当在约定期限、合理期限、两年期限或质量保证期限将标的物的数量或者质量不符合约定的情形通知出卖人，若怠于通知，视为符合约定。

所谓合理期限，是指买受人对标的物进行正常检验以及通知出卖人所必需的时间。其包括两个时间，即发现瑕疵所需时间和进行瑕疵通知所需时间。"合理期限"的起始点，以买受人检验发现质量或数量存在问题为起点。两年期限是最长的合理期限，该期限为不变期间，不适用诉讼时效中止、中断或者延长的规定。

关于"合理期限"与"两年期限"的关系，收货人首先受"合理期限"的约束，该"合理期限"最长不得超过收到标的物之日起两年。当然，计算"合理期限"的起始点与计算两年的起始点是不一致的，前者以买受人检验发现质量或数量问题为起始点，后者以买受人收到标的物之日为起始点。但是，如果标的物有质量保证期的，最长的合理期限即为质量保证期，而非两年。

需要注意的问题是，《民法典》第 621 条第 2 款中的"买受人应当发现标的物的数量或者质量不符合约定"，是指买受人对标的物进行正常的检验，并基于其合理的判断即能发现标的物的瑕疵，而不需专业分析和判断。例如，买受人对标的物进行感官检验且未发现表面瑕疵后，即投入生产使用，使用后发现质量问题，出卖人以买受人发现质量问题并提出异议已过约定的检验期限或应当发现质量问题后的"合理期限"为由拒绝承担责任，而买受人则认为"内在质量"一般检验方法无法发现，只有通过使用才能发现，故不受约定的检验期限约束。

2. 标的物瑕疵异议的法律效果。买受人对标的物提出瑕疵异议，取决于合同或者法律对异议期限的规定，若买受人在合理期限内提出异议，除另有约定外，出卖人不能因买受人存在支付价款、确认欠款数额、使用标的物等行为而主张买受人放弃了对标的物瑕疵的异议。

3. 关于标的物瑕疵异议期间经过后的法律效果。超过瑕疵异议期限产生的法律拟制标的物无瑕疵的后果，不论是买受人举出充分证据证明瑕疵的存在，还是有瑕疵鉴定报告，均不能推翻该法律上的拟制，出卖人无须承担违约责任。当然，出卖人自愿承担违约责任后，不得以期限经过为由反悔。但是，出卖人明知或应当知道其提供的标的物不符合约定而未告知的，买受人向出卖人主张标的物瑕疵可以不受瑕疵异议期限的限制。

4. 检验期限约定过短。根据《民法典》第622条的规定，当事人约定的检验期限过短，根据标的物的性质和交易习惯，买受人在检验期限内难以完成全面检验的，该期限仅视为买受人对标的物的外观瑕疵提出异议的期限，买受人可以在合理期限或规定的期限内通知出卖人。

（三）关于逾期付款违约金的规定

1. 关于逾期付款违约金的主张条件问题。按照产生方式不同，违约金可分为法定违约金和约定违约金。需要明确的是，当事人约定了逾期付款违约金，但没有约定计算方法的，首先要明确的是债权人可以主张逾期付款违约金，关键是逾期付款违约金如何确定问题，实际上也就是要看利率标准如何确定。应注意的是：买卖合同约定逾期付款违约金，若出卖人在接受价款时未主张逾期付款违约金，买受人不能以此为由拒绝支付该违约金。

2. 关于违约金计算方法没有约定的问题。买卖合同没有约定逾期付款违约金或者该违约金的计算方法，出卖人以买受人违约为由主张赔偿逾期付款损失，违约行为发生在2019年8月19日之前的，人民法院可以中国人民银行同期同类人民币贷款基准利率为基础，参照逾期罚息利率标准计算；违约行为发生在2019年8月20日之后的，人民法院可以违约行为发生时中国人民银行授权全国银行间同业拆借中心公布的一年期贷款市场报价利率（LPR）标准为基础，加计30%—50%计算逾期付款损失。

3. 关于逾期付款违约金的调整问题。按照性质分类，违约金可分为惩罚性违约金和赔偿性违约金。民法典规定的违约金的性质主要是赔偿性的，同时有限地承认违约金的惩罚性。以赔偿性为主的逾期付款违约金实际上是对逾期付款违约行为所造成的损失赔偿额的预先确定。既然是预先确定，则逾期付款违约金与逾期付款所造成的实际损失可能会不一致，因此，逾期付款违约金低于逾期付款损失的，当事人可以要求增加；逾期付款违约金过分高于逾期付款造成的损失的，当事人可以请求适当减少。

4. 关于对账单、还款协议等未涉及逾期付款责任的问题。

（1）如果对账单、还款协议等仅仅对原合同履行情况作出确认，并未对原合同作出变更，或仅是对原合同要素之外的其他内容作出部分变更，不涉及逾期付款责任的，出卖人根据对账单、还款协议等主张欠款时，一并请求买受人依原合同的约定支付逾期付款违约金的，人民法院应予支持。

（2）对账单、还款协议等已变更主合同中的价款等要素内容，导致原合同发生实质性改变，合同的同一性丧失，发生债的更改的，此时，对账单、还款协议等构成一个新的合同，原合同归于消灭，出卖人依据对账单、还款协议等主张欠款时，一并请求买受人依原合同的约定支付逾期付款违约金的，因原合同已经不复存在，故对其请求，人民法院不应支持。

（3）逾期付款利息属于逾期付款所造成的法定孳息损失，在合同当事人仅约定了违约金的情况下，守约方应优先适用违约金责任，而不能主张损害赔偿。但如果当事人既约定了违约金，又约定了违约产生的利息损害赔偿额或者其计算方法，则守约方在出现违约情形时可选择适用。根据这一原则，如果对账单、还款协议等未对原合同作出变更，但其中明确载有逾期付款利息数额，而出卖人根据该对账单、还款协议等主张欠款的，表明出卖人是依据该逾期付款利息数额主张损失赔偿，因此，原合同约定的逾期付款违约金不能再重复适用。

5. 关于违约金过高下的释明权。

（1）人民法院调整违约金的适用前提是当事人明确提出调整的申请，人民法院原则上不得依职权直接进行调整。对于已经向违约方进行释明但违约方坚持不提出调整违约金请求的，人民法院一般不予主动调整。但如果按照约定违约金标准判决将严重违反公序良俗原则、诚信原则和公平原则并导致双方利益严重失衡的，人民法院可以根据公平原则进行调整。

（2）在当事人仅提出"其并没有违约，不应当承担违约责任"的抗辩主张时，人民法院应当及时行使释明权，予以询问说明。如果一审法院未就违约金调整问题予以释明的，二审法院不宜以此为由发回重审，认为应当判决支付违约金的，可以直接释明并改判。

（四）分期付款买卖合同

分期付款买卖是一种特殊的买卖形式，是买受人将其应付的总价款按照一定期限分批向出卖人支付的买卖。

1. 分期是指买受人将应当支付但尚未支付的总价款至少分三次向出卖人支付。如果在出卖人将买卖标的物交与买受人前或与之同时，买受人已支付了首期或多期款项，则余下的分期还应至少为两期。

2. 分期买卖合同中买卖双方可以约定比《民法典》第634条第1款更有利于买受人的条款。比如，双方约定出卖人只有在买受人连续三次未支付价款，并且未支付到期价款的金额达到全部价款的1/4的，才可以请求买受人支付剩余全部价款或者解除合同。再如，双方在约定即使买受人未按期支付价款，出卖人也不得依据《民法典》第 634 条第 1 款主张全部借款或解除合同。

3. 分期付款买卖合同中买卖双方不得约定比《民法典》第 634 条第 1 款更不利于买受人的条款。否则，该约定无效。比如，双方约定"即使买受人未支付的到期价款金额低于全部价款 1/5 的，出卖人也可以要求支付全部价款或解除合同"，应属无效。

（五）试用买卖合同

1. 试用买卖的效力。根据《民法典》第 638 条的规定，试用买卖合同中，买受人在试用期内对标的物是否购买享有单方选择权，买受人应当在试用期内对是否购买标的物进行明确的意思表示。如若买受人在试用期内没有明确表示的，但又符合以下情形之一，可视为买受人"同意"购买：（1）试用期限届满，买受人对是否购买标的物未作表示的；（2）买受人在试用期内已经支付部分价款或者对标的物实施出卖、出租、设立担保物权等行为的。

2. 试用买卖使用费的负担。根据《民法典》第 639 条的规定，在试用买卖合同的实践之中，是否应当支付试用期内的使用费问题，规则如下：有约定的从其约定；没有约定或者约定不明确的，买受人可不缴纳使用费。

3. 试用期间标的物灭失风险的承担。在试用买卖合同中，出卖人交付标的物并不产生所有权的转移，试用买卖合同自买受人在试用期内"同意"购买后生效，标的物所有权转移。根据《民法典》第 640 条的规定，试用买卖合同的标的物在试用期内毁损、灭失的风险由出卖人承担。但买受人在试用期间应妥善保管标的物。实践中，由于在试用期内，标的物由买受人实际使用，若因买受人或第三人原因造成标的物的毁损、灭失的，根据《民法典》第 120 条规定，民事权益受到侵害的，被侵权人有权请求侵权人承担侵权责任。故买受人或第三人应当向出卖人承担赔偿责任。

（六）无权处分情形下买卖合同效力

1. 无权处分的买卖合同是否有效。无权处分他人财产的买卖合同，在没有其他效力瑕疵的情况下，就是有效的债权合同。《民法典》第 597 条改变了原《合同法》第 51 条无权处分合同效力待定的规定，买受人可以解除合同而不是效力待定，言外之意是买卖合同有效。因为解除的前提不可能是待定，而如果仅仅是成立而未生效，也就无须解除了，因为还未生效，对双方无约束力。所以说，解除的前提或者说合同可以解除的言外之意就是合同成立并生效。

2. 物权行为是否有效。债权行为和物权行为的区分，即买卖双方签订的合同是确定买卖关系的债权行为,而卖方向买方转移标的物所有权的行为是物权行为。《民法典》第 311 条第 1 款规定:"无处分权人将不动产或者动产转让给受让人的,所有权人有权追回。"根据该条规定可知,即便无权处分的出卖人已将作为标的物的动产交付给买受人、不动产过户到买受人名下,但此种移转标的物所有权的处分行为并不因无权处分的债权合同有效而有效,仍系效力未定的处分行为,需待有权处分人的追认才能生效,生效之后买受人才能取得标的物的所有权。

3. 买受人的善意取得。根据《民法典》第 311 条第 1 款规定,无权处分人将买卖合同所涉标的物转移给买受人的(动产转移占有,不动产变更产权登记),该物权处分行为因未取得所有权人追认导致处分物权行为无效,如果买受人符合善意取得的情形,善意买受人可以取得标的物的所有权。善意取得发生后,原所有权人可以向无权处分人主张侵权的损害赔偿。

4. 买受人是否可以通过强制履行取得标的物所有权。无权处分的买卖合同虽然有效,但在未交付、未过户的情况下,如所有权人或其他共有人(出卖人系单独出卖共有物的情况)不同意出卖,根据《民法典》第 580 条第 1 项规定,买受人如请求判令强制出卖人履行合同义务(即交付、过户),不予支持。

5. 无权处分合同不能履行的违约责任。无权处分的债权合同虽属有效,但买卖合同标的物的所有权人仍受物权法规定的所有权制度的保护,其所有权并未因该买卖合同有效或无效而受到影响(善意取得除外)。如果所有权人不同意出卖或拒绝将标的物的所有权移转于出卖人,则出卖人即确定地不能向买受人履行合同债务,出卖人需承担违约责任,买受人亦可解除合同并要求赔偿损失。如果双方缔结买卖合同时出卖人向买受人隐瞒其不具有处分权的真实情况的行为构成欺诈的,买受人有权请求撤销该合同。

(七)所有权保留买卖合同中优先受偿权

所有权保留是指在买卖合同中,买受人虽先占有使用标的物,但在双方当事人约定的特定条件成就以前,出卖人对标的物仍然保留所有权,条件成就后,标的物的所有权转移于买受人。所有权保留制度的主要功能在于担保,对促进交易、分配交易风险等具有积极作用。

1. 出卖人的取回权。出卖人的取回权是指在所有权保留买卖中,在买受人有特定的违约行为,致损害出卖人合法权益时,出卖人依法享有的自买受人处取回标的物的权利。出卖人行使取回权不是解除买卖合同,而是一种出卖人就标的物求偿价款的特别程序，综合平衡出卖人的价金利益和买受人的期待利益。

根据《民法典》第642条规定，当事人约定出卖人保留合同标的物的所有权，在标的物所有权转移前，买受人有下列情形之一，造成出卖人损害的，除当事人另有约定外，出卖人有权取回标的物：（1）未按照约定支付价款，经催告后在合理期限内仍未支付；（2）未按照约定完成特定条件；（3）将标的物出卖、出质或者作出其他不当处分。

2. 出卖人不得取回的情形：

第一，买受人已支付标的物总价款达到75%以上的，即使具有《民法典》第642条第1款规定的情形，出卖人也不得取回标的物。只要买受人已支付的价款达到总价款75%以上即可，不考虑买受人是否存在迟延履行等情形，即使买受人在支付总价款75%的过程中存有相关违约行为，但违约行为发生时出卖人未主张取回，此后出卖人即不得以此为由对抗买受人而再次主张取回。

第二，所有权保留买卖中的买受人将标的物所有权转让给第三人，第三人构成善意取得的，第三人取得所有权。

第三，所有权保留买卖中的买受人将标的物出质给第三人，第三人在接受出质时不知道该标的物上存在出卖人的所有权保留，且为该出质付出了合理对价的，此时第三人取得该质权，出卖人不能主张取回标的物。

第四，所有权保留买卖中的买受人将标的物抵押给第三人，第三人构成善意取得抵押权的，不论该抵押权是否已登记，出卖人均不能主张取回标的物。

3. 买受人的回赎权。根据《民法典》第643条规定，在买卖合同中，出现了出卖人享有取回权的事由的，出卖人取回买卖标的物之后，买受人享有回赎权，可以在回赎期限回赎买卖标的物。具体是：（1）回赎权的产生，在出卖人依照《民法典》第642条第1款的规定取回标的物之后，买受人即产生回赎权；（2）回赎期限，双方当事人可以约定回赎期限，或者出卖人指定合理的回赎期限；（3）回赎权的行使要件，即买受人消除出卖人取回标的物的事由，即买受人支付了未按照约定支付的价款，或者买受人按照约定完成了特定条件，或者买受人将出卖、出质或者作出其他不当处分的标的物收回。在具备了上述三个要件之后，买受人取得了回赎权，可以要求回赎标的物。但是在回赎期限内没有回赎标的物的，出卖人可以以合理价格出卖标的物，出卖所得价款在扣除原买受人未支付的价款及必要费用后仍有剩余的，应当返还原买受人；不足部分由原买受人清偿。

📖 **重点条文与关联法律** >>>

第五百九十六条 【关于买卖合同的内容的规定】

买卖合同的内容一般包括标的物的名称、数量、质量、价款、履行期限、履行地点和方式、包装方式、检验标准和方法、结算方式、合同使用的文字及其效力等条款。

第五百九十八条 【关于出卖人基本义务的规定】

出卖人应当履行向买受人交付标的物或者交付提取标的物的单证，并转移标的物所有权的义务。

第六百零一条 【关于标的物交付期限的规定】

出卖人应当按照约定的时间交付标的物。约定交付期限的，出卖人可以在该交付期限内的任何时间交付。

第六百零二条 【关于标的物交付期限不明确时的处理的规定】

当事人没有约定标的物的交付期限或者约定不明确的，适用本法第五百一十条、第五百一十一条第四项的规定。

第六百零三条 【关于标的物交付地点的规定】

出卖人应当按照约定的地点交付标的物。

当事人没有约定交付地点或者约定不明确，依据本法第五百一十条的规定仍不能确定的，适用下列规定：

（一）标的物需要运输的，出卖人应当将标的物交付给第一承运人以运交给买受人；

（二）标的物不需要运输，出卖人和买受人订立合同时知道标的物在某一地点的，出卖人应当在该地点交付标的物；不知道标的物在某一地点的，应当在出卖人订立合同时的营业地交付标的物。

第六百零四条 【关于标的物风险负担的基本规则】

标的物毁损、灭失的风险，在标的物交付之前由出卖人承担，交付之后由买受人承担，但是法律另有规定或者当事人另有约定的除外。

第六百一十条 【关于出卖人根本违约的风险负担的规定】

因标的物不符合质量要求，致使不能实现合同目的的，买受人可以拒绝接受标的物或者解除合同。买受人拒绝接受标的物或者解除合同的，标的物毁损、灭失的风险由出卖人承担。

第六百一十一条 【关于买受人承担风险与出卖人违约责任关系的规定】

标的物毁损、灭失的风险由买受人承担的，不影响因出卖人履行义务不符合约定，买受人请求其承担违约责任的权利。

第六百一十五条 【关于标的物质量要求的规定】

出卖人应当按照约定的质量要求交付标的物。出卖人提供有关标的物质量说明的，交付的标的物应当符合该说明的质量要求。

第六百一十六条 【关于标的物质量不明确时的处理】

当事人对标的物的质量要求没有约定或者约定不明确，依据本法第五百一十条的规定仍不能确定的，适用本法第五百一十一条第一项的规定。

第六百一十七条 【关于质量瑕疵担保责任的规定】

出卖人交付的标的物不符合质量要求的，买受人可以依据本法第五百八十二条至第五百八十四条的规定请求承担违约责任。

第六百一十八条 【关于减轻或者免除瑕疵担保责任的例外规定】

当事人约定减轻或者免除出卖人对标的物瑕疵承担的责任，因出卖人故意或者重大过失不告知买受人标的物瑕疵的，出卖人无权主张减轻或者免除责任。

第六百三十五条 【关于凭样品买卖当事人基本权利义务的规定】

凭样品买卖的当事人应当封存样品，并可以对样品质量予以说明。出卖人交付的标的物应当与样品及其说明的质量相同。

第六百三十六条 【关于凭样品买卖特殊责任的规定】

凭样品买卖的买受人不知道样品有隐蔽瑕疵的，即使交付的标的物与样品相同，出卖人交付的标的物的质量仍然应当符合同种物的通常标准。

第六百四十三条 【关于所有权保留中买受人回赎权、出卖人再出卖权以及相关清算的规定】

出卖人依据前条第一款的规定取回标的物后，买受人在双方约定或者出卖人指定的合理回赎期限内，消除出卖人取回标的物的事由的，可以请求回赎标的物。

买受人在回赎期限内没有回赎标的物，出卖人可以以合理价格将标的物出卖给第三人，出卖所得价款扣除买受人未支付的价款以及必要费用后仍有剩余的，应当返还买受人；不足部分由买受人清偿。

合同法	民法典	要点提示
第一百三十二条 出卖的标的物，应当属于出卖人所有或者出卖人有权处分。 法律、行政法规禁止或者限制转让的标的物，依照其规定。	第五百九十七条 因出卖人未取得处分权致使标的物所有权不能转移的，买受人可以解除合同并请求出卖人承担违约责任。 法律、行政法规禁止或者限制转让的标的物，依照其规定。	明确规定无权处分下合同的效力问题以及出卖人无权处分之违约救济方式，即"买受人可以解除合同并请求出卖人承担违约责任"。
第一百三十七条 出卖具有知识产权的计算机软件等标的物的，除法律另有规定或者当事人另有约定的以外，该标的物的知识产权不属于买受人。	第六百条 出卖具有知识产权的标的物的，除法律另有规定或者当事人另有约定外，该标的物的知识产权不属于买受人。	删除"计算机软件等"的表述。
第一百四十五条 当事人没有约定交付地点或者约定不明确，依照本法第一百四十一条第二款第一项的规定标的物需要运输的，出卖人将标的物交付给第一承运人后，标的物毁损、灭失的风险由买受人承担。	第六百零七条 出卖人按照约定将标的物运送至买受人指定地点并交付给承运人后，标的物毁损、灭失的风险由买受人承担。 当事人没有约定交付地点或者约定不明确，依据本法第六百零三条第二款第一项的规定标的物需要运输的，出卖人将标的物交付给第一承运人后，标的物毁损、灭失的风险由买受人承担。	增加当事人有约定交付地点情形下的标的物风险负担问题。
第一百五十条 出卖人就交付的标的物，负有保证第三人不得向买受人主张任何权利的义务，但法律另有规定的除外。	第六百一十二条 出卖人就交付的标的物，负有保证第三人对该标的物不享有任何权利的义务，但是法律另有规定的除外。	将"保证第三人不得向买受人主张任何权利"修改为"保证第三人对该标的物不享有任何权利"，扩大出卖人权利瑕疵担保义务。
第一百五十二条 买受人有确切证据证明第三人可能就标的物主张权利的，可以中止支付相应的价款，但出卖人提供适当担保的除外。	第六百一十四条 买受人有确切证据证明第三人对标的物享有权利的，可以中止支付相应的价款，但是出卖人提供适当担保的除外。	将"证明第三人可能就标的物主张权利"修改为"证明第三人对标的物享有权利"，表述更为准确。
第一百五十六条 出卖人应当按照约定的包装方式交付标的物。对包装方式没有约定或者约定不明确，依照本法第六十一条的规定仍不能确定的，应当按照通用的方式包装，没	第六百一十九条 出卖人应当按照约定的包装方式交付标的物。对包装方式没有约定或者约定不明确，依照本法第五百一十条的规定仍不能确定的，应当按照通用的方式包装；没有通用方	在没有通用方式的情形下增加"有利于节约资源、保护生态环境"的规定。

合同法	民法典	要点提示
有通用方式的，应当采取足以保护标的物的包装方式。	式的，应当采取足以保护标的物且有利于节约资源、保护生态环境的包装方式。	
	第六百二十五条 依照法律、行政法规的规定或者按照当事人的约定，标的物在有效使用年限届满后应予回收的，出卖人负有自行或者委托第三人对标的物予以回收的义务。	新增条款，增加关于出卖人承担旧物回收义务的规定。
第一百五十九条 买受人应当按照约定的数额支付价款。对价款没有约定或者约定不明确的，适用本法第六十一条、第六十二条第二项的规定。	**第六百二十六条** 买受人应当按照约定的数额和支付方式支付价款。对价款的数额和支付方式没有约定或者约定不明确的，适用本法第五百一十条、第五百一十一条第二项和第五项的规定。	在支付价款数额的基础上增加"支付方式"，更为完善。
第一百六十三条 标的物在交付之前产生的孳息，归出卖人所有，交付之后产生的孳息，归买受人所有。	**第六百三十条** 标的物在交付之前产生的孳息，归出卖人所有；交付之后产生的孳息，归买受人所有。但是当事人另有约定的除外。	增加"但是当事人另有约定的除外"例外规定。
第一百六十七条 分期付款的买受人未支付到期价款的金额达到全部价款的五分之一的，出卖人可以要求买受人支付全部价款或者解除合同。 　　出卖人解除合同的，可以向买受人要求支付该标的物的使用费。	**第六百三十四条** 分期付款的买受人未支付到期价款的数额达到全部价款的五分之一，经催告后在合理期限内仍未支付到期价款的，出卖人可以请求买受人支付全部价款或者解除合同。 　　出卖人解除合同的，可以向买受人请求支付该标的物的使用费。	吸收买卖合同司法解释，增加"经催告后在合理期限内仍未支付到期价款"的规定。
第一百七十一条 试用买卖的买受人在试用期内可以购买标的物，也可以拒绝购买。试用期间届满，买受人对是否购买标的物未作表示的，视为购买。	**第六百三十八条** 试用买卖的买受人在试用期内可以购买标的物，也可以拒绝购买。试用期限届满，买受人对是否购买标的物未作表示的，视为购买。 　　试用买卖的买受人在试用期内已经支付部分价款或者对标的物实施出卖、出租、设立担保物权等行为的，视为同意购买。	吸收买卖合同司法解释，新增第2款。

合同法	民法典	要点提示
	第六百四十条　标的物在试用期内毁损、灭失的风险由出卖人承担。	新增条款，规定了关于试用期内标的物风险负担问题。
第一百三十四条　当事人可以在买卖合同中约定买受人未履行支付价款或者其他义务的，标的物的所有权属于出卖人。	**第六百四十一条**　当事人可以在买卖合同中约定买受人未履行支付价款或者其他义务的，标的物的所有权属于出卖人。 出卖人对标的物保留的所有权，未经登记，不得对抗善意第三人。	新增第2款，从立法层面对保留所有权买卖合同的登记对抗主义作了规定，更有利于维护交易安全。
	第六百四十二条　当事人约定出卖人保留合同标的物的所有权，在标的物所有权转移前，买受人有下列情形之一，造成出卖人损害的，除当事人另有约定外，出卖人有权取回标的物： （一）未按照约定支付价款，经催告后在合理期限内仍未支付； （二）未按照约定完成特定条件； （三）将标的物出卖、出质或者作出其他不当处分。 出卖人可以与买受人协商取回标的物；协商不成的，可以参照适用担保物权的实现程序。	新增条款，吸收买卖合同司法解释，规定所有权保留买卖中的出卖人取回权；买受人未按约定支付价款的情形下，出卖人负有催告的不真正义务；增加规定"出卖人可以与买受人对标的物的取回协商不成的，可以参照适用担保物权的实现程序"，明确所有权保留买卖的非典型担保属性，且对其赋予了动产担保的程序保障。

二、赠与合同

📖 **典型案例** >>>

陈某、郑某同居关系析产纠纷案

（一）事实概要

陈某与郑某婚后生育女儿郑某甲，2006年12月10日签订离婚协议，并于同日办理离婚登记。《离婚协议书》内容包括："双方对共同财产的处理：男方一次性付给女方人民币 38 万元。今后双方互不相欠，也不能再同男方拿钱，不干预男方生活。"离婚后二人同居在一起，并生育儿子郑某乙。2017 年 1 月 16 日，陈某与郑某签署房屋过户协议书，协议约定："郑某将案涉房屋过户给陈某，作为双方小孩郑某甲、郑某乙的抚养费及其他费用，并于郑某甲年满 18 周岁时由陈某过户给郑某甲，作为郑某留给郑某甲的房屋。"同时，罗某（郑某的母亲）与陈某签署协议，协议约定罗某无条件于 2017 年 8 月 31 日前将上述房屋过户给陈某，作为郑某甲、郑某乙的抚养费及其他费用。2017 年 1 月 20 日，罗某签署承诺书对上述内容再次进行确认。另，案涉房屋于 2009 年 6 月购买后原登记在郑某名下；2017 年转至罗某名下；2019 年 6 月 26 日过户登记至罗某名下，变更原因为赠与。

（二）裁判结果

法院判决：罗某、郑某于本判决生效之日起 30 日内将案涉房屋过户至陈某名下，并配合陈某办理过户手续。

（三）案例分析

本案主要涉及赠与合同任意撤销的限制问题。

根据《民法典》第 658 条规定，赠与人在赠与财产的权利转移之前可以撤销赠与。经过公证的赠与合同或者依法不得撤销的具有救灾、扶贫、助残等公益、道德义务性质的赠与合同，不适用前款规定。陈某与郑某签署的房屋过户协议书是其二人的真实意思表示，罗某也先后两次予以确认及承诺履行；协议约定案涉房屋的过户作为郑某甲、郑某乙的抚养费及其他费用，因小孩由陈某直接抚养，郑某未定期、直接向陈某支付抚养费用，协议约定郑某将案涉房屋过户给陈某，应视为郑某履行对小孩抚养义务的行为以及对陈某直接抚养小孩、郑某未直接支付抚养费等行为的补偿，协议约定的过户行为具有伦理以及道德义务性质，郑某不能行使任意撤销权，应协助办理案涉房屋过户手续。

📖 **难点解析** 》》》

（一）关于赠与合同任意撤销的限制

赠与合同是指赠与人将自己的财产无偿给予受赠人，且受赠人表示接受的合同。通常情况下，赠与人在赠与财产的权利转移之前可以撤销赠与，在财产转移之后不得撤销赠与。但是，若存在法定撤销事由的，在赠与财产转移前后均可撤销，已经交付的，撤销权人有权向受赠人要求返还已赠与的财产。需要注意的是，《民法典》第658条规定了赠与人的任意撤销权及其限制，增加了赠与人不得撤销"助残"公益赠与合同，且须"依法"的情形。此种情形下，赠与人不可以任意撤销赠与，进一步彰显了法律对残疾人群体权益的保护，有助于引导公众积极承担社会责任，主动参与社会助残事业。第660条明确了承担不交付赠与财产的赔偿责任的适用范围，即只有在不得任意撤销赠与合同的情形下，赠与人故意或重大过失致使赠与财产毁损、灭失的，才须承担赔偿责任；赠与人因一般过失致使赠与财产毁损、灭失的，不承担赔偿责任。

（二）赠与人不交付赠与财产的法律责任

将赠与财产按照赠与合同约定交付受赠人并转移其所有权，是赠与人的义务。赠与人不交付赠与财产是否构成违约行为，并承担违约责任，应当依照赠与合同的性质区分。如果是任意撤销赠与，依据《民法典》第658条第1款"赠与人在赠与财产的权利转移之前可以撤销赠与"的规定，赠与人不交付赠与财产的不构成违约，因为赠与人在转移赠与财产的权利之前可以撤销赠与。对这类赠与合同，赠与人不给付赠与财产的，受赠人也就不能请求赠与人给付赠与的财产，赠与人不承担违约责任。如果是法定不得撤销赠与，依据《民法典》第658条第2款"经过公证的赠与合同或者依法不得撤销的具有救灾、扶贫、助残等公益、道德义务性质的赠与合同，不适用前款规定"的规定，赠与人不交付赠与财产的，构成违约，如果受赠人要求这类赠与人交付赠与财产，赠与人就应当交付，否则将依法应当承担违约责任。结合《民法典》第660条第1款的规定，经过公证的赠与合同或者依法不得撤销的具有救灾、扶贫、助残等公益、道德义务性质的赠与合同，法律规定赠与人不得任意撤销赠与，这是因为任意撤销有悖于诚信原则，也违背了公序良俗。在赠与人迟延履行或者不履行给付赠与财产的义务时，即为违约行为，应当承担违约责任。承担责任的具体方式是，在受赠人要求赠与人给付赠与的财产，赠与人仍不给付的，受赠人可以向人民法院起诉要求其履行赠与义务，人民法院依法将支持受赠人的诉讼请求。

（三）附义务与一般赠与的区分

附义务赠与，也称附负担的赠与，是指以受赠人对赠与人或者第三人为一定给付为条件的赠与，也即使受赠人接受赠与后负担一定义务的赠与。附义务的赠与不同于一般的赠与，而属于一种特殊的赠与。其特殊性在于：（1）一般的赠与，受赠人仅享有取得赠与财产的权利，不承担任何义务。而附义务的赠与，赠与人对其赠与附加一定的条件，使受赠人承担一定的义务；（2）附义务的赠与，其所附义务不是赠与的对价，即所附义务不能大于或者等于受赠人所获得的利益，通常是低于赠与财产的价值。（3）除当事人另有约定外，通常情况下，在赠与人履行了赠与义务后，才发生受赠人义务的履行问题。例如，某捐款人应当先将捐款实际交付某大学，该大学拿到捐款后才开始动工建造捐款人希望建造的图书馆和体育场馆；（4）赠与所附义务，可以约定向赠与人履行，也可以约定向第三人履行，还可以约定向不特定的多数人履行；（5）履行赠与所负的义务，依照当事人的约定，可以是作为，也可以是不作为；（6）赠与所附义务，是赠与合同的组成部分，而不是另外的独立合同；（7）附义务的赠与，其义务不能违反法律或者违背公序良俗，如赠与人提出受赠人只能用赠款去还赌债，这个附义务的赠与就是不合法的，因为赌债是不合法的债务。

（四）附义务赠与的效力

1. 受赠人应当按照合同约定履行义务。赠与人向受赠人给付赠与财产后，受赠人应依约履行其义务。受赠人不履行的，赠与人有权要求受赠人履行义务或者撤销赠与。赠与人撤销赠与的，受赠人应将取得的赠与财产返还赠与人。

2. 受赠人仅在赠与财产的价值限度内有履行其义务的责任。赠与为无偿合同，其目的在于使受赠人获益。所附义务如果超出赠与财产的价值，则使受赠人蒙受不利，也与赠与的本旨不相符合。因而如果赠与的财产不足以抵偿其所附义务的，受赠人仅就赠与财产的价值限度内，有履行其义务的责任。换言之，如果赠与所附义务超过赠与财产的价值，受赠人对超过赠与财产价值部分的义务没有履行的责任。

3. 在附义务的赠与中，赠与的财产如有瑕疵，赠与人在赠与所附义务的限度内，应当承担与出卖人相同的瑕疵担保责任。

（五）赠与财产的瑕疵担保责任

由于赠与合同为无偿合同，赠与是为了受赠人的利益而为的行为，因而赠与人对赠与财产的瑕疵担保责任与有偿合同有所不同。

第一，赠与的财产有瑕疵的，赠与人原则上不承担责任。这是因为在赠与合同中，受赠人是纯获利益的，赠与人与受赠人双方当事人之间不是双务合同的对待给付关系，因而赠与人对赠与财产的瑕疵，原则上不承担赠与财产物的瑕疵和权利瑕疵的担保责任。

第二，在附义务的赠与中，赠与的财产如有瑕疵，赠与人需在受赠人所附义务的限度内承担与出卖人相同的责任。就一般的赠与而言，赠与人原则上不承担瑕疵担保责任。但对于附义务的赠与，受赠人虽受有利益，但又需履行约定的义务。如赠与的财产有瑕疵，必然导致受赠人所受利益有所减损，这便与赠与合同约定的权利与义务不相对应，使受赠人遭受损失。为保护受赠人的利益，并求公允，应由赠与人承担瑕疵担保责任。就受赠人履行的义务而言，有如买卖合同中买受人的地位，因此，赠与人应在受赠人所附义务的限度内，承担与买卖合同中的出卖人同一的瑕疵担保责任。

第三，赠与人故意不告知瑕疵或者保证无瑕疵，并且造成受赠人损失的，应当承担损害赔偿责任。赠与人故意不告知赠与的财产有瑕疵的，具有主观上的恶意，也有违诚信原则。因赠与财产的瑕疵给受赠人造成其他财产损失或者人身伤害的，应负赔偿责任。如果赠与人故意不告知瑕疵，但没有给受赠人造成损失，则不承担赔偿责任。赠与人保证赠与物无瑕疵，给受赠人造成损失的，也应承担赔偿责任。

（六）赠与人可以撤销赠与的三种情形

1. 受赠人严重侵害赠与人或者赠与人的近亲属。一是受赠人实施的是严重侵害行为，而不是轻微的、一般的侵害行为。二是受赠人侵害的是赠与人本人或其近亲属，近亲属的范围应当适用《民法典》第1045条第2款"配偶、父母、子女、兄弟姐妹、祖父母、外祖父母、孙子女、外孙子女为近亲属"的规定，如果侵害的是其他亲友则不在此列。

2. 受赠人对赠与人有扶养义务而不履行。一是受赠人对赠与人有扶养义务；二是受赠人对赠与人有扶养能力，而不履行对赠与人的扶养义务。如果受赠人没有扶养义务或者丧失了扶养能力的，则不产生赠与人撤销赠与的权利。需要特别指出的是，这里的"扶养"应当作广义解释，不应仅理解为《民法典》第1059条规定的"夫妻有相互扶养的义务"等同辈之间的照顾义务，也包括对长辈的"赡养"以及对晚辈的"抚养"等关系的照顾义务。

3. 受赠人不履行赠与合同约定的义务。一是赠与合同约定了受赠人负有一定的义务。二是赠与人已将赠与的财产交付于受赠人。三是受赠人不履行赠与合同约定的义务。在附义务的赠与中，受赠人应当依约定履行其所负义务。在赠与人向受赠人交付了赠与的财产后，受赠人如果不依约履行其义务，赠与人可以撤销赠与。

赠与人的法定撤销权属于形成权，撤销权一经赠与人行使即发生效力，双方当事人的赠与关系即归于消灭。赠与人的继承人或法定代理人行使撤销权的期间为6个月，自知道或者应当知道撤销原因之日起计算。为了维护社会关系的稳定，尽快确定赠与的法律关系，撤销权人应当依法及时行使撤销权。赠与人行使撤销权的期间为一年，自知道或者应当知道撤销原因之日起计算，不存在中止、中断和延长的问题。撤销权人如在法律规定的期间内不行使撤销权的，其撤销权即归于消灭。同时，依据《民法典》第1052条第2款"当事人自民事法律行为发生之日起五年内没有行使撤销权的，撤销权消灭"的规定，赠与人的法定撤销权受该五年期间的限制，赠与人的继承人或法定代理人行使撤销权亦适用此规定。

（七）赠与的法定撤销权的效力

赠与的财产未交付给受赠人，也未转移财产所有权之前撤销赠与的，赠与一经撤销即自始无效，赠与人不再负有赠与的义务。赠与的财产已经交付给受赠人，但并未转移财产所有权时撤销赠与的；赠与的财产已经交付给受赠人，并且已经转移财产所有权于受赠人时撤销赠与的，赠与财产的所有权或者赠与财产的实物已经转移到受赠人，赠与被撤销后，赠与合同自始没有法律效力，受赠人取得的赠与财产失去合法依据，依据《民法典》第665条规定，撤销权人可以向受赠人请求返还赠与的财产。

（八）赠与人不再履行赠与义务的条件

1.赠与合同已经成立，但是赠与财产的权利尚未完全转移。赠与合同没有成立的，对赠与人没有约束力，自然无须履行任何赠与义务；如果赠与人已经转移了赠与物的全部权利，则赠与行为已经完成，赠与人也就无法反悔自己的行为，否则会严重影响到受赠人的生产生活，也不利于社会财产关系的稳定。

2.赠与人的经济状况显著恶化。所谓显著恶化，是指在赠与合同成立之后，赠与人的经济状况出现明显恶化的状态。

3.经济状况显著恶化达到严重影响其生产经营或者家庭生活的程度。比如，经济状况恶化致使严重影响赠与人企业的生产经营，若强制履行赠与义务，将无法继续正常经营；或者经济状况显著恶化使赠与人的家庭生活发生困难，不能维持自己的正常生计，不能履行扶养义务等。符合上述条件的，不论赠与合同以何种方式订立，不论赠与的目的性质如何，赠与人可以不再履行尚未履行的赠与义务。

📖 重点条文与关联法律 》》

第六百五十九条 【关于赠与的财产办理有关手续的规定】

赠与的财产依法需要办理登记或者其他手续的，应当办理有关手续。

第六百六十三条 【关于赠与人的法定撤销情形及撤销权行使期间的规定】

受赠人有下列情形之一的，赠与人可以撤销赠与：

（一）严重侵害赠与人或者赠与人近亲属的合法权益；

（二）对赠与人有扶养义务而不履行；

（三）不履行赠与合同约定的义务。

赠与人的撤销权，自知道或者应当知道撤销事由之日起一年内行使。

第六百六十四条 【关于继承人或法定代理人的法定撤销情形的规定】

因受赠人的违法行为致使赠与人死亡或者丧失民事行为能力的，赠与人的继承人或者法定代理人可以撤销赠与。

赠与人的继承人或者法定代理人的撤销权，自知道或者应当知道撤销事由之日起六个月内行使。

第六百六十五条 【关于撤销权的行使效力的规定】

撤销权人撤销赠与的，可以向受赠人请求返还赠与的财产。

第六百六十六条 【关于赠与人可不再履行赠与义务的法定情形的规定】

赠与人的经济状况显著恶化，严重影响其生产经营或者家庭生活的，可以不再履行赠与义务。

合同法	民法典	要点提示
第一百八十六条 赠与人在赠与财产的权利转移之前可以撤销赠与。 　　具有救灾、扶贫等社会公益、道德义务性质的赠与合同或者经过公证的赠与合同，不适用前款规定。	**第六百五十八条** 赠与人在赠与财产的权利转移之前可以撤销赠与。 　　经过公证的赠与合同或者依法不得撤销的具有救灾、扶贫、助残等公益、道德义务性质的赠与合同，不适用前款规定。	在"具有救灾、扶贫等公益、道德义务性质的赠与合同"之前增加"依法不得撤销"的规定，增加"助残"的公益情形。

合同法	民法典	要点提示
第一百八十八条　具有救灾、扶贫等社会公益、道德义务性质的赠与合同或者经过公证的赠与合同，赠与人不交付赠与的财产的，受赠人可以要求交付。 第一百八十九条　因赠与人故意或者重大过失致使赠与的财产毁损、灭失的，赠与人应当承担损害赔偿责任。	第六百六十条　经过公证的赠与合同或者依法不得撤销的具有救灾、扶贫、助残等公益、道德义务性质的赠与合同，赠与人不交付赠与财产的，受赠人可以请求交付。 依据前款规定应当交付的赠与财产因赠与人故意或者重大过失致使毁损、灭失的，赠与人应当承担赔偿责任。	明确承担不交付赠与财产的赔偿责任适用范围。

三、借款合同

📖 典型案例

李某、王某民间借贷纠纷案

（一）事实概要

2015年4月20日、2015年5月21日，王某通过银行向李某分别转账13万元、7万元。2015年5月20日，李某立下借条一张给王某收执，主要内容为：本人李某因生意周转困难特向王某借款现金20万元，借款期限为1个月，即2015年6月20日前一次性还清，如到期无法还清，本人愿意承担一切法律责任。该借条背面书写如下内容：2016年12月29日还1000元（李某）、2016年12月30日还5000元（李某）、2016年12月31日还5000元（李某）、2017年3月10日还50000元（李某）、2019年7月5日还本金5000元（李某）、2019年8月20日还本金5000元（李某）。2019年5月16日，李某通过微信向王某转账3870元，该转账备注：利息。王某与李某的微信聊天记录显示：李某在2018年12月13日、2019年5月7日发出过"过几日再转利息尾数""过几日再转利息"等信息。

（二）裁判结果

一审法院依照《民法总则》第 7 条①，《合同法》第 10 条、第 60 条、第 205 条、第 206 条、第 207 条②，《最高人民法院关于审理民间借贷案件适用法律若干问题的规定》（法释〔2015〕18 号）第 26 条③，《最高人民法院关于审理民间借贷案件适用法律若干问题的规定》（法释〔2020〕17 号）第 25 条、第 31 条的规定，判决：李某于本判决发生法律效力之日起 10 日内偿还王某借款 129000 元及利息（利息以 129000 元为基数，从 2019 年 5 月 17 日至 2020 年 8 月 19 日按年利率 24% 计算，从 2020 年 8 月 20 日起至还清之日止按年利率 15.4% 计算）；驳回王某的其他诉讼请求；驳回李某的反诉请求。

二审判决：驳回上诉，维持原判。

（三）案例分析

本案中主要涉及民间借贷利息保护的法律上限问题。

关于利息问题。王某主张双方口头约定按三分计算利息，李某对此予以否认，但从李某提交的微信转账记录显示其在不固定的时间有多次向王某转账 3870 元，且有部分在转账说明中备注为利息。由此可见，双方是有口头约定按三分计算利息。《最高人民法院关于审理民间借贷案件适用法律若干问题的规定》（法释〔2020〕17 号）第 25 条规定："出借人请求借款人按照合同约定利率支付利息的，人民法院应予支持，但是双方约定的利率超过合同成立时一年期贷款市场报价利率四倍的除外"；第 31 条规定："本规定施行后，人民法院新受理的一审民间借贷纠纷案件，适用本规定。2020 年 8 月 20 日之后新受理的一审民间借贷案件，借贷合同成立于 2020 年 8 月 20 日之前，当事人请求适用当时的司法解释计算自合同成立到 2020 年 8 月 19 日的利息部分的，人民法院应予支持；对于自 2020 年 8 月 20 日到借款返还之日的利息部分，适用起诉时本规定的利率保护标准计算。"《最高人民法院关于审理民间借贷案件适用法律若干问题的规定》（法释〔2015〕18 号）第 26 条规定："借贷双方约定的利率未超过年利率 24%，出借人请求借款人按照约定的利率支付利息的，人民法院应予支持。借贷双方约定的利率超过年利率 36%，超过部分的利息约定无效。借款人请求出借人返还已支付的超过年利率 36% 部分的利息的，人民法院应予支持。"

---

① 现行《民法典》第 7 条。
② 现行《民法典》第 469 条、第 509 条、第 674 条、第 675 条、第 676 条。
③ 现行《最高人民法院关于审理民间借贷案件适用法律若干问题的规定》第 25 条。

案涉借贷合同成立于 2020 年 8 月 20 日之前，王某主张从 2019 年 5 月 16 日起按年利率 36% 收取利息不符合上述规定。王某在 2019 年 5 月 16 日有收取利息，故利息从 2019 年 5 月 17 日起至 2020 年 8 月 19 日按年利率 24% 计算，从 2020 年 8 月 20 日起至还清之日止的利息按从立案之日起一年期贷款市场报价利率计。因一审法院立案时一年期贷款市场报价利率为 3.85%，故从 2020 年 8 月 20 日起至还清之日止的利息按年利率 3.85% 的四倍即 15.4% 计算。

📖 难点解析 ❯❯❯

（一）民间借贷合同的成立和生效

在民间借贷中，关于自然人之间的借款合同的成立相较于自然人与法人和非法人组织、法人与非法人组织之间的借款合同的成立有着特殊的规定，一般来说，除自然人之外的借款合同，出借人与借款人达成书面协议，借款合同即为成立，属于诺成合同，但自然人与自然人之间的借款合同是实践合同，该合同仅有双方的合意是不能成立的，必须要有实际的交付行为，即自然人之间的借款合同是在出借人实际交付借款时成立。

在民法典实施前，自然人之间的实际交付行为并非自然人之间借款合同成立的要件，而是自然人之间借款合同生效的要件。根据《民法典》第 679 条规定，自然人之间的借款合同，自贷款人提供借款时成立。即实际交付借款是自然人借款之间的成立要件，而非生效要件。

（二）民间借贷案件审理思路

民间借贷案件的审理主要包括对借贷合意、款项交付和利息的审查。

1. 借贷合意的认定

（1）如果当事人存在书面借贷合同，一般认定达成借贷合意，但是需审慎处理外在意思表示与本意不相符的情形，包括一方虚假意思表示以及双方隐藏真实意思。

（2）当事人之间存在借据、收条、欠条等债权凭证。出借人依据相关债权凭证提起民间借贷诉讼的，如果借款人对借贷关系予以否认并以其他法律关系进行抗辩或反诉的，应提供相应证据。法官审查后确认双方不存在借贷合意时，应向原告释明变更诉讼请求。如果借款人抗辩已偿还借款的，需对"还款"事实提供证据，且达到高度盖然性标准。

（3）当事人仅存在转账凭证。出借人仅提供转账凭证，而借款人抗辩转账系偿还之前借款或其他债务时，应通过以下三个步骤进行审理：首先，出借人提交相关转账凭证证明钱款交付事实，作为对借贷合意的初步举证。其次，借款人抗辩转账是偿还之前借款或其他债务的，应承担举证责任。借款人的举证是针对转账凭证的推定效力，其"抗辩"在性质上属于"否认"，只需动摇法官的内心确信，使借贷关系陷入"真伪不明"状态即可。最后，借款人提供相应证据后，出借人仍应就借贷关系的成立承担举证责任。

比如，2018 年 4 月 4 日，甲转账 80 万元到乙账户。2018 年 4 月 8 日，乙转账 78 万元给其女儿丙，资金用途为"家用"。甲基于民间借贷起诉乙归还 80 万元及利息。乙抗辩该 80 万元系甲委托乙理财的款项。该案中，甲的转账凭证是对借贷合意的初步举证，乙抗辩是委托理财关系，应承担举证责任，乙可提供委托协议、理财账户信息、聊天记录等证明存在委托理财关系，若乙无法提供，法官则可以结合本案其他证据认定甲乙存在借贷关系。

（4）结算型借贷合意的认定。结算型借贷可分为两类：一是由原民间借贷通过结算形成新的借贷关系。如双方存在多笔借贷，经结算，最终形成一份新的借贷协议。二是由其他法律关系转化为借贷关系，如买卖合同结算后付款方出具借款协议而形成的借贷关系。当事人新达成的协议表明双方形成新的借贷合意，其由原来的法律关系转化为借贷关系。

2. 款项交付的查明

交付行为表现为转账交付和现金交付。认定转账交付较为简单，只要存在转账凭证即可。

在认定现金交付时，需根据出借人是否提供收据分别处理。如果出借人提供了借款人出具的收据，一般可推定出借人完成交付，但借款人提出其他足以引起合理怀疑的抗辩理由及证据时，如指出收据系伪造或受欺诈、胁迫而签订，法官应进一步审查。如果出借人无法提供收据，则需审查以下内容进行综合判断：

（1）审查交付金额。小额借款的出借人一般具有支付能力，若大额借款主张现金交付，法官需进一步审查具体交付事实。

（2）审查交付资金来源。资金来源一般有三种，即银行取现、向他人筹集和存于住所。

（3）审查出借人的资金实力。可综合出借人的家庭背景、工作情况、收入状况等进行判断。

（4）审查当事人对交付的自述。法官可询问当事人关于交付的具体时间、地点、在场人员、场景以及详细的交付方式等细节性问题进行判断。

（5）审查交易习惯。法官需审查当事人是否存在多次借贷，在这些借贷中是否形成普遍采取的交付方式。

（6）审查证人证言。注重审查证人证言之间以及证人与当事人的关系，综合证人到庭情况、案件其他事实进行判断。

至于交付钱款的关联性，一般而言，出借人具有交付行为的证明即可认定借款存在，如果借款人抗辩交付钱款与借贷无关，应承担举证责任。

如此前举例，乙抗辩80万元为委托理财款项，与借贷无关，但其无法提供证据，且在案银行流水显示系争80万元转入乙账户4天后乙就以家用为名将78万元转入其女儿账户，法院最终认定该80万元为借款。

3. 利息的审查

（1）在认定双方存在借贷合意和交付事实后，需审慎处理利息问题。自然人之间的借贷未约定利息的视为不支付利息；利息约定不明的，视为没有利息。除自然人之间借贷外，借贷双方对借贷利息约定不明，出借人主张利息的，人民法院应当结合民间借贷合同的内容，并根据当地或者当事人的交易方式、交易习惯、市场报价利率等因素确定利息。

对于当事人未约定清偿顺序的处理，是先还本金还是先还利息，应确立先还利息后还本金的清偿顺序。

至于砍头息，预先在本金中扣除利息的应将实际出借的金额认定为本金。

（2）利率计算。

合同成立时间	计息期间	法律保护的利率上限
2015.9.1 前（不含）	2015.9.1 前	银行同期同类贷款利率4倍
	2015.9.1—2020.8.19	两线三区，即不超过24%的予以保护；24%—36%之间已支付的不退，未支付的不支持；36%以上已支付的，可退。
	2020.8.20	起诉时LPR的4倍
2015.9.1—2020.8.19	2015.9.1—2020.8.19	两线三区，即不超过24%的予以保护；24%—36%之间已支付的不退，未支付的不支持；36%以上已支付的，可退。
	2020.8.20	起诉时LPR的4倍
2020.8.20 起	2020.8.20 起	合同成立时一年期LPR的四倍

关于民间借贷利息保护的法律上限问题：

2021 年 1 月 1 日施行的《最高人民法院关于审理民间借贷案件适用法律若干问题的规定》第 25 条改变了利率的计算标准，其以中国人民银行授权全国银行间同业拆借中心每月 20 日发布的一年期贷款市场报价利率的 4 倍为标准，取代了 2015 年 9 月 1 日施行的司法解释以 24% 和 36% 为基准的两线三区的规定〔三个区域，即司法保护区（24% 以下）可强制执行、自然债务区（24%—36%）不可强制执行和无效区（超过 36%）不当得利〕。

2020 年 8 月 20 日之后新受理的一审民间借贷案件，借贷合同成立于 2020 年 8 月 20 日之前，当事人请求适用当时的司法解释计算自合同成立到 2020 年 8 月 19 日的利息部分的，人民法院应予支持；对于自 2020 年 8 月 20 日到借款返还之日的利息部分，适用起诉时该规定的利率保护标准计算。

《最高人民法院关于审理民间借贷案件适用法律若干问题的规定》删去了 2015 年 9 月 1 日施行的解释第 26 条第 2 款和第 31 条有关自然债务的规定。因此，利息超过一年期贷款市场报价利率 4 倍的，即便借款人自愿支付，其亦有权对超过部分以不当得利要求返还。

最高人民法院大幅下调民间借贷利率上限，将原 24% 修改为 LPR 的四倍，其目的在于"大幅度降低民间借贷利率的司法保护上限"。原 24% 实际是参照中国人民银行发布的"贷款基准利率"的 4 倍制定的。新解释之所以能够降低这一上限，是因为其 4 倍的取值基数不再是"贷款基准利率"，而是"贷款基础利率"（LPR），后者不是市场实际价格，而是贷款利率的最优价格，或者说是最低价格。最高人民法院在发布新解释时作了如下说明："以 2020 年 8 月 20 日发布的 LPR 为例，该天发布的 LPR 为 3.85%，则民间借贷利率司法保护的上限为 3.85%×4=15.4%"，这相较于原来的 24% 的确作了大幅降低。

将民间借贷利率司法保护上限由年利率 24%—36% 调整为中国人民银行授权全国银行间同业拆借中心每月发布的"一年期贷款市场报价利率的 4 倍"，主要考虑了我国社会经济发展状况、民间借贷利率司法保护的历史沿革、市场需求以及域外国家和地区的有关规定等因素。民间借贷利率上限的规定尽管仅规范民间借贷案件，但是此条款的颁布暗含着朴素的商业伦理和自然法观念，即单纯依靠金钱资本获取利润是有一个合理限度的。该条款在司法实践中自然而然会成为其他类型案件的参照，不仅适用于民间借贷，而且适用于金融贷款、非典型融资、对赌协议，甚至作为一般性逾期付款违约金的上限参考。因此，民间借贷利率上限的下调也意味着众多其他类型案件的责任金额上限的下调。

为贯彻民法典关于"禁止高利放贷"的规定，避免当事人对利率上限的规避，在计算是否超过法定上限时，应将利息、违约金以及服务费、咨询费等其他费用一并计算，其总额不得超过合同成立时一年期贷款市场报价利率的4倍。

（三）职业放贷人的认定

根据《最高人民法院关于审理民间借贷案件适用法律若干问题的规定》第13条规定，下列情形人民法院应当认定民间借贷合同无效：

1. 未依法取得放贷资格。司法实践中，法院一般会通过考察出借人的经营范围是否包括放贷业务，或出借人是否取得金融许可证等可以从事放贷业务的相应资质，判断出借人是否"依法取得放贷资格"。

2. 以营利为目的。"以营利为目的"的对立面是《最高人民法院关于审理民间借贷案件适用法律若干问题的规定》（法释〔2020〕17号）第11条所规定的"生产、经营需要"。企业间借贷合同有效的前提是"生产、经营需要"。换言之，若企业间非因"生产、经营需要"而进行资金拆借，甚至以资金拆借为业赚取利益的，则须区别对待。如果企业以经常放贷为主要业务，或者以此作为主要收入来源的，可以认定为"以营利为目的"。

法院一般会结合企业的注册资本、流动资金、借贷数额、借贷利息的约定、借贷收益占企业所收入的比例、出借人与借款人之间的关系、借款合同的格式化程度等因素进行综合判断。如借贷合同或借条基本为统一格式，出借金额占企业注册资本或流动资金比例较大，放贷收益占企业收入的比例较大，出借人与大量借款人之间并不存在关联，亦不能证明存在情谊关系的，则大概率会被法院认定为"以营利为目的"。

3. 向社会不特定对象提供借款。"亲友、单位内部人员"等一般会被认定为"特定对象"，其他客体则存在被认定为"不特定对象"的风险。除出借主体的范围，部分法院会考察出借人是否存在公开推介、宣传等公开明示出借意愿的行为。

在大多数案件中，"不特定对象"的认定往往会直接根据数量进行判断。具体而言，法院通常会考察同一辖区内法院调查的出借人涉及的案件中借款人的数量，或者通过案件审理及其他途径确定出借人曾向不特定多数人借款。如果涉及数量过多，则大概率会被认定为"向社会不特定对象提供借款"。

除法院主动进行证据调查外，在《最高人民法院关于审理民间借贷案件适用法律若干问题的规定》（法释〔2020〕17 号）生效后的部分案例中，法院还要求借款人积极举证证明出借人存在"以营利为目的"向社会不特定对象提供借款的情形，否则将承担举证不利的后果。

4."经常性"。虽然在本次司法解释修正时最高人民法院未将"经常性"写入正式条文，但在其他相关文件和案例中"经常性"常被作为核心标准之一使用。例如，《最高人民法院、最高人民检察院、公安部、司法部关于办理非法放贷刑事案件若干问题的解释》（以下简称《非法放贷意见》）第 1 条规定，"违反国家规定，未经监管部门批准，或者超越经营范围，以营利为目的，经常性地向社会不特定对象发放贷款，扰乱金融市场秩序，情节严重的，依照刑法第二百二十五条第（四）项的规定以非法经营罪定罪处罚"。《全国法院民商事审判工作会议纪要》第 53 条规定，"同一出借人在一定期间内多次反复从事有偿民间借贷行为的，一般可以认定为是职业放贷人"。

就"经常性"如何判断，《非法放贷意见》明确规定，"2 年内向不特定多人（包括单位和个人）以借款或其他名义出借资金 10 次以上"。《全国法院民商事审判工作会议纪要》第 53 条未就"经常性"做进一步规范，但规定"民间借贷比较活跃的地方的高级人民法院或者经其授权的中级人民法院，可以根据本地区的实际情况制定具体的认定标准"，为地方法院进一步制定标准留下空间。最高人民法院在《全国法院民商事审判工作会议纪要》的理解与适用中提到，"我们认为，如果制定有关标准，不能比刑事司法解释的标准宽"。综合前述文件，在未来的司法实践中，"2 年、10 次"的"非法放贷"红线亦将成为认定放贷行为是否存在"经常性"的重要判断依据。

在具体操作中，江苏省根据地方设立的"职业放贷人名录"进行认定，例如，《江苏省高级人民法院关于建立疑似职业放贷人名录制度的意见（试行）》规定"同一出借人及其实际控制的关联关系人作为原告一年内在全省各级人民法院起诉民间借贷案件 5 件以上的，该出借人应当纳入疑似职业放贷人名录"。

📖 **重点条文与关联法律** ⟩⟩⟩

第六百六十八条　【关于借款合同形式和内容的规定】
借款合同应当采用书面形式，但是自然人之间借款另有约定的除外。

借款合同的内容一般包括借款种类、币种、用途、数额、利率、期限和还款方式等条款。

第六百七十条 【关于借款利息不得预先扣除的规定】

借款的利息不得预先在本金中扣除。利息预先在本金中扣除的，应当按照实际借款数额返还借款并计算利息。

第六百七十四条 【关于借款人支付利息期限的规定】

借款人应当按照约定的期限支付利息。对支付利息的期限没有约定或者约定不明确，依据本法第五百一十条的规定仍不能确定，借款期间不满一年的，应当在返还借款时一并支付；借款期间一年以上的，应当在每届满一年时支付，剩余期间不满一年的，应当在返还借款时一并支付。

第六百七十五条 【关于还款期限的规定】

借款人应当按照约定的期限返还借款。对借款期限没有约定或者约定不明确，依据本法第五百一十条的规定仍不能确定的，借款人可以随时返还；贷款人可以催告借款人在合理期限内返还。

第六百七十六条 【关于借款人未按约定期限返还借款责任的规定】

还款借款人未按照约定的期限返还借款的，应当按照约定或者国家有关规定支付逾期利息。

第六百七十七条 【关于借款人提前还款利息计算的规定】

借款人提前返还借款的，除当事人另有约定外，应当按照实际借款的期间计算利息。

第六百七十九条 【关于自然人之间借款合同成立的规定】

自然人之间的借款合同，自贷款人提供借款时成立。

第六百八十条 【关于借款利息的规定】

禁止高利放贷，借款的利率不得违反国家有关规定。

借款合同对支付利息没有约定的，视为没有利息。

借款合同对支付利息约定不明确，当事人不能达成补充协议的，按照当地或者当事人的交易方式、交易习惯、市场利率等因素确定利息；自然人之间借款的，视为没有利息。

《最高人民法院关于审理民间借贷案件适用法律若干问题的规定》（法释〔2015〕18号）	《最高人民法院关于审理民间借贷案件适用法律若干问题的规定》（法释〔2020〕17号）	要点提示
第九条　具有下列情形之一，可以视为具备合同法第二百一十条关于自然人之间借款合同的生效要件： （一）以现金支付的，自借款人收到借款时； （二）以银行转账、网上电子汇款或者通过网络贷款平台等形式支付的，自资金到达借款人账户时； （三）以票据交付的，自借款人依法取得票据权利时； （四）出借人将特定资金账户支配权授权给借款人的，自借款人取得对该账户实际支配权时； （五）出借人以与借款人约定的其他方式提供借款并实际履行完成时。	第九条　自然人之间的借款合同具有下列情形之一的，可以视为合同成立： （一）以现金支付的，自借款人收到借款时； （二）以银行转账、网上电子汇款等形式支付的，自资金到达借款人账户时； （三）以票据交付的，自借款人依法取得票据权利时； （四）出借人将特定资金账户支配权授权给借款人的，自借款人取得对该账户实际支配权时； （五）出借人以与借款人约定的其他方式提供借款并实际履行完成时。	删除"通过网络贷款平台等形式支付"的规定。 本条依据《民法典》第679条的规定。自然人之间的借款合同是实践合同，仅有双方当事人的合意还不行，还要有实际的交付行为。合同成立时并不当然有效，本条以"成立"代替"生效"。
第二十六条　借贷双方约定的利率未超过年利率24%，出借人请求借款人按照约定的利率支付利息的，人民法院应予支持。 借贷双方约定的利率超过年利率36%，超过部分的利息约定无效。借款人请求出借人返还已支付的超过年利率36%部分的利息的，人民法院应予支持。	第二十五条　出借人请求借款人按照合同约定利率支付利息的，人民法院应予支持，但是双方约定的利率超过合同成立时一年期贷款市场报价利率四倍的除外。 前款所称"一年期贷款市场报价利率"，是指中国人民银行授权全国银行间同业拆借中心自2019年8月20日起每月发布的一年期贷款市场报价利率。	大幅度降低民间借贷的司法保护上限，降低融资成本，引导整体市场利率下行，是恢复经济的重要举措，也是服务先进制造业和实体经济服务的要求。

续表

《最高人民法院关于审理民间借贷案件适用法律若干问题的规定》（法释〔2015〕18号）	《最高人民法院关于审理民间借贷案件适用法律若干问题的规定》（法释〔2020〕17号）	要点提示
第二十九条　借贷双方对逾期利率有约定的，从其约定，但以不超过年利率24%为限。 　　未约定逾期利率或者约定不明的，人民法院可以区分不同情况处理： 　　（一）既未约定借期内的利率，也未约定逾期利率，出借人主张借款人自逾期还款之日起按照年利率6%支付资金占用期间利息的，人民法院应予支持； 　　（二）约定了借期内的利率但未约定逾期利率，出借人主张借款人自逾期还款之日起按照借期内的利率支付资金占用期间利息的，人民法院应予支持。	第二十八条　借贷双方对逾期利率有约定的，从其约定，但是以不超过合同成立时一年期贷款市场报价利率四倍为限。 　　未约定逾期利率或者约定不明的，人民法院可以区分不同情况处理： 　　（一）既未约定借期内利率，也未约定逾期利率，出借人主张借款人自逾期还款之日起参照当时一年期贷款市场报价利率标准计算的利息承担逾期还款违约责任的，人民法院应予支持； 　　（二）约定了借期内利率但是未约定逾期利率，出借人主张借款人自逾期还款之日起按照借期内利率支付资金占用期间利息的，人民法院应予支持。	取消逾期利率按年利率6%计算，有利于人民法院根据实际情况进行裁判。
第三十条　出借人与借款人既约定了逾期利率，又约定了违约金或者其他费用，出借人可以选择主张逾期利息、违约金或者其他费用，也可以一并主张，但总计超过年利率24%的部分，人民法院不予支持。	第二十九条　出借人与借款人既约定了逾期利率，又约定了违约金或者其他费用，出借人可以选择主张逾期利息、违约金或者其他费用，也可以一并主张，但是总计超过合同成立时一年期贷款市场报价利率四倍的部分，人民法院不予支持。	

四、保证合同

📖 **典型案例** >>>

王某军、翁某等与王某山追偿权纠纷案

（一）事实概要

2014年11月28日，翁某向江苏姜堰农村商业银行股份有限公司（以下简称姜堰农商行）出具借款人配偶承诺书，承诺其作为借款人王某军的配偶，对王某军向王某山取得授信贷款 50 万元的借款承担共同还款责任。2015 年 1 月 28 日，姜堰农商行与王某军、王某山、李某强、孙某山、杨某林签订个人担保借款合同一份，约定王某军向姜堰农商行借款 50 万元用于购买饲料，借款期限自 2015 年 1 月 28 日起至 2015 年 10 月 10 日止，实际借款期限以借款凭证记载为准，借款凭证为本合同组成部分，与本合同具有同等法律效力。贷款利率为年利率 10.08%，按月结息，到期还本，结息日为每月 20 日。借款人未按合同约定归还借款本金的，贷款人有权对逾期借款从逾期之日起在借款执行利率基础上上浮 50% 计收罚息，直至本息清偿为止。对应付未付利息，贷款人依据中国人民银行规定计收复利。王某山、李某强、孙某山、杨某林为王某军的上述借款提供连带责任保证。

同日，姜堰农商行按约向王某军发放贷款 50 万元，借据中约定 2015 年 10 月 10 日到期。后王某军按月结息至 2015 年 7 月 20 日，后未再还款，姜堰农商行遂向泰州市姜堰区人民法院提起诉讼。

2016 年 6 月 13 日，该院作出（2016）苏 1204 民初 2363 号民事判决书，判决：（1）王某军、翁某于判决生效后 10 日内向江苏姜堰农村商业银行股份有限公司返还借款本金 50 万元，并支付利息；（2）王某山、李某强、孙某山、杨某林对王某军、翁某上述还款义务承担连带清偿责任，其承担清偿责任后，有权向王某军、翁某追偿；（3）驳回姜堰农商行其余诉讼请求。案件受理费 9322 元，依法减半收取 4661 元，由江苏姜堰农村商业银行股份有限公司负担 8 元，王某军、翁某、王某山、李某强、孙某山、杨某林负担 4653 元。

判决书生效后，因债务人未能主动履行法律文书确定的义务，姜堰农商行向泰州市姜堰区人民法院申请强制执行。在执行过程中，王某山于 2017 年 4 月 27 日代偿 46761 元、2018 年 3 月 20 日代偿 60000 元、2018 年 9 月 29 日代偿 295157.24 元，代偿款合计 401918.24 元。姜堰区人民法院于 2020 年 5 月 20 日出具结案通知书，载明姜堰农商行与债务人的金融借款合同纠纷已全部执行完毕，作结案处理。

另查明，王某军于 2018 年 3 月 20 日向王某山配偶转账 30000 元，于 2018 年 9 月 15 日再次转账 6000 元。

（二）裁判结果

一审法院依据《担保法》第 12 条、第 31 条 ①，《最高人民法院关于适用〈中

---

① 现行《民法典》第 699 条、第 700 条。

华人民共和国担保法〉若干问题的解释》第 20 条（已失效），《民事诉讼法》第 144 条 ① 规定，判决：王某军、翁某于判决生效之日起 10 日内支付王某山代偿的借款本金 365918.24 元及利息；李某强、杨某林、孙某山就上述第一项款项在王某军、翁某不能清偿的部分各承担 1/4 的清偿责任；李某强、杨某林、孙某山承担清偿责任后，有权向王某军、翁某追偿。如果未按判决指定的期间履行给付上述款项的义务，应当依照《民事诉讼法》第 253 条 ② 规定，加倍支付迟延履行期间的债务利息。案件受理费 7330 元，由王某军、翁某、李某强、杨某林、孙某山共同负担。

二审判决：驳回上诉，维持原判。

（三）案例分析

本案主要涉及承担了担保责任的担保人行使追偿权的法律问题。

本案中，王某山应当承担的保证责任范围已被姜堰区人民法院（2016）苏 1204 民初 2363 号民事判决书确定，在姜堰区人民法院强制执行过程中，王某山已经代偿 401918.24 元。根据《担保法》第 31 条规定，王某山有权就其已经代为偿还的部分向借款人王某军、翁某追偿。因王某军已经偿还 36000 元，本案中应予以扣减，故主债务人王某军、翁某应当继续返还王某山 365918.24 元。

对于其他担保人的法律责任问题，根据《担保法》第 12 条、《最高人民法院关于适用〈中华人民共和国担保法〉若干问题的解释》第 20 条规定，王某山与李某强、杨某林、孙某山共同为王某军、翁某的涉案借款提供连带责任保证，各保证人之间并未就其担保份额作出约定，应当平均分担，故各保证人承担的份额应为王某军、翁某不能清偿部分的 1/4，王某山要求李某强、杨某林、孙某山按 1/4 的比例承担清偿责任，符合法律规定，李某强、杨某林、孙某山应当在主债务人不能履行的部分各承担 1/4 的清偿责任。李某强、杨某林、孙某山在承担保证责任后，有权向王某军、翁某追偿。

王某山主张自其代偿之日的按同期银行贷款利率计算的资金占用期间的利息损失，符合法律规定，依法应予以支持。

依照《最高人民法院关于适用〈中华人民共和国民法典〉有关担保制度的解释》第 13 条的规定，承担了担保责任的担保人不能向其他担保人追偿，但有

---

① 现行《民事诉讼法》第 147 条。
② 现行《民事诉讼法》第 260 条。

两种情形例外：一是担保人之间约定可以相互追偿的；二是担保人之间未对相互追偿作出约定且未约定承担连带共同担保，但是各担保人在同一份合同书上签字、盖章或者按指印，承担了担保责任的担保人可以请求其他担保人按照比例分担其向债务人不能追偿的部分。本案中，主债务人王某军向姜堰农商行借款时，担保人王某山、李某强、杨某林、孙某山在同一份合同书上签名并按手印，故被上诉人王某山承担担保责任后可以请求其他担保人按照比例分担主债务人不能清偿的部分。

关于被上诉人能否主张代偿本金的利息。首先，我国法律及相关司法解释对追偿权的范围不甚明确，对担保人能否追偿利息损失虽未明确规定，但也没有排斥，于私法而言，法无禁止即自由，应当准许担保人可以追偿利息损失。其次，担保人的追偿权本质上是一种债权请求权，自担保人向债权人代偿之日起，债务人与债权人之间的债权债务关系即消灭，继而担保人与债务人之间产生新的债权债务关系。债务人不能及时向担保人偿还代垫款项，给担保人造成资金占用损失，债务人除偿还担保人代为偿还款项外，还应当支付其代偿款项的利息损失，一审按同期银行贷款利率以及全国银行间同业拆借中心公布的贷款市场报价利率从利息损失实际发生之日计算至实际给付并无不当。

📖 难点解析 〉〉〉

（一）我国担保制度框架

民法典整合了担保法和物权法的内容。在物债二分（区分物权和债权）的框架下，形成了现有的担保制度框架：第一，民法典在物权编的担保物权中延续了原物权法中的三种担保物权，即"抵押—质押—留置"的权利类型结构。第二，在合同编通则的违约责任中规定了定金制度，同时在典型合同中规定了保证合同，保证和定金也是担保法中传统的、典型的担保形式。第三，合同编中还规定了其他具有担保功能的合同，即买卖合同中的所有权保留买卖、融资租赁合同、有追索权保理，即所谓的非典型担保。民法典不仅明确了这些合同具有担保功能，而且规定了相应的公示方式及法律效力。

（二）一般保证、连带保证及先诉抗辩权

1. 一般保证与连带保证。就保证方式的推定规则而言，《民法典》第 686 条第 2 款改变了原《担保法》第 19 条"按照连带责任保证承担责任"的立场，明确了"无约定或者约定不明确时保证方式推定为一般保证"的推定规则。

民法典施行后，审理案件时应当遵循法不溯及既往的基本原理，民法典生效之前设立的保证方式约定不明或没有约定的保证合同案件，仍然适用原《担保法》第19条的推定连带责任保证的规则，保障债权人的预期利益。

2. 先诉抗辩权。无约定或约定不明从推定为"连带保证"到"一般保证"的改变，在法律效果上的根本变化在于一般保证人能够享有先诉抗辩权，从而符合了"债务人欠债应当先自行清偿"的常理。在理论和实践中，对于先诉抗辩权，以下几个问题值得讨论：

第一，关于"先诉抗辩权"的内涵。严格来说，使用"先诉抗辩权"这一概念可能是妥当的，因为"诉"是同时包含诉讼阶段和执行阶段在内的。并且根据《民法典》第687条第2款，先诉抗辩权的发生并不当然需要进入执行阶段。此外，保证人先诉抗辩权的行使也不需要在诉讼或仲裁程序中，否则会使人误解保证人先诉抗辩权的本意。因此，"先诉抗辩权"能够包含"债权人必须先经强制执行债务人财产至仍不能受偿"的内涵在内。

第二，关于享有先诉抗辩权的保证人在程序法上的地位。可以直接将保证人的诉讼地位变为第三人，就不存在一般保证人作为被告时诉讼时效尚未起算的质疑。

第三，关于保证人向债权人提供了债务人可供执行财产的真实情况的法律效果范围的确定。这种情况下，债权人应当就保证人所提供的债务人的财产的状况积极主张权利，否则将产生两种法律效果：一是保证人有权在其提供的可供执行财产的价值范围内主张不再承担保证责任；二是保证人对该可供执行财产的价值范围之外的债务，仍应依法承担保证责任。

民法典就保证人的抗辩权作了重大完善：

第一，完善了保证期间、诉讼时效以及先诉抗辩权等规则，丰富了保证人抗辩权体系，充分保障了保证人抗辩权的行使。

第二，扩张了抗辩的事由。保证人享有债务人对债权人的抗辩，其既包括实体法上的抗辩，也包括程序法上的抗辩；既包括抗辩权，也包括抗辩权之外的其他抗辩事由。

第三，扩张了抗辩的外延。从《民法典》第702条的规定来看，其将债务人的撤销权和抵销权作为保证人的一种抗辩，实际上是赋予保证人拒绝履行债务的事由，与同时履行抗辩权等抗辩权具有明显区别。与此同时，撤销是保证人拒绝承担责任的一种重要的理由，而不是抗辩权。

（三）保证期间

第一，民法典统一了法定保证期间。《民法典》第 692 条第 2 款采用 "没有约定或者约定不明确的" 概括性表述取代了《担保法司法解释》对约定不明确的表述，又将法定保证期间约定为 6 个月。具体是：一是统一了裁判规则。保证期间无约定或约定不明确，应当统一适用 6 个月的保证期间，有利于保障裁判的统一。二是避免了保证期间规则适用的混乱。三是将法定保证期间规定为 6 个月，有利于合理限制保证人的责任。

第二，民法典明确了保证期间为不变期间。《民法典》第 692 条第 1 款在总结司法实践经验的基础上明确规定，保证期间是确定保证人承担保证责任的期间，不发生中止、中断和延长。

（四）追偿权问题

1. 保证人对债务人的追偿权。保证人行使追偿权必须符合一定的条件：一方面，保证人必须已向债权人承担了保证责任，其才有权向主债务人追偿；另一方面，债务人的债务因保证人的代为履行而消灭。在保证人代主债务人清偿债务之后，只要其没有放弃追偿的权利，保证人就应当享有向债务人继续追偿的权利。司法解释认为追偿权的范围不应当超过主债权的范围。

2. 保证人之间的追偿权。关于承担了担保责任的担保人能否向其他担保人追偿；如果保证追偿权成立，追偿的份额应是多少？

关于两个以上担保人为同一债务提供担保，承担了担保责任的担保人能否向其他担保人追偿的问题，理论和实践中争议较大。有观点认为，担保人为债务人提供担保，应共同承担债务人不能清偿债务的风险和责任，担保人之间可以相互追偿。也有观点认为，担保人系为债务人提供担保而非为担保人提供担保，故相互之间并无追偿权。还有观点认为，担保人之间原则上无相互追偿权，但担保人之间存在相互追偿的约定或者能够推定具有相互追偿意思表示时，应尊重当事人的约定。

《最高人民法院关于适用〈中华人民共和国民法典〉有关担保制度的解释》就担保人之间相互追偿的问题，明确了担保人之间原则上不能相互追偿，除非担保人之间存在相互分担担保责任的明确约定，或者通过其行为能够推定具有相互分担的意思联络。

在共同担保情形下，无论是混合共同担保还是共同保证，担保人原则上均不能相互追偿，但并不排除担保人之间通过约定追偿的方式或者以其行为表明具有相互追偿意思表示的，认定担保人之间能够相互追偿。担保人之间可以相互追偿的情形主要包括以下三种：一是担保人在合同中明确约定可以相互追偿的，该约定应当认定为有效，其中一个担保人所承担的责任超出其应承担的份额，可以依据合同约定向其他担保人追偿；二是合同中明确约定系连带共同担保的，此时可以参照《民法典》第519条的规定向其他担保人追偿；三是担保人虽然并未在合同中明确可以相互追偿，但是担保人在同一份合同书中签字、盖章或者按指印，此时可以理解为担保人之间存在连带共同担保的意思联络，从而认定为连带共同担保，担保人之间可以相互追偿。

在担保人之间可以相互追偿的场合，担保人承担担保责任后，其向其他担保人追偿的范围是否限于向主债务人不能清偿的部分，对此，《最高人民法院关于适用〈中华人民共和国民法典〉有关担保制度的解释》认为应当区分当事人对于追偿问题的不同约定，如果担保人之间约定相互追偿及分担份额，承担了担保责任的担保人可以请求其他担保人按照约定分担份额；如果当事人仅约定承担连带共同担保，或者约定相互追偿但是未约定分担份额，或者通过各担保人在同一份合同书上签字、盖章或者按手印推定存在连带共同担保意思联络时，为了避免向债务人追偿、向其他担保人追偿的不确定性及循环追偿的问题，应该先向主债务人追偿，对于主债务人不能追偿的部分，再向其他担保人追偿。

担保人之间相互追偿权仅限于担保人之间存在明确约定，或者通过在同一份合同书上签字、盖章或者按指印的方式推定存在相互追偿的意思联络。对于担保人追偿权的份额，应当尊重当事人的约定并兼顾公平的原则，即担保人之间能够达成一致的情况下，依照当事人之间的约定；在当事人之间未明确约定且不能达成一致的情况下，该事项属于担保人之间内部分担责任和风险的问题，应考虑担保人具体应承担的担保责任，按照比例公平分配。

此外，《全国法院民商事审判工作会议纪要》第56条明确，混合担保（被担保的债权既有保证又有第三人提供的物的担保的）中担保人之间不享有相互追偿权（担保人在担保合同中约定可以相互追偿的除外）。

（五）非典型担保

1.关于所有权保留。在分期付款买卖中，当事人约定在标的物交付买受人后由出卖人继续保留所有权的情况在实践中较为常见。出卖人保留所有权的目的是担保价款债权的实现，因此出卖人保留的所有权被认为是一种非典型担保物权。

关于所有权保留买卖，原合同法由于没有规定公示方式，因此第三人无法从外观上识别出卖人所保留的所有权，从而对第三人的交易安全构成了一定的威胁。民法典为消除此种隐形担保，第 641 条第 2 款明确规定出卖人保留的所有权非经登记，不得对抗善意第三人。不仅如此，在同一标的物上存在数个担保物权时，即使其中有出卖人保留的所有权，也应根据《民法典》第 414 条第 2 款的规定处理数个担保物权之间的清偿顺序。

为了确保出卖人保留的所有权发挥其担保价款债权实现的功能，《民法典》第 642 条第 1 款不仅规定了出卖人可以取回标的物的情形，而且于该条第 2 款规定在发生出卖人可以取回标的物的情形下，出卖人可以与买受人协商取回标的物；协商不成的，可以参照适用担保物权的实现程序。对此，有意见认为，在当事人就出卖人取回标的物协商不成的情形下，出卖人只能请求参照担保物权的实现程序，申请人民法院拍卖、变卖标的物并就所得价款受偿。笔者认为，《民法典》第 642 条第 2 款规定的"可以"不能理解为"只能"，在当事人不能协商取回标的物时，民法典实际上一方面允许当事人通过非讼程序的方式实现担保物权，另一方面也允许出卖人通过诉讼取回标的物。问题在于，如果出卖人不通过非讼程序实现担保物权，而是径行通过诉讼请求取回标的物，是否存在损害买受人利益的可能？

从实践情况看，出卖人不能通过协商一致取回标的物，往往是因为买受人已经支付了大部分价款，且标的物的价值又超过买受人欠付的价款及其他费用，买受人担心出卖人取回标的物后无力依据《民法典》第 643 条进行回赎，而出卖人又不以合理价格转卖标的物并将超过欠付价款及其他费用的部分返还自己，将导致买受人的利益受到损害。为了避免上述情形的发生，笔者认为，如果出卖人不通过非讼程序请求人民法院拍卖、变卖标的物并以所得价款受偿，而是以诉讼的方式请求取回标的物，则应根据买受人是否提出抗辩或者反诉来审理案件：如果出卖人虽然有权取回标的物，但买受人反诉请求出卖人将标的物价值超过欠付价款及其他费用的部分予以返还，或者出卖人虽然有权取回标的物，但买受人抗辩标的物的价值大于欠付价款及其他费用，请求人民法院拍卖、变卖标的物，则人民法院对于买受人的主张应一并予以处理。

当然，无论是出卖人通过协商还是诉讼取回标的物，根据《民法典》第 643 条的规定，买受人有权在合理期限内回赎标的物，也有权在放弃回赎后请求出卖人以合理价格转卖标的物，并将超过买受人欠付价款及其他费用的部分予以返还。如果出卖人不以合理价格转卖标的物并将超过买受人欠付价款及其他费用的部分返还给买受人，买受人也仍然有权请求参照担保物权的实现程序，申请人民法院拍卖、变卖标的物。

2. 关于融资租赁。在融资租赁中，出租人对租赁物享有的所有权亦具有担保功能。与对待所有权保留一样，民法典为消除隐形担保，于第 745 条规定"出租人对租赁物享有的所有权，未经登记，不得对抗善意第三人"。此外，根据《民法典》第 752 条规定，如果承租人经催告后在合理期限内仍不支付租金，出租人既可选择请求支付全部租金，也可以选择解除合同，收回租赁物。与关于所有权保留的规定有所不同，民法典不仅明确了收回租赁物的前提是解除合同，也没有规定如果当事人就租赁物的取回协商不一致，可以请求参照适用担保物权的实现程序。可见，民法典对于融资租赁出租人所享有的所有权，在其担保功能的实现上采取了不同于所有权保留的思路。据此，如果承租人欠付租金导致出租人有权解除合同并收回租赁物，而双方无法就合同解除和租赁物的收回达成一致，出租人自可起诉到人民法院，请求解除合同并收回租赁物。

《民法典》第 758 条规定，出租人因解除合同收回租赁物，收回的租赁物的价值超过承租人欠付的租金以及其他费用的，承租人可以请求相应返还。问题是，如果当事人就租赁物的价值发生争议，如何确定租赁物的价值？显然，由于融资租赁出租人的目的是解除合同收回租赁物，因此承租人不能主张参照适用担保物权的实现程序由人民法院通过拍卖、变卖来确定租赁物的价值，也不能在诉讼程序中请求人民法院对租赁物进行拍卖、变卖来确定租赁物的价值。关于租赁物的价值，融资租赁合同有约定的，按照其约定；融资租赁合同未约定或者约定不明的，可以根据约定的租赁物折旧以及合同到期后租赁物的残值确定；如果根据前述方法仍难以确定，或者当事人认为依照前述方法确定的价值严重偏离租赁物实际价值的，可以请求人民法院委托有资质的机构评估。

3. 关于保理。依据《民法典》第 761 条的规定，保理合同是应收账款债权人将现有的或者将有的应收账款转让给保理人，保理人提供资金融通、应收账款管理或者催收、应收账款债务人付款担保等服务的合同。需要说明的是，该条所谓保理人提供的应收账款债务人付款担保服务，指保理人就应收账款债务人的付款义务向债权人提供担保，是保理服务的常见内容之一，但并非保理合同本身的担保功能。

保理合同的担保功能仅存在于有追索权的保理，因为无追索权保理仅是保理人为赚取应收账款与保理融资款之间的差价而受让应收账款。根据《民法典》第 766 条的规定，在有追索权的保理中，保理人可以向应收账款债权人主张返还保理融资款本息或者回购应收账款债权，也可以向应收账款债务人主张应收账款债权；保理人向应收账款债务人主张应收账款债权，在扣除保理融资款本息和相关费用后有剩余的，剩余部分应当返还给应收账款债权人。可见，在有追索权的保理中，应收账款虽然名义上已经转让给保理人，但其目的在于担保保理人对应收账款债权人所享有的保理融资款本息。就此而言，有追索权的保理与应收账款质押一样，其功能都是担保债权的实现。也正因如此，与同一应收账款可能发生多次质押或者多次转让一样，同一应收账款也可能发生多重保理。对此，《民法典》第 768 条规定："应收账款债权人就同一应收账款订立多个保理合同，致使多个保理人主张权利的，已经登记的先于未登记的取得应收账款；均已经登记的，按照登记时间的先后顺序取得应收账款；均未登记的，由最先到达应收账款债务人的转让通知中载明的保理人取得应收账款；既未登记也未通知的，按照保理融资款或者服务报酬的比例取得应收账款。"尽管第 768 条针对的是就同一应收账款订立多个保理合同的情形，但考虑到实践中也可能发生就同一应收账款同时存在保理、应收账款质押或者债权转让的情形，故上述规则应类推于就同一应收账款同时存在保理、应收账款质押或者债权让与的场合。

4. 关于让与担保。让与担保有广义和狭义之分：广义让与担保，包括买卖式担保和让与式担保。所谓买卖式担保，又称卖与担保、卖渡担保等，是指以买卖方式移转标的物的所有权，而以价金名义通融金钱，并约定日后将该标的物买回的制度。

狭义让与担保，仅指让与式担保，又称信托让与担保，指债务（或第三人）为担保债务清偿，将担保标的物之所有权移转给债权人，在债务清偿后，标的物之所有权回归于担保人；在债务届时未能得到清偿时，债权人有就担保物优先受偿的权利。其要点是：第一，在设定这一担保时，担保人需将标的物所有权暂时转让给债权人，债权人成为形式上的所有人；第二，为使担保人保持对担保标的物的使用效益，债权人往往与担保人签订标的物的借用或租赁合同，由担保人使用担保标的物；第三，债务人履行债务后，债权人应返回标的物所有权；第四，在债务人未偿还债务时，债权人并不是当然地取得担保标的物所有权，而是进行清算。清算分为两种：一是归属清算型，对标的物进行评估，超出债务价值部分由债权人偿还给担保人，债权人取得所有权；二是处分清算型，由债权人将标的物予以变卖，将价款用于清偿债权，多余部分归属于担保人。

民法典虽未明确规定让与担保，但通过第401条、第428条对流押、流质条款的修改，足以产生让与担保的制度效果。司法实务中，不应简单认定该担保形式无效，尤其是不应依据有关流押或流质之禁止规定认定担保合同无效。即使合同未约定债务不能清偿时具体的清算办法，法院亦可基于《民法典》第401条、第428条的规定，认定债权人对相应标的物的优先受偿权。基于这一理解，《最高人民法院关于适用〈中华人民共和国民法典〉有关担保制度的解释》分以下三种情形对让与担保作出规定：

第一，让与担保在实践中的典型表现形式为，债务人或者第三人与债权人约定将财产形式上转移至债权人名下，债务人不履行到期债务，债权人有权对财产折价或者以拍卖、变卖该财产所得价款偿还债务。此时，人民法院应当认定该约定有效，且如果当事人已经完成财产权利变动的公示，债务人不履行到期债务，债权人请求参照民法典关于担保物权的有关规定就该财产优先受偿的，人民法院应予支持。

第二，债务人或者第三人与债权人约定将财产形式上转移至债权人名下，债务人不履行到期债务，财产归债权人所有的，人民法院应当认定该约定无效，但是不影响当事人有关提供担保的意思表示的效力。如果当事人已经完成财产权利变动的公示，债务人不履行到期债务，债权人请求对该财产享有所有权的，人民法院不予支持；但是，债权人请求参照民法典关于担保物权的规定对财产折价或者以拍卖、变卖该财产所得的价款优先受偿的，人民法院应予支持。此外，债务人履行债务后请求返还财产，或者请求对财产折价或者以拍卖、变卖所得的价款清偿债务的，人民法院应予支持。

第三，实践中当事人经常约定将财产转移至债权人名下，一定期限后再由债务人或者第三人溢价回购，如果债务人未履行回购义务，财产归债权人所有。笔者认为此种约定符合让与担保的特征，应当参照《最高人民法院关于适用〈中华人民共和国民法典〉有关担保制度的解释》关于让与担保的规定处理。但是，如果经审查当事人约定的回购标的自始不存在，由于缺乏担保财产，应当依照《民法典》第146条第2款的规定，按照实际构成的法律关系处理。

此外，考虑到股权让与担保中，当事人常常就被登记为名义股东的债权人是否须对原股东出资不足或者抽逃出资的行为承担连带责任发生争议，《最高人民法院关于适用〈中华人民共和国民法典〉有关担保制度的解释》还对股权让与担保作了特别规定。笔者认为，在构成股权让与担保的情形下，债权人虽名义上被登记为股东，但其目的在于担保债权的实现，故即使原股东存在出资不足或者抽逃出资的情况，债权人也不应对此承担连带责任。

5. 关于保证金质押。实践中存在当事人通过交付保证金或者将保证金存入特定账户来提供担保的情形：一是债务人或者第三人设立专门的保证金账户并由债权人实际控制；二是债务人或者第三人将其资金存入债权人设立的保证金账户；三是在银行账户下设立的保证金分户。笔者认为，只要是设立了专门的保证金账户，并且债权人实际控制该账户，债权人就对账户内的资金享有优先受偿权。当事人以保证金账户内的资金浮动为由，主张实际控制该账户的债权人对账户内的资金不享有优先受偿权的，人民法院不予支持。

如果不满足上述条件，债权人主张就保证金优先受偿的，人民法院不应予以支持，但当事人请求行使合同约定的或者法律规定的权利，人民法院应予支持。

📖 重点条文与关联法律 ≫≫≫

第六百八十二条 【关于保证合同的附从性以及被确认无效后的民事责任分配的规定】

保证合同是主债权债务合同的从合同。主债权债务合同无效的，保证合同无效，但是法律另有规定的除外。

保证合同被确认无效后，债务人、保证人、债权人有过错的，应当根据其过错各自承担相应的民事责任。

第六百八十三条 【关于保证人资格的规定】

机关法人不得为保证人，但是经国务院批准为使用外国政府或者国际经济组织贷款进行转贷的除外。

以公益为目的的非营利法人、非法人组织不得为保证人。

第六百八十四条 【关于保证合同内容的规定】

保证合同的内容一般包括被保证的主债权的种类、数额，债务人履行债务的期限，保证的方式、范围和期间等条款。

第六百八十五条 【关于保证合同订立方式的规定】

保证合同可以是单独订立的书面合同，也可以是主债权债务合同中的保证条款。

第三人单方以书面形式向债权人作出保证，债权人接收且未提出异议的，保证合同成立。

第六百八十八条 【关于连带责任保证的规定】

当事人在保证合同中约定保证人和债务人对债务承担连带责任的，为连带责任保证。

连带责任保证的债务人不履行到期债务或者发生当事人约定的情形时，债权人可以请求债务人履行债务，也可以请求保证人在其保证范围内承担保证责任。

第六百九十三条 【关丁保证期间届满法律效果的规定】

一般保证的债权人未在保证期间对债务人提起诉讼或者申请仲裁的，保证人不再承担保证责任。

连带责任保证的债权人未在保证期间请求保证人承担保证责任的，保证人不再承担保证责任。

第六百九十四条 【关于保证债务诉讼时效的规定】

一般保证的债权人在保证期间届满前对债务人提起诉讼或者申请仲裁的，从保证人拒绝承担保证责任的权利消灭之日起，开始计算保证债务的诉讼时效。

连带责任保证的债权人在保证期间届满前请求保证人承担保证责任的，从债权人请求保证人承担保证责任之日起，开始计算保证债务的诉讼时效。

第六百九十九条 【关于共同保证的规定】

同一债务有两个以上保证人的，保证人应当按照保证合同约定的保证份额，承担保证责任；没有约定保证份额的，债权人可以请求任何一个保证人在其保证范围内承担保证责任。

第七百条 【关于保证人对债务人追偿权及相关权利的规定】

保证人承担保证责任后，除当事人另有约定外，有权在其承担保证责任的范围内向债务人追偿，享有债权人对债务人的权利，但是不得损害债权人的利益。

第七百零一条 【关于保证人抗辩权的规定】

保证人可以主张债务人对债权人的抗辩。债务人放弃抗辩的，保证人仍有权向债权人主张抗辩。

第七百零二条 【关于保证人抵销权或撤销权的规定】

债务人对债权人享有抵销权或者撤销权的，保证人可以在相应范围内拒绝承担保证责任。

担保法	民法典
第十九条　当事人对保证方式没有约定或者约定不明确的，按照连带责任保证承担保证责任。	**第六百八十六条**　保证的方式包括一般保证和连带责任保证。 　　当事人在保证合同中对保证方式没有约定或者约定不明确的，按照一般保证承担保证责任。
第十七条　当事人在保证合同中约定，债务人不能履行债务时，由保证人承担保证责任的，为一般保证。 　　一般保证的保证人在主合同纠纷未经审判或者仲裁，并就债务人财产依法强制执行仍不能履行债务前，对债权人可以拒绝承担保证责任。 　　有下列情形之一的，保证人不得行使前款规定的权利： 　　（一）债务人住所变更，致使债权人要求其履行债务发生重大困难的； 　　（二）人民法院受理债务人破产案件，中止执行程序的； 　　（三）保证人以书面形式放弃前款规定的权利的。	**第六百八十七条**　当事人在保证合同中约定，债务人不能履行债务时，由保证人承担保证责任的，为一般保证。 　　一般保证的保证人在主合同纠纷未经审判或者仲裁，并就债务人财产依法强制执行仍不能履行债务前，有权拒绝向债权人承担保证责任，但是有下列情形之一的除外： 　　（一）债务人下落不明，且无财产可供执行； 　　（二）人民法院已经受理债务人破产案件； 　　（三）债权人有证据证明债务人的财产不足以履行全部债务或者丧失履行债务能力； 　　（四）保证人书面表示放弃本款规定的权利。
第二十五条　一般保证的保证人与债权人未约定保证期间的，保证期间为主债务履行期届满之日起六个月。 　　在合同约定的保证期间和前款规定的保证期间，债权人未对债务人提起诉讼或者申请仲裁的，保证人免除保证责任；债权人已提起诉讼或者申请仲裁的，保证期间适用诉讼时效中断的规定。 　　**第二十六条**　连带责任保证的保证人与债权人未约定保证期间的，债权人有权自主债务履行期届满之日起六个月内要求保证人承担保证责任。 　　在合同约定的保证期间和前款规定的保证期间，债权人未要求保证人承担保证责任的，保证人免除保证责任。	**第六百九十二条**　保证期间是确定保证人承担保证责任的期间，不发生中止、中断和延长。 　　债权人与保证人可以约定保证期间，但是约定的保证期间早于主债务履行期限或者与主债务履行期限同时届满的，视为没有约定；没有约定或者约定不明确的，保证期间为主债务履行期限届满之日起六个月。 　　债权人与债务人对主债务履行期限没有约定或者约定不明确的，保证期间自债权人请求债务人履行债务的宽限期届满之日起计算。

最高人民法院关于适用 《中华人民共和国担保法》 若干问题的解释	最高人民法院关于适用 《中华人民共和国民法典》 有关担保制度的解释
	第三条 当事人对担保责任的承担约定专门的违约责任，或者约定的担保责任范围超出债务人应当承担的责任范围，担保人主张仅在债务人应当承担的责任范围内承担责任的，人民法院应予支持。 担保人承担的责任超出债务人应当承担的责任范围，担保人向债务人追偿，债务人主张仅在其应当承担的责任范围内承担责任的，人民法院应予支持；担保人请求债权人返还超出部分的，人民法院依法予以支持。
第十九条 两个以上保证人对同一债务同时或者分别提供保证时，各保证人与债权人没有约定保证份额的，应当认定为连带共同保证。 连带共同保证的保证人以其相互之间约定各自承担的份额对抗债权人的，人民法院不予支持。 **第二十条** 连带共同保证的债务人在主合同规定的债务履行期届满没有履行债务的，债权人可以要求债务人履行债务，也可以要求任何一个保证人承担全部保证责任。 连带共同保证的保证人承担保证责任后，向债务人不能追偿的部分，由各连带保证人按其内部约定的比例分担。没有约定的，平均分担。 **第二十一条** 按份共同保证的保证人按照保证合同约定的保证份额承担保证责任后，在其履行保证责任的范围内对债务人行使追偿权。	**第十三条** 同一债务有两个以上第三人提供担保，担保人之间约定相互追偿及分担份额，承担了担保责任的担保人请求其他担保人按照约定分担份额的，人民法院应予支持；担保人之间约定承担连带共同担保，或者约定相互追偿但是未约定分担份额的，各担保人按照比例分担向债务人不能追偿的部分。 同一债务有两个以上第三人提供担保，担保人之间未对相互追偿作出约定且未约定承担连带共同担保，但是各担保人在同一份合同书上签字、盖章或者按指印，承担了担保责任的担保人请求其他担保人按照比例分担向债务人不能追偿部分的，人民法院应予支持。 除前两款规定的情形外，承担了担保责任的担保人请求其他担保人分担向债务人不能追偿部分的，人民法院不予支持。 **第十四条** 同一债务有两个以上第三人提供担保，担保人受让债权的，人民法院应当认定该行为系承担担保责任。受让债权的担保人作为债权人请求其他担保人承担担保责任的，人民法院不予支持；该担保人请求其他担保人分担相应份额的，依照本解释第十三条的规定处理。

五、保理合同

珠海华润银行股份有限公司与江西某电力燃料有限公司、广州某煤炭销售有限公司保理合同纠纷案

（一）事实概要

珠海华润银行股份有限公司（以下简称珠海华润银行）与广州某煤炭销售有限公司（以下简称广州某公司）签订综合授信协议，约定珠海华润银行为广州某公司提供2亿元最高额综合授信额度，由珠水能源集团有限公司、李某、李某洁提供连带责任保证。在该综合授信协议项下，珠海华润银行与广州某公司签订额度为2亿元的国内保理业务合同，类型为有追索权的明保理，在该合同项下发生承兑汇票垫款3680万元。

为办理上述融资保理业务，广州某公司将其与江西某电力燃料有限公司（以下简称江西燃料公司）签订的一份数量为5.5万吨、价款为2450万元的煤炭买卖合同变造为数量9.5万吨、价款为4611万元的合同，并将该合同项下广州某公司对江西燃料公司享有的4611万元应收账款转让给珠海华润银行。

珠海华润银行派员到江西燃料公司核实该4611万元应收账款的真实性时，江西燃料公司在《应收账款转让确认书》和《应收账款转让通知确认书》上盖章，并由其工作人员签名确认。后由于上述3680万元承兑汇票垫款未能得到清偿，珠海华润银行提起诉讼，要求广州某公司、珠水能源集团有限公司、李某、李某洁、江西燃料公司承担还款责任，广东省珠海市中级人民法院驳回珠海华润银行对江西燃料公司的起诉，判决广州某公司、珠水能源集团有限公司、李某、李某洁承担还款责任。珠海华润银行又对江西燃料公司单独提起本案诉讼，要求其支付应收账款4611万元及利息。

（二）裁判结果

江西省南昌市中级人民法院一审认为，案涉应收账款债权并非真实合法有效的债权，江西燃料公司有权以此为由拒绝向珠海华润银行付款；珠海华润银行已选择将应收账款债权反转让至广州某公司，无权再向江西燃料公司主张该项权利。遂判决驳回珠海华润银行的诉讼请求。珠海华润银行上诉后，江西省高级人民法院二审判决：驳回上诉，维持原判。

珠海华润银行申请再审。本案争议焦点为：

1.珠海华润银行在已经通过另案诉讼向广州某公司主张权利的情况下，能否继续要求江西燃料公司清偿债务。

2.江西燃料公司所称的基础债权瑕疵能否对抗债权受让人珠海华润银行。最高人民法院再审认为：（1）江西燃料公司在珠海华润银行向其核实应收账款真实性时，没有如实陈述真实煤炭买卖合同的履行情况，而是直接盖章确认了4611万元应收账款的真实性，故该变造的9.5万吨合同应认定为广州某公司与江西燃料公司通谋实施的虚伪意思表示，虽在双方当事人之间无效，但由于珠海华润银行已经尽到了审慎的注意义务，所以江西燃料公司不能以此为由对抗珠海华润银行。（2）珠海华润银行另案诉讼向广州某公司主张权利，并无债权反转让的意思表示，而是行使追索权，故与向江西燃料公司主张的求偿权可以并存。在江西燃料公司的清偿义务范围方面，根据受让债权系为清偿保理融资的合同目的，宜将其清偿范围限定在保理融资款项的本息范围之内，并以该应收债权本息为清偿上限。故撤销一审、二审判决，改判江西燃料公司在4611万元及利息的范围内向珠海华润银行支付3680万元及利息。

（三）案例分析

本案主要涉及保理合同纠纷中保理人的追索权问题。

本案再审判决明确界定保理合同纠纷中各方当事人的法律关系，细化了保理合同纠纷的裁判规则。

一是在有追索权的保理纠纷案件中，保理商向债务人的追索权、向次债务人的求偿权以及债权反转让的法律性质及其相互关系如下：债权反转让的法律效果应为解除债权转让合同，解除后保理商不再具备次债务人的债权人地位，故该项权利与保理商向次债务人的求偿权不得并存；而追索权的功能相当于债务人为次债务人的债务清偿能力提供担保，其功能与放弃先诉抗辩权的一般保证相当，其与保理商向次债务人的求偿权能够同时并存，其中一方的清偿行为相应减少另一方的清偿义务。

二是对实践中经常出现的转让债权存在瑕疵的情况，若该瑕疵系债务人和次债务人共同的虚伪意思表示，根据当事人的虚伪意思表示在当事人之间绝对无效，但不得对抗善意第三人的基本原理，应审查保理商在受让债权时是否尽到审查义务，是否知道或应当知道该债权存在瑕疵。若保理商为善意，则次债务人不得以债权瑕疵为由对抗保理商。

📖 难点解析 》》》

（一）保理合同的性质

基于典型合同是"以主给付义务为出发点所作的规定"，因此，保理合同的性质取决于主给付义务有没有独特性。《民法典》第761条不仅把应收账款债权人向保理人转让应收账款确立为保理合同的主给付义务，而且将保理人向应收账款债权人"提供资金融通、应收账款管理或者催收、应收账款债务人付款担保等服务"作为保理合同的主给付义务。可见，保理合同实质上是应收账款转让与融资、委托代理、担保、应收账款催收与管理等服务要素的组合体，是以合同形式表现的应收账款转让与综合性金融服务的叠加，具有混合合同的属性。

（二）保理欺诈的法律规制

《民法典》第763条是针对保理实务中较为严重的虚构应收账款或虚假贸易背景等突出问题作出的规定。在此，债权人固然应承担违反瑕疵担保义务的责任，但债务人是否应毫无例外地向保理人承担责任？保理人未尽调查核实义务致使虚构应收账款得逞应承担何种责任？

在保理法律关系中，债权人拟转让的应收账款通常是保理融资的第一还款来源，因此应收账款是否真实存在应当是保理人关注、审查的重点，而第763条并未提及保理人对应收账款真实性的审查义务。其实，在过往的实务中已经出现保理人是虚构应收账款操盘手的极端情形，更有些保理人直接与交易相对人虚构基础合同，以保理之名行借贷之实。司法实务中已经存在债务人错误确认债权人虚构或伪造基础合同而生的虚假应收账款的情形，也有债务人在附付款条件的债权转让通知上签章确认、所附条件并未成就的情形，还有债务人本身被虚构的情形。这些情形下应当允许债务人据实抗辩。

在保理人对应收账款真实性的审查义务方面，根据《民法典》第764条规定，保理人作为通知主体，不仅可以降低单纯由债权人通知并提供债务人确认文件可能引发或隐藏的法律风险，而且要求保理人通知时表明身份、附有必要凭证，事实上起到了双向核实的作用，一方面强化了保理人的实质性审查义务，另一方面债务人也可以发现债权人应收账款与实际交易状况是否一致，以便债务人即时行使抗辩权。但是本条缺少保理人于债权转让通知时不表明身份、不附必要凭证的法律后果之设计，这会使保理人实质性审查义务的履行大打折扣。

（三）有追索权保理与无追索权保理

1. 有追索权保理。有追索权保理是保理人仅提供包括融资在内的金融服务，而不承担为债务人核定信用额度和提供坏账担保的义务。此种保理，保理人更多考量的是债权人的偿付能力和信用状况，所以可归为对债权人的授信业务。

《民法典》第 766 条的规定摒弃了间接给付的定性，采纳了让与担保学说，殊值肯定。其立法基点是将应收账款的偿付作为保理融资款的第一还款来源，而非由债权人直接归还保理融资款项，这是它与普通借贷的区别所在；与一般债权转让不同的是，保理人并不是就受让的应收账款享有全部权益，其收回应收账款后应扣除其融资本息及相关费用，将剩余保理余款返还给债权人，从而体现它的让与担保属性。何况，让与担保说并不与我国现行法律体系相抵触。依照让与担保的基本法理，有追索权保理中，除非当事人另有约定，保理人有权选择主张权利的顺序，也可以同时向应收账款债权人和债务人主张，但不得重复受偿。

2. 无追索权保理。在无追索权保理法律关系中，保理人向债权人提供融资，并以新的债权人身份管理账户或者向债务人收款，保理人实现债权所产生的任何获利或者损失均由自己承担。此种保理是对应收账款债务人的一种授信业务。因债权人将大部分风险都转移给了保理人，保理人必然会收取较高的保理费用，保理人取得超过保理融资款本息和相关费用的部分无须返还给债权人，正是风险和收益匹配的资本运作原则的体现。

值得注意的是，保理人对债务人的信用风险担保并不包括债权人欺诈、不可抗力、基础交易合同变更、债务人基于基础交易合同所生的抗辩权、抵销权、解除权等风险。故遇到这些风险时，保理人仍有权请求债权人回购应收账款或承担其他违约责任。

（四）实践中关于保理合同处理思路

1. 判断是否属于保理。根据《民法典》第 761 条规定，债权转让时，保理商须提供四种服务内容中的至少一种，而且根据该条的隐含意思，债权转让必须是有偿的，无偿的转让不构成保理。同时，《民法典》第 762 条规定，保理合同应当采用书面，口头合同难以判断是否构成保理。

2. 保理合同的相对独立性。根据《民法典》第 763 条、第 765 条规定，保理合同一旦生效即相对独立于基础合同，债务人必须依照保理合同生效时的基础合同约定履行付款义务，即使基础合同是虚构的，也无权拒绝付款（保理商明知虚构的除外）；债权人和债务人其后变更或者终止基础合同的，无权以此对保理商主张对其不利之后果。

3. 保理商通知的效力。民法典并未否定隐蔽型保理，第 764 条并非强行要求保理商将债权转让事项通知债务人，仅仅是赋予保理商通知债务人的权利。但是保理商一旦选择通知，应当向债务人表明其保理商身份并附有必要凭证。相反地，如果由债权人通知，则无须向债务人披露保理商，当然，根据第 769 条，债权人通知应当符合债权转让的规定。

4. 有追索权和无追索权保理中的权利平衡。《民法典》第 766 条规定了有追索权保理，第 767 条规定了无追索权保理，没有规定默认规则，如果保理合同没有明确保理商是否有追索权，产生争议将难以解决。从保理商利益出发，如果是有追索权保理，合同中一定要明确。有追索权保理的保理商没有对债务人信用风险提供担保，不能收回账款时可以向债权人追索，相应地，如果收回的账款超过保理合同约定有权收取的款项时，超过的金额应当返回给债权人。从债权人利益出发，保理合同应当约定保理商有权收取的款项，以明确超额返还问题。无追索权保理中保理商承担了债务人的信用风险，不能向债权人追索，债权人也无权要求保理商返还款项。但是从债权人利益出发，保理合同应当明确约定保理商无追索权，以免债务人一旦逾期付款，保理商向其追索。

5. 多份保理合同的受偿顺序。如果同一应收账款订立了多份保理合同，对多个保理商的受偿顺序问题，《民法典》第 768 条确立登记优先和时间优先原则，债权转让已经登记的优先于未登记的受偿，先登记的优先于后登记的受偿，均未登记的以转让通知到达债务人的时间先后受偿，既未登记也未通知的，按照保理融资款或者服务报酬的比例受偿。依照该条规定，从保理商利益出发，应当尽量办理债权转让登记，这不但能优先于未登记或者登记在后的保理受偿，还能优先于其后登记的应收账款质押权人受偿。

📖 **重点条文** 〉〉〉

第七百六十一条 【关于保理合同的概念的规定】

保理合同是应收账款债权人将现有的或者将有的应收账款转让给保理人，保理人提供资金融通、应收账款管理或者催收、应收账款债务人付款担保等服务的合同。

第七百六十二条 【关于保理合同内容和形式的规定】

保理合同的内容一般包括业务类型、服务范围、服务期限、基础交易合同情况、应收账款信息、保理融资款或者服务报酬及其支付方式等条款。

保理合同应当采用书面形式。

第七百六十三条 【关于保理中虚构应收账款的规定】

应收账款债权人与债务人虚构应收账款作为转让标的，与保理人订立保理合同的，应收账款债务人不得以应收账款不存在为由对抗保理人，但是保理人明知虚构的除外。

第七百六十四条 【关于保理人发出转让通知的规定】

保理人向应收账款债务人发出应收账款转让通知的，应当表明保理人身份并附有必要凭证。

第七百六十六条 【关于有追索权保理的规定】

当事人约定有追索权保理的，保理人可以向应收账款债权人主张返还保理融资款本息或者回购应收账款债权，也可以向应收账款债务人主张应收账款债权。保理人向应收账款债务人主张应收账款债权，在扣除保理融资款本息和相关费用后有剩余的，剩余部分应当返还给应收账款债权人。

第七百六十七条 【关于无追索权保理的规定】

当事人约定无追索权保理的，保理人应当向应收账款债务人主张应收账款债权，保理人取得超过保理融资款本息和相关费用的部分，无需向应收账款债权人返还。

六、承揽合同

典型案例 >>>

【案例1】 孙某与公主岭市兄弟木门经销处、张某定作合同纠纷案

（一）事实概要

2021年3月14日，经人介绍，原告孙某在被告张某所经营的木门经销处定制了屋内橱柜和衣柜，原告提出保证家具质量同时衣柜和橱柜都直接顶到棚顶，被告表示同意后，原告支付5000元定金，并与被告签署了订购合同。同年3月28日，原告应被告要求又补交定金10000元，被告出具收款凭证。4月24日，通知原告橱柜和衣柜已到，原告遂补齐尾款16000元。4月27日，被告安装橱柜和衣柜后，原告发现定制的橱柜和衣柜均未顶到棚顶，多次找被告讨要说法，被告只说改封板将柜子顶上挡严，原告不同意，要求重新给订制一套家具或者将定制家具款返还，家具由二被告拆除拿走，二被告拒不理睬。

后原告起诉至法院，要求返还家具全屋定制款31000元并快速拆除不符合标准的家具。

（二）裁判结果

法院根据《最高人民法院关于适用〈中华人民共和国民法典时间效力的规定〉》第1条第1款，《民法典》第563条、第770条规定，判决：驳回原告孙某的诉讼请求。

（三）案例分析

本案主要涉及承揽人违约责任的承担问题。

原告孙某与被告公主岭市兄弟木门经销处签订订购合同，约定由公主岭市兄弟木门经销处为原告制作屋内橱柜、衣柜及鞋柜一套，该合同系双方真实意思表示，不违反法律、法规的强制性规定，系有效合同，原告履行了支付价款的义务，被告亦将家具制作、安装完毕并交付原告，虽然案涉家具存在尺寸不合适的问题，但原、被告在庭审中均认可该家具的质量没有问题且不影响使

用，且被告在庭审中表示同意进行整改、修理，根据《民法典》第781条规定，被告公主岭市兄弟木门经销处向原告交付的工作成果只是存在尺寸瑕疵，不构成根本违约，故对于原告孙某要求退货并返还货款的诉讼请求法院不予支持。

【案例2】　李某与程某、王某加工合同纠纷案

（一）事实概要

2020年11月25日，经被告程某介绍，被告王某承揽原告李某3180件服装加工订单，每件加工费为4.5元。李某将3180件服装材料交付王某，王某已加工完成1145件，半成品完成214件，剩余1821件未加工。后双方因合同履行发生争议，李某诉至法院，要求王某返还服装3180件，赔偿损失70000元。

（二）裁判结果

法院依据《民法典》第770条、第783条、第787条，《民事诉讼法》第64条、第144条规定，判决：解除原告李某与被告王某之间的服装加工合同；被告王某于判决生效日起10日内返还原告李某未加工服装材料1821件。

（三）案例分析

本案主要涉及承揽人留置权或者拒绝交付权的行使问题。

承揽合同是承揽人按照定作人的要求完成工作，交付工作成果，定作人支付报酬的合同。承揽包括加工、定作、修理、复制、测试、检验等工作。本案中，原告李某明确表示，不向被告支付相应的加工报酬。根据《民法典》第783条规定，对于已完成的工作成果，被告有权拒绝交付，但对未完成的1821件原材料，被告应当予以返还。

关于是否解除加工合同，原告李某明确作出解除加工合同的意思表示。因委托加工合同委托人有单方解除权，据此判决解除原被告之间的合同。

📖 难点解析 ▶▶▶

（一）承揽人违约责任的承担

1. 定作人要求承揽人承担违约责任的合理性。对比原合同法相关规定，《民法典》第781条新增定作人可以合理选择请求承揽人承担违约责任的类型，即

定作人的请求权必须具备合理性方能得到法院的支持，因此合理性的认定显得尤为重要。

通常来说，修理适用于工作成果在质量上有轻微瑕疵，通过修理后能够符合质量要求的一般情况；重作适用于工作成果完全不符合双方约定，必须重作才能正常使用的严重情形；减少报酬适用于工作成果虽有轻微问题，但是定作人仍然愿意接受的情形，定作人可以按照存在质量问题的程度要求减少相应的报酬；赔偿损失适用于承揽人交付工作成果不符合质量要求，导致定作人产生了经济损失。除上述四种违约责任外，承揽合同还可以适用民法典合同编"通则部分"规定的其他如更换、退货、减少价款等违约责任。

2.违约责任请求权。《民法典》第781条规定了定作人的请求权系违约责任请求权，该请求权基于定作人与承揽人之间关于工作成果质量要求的约定，前提是承揽人交付的工作成果不符合质量要求。

（二）承揽人留置权与拒绝交付权的行使

1.承揽人"有权拒绝交付"。承揽人有权拒绝交付完成的工作成果，本质上属于承揽人的同时履行抗辩权。所谓同时履行抗辩权，是指双务合同的当事人应同时履行义务的，一方在对方未履行前，有权拒绝对方请求自己履行合同的权利，如《民法典》第525条规定，当事人互负债务，没有先后履行顺序的，应当同时履行。一方在对方履行之前有权拒绝其履行请求，另一方在对方履行债务不符合约定时，有权拒绝其相应的履行请求。

承揽人拒绝交付完成的工作成果，适用同时履行抗辩权的条件为：定作人依据双方之间的合同约定，对承揽人负有支付报酬或价款的义务；承揽人完成工作成果后，定作人未支付报酬或价款。

承揽人行使同时履行抗辩权时，若定作人仅部分给付，承揽人也应当交付相对应的工作成果，否则有违诚实信用原则。定作人支付全部报酬或价款后，承揽人应当交付所有完成的工作成果。

2.承揽人行使留置权。（1）承揽人行使留置权的前提：定作人报酬支付期限已届满；承揽人须合法占有工作成果；当事人未在合同中约定排除留置权。（2）行使留置权时需要注意的事项：承揽人只能对完成的工作成果享有留置权，对产品模具等非工作成果不能行使留置权，否则可能导致定作人产生损失；如果定作物系可分之物，承揽人留置财产的价值应当相当于债务的金额；双方对留置的工作成果未能协商一致予以折价的，无论拍卖还是变卖，均应当参照市场价格；承揽人针对不易保管的工作成果行使留置权的，比如具有保质期的产品，应当及时实现留置权优先受偿，以避免因未能及时行使留置权造成损失。

3. 承揽人的"留置权"与"有权拒绝交付"的区别。（1）"留置权"属于物权，"有权拒绝交付"属于债权；（2）承揽人行使留置权时，可以将留置财产折价、拍卖、变卖后优先受偿，但是也会产生相应的费用，而拒绝交付则不需要支付拍卖、变卖产生的费用；（3）承揽人行使留置权可能会因处理留置财产时方式不当，导致其赔偿定作人的损失，行使拒绝交付权利时，则不会给定作人带来损失；（4）承揽人行使留置权，需要考虑定作人履行债务的期限，拒绝交付则无须考虑。

4. 定作人的"任意解除权"。通常情况下，合同订立后即对双方产生法律约束力，各方不能擅自变更或解除，但是对于一些特殊合同，法律规定了"任意解除权"，也称随时解除权，允许合同一方或双方不需要任何理由就可以无条件解除已经成立的合同。《民法典》第787条规定，定作人在承揽人完成工作前可以随时解除合同，造成承揽人损失的，应当赔偿损失。与原合同法相比，该条规定在赋予定作人任意解除权的同时，又限制了定作人行使的时间，可以避免定作人将风险转移给承揽人。但任何一种权利都是有边界和限制的，"任意"不代表"任性"，定作人虽然可以在承揽人完成工作前随时解除合同，但是也要承担"任性"的后果，对承揽人的损失要进行赔偿。

民法典中关于"任意解除权"的规定还体现在不定期租赁合同、委托合同、货运合同、保管合同中。

（三）承揽合同与委托合同的区别

承揽合同和委托合同具有相似性，二者都包含了遵照他人的要求实施一定的事务，且都包含了劳务付出，但两者还是有着本质区别的。

1. 合同内容。承揽合同是承揽人按照定作人的要求完成工作，交付工作成果，定作人支付报酬的合同。承揽包括加工、定作、修理、复制、测试、检验等工作。承揽内容一般包括承揽的标的、数量、质量、报酬，承揽方式，材料的提供，履行期限，验收标准和方法等条款。

委托合同是委托人和受托人约定，由受托人处理委托人事务的合同。

2. 合同主体。承揽合同是两方，承揽人应当以自己的设备、技术和劳力，完成主要工作，但是当事人另有约定的除外。承揽人将其承揽的主要工作交由第三人完成的，应当就该第三人完成的工作成果向定作人负责；未经定作人同意的，定作人也可以解除合同。

委托合同是三方，受托人应当亲自处理委托事务。经委托人同意，受托人可以转委托。转委托经同意或者追认的，委托人可以就委托事务直接指示转委托的第三人，受托人仅就第三人的选任及其对第三人的指示承担责任。转委托未经同意或者追认的，受托人应当对转委托的第三人的行为承担责任；但是，在紧急情况下受托人为了维护委托人的利益需要转委托第三人的除外。

3. 合同是否有偿。承揽合同必然有偿，定作人未向承揽人支付报酬或者材料费等价款的，承揽人对完成的工作成果享有留置权或者有权拒绝交付，但是当事人另有约定的除外。

委托合同可以有偿也可以无偿。有偿的委托合同因受托人的过错造成委托人损失的，委托人可以请求赔偿损失。无偿的委托合同因受托人的故意或者重大过失造成委托人损失的，委托人可以请求赔偿损失。受托人超越权限造成委托人损失的，应当赔偿损失。

4. 合同解除权。承揽合同中，定作人享有任意解除权，定作人在承揽人完成工作前可以随时解除合同，造成承揽人损失的，应当赔偿损失。

委托合同中，委托人或者受托人可以随时解除委托合同。因解除合同造成对方损失的，除不可归责于该当事人的事由外，无偿委托合同的解除方应当赔偿因解除时间不当造成的直接损失，有偿委托合同的解除方应当赔偿对方的直接损失和合同履行后可以获得的利益。

5. 责任承担。承揽合同中，承揽合同的承揽人必须以自己的名义完成工作并且独自承担工作成果所产生的一切后果。

委托合同中，一般情况下，委托合同中的受托人都是以委托人的名义处理与第三方的事务的，并且受托人的行为后果均应由委托人来承担。

（四）承揽合同与建设工程合同的区别

《民法典》第808条规定，没有建设工程合同规定的，适用承揽合同的有关规定，因此建设工程合同属于特殊的承揽合同。但是建设工程合同通常金额大、周期长、关系复杂，与承揽合同存在明显区别，从合同法到民法典，建设工程合同都被单独列为典型合同。二者区别主要在于：

1. 主体要求不同。建设工程项目经过可行性研究、立项规划审批等，发包人应具备发包资格（企业资质证书、相关行政批准许可、立项与设计审批、建设工程报建手续等）。施工主体实行市场准入制度，承包人是必须具备相应资质的法人。

如果承揽合同的标的小，对定作人一般没有发包要求，承揽人可以是具有资质的法人，也可以是其他单位或者个人。

2. 受行政制约不同。建设工程是涉及公共利益和安全的特殊产品，国家实行严格的管理和控制，当事人意思自治受公权力的制约，有很多配套的管理性法规。承揽合同以当事人合意为主，行政一般不予干预。

3. 部分工作交由第三人完成的程序不同。总承包人经发包人同意，可以将自己承包的部分工程（非主体结构的施工）交由第三人完成；承揽合同偏重对承揽人的信任，要求承揽人独立完成工作，承揽人有权将部分辅助工作交与第三人完成，无须征得定作人同意。

建设工程分包给第三人后，第三人就其工作成果与总包人共同向发包人承担连带责任；承揽合同中，承揽人需要就第三人完成的工作成果向定作人负责。

4. 适用对象不同。建设工程一般体量较大，相关设备制作安装的数量多、金额高，主要涉及不动产；承揽合同标的一般比较小，且主要是动产。

5. 合同形式不同。建设工程合同应当采取书面形式。承揽合同既可以是书面形式，也可以是口头形式。

6. 标的物的质量要求不同。承揽合同双方可以对标的物质量进行自行约定，建设工程合同的标的物必须符合国家有关建设工程标准的强制性要求。

7. 合同解除权的行使条件不同。承揽合同中，定作人可以在承揽人完成工作前随时解除。在建筑工程合同中，除具备双方约定或者法定的解除条件时，是不允许随意解除合同的。

8. 对标的物的处置权不同。承包人在催告发包人在合理期限内支付价款未果时，可以与发包人协议折价或者申请法院将该工程依法拍卖，并就折价款或拍卖款优先受偿，即法律赋予承包人的是优先受偿权，而非留置权。承揽合同中，如果定作人没有向承揽人支付报酬或材料费，承揽人对完成的工作成果享有留置权。

（五）承揽合同与雇佣合同的区别

雇佣关系和承揽关系的区别，司法实践中一般从以下几个方面认定：

1. 当事人之间是否存在控制、支配和从属关系。承揽合同的当事人之间不存在支配与服从的关系，承揽人在完成工作中具有独立性。雇佣合同的受雇人在一定程度上要受雇佣人的支配，在完成工作中要听从雇佣人的安排、指挥。

2. 是否由一方指定工作场所、提供劳动工具或设备，限定工作时间。雇佣合同一般由雇主指定工作场所，提供劳动工具或设备，限定工作时间。承揽合同则自带劳动工具，对工作时间有自主性，只要能在合同约定的期限内完成，具体的完成方式和时间自己决定。

3. 是定期支付劳务报酬还是一次性结算劳务报酬。承揽合同的支付方式一般是合同履行完毕且验收合格后一次性支付，体现的是工作成果的价值。雇佣关系的支付方式一般体现周期性，如日付、月付等，且不存在验收，体现的是劳务本身的价值。

4. 是长期、继续性提供劳务，还是临时、一次性提供工作成果。雇佣合同是以直接提供劳务为目的，承揽合同则是以完成工作成果为目的，提供劳务仅是完成工作成果的手段。

5. 当事人一方所提供的劳动是其独立的业务或者经营活动，还是构成合同相对方的业务或者经营活动的组成部分。雇佣合同中雇员的工作一般是雇主所从事业务的组成部分，而承揽人的工作通常不属于雇主从事的工作内容。

（六）承揽合同纠纷的管辖

1. 约定管辖。根据《民事诉讼法》第34条规定，合同或者其他财产权益纠纷的当事人可以书面协议选择被告住所地、合同履行地、合同签订地、原告住所地、标的物所在地等与争议有实际联系的地点的人民法院管辖，但不得违反对级别管辖和专属管辖的规定。如果合同双方约定的管辖法院与争议没有实际联系，则该法院没有管辖权。

2. 法定管辖。根据《民事诉讼法》第23条规定，被告住所地或合同履行地的人民法院具有管辖权。实务中一般结合《最高人民法院关于适用〈中华人民共和国民事诉讼法〉的解释》第18条确定合同履行地，即合同约定履行地点的，以约定的履行地点为合同履行地。合同对履行地点没有约定或者约定不明确，争议标的为给付货币的，接收货币一方所在地为合同履行地；交付不动产的，不动产所在地为合同履行地；其他标的，履行义务一方所在地为合同履行地。即时结清的合同，交易行为地为合同履行地。合同没有实际履行，当事人双方住所地都不在合同约定的履行地的，由被告住所地人民法院管辖。

需要注意的是，原《最高人民法院关于适用〈中华人民共和国民事诉讼法〉若干问题的意见》第 20 条规定："加工承揽合同，以加工行为地为合同履行地，但合同中对履行地有约定的除外。"该条规定后来被删除，加工行为地不再必然属于合同履行地。

📖 重点条文与关联法律 ▶▶▶

第七百七十一条 【关于承揽合同内容的规定】

承揽合同的内容一般包括承揽的标的、数量、质量、报酬，承揽方式，材料的提供，履行期限，验收标准和方法等条款。

第七百七十二条 【关于承揽人完成主要工作的规定】

承揽人应当以自己的设备、技术和劳力，完成主要工作，但是当事人另有约定的除外。

承揽人将其承揽的主要工作交由第三人完成的，应当就该第三人完成的工作成果向定作人负责；未经定作人同意的，定作人也可以解除合同。

第七百七十四条 【关于承揽人依约提供材料的规定】

承揽人提供材料的，应当按照约定选用材料，并接受定作人检验。

第七百七十五条 【关于定作人提供材料时双方义务的规定】

定作人提供材料的，应当按照约定提供材料。承揽人对定作人提供的材料应当及时检验，发现不符合约定时，应当及时通知定作人更换、补齐或者采取其他补救措施。

承揽人不得擅自更换定作人提供的材料，不得更换不需要修理的零部件。

第七百七十八条 【关于定作人协助义务的规定】

承揽工作需要定作人协助的，定作人有协助的义务。定作人不履行协助义务致使承揽工作不能完成的，承揽人可以催告定作人在合理期限内履行义务，并可以顺延履行期限；定作人逾期不履行的，承揽人可以解除合同。

第七百八十条 【关于承揽工作成果交付的规定】

承揽人完成工作的，应当向定作人交付工作成果，并提交必要的技术资料和有关质量证明。定作人应当验收该工作成果。

第七百八十三条 【关于承揽人留置权和抗辩权的规定】

定作人未向承揽人支付报酬或者材料费等价款的，承揽人对完成的工作成果享有留置权或者有权拒绝交付，但是当事人另有约定的除外。

第七百八十四条　【关于承揽人妥善保管义务的规定】

承揽人应当妥善保管定作人提供的材料以及完成的工作成果，因保管不善造成毁损、灭失的，应当承担赔偿责任。

第七百八十五条　【关于承揽人保密义务的规定】

承揽人应当按照定作人的要求保守秘密，未经定作人许可，不得留存复制品或者技术资料。

第七百八十六条　【关于共同承揽人连带责任的规定】

共同承揽人对定作人承担连带责任，但是当事人另有约定的除外。

第七百八十七条　【关于定作人任意解除权的规定】

定作人在承揽人完成工作前可以随时解除合同，造成承揽人损失的，应当赔偿损失。

合同法	民法典	要点提示
第二百六十二条　承揽人交付的工作成果不符合质量要求的，定作人可以要求承揽人承担修理、重作、减少报酬、赔偿损失等违约责任。	**第七百八十一条**　承揽人交付的工作成果不符合质量要求的，定作人可以合理选择请求承揽人承担修理、重作、减少报酬、赔偿损失等违约责任。	由"定作人可以要求"修改为"定作人可以合理选择请求"。
第二百六十四条　定作人未向承揽人支付报酬或者材料费等价款的，承揽人对完成的工作成果享有留置权，但当事人另有约定的除外。	**第七百八十三条**　定作人未向承揽人支付报酬或者材料费等价款的，承揽人对完成的工作成果享有留置权或者有权拒绝交付，但是当事人另有约定的除外。	新增承揽人对完成的工作成果享有拒绝交付的权利。
第二百六十八条　定作人可以随时解除承揽合同，造成承揽人损失的，应当赔偿损失。	**第七百八十七条**　定作人在承揽人完成工作前可以随时解除合同，造成承揽人损失的，应当赔偿损失。	定作人仅在承揽人完成工作前才能享有随时解除合同的权利。

七、建设工程合同

典型案例

龙和公司与苏阳公司建设工程施工合同纠纷

（一）事实概要

1.合同签订情况。2012年1月30日，龙和公司（发包人）与苏阳公司（承包人）签订了建设工程施工合同，约定由苏阳公司承建龙和公司开发的位于崇安区广益路南侧，南至府北路，东西至规划道路之建设项目，工程内容包括施工图范围内土建、水电安装、消防等工程，合同价款379963029.22元（按固定单价结算），合同工期600天。

后于2012年4月6日签订《补充合同》，对承包内容、分包项目、总包配合费、价款调整、付款进度、违约责任等进行了详细约定。2014年9月，签订《补充合同二》。2015年5月13日，签订《补充合同三》。2017年8月，签订《补充合同四》。

通过以上补充合同根据实际情况就施工进度、工程价款、违约金、支付时间及方式进行约定。

2.施工情况。案涉工程于2012年4月13日开工，地基与基础分部工程于2013年7月完成质量验收，主体分部工程于2013年12月完成质量验收。

2015年4月8日，苏阳公司向龙和公司发函，称其已按照合同履行了全部义务，但龙和公司的变更图纸迟迟未出，导致其再次被迫停工，损害了合法权益，声明：（1）请龙和公司在收到本函后的10天内拿出本工程的变更方案及提供变更图纸；（2）立即支付《补充合同二》项下的欠款；（3）对其因停工遭受的损失进行评估，及时予以补偿。

2015年4月21日，龙和公司向苏阳公司回函，称针对目前长期停工问题，其就苏阳公司所函问题回复如下：（1）因其前期规划定位尚未确定，所以目前无法按照来函要求提供工程变更方案及图纸；（2）《补充合同二》的剩余款支付，其正在积极与广益建设商讨代为支付方案；（3）损失费问题，双方已于近段时间沟通，提议再次支付部分工程款予以弥补。

施工过程中，龙和公司进行了股东变更。本案起诉前，因龙和公司的其他债务，案涉项目进入了执行拍卖程序。

3. 造价鉴定情况。关于桩基工程造价，双方确认审核造价为 35097418.35 元，对此无须进行司法鉴定。

对于其余已完工程造价，经法庭质证及鉴定机构审核：确定部分金额为 289102701.4 元，不确定部分金额为 18477428.46 元。苏阳公司为此次鉴定预交了鉴定费 2223700 元。

4. 付款情况。双方确认龙和公司向苏阳公司总的付款金额为 260410997 元（其中包括 3000000 元的停工补偿款）。

对于 2015 年 5 月 13 日《补充合同三》中约定的 2015 年 5 月 13 日前支付 2000 万元、2015 年 9 月 30 日再支付 1500 万元的内容，龙和公司于 2015 年 5 月支付了 2000 万元，于 2015 年 7 月、10 月、12 月三次共支付了 1500 万元。对于 2017 年 8 月《补充合同四》中约定的复工前支付 200 万元、复工后 30 天内再支付 400 万元的内容，龙和公司于 2017 年 9 月支付了 200 万元，此后未再有付款。

（二）裁判结果

法院判决：苏阳公司对本判决确定的工程款 65114572.07 元就其承建的案涉工程折价或者拍卖的价款享有优先受偿权。

（三）案例分析

本案主要涉及建设工程价款优先受偿权的法律问题。

本案中，苏阳公司根据《最高人民法院关于审理建设工程施工合同纠纷案件适用法律问题的解释（一）》（以下简称《解释（一）》）第 41 条"承包人应当在合理期限内行使建设工程价款优先受偿权，但最长不得超过十八个月，自发包人应当给付建设工程价款之日起算"的规定，就其承建的案涉工程享有优先受偿权。

因本案中双方在起诉前未就合同履行、价款结算等事宜作出处理，故本案中自起诉之日起起算法定期限。法条规定的优先受偿权范围为建设工程价款，不包括逾期付款利息、违约金、损失等，因此苏阳公司仅能在确定的工程款范围内享有优先受偿权。

📖 **难点解析** ▷▷▷

（一）建设工程施工合同无效的情形及其法律后果

1. 因违反招标投标领域法律、行政规定而无效。根据《解释（一）》第 1 条第 1 款第 3 项规定，建设工程必须进行招标而未招标或者中标无效的，施工合同无效。

（1）必须招标而未招标，对于必须招标的建设工程项目，如果发包人未通过招投标程序而直接与承包人签订了建设工程施工合同，该施工合同应为无效。

实践中必须招标的建设工程项目包括：

第一，全部或者部分使用国有资金投资或者国家融资的项目：使用预算资金 200 万元人民币以上，并且该资金占投资额 10% 以上的项目；使用国有企业事业单位资金，并且该资金占控股或者主导地位的项目。

第二，使用国际组织或者外国政府贷款、援助资金的项目：使用世界银行、亚洲开发银行等国际组织贷款、援助资金的项目；使用外国政府及其机构贷款、援助资金的项目。

第三，非前述资金投资的大型基础设施、公用事业等关系社会公共利益、公众安全的项目。

第四，前三项所涉建设项目的施工单项合同估算价在 400 万元人民币以上；重要设备、材料等货物的采购，单项合同估算价在 200 万元人民币以上；勘察、设计、监理等服务的采购，单项合同估算价在 100 万元人民币以上。

实践中，以下几项情形无须进行招投标：

第一，采取 PPP 模式的政府采购工程可以不进行招标。

第二，涉及"一带一路"建设工程中的国际工程可以不进行招标。

第三，商品住宅建设项目不属于必须招投标范围。

（2）中标无效。根据《招标投标法》第 43 条、第 50 条、第 52 条、第 54 条、第 55 条、第 57 条，以下六种情形中标无效：

第一，招标人或招标代理机构违反本法规定，泄露应当保密的与招标投标活动有关的情况和资料，或者与招标人、投标人串通损害国家利益、社会公共利益或者他人合法权益，影响中标结果的，中标无效。

第二，依法必须进行招标的项目的招标人向他人透露已获取招标文件的潜在投标人的名称、数量或者可能影响公平竞争的有关招标投标的其他情况，或者泄露标底，影响中标结果的，中标无效。

第三，投标人相互串通投标或者与招标人串通投标的，投标人以向招标人或者评标委员会成员行贿的手段谋取中标的，中标无效。

第四，投标人以他人名义投标或者以其他方式弄虚作假，骗取中标的，中标无效。

第五，依法必须进行招标的项目，招标人违反本法规定，与投标人就投标价格、投标方案等实质性内容进行谈判，影响中标结果的，中标无效。

第六，招标人在评标委员会依法推荐的中标候选人以外确定中标人的，依法必须进行招标的项目在所有投标被评标委员会否决后自行确定中标人的，中标无效。

2. 因违反建设工程审批手续而无效。根据《解释（一）》第3条规定，当事人以发包人未取得建设工程规划许可证等规划审批手续为由，请求确认建设工程施工合同无效的，人民法院应予支持。关于"建设工程规划许可等规划审批手续"，根据城乡规划法等法律法规规定，仅指建设用地规划许可证和建设工程规划许可证，若建设工程施工合同所涉工程项目没有取得该两项行政许可，应认定为施工合同无效。同时，《解释（一）》第3条赋予了发包人补正的机会，即在当事人起诉前取得行政审批手续的，不影响施工合同的效力。

3. 因承包人违反施工企业资质管理规定而无效。《解释（一）》第1条第1款、第2款对承包人违反施工企业资质管理规定的行为作出了否定性效力评价，即由此所签订的施工合同无效。承包人违反施工企业资质管理规定的情形主要涉及两种情况：一是承包人未取得建筑施工资质或超越施工资质承揽工程；二是没有施工资质或资质较低的承包人借用有资质的建筑施工企业名义承揽工程。需要说明的是，若承包人超越资质等级许可的业务范围签订建设工程施工合同，在建设工程竣工前取得相应资质等级，合同不因超越资质而被认定无效。

4. 因支解发包或非法转包、违法分包而无效。

（1）支解发包。所谓支解，是指应当由一个承包人完成的建设工程分解成若干部分。支解发包的行为违反了建筑法的强制性规定。根据《民法典》第153条规定，应认定为无效，由此，对于支解发包所引申出的数个施工合同，应均认定无效。

（2）违法分包。违法分包包括：总承包单位将建设工程分包给不具备相应资质条件的单位的；建设工程总承包合同中未有约定，又未经建设单位认可，承包单位将其承包的部分建设工程交由其他单位完成的；施工总承包单位将建设工程主体结构的施工分包给其他单位的；分包单位将其承包的建设工程再分包的。

对于违法分包的施工合同的效力，根据《解释（一）》第 4 条规定，承包人违法分包建设工程签订施工合同的行为无效。

（3）非法转包。转包是指承包单位承包建设工程后，不履行合同约定的责任和义务，将其承包的全部建设工程转给他人或者将其承包的全部建设工程支解以后以分包的名义分别转给其他单位承包的行为。转包主要有全部转包和支解分包两种形式，无论是哪种形式，转包都是法律所禁止的。所以，转包不存在合法与否，只能是非法的，一旦认定转包关系成立，对应的施工合同就应认定为无效。

5. 无效建设工程施工合同的法律后果。

（1）以建设工程质量合格为先决条件并参照合同约定折价补偿。《民法典》第 793 条确立了建设工程施工合同无效后以验收合格为条件和标准的无效法律后果模式：建设工程经验收合格的，可以参照合同关于工程价款的约定折价补偿承包人；不合格进行修复，修复后经验收合格的，修复费用由义务人承担，修复后的建设工程经验收不合格的，承包人无权请求参照合同关于工程价款的约定折价补偿，发包人有过错亦要承担责任。

（2）折价补偿基础上的赔偿损失。《解释（一）》第 6 条规定，建设工程施工合同无效，一方当事人请求对方赔偿损失的，应当就对方过错、损失大小、过错与损失之间的因果关系承担举证责任。

损失大小无法确定，一方当事人请求参照合同约定的质量标准、建设工期、工程价款支付时间等内容确定损失大小的，人民法院可以结合双方过错程度、过错与损失之间的因果关系等因素作出裁判。

（二）建设工程价款优先受偿权的行使

1. 优先受偿权的性质。

（1）法定权利。根据《民法典》第 807 条规定，建设工程的价款就该工程折价或者拍卖的价款优先受偿，即工程价款的优先受偿权是法定的优先权。实践中常见发包人要求承包人承诺放弃优先受偿权的情况，根据《解释（一）》第 42 条规定，发包人与承包人约定放弃或者限制建设工程价款优先受偿权，损害建筑工人利益的，该约定无效。由此也更进一步体现了建设工程价款优先受偿权系法定权利。

（2）优先效力。工程价款优先受偿权与抵押权的权利冲突时，根据《解释（一）》第36条"承包人根据民法典第八百零七条规定享有的建设工程价款优先受偿权优于抵押权和其他债权"的规定，建设工程价款优先受偿权优先于抵押权。

2. 行使权利的主体。《民法典》第807条规定，建设工程的承包人享有工程价款优先受偿权。《解释（一）》第35条进一步明确，只有与发包人存在直接的建设工程施工合同关系的承包人才享有优先受偿权。

依据《解释（一）》第37条规定，装饰装修工程具备折价或者拍卖条件，装饰装修工程的承包人请求工程价款就该装饰装修工程折价或者拍卖的价款优先受偿的，人民法院应予支持。该条明确了装饰装修工程承包人享有优先受偿权，但优先受偿的范围限于装饰装修工程。

依据《解释（一）》第44条规定，实际施工人依据《民法典》第535条规定，以转包人或者违法分包人怠于向发包人行使到期债权或者与该债权有关的从权利，影响其到期债权实现，提起代位权诉讼的，人民法院应予支持。通过该条可知，实际施工人虽不直接享有工程款的优先受偿权，但在一定条件下可代承包人行使代位求偿权，因此，实际施工人可以通过代位求偿权的方式来行使优先受偿权。

3. 行使权利的范围。工程价款的优先受偿权范围一直是理论和司法实践中争议较大的问题。由于工程价款的优先权系法定的优先权，因此其权利范围亦应当依照法律而确定，而不能由当事人约定。

《民法典》第807条将优先受偿的范围界定为"建设工程的价款"，但《解释（一）》第40条第1款并未列举工程价款的范围，而是依照国务院有关行政主管部门的规定。《建设工程施工发包与承包价格管理暂行规定》以及《建筑安装工程费用项目组成》中规定工程价格的构成包括：成本（含直接成本及间接成本：人工费、材料费、施工机具使用费、企业管理费等）以及利润、规费和税金。

依据《解释（一）》第40条第2款"承包人就逾期支付建设工程价款的利息、违约金、损害赔偿金等主张优先受偿的，人民法院不予支持"的规定，主张优先受偿权的，不应包括因发包人违约而造成的利息、违约金、损害赔偿金等费用。

建设工程项目中发包人通常会要求承包人交纳履约保证金和工程质量保

证金，那么履约保证金和工程质量保证金是否属于享有优先受偿范围，法律未明确规定。履约保证金是发包人为防止承包人在履行合同过程中违约，或当出现违约情形时弥补由此造成的损失，系承包人为担保合同的履行而交付的保证金，其性质是对债的担保。依照《解释（一）》第40条的规定，履约保证金并不属于建设工程价款的范围，司法实践中也普遍认为设立优先受偿权的目的系保障施工人可以优先取得其实际投入或者物化到建设工程中的价值，规定发包人不得将履约保证金挪作他用。履约保证金未实际投入建设使用，因此不能优先受偿。工程质量保证金是指发包人与承包人在建设工程承包合同中约定，从应付的工程款中预留，用以保证承包人在缺陷责任期内对建设工程出现的缺陷进行维修的资金。根据《建设工程质量保证金管理办法》第2条规定，工程质量保证金是从建设工程价款中预扣的，本质上仍属于建设工程价款的一部分。司法实践中的主流观点还是认为工程质量保证金属于优先受偿的范围。

4. 行使权利的期限。依据《解释（一）》第41条规定，承包人应当在合理期限内行使建设工程价款优先受偿权，但最长不得超过18个月，自发包人应当给付建设工程价款之日起算。即2021年1月1日以后，承包人行使优先受偿权的期限从6个月延长到了18个月。优先受偿权的期限延长至18个月的规定结合了建设工程合同履行的特征进而保护承包人的权利。《解释（一）》中增加了"承包人应当在合理期限内行使建设工程价款优先受偿权"的规定，即承包人如果怠于行使优先受偿权超过合理期限，即使未超过18个月的期限，仍存在丧失优先受偿权的风险。同时，该期间为除斥期间，不因任何事由中止、中断或延长。

5. 行使权利的方式。《民法典》第807条规定的优先受偿权的实现方式是对建设工程协议折价或申请法院拍卖，据此对优先受偿权的行使方式可以确定为诉讼及协议两种方式。

（1）采取诉讼或仲裁的方式。承包人可向法院或仲裁机构提起诉讼或仲裁，请求对其承建工程的价款就工程的折价或拍卖的价款享有优先受偿权。如发包人已进入破产程序的，可以向管理人提出申请。

（2）采取协商折价的方式。实践中，常见的一种情况是承包人以抵充工程款为目的购买建筑物，其实质是通过协商折价抵偿实现就案涉项目房屋所享有的建设工程价款优先受偿权，以案涉房屋折价抵偿欠付工程款。①

（3）采取发函件等通知的方式。承包人享有的建设工程价款优先受偿权系法定权利，承包人行使优先受偿权的形式包括且不限于通知、协商、诉讼、仲裁等方式，承包人在除斥期间内以上述形式主张过建设工程价款优先受偿权的，应当认定其主张未超过优先受偿权行使的法定期限。②

📖 重点条文与关联法律 ⟫⟫

第七百八十九条 【关于建设工程合同形式的规定】

建设工程合同应当采用书面形式。

第七百九十一条 【关于建设工程合同发包、承包、分包的规定】

发包人可以与总承包人订立建设工程合同，也可以分别与勘察人、设计人、施工人订立勘察、设计、施工承包合同。发包人不得将应当由一个承包人完成的建设工程支解成若干部分发包给数个承包人。

总承包人或者勘察、设计、施工承包人经发包人同意，可以将自己承包的部分工作交由第三人完成。第三人就其完成的工作成果与总承包人或者勘察、设计、施工承包人向发包人承担连带责任。承包人不得将其承包的全部建设工程转包给第三人或者将其承包的全部建设工程支解以后以分包的名义分别转包给第三人。

禁止承包人将工程分包给不具备相应资质条件的单位。禁止分包单位将其承包的工程再分包。建设工程主体结构的施工必须由承包人自行完成。

第七百九十三条 【关于建设工程施工合同无效时处理的规定】

建设工程施工合同无效，但是建设工程经验收合格的，可以参照合同关于工程价款的约定折价补偿承包人。

建设工程施工合同无效，且建设工程经验收不合格的，按照以下情形处理：

（一）修复后的建设工程经验收合格的，发包人可以请求承包人承担修复费用；

（二）修复后的建设工程经验收不合格的，承包人无权请求参照合同关于工程价款的约定折价补偿。

---

① 参见（2020）最高法民再352号判决书。
② 参见（2020）最高法民再352号判决书。

发包人对因建设工程不合格造成的损失有过错的，应当承担相应的责任。

第七百九十五条　【关于施工合同主要内容的规定】

施工合同的内容一般包括工程范围、建设工期、中间交工工程的开工和竣工时间、工程质量、工程造价、技术资料交付时间、材料和设备供应责任、拨款和结算、竣工验收、质量保修范围和质量保证期、相互协作等条款。

第七百九十九条　【关于建设工程竣工验收的规定】

建设工程竣工后，发包人应当根据施工图纸及说明书、国家颁发的施工验收规范和质量检验标准及时进行验收。验收合格的，发包人应当按照约定支付价款，并接收该建设工程。

建设工程竣工经验收合格后，方可交付使用；未经验收或者验收不合格的，不得交付使用。

第八百零六条　【关于建设工程合同法定解除权的规定】

承包人将建设工程转包、违法分包的，发包人可以解除合同。

发包人提供的主要建筑材料、建筑构配件和设备不符合强制性标准或者不履行协助义务，致使承包人无法施工，经催告后在合理期限内仍未履行相应义务的，承包人可以解除合同。

合同解除后，已经完成的建设工程质量合格的，发包人应当按照约定支付相应的工程价款；已经完成的建设工程质量不合格的，参照本法第七百九十三条的规定处理。

最高人民法院关于审理建设工程施工合同纠纷案件适用法律问题的解释（法释〔2004〕14号）	最高人民法院关于审理建设工程施工合同纠纷案件适用法律问题的解释（一）（法释〔2020〕25号）	民法典
第一条　建设工程施工合同具有下列情形之一的，应当根据合同法第五十二条第（五）项的规定，认定无效： （一）承包人未取得建筑施工企业资质或者超越资质等级的； （二）没有资质的实际施工人借用有资质的建筑施工企业名义的； （三）建设工程必须进行招标而未招标或者中标无效的。	**第一条**　建设工程施工合同具有下列情形之一的，应当依据民法典第一百五十三条第一款的规定，认定无效： （一）承包人未取得建筑业企业资质或者超越资质等级的； （二）没有资质的实际施工人借用有资质的建筑施工企业名义的； （三）建设工程必须进行招标而未招标或者中标无效的。 承包人因转包、违法分包建设工程与他人签订的建设工程施工合同，应当依据民法典第一百五十三条第一款及第七百九十一条第二款、第三款的规定，认定无效。	**第一百五十三条**　违反法律、行政法规的强制性规定的民事法律行为无效。但是，该强制性规定不导致该民事法律行为无效的除外。 违背公序良俗的民事法律行为无效。
第六条　当事人对垫资和垫资利息有约定，承包人请求按照约定返还垫资及其利息的，应予支持，但是约定的利息计算标准高于中国人民银行发布的同期同类贷款利率的部分除外。 当事人对垫资没有约定的，按照工程欠款处理。 当事人对垫资利息没有约定，承包人请求支付利息的，不予支持。	**第二十五条**　当事人对垫资和垫资利息有约定，承包人请求按照约定返还垫资及其利息的，人民法院应予支持，但是约定的利息计算标准高于垫资时的同类贷款利率或者同期贷款市场报价利率的部分除外。 当事人对垫资没有约定的，按照工程欠款处理。 当事人对垫资利息没有约定，承包人请求支付利息的，人民法院不予支持。	
第十七条　当事人对欠付工程价款利息计付标准有约定的，按照约定处理；没有约定的，按照中国人民银行发布的同期同类贷款利率计息。	**第二十六条**　当事人对欠付工程价款利息计付标准有约定的，按照约定处理。没有约定的，按照同期同类贷款利率或者同期贷款市场报价利率计息。	

最高人民法院关于审理建设工程施工合同纠纷案件适用法律问题的解释（法释〔2004〕14号）	最高人民法院关于审理建设工程施工合同纠纷案件适用法律问题的解释（一）（法释〔2020〕25号）	民法典
第二十六条　实际施工人以转包人、违法分包人为被告起诉的，人民法院应当依法受理。 　　实际施工人以发包人为被告主张权利的，人民法院可以追加转包人或者违法分包人为本案当事人。发包人只在欠付工程价款范围内对实际施工人承担责任。	**第四十三条**　实际施工人以转包人、违法分包人为被告起诉的，人民法院应当依法受理。 　　实际施工人以发包人为被告主张权利的，人民法院应当追加转包人或者违法分包人为本案第三人，在查明发包人欠付转包人或者违法分包人建设工程价款的数额后，判决发包人在欠付建设工程价款范围内对实际施工人承担责任。	

最高人民法院关于审理建设工程施工合同纠纷案件适用法律问题的解释（二）（法释〔2018〕20号）	最高人民法院关于审理建设工程施工合同纠纷案件适用法律问题的解释（一）（法释〔2020〕25号）	民法典
第十一条　当事人就同一建设工程订立的数份建设工程施工合同均无效，但建设工程质量合格，一方当事人请求参照实际履行的合同结算建设工程价款的，人民法院应予支持。 　　实际履行的合同难以确定，当事人请求参照最后签订的合同结算建设工程价款的，人民法院应予支持。	**第二十四条**　当事人就同一建设工程订立的数份建设工程施工合同均无效，但建设工程质量合格，一方当事人请求参照实际履行的合同关于工程价款的约定折价补偿承包人的，人民法院应予支持。 　　实际履行的合同难以确定，当事人请求参照最后签订的合同关于工程价款的约定折价补偿承包人的，人民法院应予支持。	
第十八条　装饰装修工程的承包人，请求装饰装修工程价款就该装饰装修工程折价或者拍卖的价款优先受偿的，人民法院应予支持，但装饰装修工程的发包人不是该建筑物的所有权人的除外。	**第三十七条**　装饰装修工程具备折价或者拍卖条件，装饰装修工程的承包人请求工程价款就该装饰装修工程折价或者拍卖的价款优先受偿的，人民法院应予支持。	

续表

最高人民法院关于审理建设工程施工合同纠纷案件适用法律问题的解释（二）（法释〔2018〕20号）	最高人民法院关于审理建设工程施工合同纠纷案件适用法律问题的解释（一）（法释〔2020〕25号）	民法典
第二十二条 承包人行使建设工程价款优先受偿权的期限为六个月，自发包人应当给付建设工程价款之日起算。	**第四十一条** 承包人应当在合理期限内行使建设工程价款优先受偿权，但最长不得超过十八个月，自发包人应当给付建设工程价款之日起算。	
第二十四条 实际施工人以发包人为被告主张权利的，人民法院应当追加转包人或者违法分包人为本案第三人，在查明发包人欠付转包人或者违法分包人建设工程价款的数额后，判决发包人在欠付建设工程价款范围内对实际施工人承担责任。		
第二十五条 实际施工人根据合同法第七十三条规定，以转包人或者违法分包人怠于向发包人行使到期债权，对其造成损害为由，提起代位权诉讼的，人民法院应予支持。	**第四十四条** 实际施工人依据民法典第五百三十五条规定，以转包人或者违法分包人怠于向发包人行使到期债权或者与该债权有关的从权利，影响其到期债权实现，提起代位权诉讼的，人民法院应予支持。	**第五百三十五条** 因债务人怠于行使其债权或者与该债权有关的从权利，影响债权人的到期债权实现的，债权人可以向人民法院请求以自己的名义代位行使债务人对相对人的权利，但是该权利专属于债务人自身的除外。 代位权的行使范围以债权人的到期债权为限。债权人行使代位权的必要费用，由债务人负担。 相对人对债务人的抗辩，可以向债权人主张。

续表

最高人民法院关于建设工程价款优先受偿权问题的批复（法释〔2002〕16号）	最高人民法院关于审理建设工程施工合同纠纷案件适用法律问题的解释（一）（法释〔2020〕25号）	民法典
一、人民法院在审理房地产纠纷案件和办理执行案件中，应当依照《中华人民共和国合同法》第二百八十六条的规定，认定建筑工程的承包人的优先受偿权优于抵押权和其他债权。 　　二、消费者交付购买商品房的全部或者大部分款项后，承包人就该商品房享有的工程价款优先受偿权不得对抗买受人。 　　三、建筑工程价款包括承包人为建设工程应当支付的工作人员报酬、材料款等实际支出的费用，不包括承包人因发包人违约所造成的损失。 　　四、建设工程承包人行使优先权的期限为六个月，自建设工程竣工之日或者建设工程合同约定的竣工之日起计算。 　　五、本批复第一条至第三条自公布之日起施行，第四条自公布之日起六个月后施行。	第三十六条　承包人根据民法典第八百零七条规定享有的建设工程价款优先受偿权优于抵押权和其他债权。	第八百零七条　发包人未按照约定支付价款的，承包人可以催告发包人在合理期限内支付价款。发包人逾期不支付的，除根据建设工程的性质不宜折价、拍卖外，承包人可以与发包人协议将该工程折价，也可以请求人民法院将该工程依法拍卖。建设工程的价款就该工程折价或者拍卖的价款优先受偿。

八、技术合同

📖 典型案例 》》》

郑州某科技有限公司与洛阳市体育局合同纠纷案

（一）事实概要

郑州某科技有限公司与洛阳市体育局签订政府采购合同，约定：（1）推广宣传；（2）软硬件管理；（3）第三方市场开发；（4）日常运营；（5）体育部门配合；

（6）相关账户和证书维护。合同内容并不涉及技术开发、转让、许可、咨询或者服务。2021年上半年，原告郑州某科技有限公司与被告洛阳市体育局合同纠纷一案，一审法院认为，原告、被告双方的纠纷系技术合同纠纷，一审法院对该案并无管辖权，裁定不予受理原告的诉讼。之后，郑州某科技有限公司不服一审裁定，向河南省洛阳市中级人民法院提起上诉，请求撤销一审裁定，并裁定由一审法院立案受理。

（二）裁判结果

二审法院认为，上诉人的上诉理由成立，裁定撤销一审法院民事裁定，指令一审法院立案受理。

（三）案例分析

本案主要涉及技术合同与普通合同的区分问题。

二审法院认为，案涉合同并非技术合同纠纷，而是一般合同纠纷。根据《民事诉讼法》第23条规定，因合同纠纷提起的诉讼，由被告住所地或者合同履行地人民法院管辖。《民事诉讼法》第35条规定，合同或者其他财产权益纠纷的当事人可以书面协议选择被告住所地、合同履行地、合同签订地、原告住所地、标的物所在地等与争议有实际联系的地点的人民法院管辖，但不得违反本法对级别管辖和专属管辖的规定。案涉政府采购合同约定的"经协商不能解决的争议，双方可选择向洛阳市洛龙区人民法院提起诉讼"未违反级别管辖和专属管辖的规定。因此，一审法院作为当事人协议选择的被告住所地人民法院对本案具有管辖权。

📖 难点解析 ▶▶▶

（一）技术合同与普通合同的区分

技术合同以技术开发、转让、许可、咨询、服务为主要交易标的。《民法典》第843条规定的技术合同包括技术开发、技术转让、技术许可、技术咨询、技术服务五种。无论是何种技术合同，双方订立合同的目的都应当以保护知识产权、促进科学技术的进步，以及科学技术成果的研发、转化、应用和推广。

区分普通合同与技术合同，不能仅依据双方约定的合同名称直接判断，应当结合合同订立目的、合同条款、交易标的等综合考虑。

（二）技术合同纠纷的种类

技术合同纠纷包括技术委托开发、技术合作开发、技术转化、技术转让、技术许可、技术咨询、技术服务、技术培训、技术中介、技术进出口合同纠纷、职务技术成果完成人奖励与报酬纠纷、技术成果完成人署名权、荣誉权、奖励权纠纷。

技术合同纠纷与著作权、商标、专利、植物新品种、集成电路布图设计、商业秘密、特许经营、企业名称（商号）、特殊标志、网络域名、知识产权质押合同纠纷同属于知识产权合同纠纷。

（三）技术合同纠纷的管辖法院

《最高人民法院关于审理技术合同纠纷案件适用法律若干问题的解释》第43条规定，技术合同纠纷案件一般由中级以上人民法院管辖。各高级人民法院根据本辖区的实际情况并报经最高人民法院批准，可以指定若干基层人民法院管辖第一审技术合同纠纷案件。其他司法解释对技术合同纠纷案件管辖另有规定的，从其规定。合同中既有技术合同内容，又有其他合同内容，当事人就技术合同内容和其他合同内容均发生争议的，由具有技术合同纠纷案件管辖权的人民法院受理。第45条规定，第三人向受理技术合同纠纷案件的人民法院就合同标的技术提出权属或者侵权请求时，受诉人民法院对此也有管辖权的，可以将权属或者侵权纠纷与合同纠纷合并审理；受诉人民法院对此没有管辖权的，应当告知其向有管辖权的人民法院另行起诉或者将已经受理的权属或者侵权纠纷案件移送有管辖权的人民法院。权属或者侵权纠纷另案受理后，合同纠纷应当中止诉讼。

结合上述规定可知，技术合同纠纷案件一般由中级以上人民法院管辖；若合同中既有技术合同内容又有非技术合同内容，仍然由具有技术合同纠纷案件管辖权的人民法院受理；受理技术合同纠纷的法院，如果对第三人就合同标的技术提出权属或者侵权请求也有管辖权时，可以合并审理，否则要告知第三人另行起诉，或者由法院依职权将案件移送至其他有管辖权的人民法院。

（四）合作开发技术成果知识产权的归属

《民法典》第860条规定，合作开发完成的发明创造，申请专利的权利属于合作开发的当事人共有；当事人一方转让其共有的专利申请权的，其他各方享有以同等条件优先受让的权利。但是，当事人另有约定的除外。合作开发的当事人一方声明放弃其共有的专利申请权的，除当事人另有约定外，可以由另一方单独申请或者由其他各方共同申请。申请人取得专利权的，放弃专利申请权的一方可以免费实施该专利。合作开发的当事人一方不同意申请专利的，另一方或者其他各方不得申请专利。

对于合作开发完成的发明创造，不仅是合作开发发明创造共有，还包括优先受让权以及单方申请权，都以合同约定为优先适用。但是放弃专利申请权的一方免费实施该专利，以及一方不同意申请专利，另一方不得申请专利的，均属于法定权利，民法典予以了强调。

关于免费实施权，尽管放弃专利申请的当事人放弃了该专利申请权，但其仍控制或掌握着该技术成果，依据专利法上的先用权，其有权免费实施该专利，这种免费实施双方如果没有约定就没有期限限制。

对于不同意申请专利的，专利申请属于技术成果的重大处置，按照共同共有的原理，协商解决，不得侵害共有人的利益，专利一旦申请就被公开，使技术成果丧失秘密性，很难说不侵害不同意申请一方的利益。需要指出的是，基于意思自治的保护，对于免费实施权和不同意申请专利权利，当事人可以通过合同或声明予以放弃。

（五）委托或合作开发完成的技术秘密成果使用权、转让权的前置条件

《民法典》第861条规定的委托开发或者合作开发完成的技术秘密成果，在没有约定或约定不明确的情况下，当事人均有使用和转让专利的权利，但该权利应当"在没有相同技术方案被授予专利权前"。因为与技术秘密相同技术方案一旦被他人申请专利并被授权，他人将享有专利的排他权，继续使用与该授权专利相同技术成果的，将会落入到该专利保护范围之内。当然，如果该技术方案已在专利申请日前公开的，属于现有技术，将直接影响被授权专利的新颖性，但同时也因为公开丧失了前述技术秘密成果的秘密性，从而难以利用反不正当竞争法关于技术秘密的条款进行有效保护。如果在专利申请日前未公开的，已经制造相同产品、使用相同方法或者已经做好制造、使用的必要准备的，也可以依据《专利法》第69条第2项先用权规则进行抗辩，但使用和实施范围仅局限于原有范围。

（六）技术秘密许可人申请专利不得违反保密义务

《民法典》第868条新增技术秘密使用许可合同许可人在合同有效期内申请专利，并不违反保密义务的规定。技术秘密使用许可合同的许可人在履行合同过

程中，并未转让技术秘密的所有权，作为许可人当然有权决定该技术秘密是否通过申请专利放弃其秘密性以获得更加有利的专利法保护，当然如果被许可人认为技术秘密公开将影响到其商业利益及技术垄断优势的，可通过合同约束许可人这一权利。

技术秘密转让合同是将技术秘密完全转让给受让人，无论出让人是否依据转让合同享有一定范围的实施权和使用权，受让人享有完整的权益，一般应由受让人决定是否通过申请专利进行保护。因此，《民法典》第868条第2款仅适用于技术秘密使用许可合同，并不适用于技术秘密转让合同。

📖 重点条文与关联法律 〉〉〉

第八百四十五条 【关于技术合同条款内容的规定】

技术合同的内容一般包括项目的名称，标的的内容、范围和要求，履行的计划、地点和方式，技术信息和资料的保密，技术成果的归属和收益的分配办法，验收标准和方法，名词和术语的解释等条款。

与履行合同有关的技术背景资料、可行性论证和技术评价报告、项目任务书和计划书、技术标准、技术规范、原始设计和工艺文件，以及其他技术文档，按照当事人的约定可以作为合同的组成部分。

技术合同涉及专利的，应当注明发明创造的名称、专利申请人和专利权人、申请日期、申请号、专利号以及专利权的有效期限。

第八百四十六条 【关于技术合同价款、报酬和使用费支付方式的规定】

技术合同价款、报酬或者使用费的支付方式由当事人约定，可以采取一次总算、一次总付或者一次总算、分期支付，也可以采取提成支付或者提成支付附加预付入门费的方式。

约定提成支付的，可以按照产品价格、实施专利和使用技术秘密后新增的产值、利润或者产品销售额的一定比例提成，也可以按照约定的其他方式计算。提成支付的比例可以采取固定比例、逐年递增比例或者逐年递减比例。

约定提成支付的，当事人可以约定查阅有关会计账目的办法。

第八百四十七条 【关于职务技术成果及职务技术成果财产权归属的规定】

职务技术成果的使用权、转让权属于法人或者非法人组织的，法人或者非法人组织可以就该项职务技术成果订立技术合同。法人或者非法人组织订立技术合同转让职务技术成果时，职务技术成果的完成人享有以同等条件优先受让的权利。

职务技术成果是执行法人或者非法人组织的工作任务，或者主要是利用法人或者非法人组织的物质技术条件所完成的技术成果。

第八百四十八条 【关于非职务技术成果财产权归属的规定】

非职务技术成果的使用权、转让权属于完成技术成果的个人，完成技术成果的个人可以就该项非职务技术成果订立技术合同。

第八百四十九条 【关于技术成果人身权的规定】

完成技术成果的个人享有在有关技术成果文件上写明自己是技术成果完成者的权利和取得荣誉证书、奖励的权利。

第八百七十条 【关于技术转让合同的让与人和技术许可合同的许可人保证义务的规定】

技术转让合同的让与人和技术许可合同的许可人应当保证自己是所提供的技术的合法拥有者，并保证所提供的技术完整、无误、有效，能够达到约定的目标。

合同法	民法典	要点提示
第三百二十二条 技术合同是当事人就技术开发、转让、咨询或者服务订立的确立相互之间权利和义务的合同。	**第八百四十三条** 技术合同是当事人就技术开发、转让、许可、咨询或者服务订立的确立相互之间权利和义务的合同。	新增许可合同。
第三百二十三条 订立技术合同，应当有利于科学技术的进步，加速科学技术成果的转化、应用和推广。	**第八百四十四条** 订立技术合同，应当有利于知识产权的保护和科学技术的进步，促进科学技术成果的研发、转化、应用和推广。	相比合同法，增加"知识产权保护"的规定。
第三百二十九条 非法垄断技术、妨碍技术进步或者侵害他人技术成果的技术合同无效。	**第八百五十条** 非法垄断技术或者侵害他人技术成果的技术合同无效。	删除"妨碍技术进步"的规定。
第三百三十条 技术开发合同是指当事人之间就新技术、新产品、新工艺或者新材料及其系统的研究开发所订立的合同。	**第八百五十一条第一款** 技术开发合同是当事人之间就新技术、新产品、新工艺、新品种或者新材料及其系统的研究开发所订立的合同。	新增"新品种"的情形。

续表

合同法	民法典	要点提示
第三百三十九条　委托开发完成的发明创造，除当事人另有约定的以外，申请专利的权利属于研究开发人。研究开发人取得专利权的，委托人可以免费实施该专利。	**第八百五十九条第一款**　委托开发完成的发明创造，除法律另有规定或者当事人另有约定外，申请专利的权利属于研究开发人。研究开发人取得专利权的，委托人可以依法实施该专利。	将原合同法中规定的"研究开发人取得专利权的，委托人可以免费实施该专利"修改为"研究开发人取得专利权的，委托人可以依法实施该专利"。
	第八百六十八条　技术秘密转让合同让与人和技术秘密使用许可合同的许可人应当按照约定提供技术资料，进行技术指导，保证技术的实用性、可靠性，承担保密义务。 　前款规定的保密义务，不限制许可人申请专利，但是当事人另有约定的除外。	增加"技术秘密使用许可合同许可人"的主要义务。 新增第 2 款。
第三百四十八条　技术秘密转让合同的受让人应当按照约定使用技术，支付使用费，承担保密义务。	**第八百六十九条**　技术秘密转让合同的受让人和技术秘密使用许可合同的被许可人应当按照约定使用技术，支付转让费、使用费，承担保密义务。	新增技术秘密使用许可合同。
	第八百七十六条　集成电路布图设计专有权、植物新品种权、计算机软件著作权等其他知识产权的转让和许可，参照适用本节的有关规定。	新增条款。

第九讲　人格权

一、一般规定

难点解析 >>>

（一）一般人格权保护的前提条件

一般人格权保护的前提条件有：（1）被侵犯的人格权益没有法律的明确规定，并且无法纳入具体列举的人格权的保护范围；（2）被侵犯的人格权益是基于人身自由、人格尊严产生的，因此是需要法律保护的；（3）只有自然人的人格权益才能依据《民法典》第 990 条第 2 款受到保护，法人和非法人组织不适用该条款。

（二）人格标示许可使用

人格标示许可他人使用，是指许可他人在商品、商标或者服务等上面使用，因此不包括他人正当使用别人的姓名等情形，同时，许可他人使用不仅包括以营利为目的的使用，也包括非以营利为目的的使用。

（三）死者人格利益保护条件

死者人格利益受到保护的条件是：（1）被侵害者已经死亡；（2）死者的姓名、肖像、名誉、荣誉、隐私、遗体等受到伤害。

（四）不适用诉讼时效

受害人因人格权受到侵害而提出停止侵害、排除妨碍、消除危险、消除影响、恢复名誉、赔礼道歉请求权的，不适用诉讼时效的规定。

（五）精神损害赔偿

精神损害赔偿是指受害人因人格利益或身份利益受到损害或者遭受精神痛

苦而获得的金钱赔偿。受损害人请求行为人承担违约责任时，可以请求违约方承担精神损害赔偿，但应当证明行为人不履行合同义务或履行合同义务不符合约定，同时也应证明行为人的违约行为损害了自己的人格权并给自己造成了严重精神损害。

（六）人格权行为禁令的适用条件

适用人格权行为禁令的前提是：（1）行为人正在实施或者即将实施侵害其人格权的违法行为。（2）不及时制止行为人的有关违法行为将使权利人的合法权益受到难以弥补的损害。（3）民事主体有证据证明。民事主体必须提出相关的证据，证明已经具备了申请责令停止有关行为的前提条件，即行为人正在实施或者即将实施侵害其人格权的行为，不及时制止将使其合法权益受到难以弥补的损害。

适用《民法典》第997条的法律效果是，权利人有权依法向人民法院申请采取责令行为人停止有关行为的措施。具体而言：一是权利人须向人民法院提出申请，申请内容必须具体明确，包括明确的对方当事人、申请采取的具体措施等。二是申请的程序要符合法律的规定。

（七）人格权的合理使用

实施新闻报道、舆论监督等行为的，对民事主体的姓名、名称、肖像、个人信息等使用不合理，侵害民事主体人格权的，应当依法承担民事责任。第一，虽然在新闻报道和舆论监督中，可以不经民事主体的同意使用其姓名、名称、肖像、个人信息等，但这种使用必须是合理的。如果经判断认为使用是不合理的，则应当依法承担民事责任。第二，所谓"依法"，即依照民法典和其他相关法律的规定，行为人承担民事责任，应当以符合民法典和其他相关法律规定的构成要件为前提。

重点条文

第九百九十条　【关于人格权类型的规定】

人格权是民事主体享有的生命权、身体权、健康权、姓名权、名称权、肖像权、名誉权、荣誉权、隐私权等权利。

除前款规定的人格权外，自然人享有基于人身自由、人格尊严产生的其他人格权益。

第九百九十二条 【关于人格权人身专属性的规定】

人格权不得放弃、转让或者继承。

第九百九十三条 【关于姓名、名称、肖像等的许可使用的规定】

民事主体可以将自己的姓名、名称、肖像等许可他人使用，但是依照法律规定或者根据其性质不得许可的除外。

第九百九十四条 【关于死者人格保护的规定】

死者的姓名、肖像、名誉、荣誉、隐私、遗体等受到侵害的，其配偶、子女、父母有权依法请求行为人承担民事责任；死者没有配偶、子女且父母已经死亡的，其他近亲属有权依法请求行为人承担民事责任。

第九百九十五条 【关于人格权保护和不适用诉讼时效请求权的规定】

人格权受到侵害的，受害人有权依照本法和其他法律的规定请求行为人承担民事责任。受害人的停止侵害、排除妨碍、消除危险、消除影响、恢复名誉、赔礼道歉请求权，不适用诉讼时效的规定。

第九百九十六条 【关于损害人格权责任竞合情形下的精神损害赔偿的规定】

因当事人一方的违约行为，损害对方人格权并造成严重精神损害，受损害方选择请求其承担违约责任的，不影响受损害方请求精神损害赔偿。

第九百九十七条 【关于申请人民法院责令行为人停止有关行为的规定】

民事主体有证据证明行为人正在实施或者即将实施侵害其人格权的违法行为，不及时制止将使其合法权益受到难以弥补的损害的，有权依法向人民法院申请采取责令行为人停止有关行为的措施。

第九百九十九条 【关于实施新闻报道、舆论监督等行为时使用民事主体特定人格利益的规定】

为公共利益实施新闻报道、舆论监督等行为的，可以合理使用民事主体的姓名、名称、肖像、个人信息等；使用不合理侵害民事主体人格权的，应当依法承担民事责任。

第一千条 【关于消除影响、恢复名誉、赔礼道歉等责任方式的规定】

行为人因侵害人格权承担消除影响、恢复名誉、赔礼道歉等民事责任的，应当与行为的具体方式和造成的影响范围相当。

行为人拒不承担前款规定的民事责任的，人民法院可以采取在报刊、网络等媒体上发布公告或者公布生效裁判文书等方式执行，产生的费用由行为人负担。

二、生命权、身体权和健康权

📖 **典型案例** ▷▷▷

孙某与万厦世纪公司人身自由权纠纷案

（一）事实概要

万厦世纪公司系苏州市全景大厦的物业服务单位，其与委托方签订的服务合同中约定的物业管理服务范围包括安保服务，具体内容为对物业服务区域，开展全天候的人员出入管理、场地管理、公共秩序维护。小米维修店位于全景大厦 B 座 5 楼。2020 年初，新型肺炎疫情暴发，江苏省人民政府决定自 2020 年 1 月 24 日 24 时起启动公共卫生事件一级应急响应以应对该疫情，自 2 月 24 日 24 时起响应级别调整为二级，自 3 月 27 日 24 时起响应级别调整为三级。因疫情防控原因，全景大厦在恢复营业后开放了两个出入口，设有保安及检查点，张贴有相关公告。

2020 年 5 月 25 日 10 时许，孙某自全景大厦一侧停车场入口步行进入大厦区域，被在入口处值班的保安人员拦截，孙某继续往前走，大厦室内入口处的保安人员也对其进行了拦截，双方发生纠纷。监控视频显示，孙某进入时，上身着衬衣一件，且前襟敞开，未戴口罩。孙某称，其当天系前往大厦 5 楼小米维修店维修手机，在进门时保安未问缘由即阻止其进入，法律也并未规定衣衫不整不能进入公共场所。万厦世纪公司则表示，当天拦截孙某系要求其进行防控登记，并要求其将衣服扣好、佩戴口罩，但遭到拒绝。双方产生争论，遂诉至法院。

（二）裁判结果

法院对孙某主张其人身自由受到侵犯的诉求不予支持，考虑到孙某经济困难，万厦世纪公司自愿同意承担本案二审诉讼费用，法院予以准许。

（三）案例分析

本案主要涉及人身自由权的保护问题。

法院认为，民事主体在民事活动中的法律地位一律平等，自然人虽有自身的着装习惯，但其进入商场等公共场所时应当遵守商场文明礼仪，不应存在过分裸露等不文明行为。商场等公共场所亦应制定合理的管理规则，平等对待进出人员，对不符合文明礼仪的行为予以耐心劝导。孙某进入全景商厦时衬衣前襟敞开，显然有悖于商业场所的社会公共秩序，也与社会主义核心价值观的文明价值目标相悖。同时，在疫情防控期间孙某进入商厦时未配合测温登记而受到阻拦，警方至现场时孙某已着装完整且当日孙某在登记测温后进入了全景大厦，审理中孙某未能提供其他证据证明万厦世纪公司人员存在侵犯孙某人身自由的其他行为，故孙某主张其人身自由受到侵犯依据不足，法院不予支持。

难点解析 >>>

（一）关于人身自由权保护的规定

《民法典》第1011条规定，以非法拘禁等方式剥夺、限制他人的行动自由，或者非法搜查他人身体的，受害人有权依法请求行为人承担民事责任。

1. 非法剥夺、限制他人行动自由。所谓行动自由，是指身体行动的自由，不包括意志的自由或者精神活动的自由。非法剥夺、限制他人行动自由在实践中的表现方法多种多样，如非法拘禁，非法逮捕、拘留，非法绑架，非法强制住院治疗等。

2. 非法搜查他人身体。首先，必须是对他人身体的搜查。如果非法搜查他人住宅等，不能适用本条，可以适用本法关于隐私权的规定。其次，搜查他人身体的行为必须是非法的。如果是依照刑事诉讼法等法律的规定对他人身体进行搜查，不构成非法搜查他人身体。

（二）关于人体捐献

1. 自然人享有捐献或者不捐献人体细胞、人体组织、人体器官和遗体的自主决定权。人体捐献与自然人的人格尊严密切相关，取得人体捐献者的同意是人体捐献最为重要的前提。

2. 人体捐献的意愿必须真实合法，任何组织或者个人不得强迫、欺骗、利诱捐献。一是人体捐献意愿必须是捐献人的真实意愿，捐献意愿不是由于遭受强迫、欺骗、利诱而作出的。二是人体捐献必须合法，不得违反法律规定和违背公序良俗。

3. 只有完全民事行为能力人才有权依法自主决定是否进行人体捐献。人体捐献者必须对捐献行为具有充分的判断和辨认能力，未成年人以及不能辨认或者完全辨认自己行为的成年人等限制民事行为能力人和无民事行为能力人，所作出的同意人体捐献的决定是无效的。

4. 完全民事行为能力人同意捐献的，应当采用书面形式，也可以订立遗嘱。

5. 自然人生前未表示不同意捐献的，该自然人死亡后，其配偶、成年子女、父母可以共同决定捐献，决定捐献应当采用书面形式。

（三）关于性骚扰行为的认定标准

性骚扰行为可能采取触碰受害人身体私密部位的行为方式，这会涉及到身体权；也可能采取言语、文字、图像等方式，影响受害人心理健康甚至身体健康，这会涉及到健康权。

1. 性骚扰的一般性构成：

（1）性骚扰中受害人是所有的自然人。实践中，性骚扰的受害人多为女性；但是，《民法典》第1010条第1款所规定的性骚扰不区分性别、年龄，无论是男性还是女性、成年人还是未成年人都可能成为性骚扰的受害人，也不区分行为人与受害人是同性还是异性。

（2）行为与性有关。行为人具有性意图，以获取性方面的生理或者心理满足为目的。因此，《民法典》第1010条第1款的适用强调性骚扰行为与性有关。实践中，具体的方式是多种多样的，包括言语、文字、图像、肢体行为等。

（3）性骚扰构成的核心是违背他人意愿。性骚扰与两相情愿的调情、约会等区分，是因为此类行为违背了他人意愿。

（4）行为一般具有明确的针对性。性骚扰行为所针对的对象一般是具体的、明确的，此时才可能会承担民事责任。无论是长时间还是短时间的性骚扰，均是针对某个具体的对象。行为是否具有明确的针对性，要在个案中结合具体情况加以判断。

（5）行为人主观上一般是故意的。

2. 性骚扰行为人的民事责任。根据《民法典》第1010条第1款规定，如果行为人实施性骚扰行为，受害人有权依法请求行为人承担民事责任。如果本法和其他法律的规定对行为人承担民事责任，要求具备其他的责任构成要件，或者进一步对责任后果予以细致规定的，应当依照其规定。如受害人请求精神损害赔偿的，应当符合《民法典》第1183条第1款的规定。

此外，对于实践中利用职权、从属关系实施的性骚扰，此种行为并非只能发生于工作场所，也可能发生在工作场所之外，行为方式也是多样的，比较典型的方式，如利用职务、从属关系以明示或者暗示方式对他人施加压力，向他人索取性服务，或者以录用、晋升、奖励等利益作为交换条件，诱使他人提供性方面的回报。因此，《民法典》第1010条第2款特别规定了机关、企业、学校等单位的义务。依照规定，首先这些单位负有为防止和制止利用职权、从属关系等实施性骚扰而采取措施的义务。其次这些单位应当采取合理的预防、受理投诉、调查处置等措施，包含事前的预防、事中的受理投诉和事后的调查处置各个层面。应当注意的是，单位除了应当负有采取合理措施防止和制止利用职权、从属关系等实施性骚扰而采取措施的义务，也负有采取合理措施防止和制止其他性骚扰的义务。

📖 重点条文与关联法律 ▷▷▷

第一千零二条 【关于生命权的规定】

自然人享有生命权。自然人的生命安全和生命尊严受法律保护。任何组织或者个人不得侵害他人的生命权。

第一千零三条 【关于身体权的规定】

自然人享有身体权。自然人的身体完整和行动自由受法律保护。任何组织或者个人不得侵害他人的身体权。

第一千零四条 【关于健康权的规定】

自然人享有健康权。自然人的身心健康受法律保护。任何组织或者个人不得侵害他人的健康权。

第一千零五条 【关于法定救助义务的规定】

自然人的生命权、身体权、健康权受到侵害或者处于其他危难情形的，负有法定救助义务的组织或者个人应当及时施救。

第一千零一十一条 【关于非法剥夺、限制他人行动自由和非法搜查他人身体的规定】

以非法拘禁等方式剥夺、限制他人的行动自由，或者非法搜查他人身体的，受害人有权依法请求行为人承担民事责任。

相关法律法规	民法典
《人体器官移植条例》第七条　人体器官捐献应当遵循自愿、无偿的原则。 　　公民享有捐献或者不捐献其人体器官的权利；任何组织或者个人不得强迫、欺骗或者利诱他人捐献人体器官。 　　第八条　捐献人体器官的公民应当具有完全民事行为能力。公民捐献其人体器官应当有书面形式的捐献意愿，对已经表示捐献其人体器官的意愿，有权予以撤销。 　　公民生前表示不同意捐献其人体器官的，任何组织或者个人不得捐献、摘取该公民的人体器官；公民生前未表示不同意捐献其人体器官的，该公民死亡后，其配偶、成年子女、父母可以以书面形式共同表示同意捐献该公民人体器官的意愿。 　　第三条　任何组织或者个人不得以任何形式买卖人体器官，不得从事与买卖人体器官有关的活动。	第一千零六条　完全民事行为能力人有权依法自主决定无偿捐献其人体细胞、人体组织、人体器官、遗体。任何组织或者个人不得强迫、欺骗、利诱其捐献。 　　完全民事行为能力人依据前款规定同意捐献的，应当采用书面形式，也可以订立遗嘱。 　　自然人生前未表示不同意捐献的，该自然人死亡后，其配偶、成年子女、父母可以共同决定捐献，决定捐献应当采用书面形式。 　　第一千零七条　禁止以任何形式买卖人体细胞、人体组织、人体器官、遗体。 　　违反前款规定的买卖行为无效。
《药品管理法实施条例》第三十条　研制新药，需要进行临床试验的，应当依照《药品管理法》第二十九条的规定，经国务院药品监督管理部门批准。 　　药物临床试验申请经国务院药品监督管理部门批准后，申报人应当在经依法认定的具有药物临床试验资格的机构中选择承担药物临床试验的机构，并将该临床试验机构报国务院药品监督管理部门和国务院卫生行政部门备案。 　　药物临床试验机构进行药物临床试验，应当事先告知受试者或者其监护人真实情况，并取得其书面同意。	第一千零八条　为研制新药、医疗器械或者发展新的预防和治疗方法，需要进行临床试验的，应当依法经相关主管部门批准并经伦理委员会审查同意，向受试者或者受试者的监护人告知试验目的、用途和可能产生的风险等详细情况，并经其书面同意。 　　进行临床试验的，不得向受试者收取试验费用。
《妇女权益保障法》第五十八条　违反本法规定，对妇女实施性骚扰或者家庭暴力，构成违反治安管理行为的，受害人可以提请公安机关对违法行为人依法给予行政处罚，也可以依法向人民法院提起民事诉讼。 　　《女职工劳动保护特别规定》第十一条　在劳动场所，用人单位应当预防和制止对女职工的性骚扰。	第一千零一十条　违背他人意愿，以言语、文字、图像、肢体行为等方式对他人实施性骚扰的，受害人有权依法请求行为人承担民事责任。 　　机关、企业、学校等单位应当采取合理的预防、受理投诉、调查处置等措施，防止和制止利用职权、从属关系等实施性骚扰。

三、姓名权和名称权

📖 **典型案例** ▶▶▶

毕某姓名权纠纷案

（一）事实概要

原告的母亲马某和被告于 2018 年 11 月 7 日登记结婚，婚后一个多月生下原告并取名毕某，2020 年 1 月 13 日，马某与被告因感情不和在法院调解离婚。离婚后原告户口手续已迁到母亲马某处，因原告不是被告的亲生女儿，要求被告协助原告将姓名变更为马某某，但被告一直不配合办理。

（二）裁判结果

法院依据《民法典》第 1012 条规定，自然人享有姓名权，有权依法决定、使用、变更或者许可他人使用自己的姓名，但是不得违背公序良俗，判决被告协助原告办理姓名变更。

（三）案例分析

本案主要涉及子女姓名权的行使与变更问题。

本案中，自然人享有姓名权，有权依法决定、使用、变更或者许可他人使用自己的姓名，但是不得违背公序良俗。原告不满 8 周岁，属无民事行为能力的未成年人，由其法定代理人代理实施民事法律行为。由于本案原告并非被告亲生，被告与马某离婚后，已不再是原告之血缘意义上的父亲，故被告辩称应当经过其同意才能变更姓名，于法无据，法院不予采信。

📖 **难点解析** ▶▶▶

（一）典型侵害姓名权、名称权的方式

一是非法干涉，即无正当理由干涉他人对姓名的决定、使用、变更或者许可他人使用的权利，无正当理由干涉法人或者非法人组织对其名称的使用、变更或者许可他人使用的权利。例如子女成年后，其父母没有正当理由不允许其变更姓名；养父母没有正当理由不允许养子女随其生父母的姓等。

二是盗用，即未经姓名权人、名称权人同意或者授权，擅自以姓名权人、名称权人的姓名或者名称实施有害于他人或者社会的行为。该侵害方式的核心是侵权人的行为让他人误以为姓名权人、名称权人同意或者授权侵权人以其名义从事民事活动，但并没有宣称其就是该姓名权人或者名称权人。

三是假冒，即侵权人假冒姓名权人或者名称权人之名进行活动，表现为民事主体从事民事活动时不用自己的姓名或者名称而使用他人姓名或者名称。需要注意的是，实践中存在同名同姓的情况，是国家法律法规允许的，仅仅因为登记的姓名与他人相同，不构成假冒侵权行为。但是，某民事主体的行为足以使他人误认或者混淆的，则有可能构成侵权。

上述干涉、盗用、假冒只是实践中较为典型的侵害姓名或者名称的行为，但侵害姓名或者名称的行为不仅限于这三种，因此《民法典》第1014条作了"等"外规定。任何组织或者个人以干涉、盗用、假冒等方式侵害他人的姓名权或者名称权的，都应当承担一定的法律后果。

（二）自然人、法人与非法人组织决定、使用、变更姓名、名称或转让名称的法定程序及法律效力

自然人的姓名的决定关系到该自然人参与社会经济生活，特别是涉及其从事民事法律行为等相关问题，因此自然人决定姓名时除需要具备民事行为能力外，还需要遵循法定的程序，办理法定的手续。自然人变更姓名也必须遵守相关法律法规规定，遵循法定程序，不得擅自进行变更。《民法典》第1015条规定的姓名，是指法定姓名（即正式姓名）的决定或者变更，并不包括第1017条规定的笔名、艺名等的决定或者变更，笔名、艺名等非法定姓名的决定或者变更并不需要进行登记。

我国法律法规以及规章对法人、非法人组织的设定、变更、转让作了相关规定，设定了一定的程序，特别是登记程序。原则上，法人或者非法人组织变更自己的名称或者转让自己的名称都需要进行变更或者转让登记。需要指出的是，根据我国相关法律法规的规定，并非所有法人或者非法人组织变更或者转让自己的名称都需要进行登记，如民法典总则编规定的机关法人的决定或者变更就不需要办理登记手续。因此，第1016条特别规定"但是法律另有规定的除外"。

（三）对姓名和名称简称、笔名、网名、艺名、译名、字号等的保护

姓名和名称简称、笔名、网名、艺名、译名、字号等虽没有经过法定机关登记，不属于正式的姓名或者名称，但是在诸多情况下，这些姓名和名称简称、笔名、网名、艺名、译名、字号等也能够起到确定和代表某一自然人或者法人、非法人组织的作用，能够体现民事主体的人格特征。这些姓名和名称简称、笔名、网名、艺名、译名、字号等若被他人滥用或者导致他人混淆，也会有损自然人的人格尊严，对该民事主体造成重大损害。因此，保护姓名和名称简称、笔名、网名、艺名、译名、字号等，有利于更好地保护民事主体的人格利益。但是，并非任何姓名和名称简称、笔名、网名、艺名、译名、字号等都应当受到保护，只有满足一定条件的姓名和名称的简称、笔名、艺名、网名、译名、字号等才受法律保护。根据《民法典》第1017条规定，需要满足以下条件：一是具有一定社会知名度或者为相关公众所知悉；二是被他人使用足以致使公众混淆的。基于此，本条规定，具有一定社会知名度、为相关公众所知悉的姓名和名称的简称、笔名、艺名、网名、译名、字号等，被他人使用足以使公众混淆的，参照姓名和名称保护的相关规定。

此外，对于自然人艺名的归属问题，即艺名是归艺人所有还是归艺人所在的公司所有，鉴于艺名是针对特定自然人的，其他民事主体盗用、假冒艺名直接损害的是特定自然人的利益，因此艺名应当属于使用该艺名的自然人。至于公司在艺名的推广过程中所付出的代价则可由艺人与公司的合同解决，若他人使用艺人的艺名同时损害公司权益的，艺人所在的公司可以基于不正当竞争等事由进行救济。

📖 重点条文 ≫≫≫

第一千零一十二条　【关于姓名权的规定】

自然人享有姓名权，有权依法决定、使用、变更或者许可他人使用自己的姓名，但是不得违背公序良俗。

第一千零一十三条　【关于法人、非法人组织名称权的规定】

法人、非法人组织享有名称权，有权依法决定、使用、变更、转让或者许可他人使用自己的名称。

第一千零一十四条　【关于以干涉、盗用、假冒等方式侵害他人姓名权或者名称权的规定】

任何组织或者个人不得以干涉、盗用、假冒等方式侵害他人的姓名权或者名称权。

第一千零一十五条　【关于自然人姓氏选取规则的规定】

自然人应当随父姓或者母姓，但是有下列情形之一的，可以在父姓和母姓之外选取姓氏：

（一）选取其他直系长辈血亲的姓氏；

（二）因由法定扶养人以外的人扶养而选取扶养人姓氏；

（三）有不违背公序良俗的其他正当理由。

少数民族自然人的姓氏可以遵从本民族的文化传统和风俗习惯。

第一千零一十六条　【关于民事主体决定、变更姓名、名称或者转让自己名称的法定程序及产生的法律效力的规定】

自然人决定、变更姓名，或者法人、非法人组织决定、变更、转让名称的，应当依法向有关机关办理登记手续，但是法律另有规定的除外。

民事主体变更姓名、名称的，变更前实施的民事法律行为对其具有法律约束力。

第一千零一十七条　【关于保护笔名、艺名、网名、字号等的规定】

具有一定社会知名度，被他人使用足以造成公众混淆的笔名、艺名、网名、译名、字号、姓名和名称的简称等，参照适用姓名权和名称权保护的有关规定。

四、肖像权

📖 **典型案例** 》》》

韩某与某网络公司肖像权纠纷案

（一）事实概要

某网络公司在其运营的"女神读书"微信公众号中刊登配有韩某照片的文

章，文章页面下方附有推广二维码，扫码可跳转至公众号首页，公众号首页亦有"商务合作"一栏，点击进入后为商务合作信息，该网络公司作为上述微信公众号的经营管理者，未经韩某本人同意在涉案网页中使用其照片作为配图，遂诉至法院，请求确认网络公司侵犯其肖像权，并赔礼道歉，赔偿损失。

（二）裁判结果

法院判决，某网络公司于判决生效之日起 10 日内在"女神读书"微信公众号首页发布向韩某赔礼道歉的声明；某网络公司于判决生效之日起 10 日内赔偿韩某的经济损失。

（三）案例分析

本案主要涉及肖像权的保护问题。

行为人因过错侵害他人肖像权的，被侵权人有权要求停止侵害、赔偿损失、赔礼道歉。本案中，某网络公司作为微信公众号的经营管理者，未经韩某本人同意在涉案网页中使用其照片作为配图，目的在于增加网站的关注度和浏览量，进而推广相关业务，具有营利目的。故某网络公司未经韩某许可使用其肖像的行为侵犯了韩某的肖像权，应当承担停止损害、赔偿损失、赔礼道歉等责任。

关于某网络公司因侵权行为给韩某造成的损失，法院根据侵权行为的持续时间、侵权照片的数量、受众范围、侵权情节、被侵权人的知名度及公众影响力，并参考韩某维权可能支付的合理开支酌定韩某受到的涉案经济损失，尚在合理范围之内，法院予以确认。

难点解析 >>>

（一）肖像权保护

肖像权是指自然人对自己的肖像享有再现、使用或许可他人使用的权利，其表现形式包括人物画像、生活照、剧照等。自然人的肖像权受法律保护，未经本人同意，不得使用自然人的肖像。公民享有姓名权，有权决定、使用和依照规定改变自己的姓名，禁止他人干涉、盗用、假冒。自然人的肖像权、姓名权受到侵害的，有权要求停止损害、消除影响、赔礼道歉，并可以要求赔偿损失。

关于肖像权的保护，法律明确规定，一是任何组织或者个人不得以丑化、污损，或者利用信息技术手段伪造等方式侵害他人的肖像权。二是未经肖像权人同

意，不得制作、使用、公开肖像权人的肖像，但是法律另有规定的除外。根据
《民法典》第1019条规定，除法律另有规定外，制作、使用、公开肖像权人的肖像
都必须经过肖像权人同意。即使是经过肖像权人的同意，可以制作、使用、公开
其肖像，但是构成丑化、污损，或者利用信息技术手段伪造肖像等情形，同样构
成侵害他人肖像权，也是所不允许的。第1019条中的"法律另有规定"主要是指
《民法典》第1020条规定的可以合理使用的情形。三是未经肖像权人同意，肖像作
品权利人不得以发表、复制、发行、出租、展览等方式使用或者公开肖像权人的
肖像。现实生活中，有些肖像权人与肖像作品权利人并非同一主体，这种情况下，
肖像作品权利人虽享有肖像作品的著作权，但未经肖像权人同意，也不得以发表、
复制、发行、出租、展览等方式使用或者公开肖像权人的肖像。

（二）肖像许可使用

肖像许可使用合同是肖像权人许可他人使用自己肖像最为典型的许可方式，
指肖像权人与他人通过签订合同的方式约定他人在特定期限、特定范围内以特
定方式使用自己的肖像。《民法典》第1021条、第1022条是关于肖像许可使用
合同特殊规则的规定。根据《民法典》第1021条规定，当事人对肖像许可使用
合同中关于肖像使用条款的理解有争议的，应当作出有利于肖像权人的解释。
这与一般合同的解释规则有所不同，之所以这样规定，是为了加强对肖像权的
保护。

《民法典》第1022条针对肖像许可使用合同的使用期限问题作了特别规定。
第1022条第1款的规定实际上赋予了双方当事人在肖像许可使用合同对肖像
许可使用期限没有约定或者约定不明确的情况下任意解除合同的权利，但任何
一方当事人行使这种任意解除权，应当在合理期限之前通知对方当事人，至于
"合理期限"有多长，应当根据个案处理。这与一般合同的期限约定不明或者没
有约定的情况下的处理规则不完全相同。第1022条第2款的规定实际上赋予了
肖像权人即使在许可使用期限约定明确的情况下，可以单方解除肖像许可使用
合同的权利。赋予肖像权人单方解除权也是为了更好地保护肖像权人的人格利
益。但肖像权人行使这种单方解除权要受以下条件的限制：一是要有正当理由；
二是肖像权人行使单方解除权应当在合理期限之前通知对方当事人，以便对方
当事人有一定的准备和缓冲时间；三是肖像权人因解除合同造成对方损失的，
除不可归于肖像权人的事由外，应当赔偿损失。

📖 **重点条文** ➤➤➤

第一千零一十九条 【关于禁止任何组织或个人侵犯他人肖像权的规定】

任何组织或者个人不得以丑化、污损，或者利用信息技术手段伪造等方式侵害他人的肖像权。未经肖像权人同意，不得制作、使用、公开肖像权人的肖像，但是法律另有规定的除外。

未经肖像权人同意，肖像作品权利人不得以发表、复制、发行、出租、展览等方式使用或者公开肖像权人的肖像。

第一千零二十条 【关于合理使用肖像情形的规定】

合理实施下列行为的，可以不经肖像权人同意：

（一）为个人学习、艺术欣赏、课堂教学或者科学研究，在必要范围内使用肖像权人已经公开的肖像；

（二）为实施新闻报道，不可避免地制作、使用、公开肖像权人的肖像；

（三）为依法履行职责，国家机关在必要范围内制作、使用、公开肖像权人的肖像；

（四）为展示特定公共环境，不可避免地制作、使用、公开肖像权人的肖像；

（五）为维护公共利益或者肖像权人合法权益，制作、使用、公开肖像权人的肖像的其他行为。

第一千零二十一条 【关于肖像许可使用合同条款解释的规定】

当事人对肖像许可使用合同中关于肖像使用条款的理解有争议的，应当作出有利于肖像权人的解释。

第一千零二十二条 【关于肖像许可使用期限的规定】

当事人对肖像许可使用期限没有约定或者约定不明确的，任何一方当事人可以随时解除肖像许可使用合同，但是应当在合理期限之前通知对方。

当事人对肖像许可使用期限有明确约定，肖像权人有正当理由的，可以解除肖像许可使用合同，但是应当在合理期限之前通知对方。因解除合同造成对方损失的，除不可归责于肖像权人的事由外，应当赔偿损失。

五、名誉权和荣誉权

📖 **典型案例** 》》》

祝某与刘某名誉权纠纷案

（一）事实概要

刘某为祝某前妻弟媳，祝某在 2020 年 10 月与前妻因为感情不和协议离婚。刘某于 2020 年 12 月 21 日在抖音上发视频谩骂，主要内容为："一个人过不好，不要把娘家人弄得一锅粥。一个人离婚，他说叫你这样那样的，你可以直接不要离……"言语粗俗不堪，该视频被 60 人点赞、20 人评论、5 人转发。祝某主张要求刘某停止侵害、消除影响，并且公开赔礼道歉。

（二）裁判结果

二审法院认为，一审法院虽适用法律错误，但判决结果并无不当，判决：驳回祝某诉请，维持原判。

（三）案例分析

本案主要涉及侵犯名誉权的认定问题。

刘某在抖音发布的视频并未指明系针对祝某，且相关视频的关注度及影响范围不足以对个人名誉造成损害，上诉人祝某主张刘某发布视频的行为侵犯其名誉权，但其一审、二审的举证不能证明其主张，一审法院不予支持并无不当。关于法律适用，依据民法典时间效力的相关规定，民法典施行前的法律事实持续至民法典实行后的，该法律事实引起的民事纠纷案件，适用民法典的规定。本案中，刘某发布的该视频一直持续到 2021 年 2 月以后才删除，因此引起的纠纷应适用民法典的规定。因此，一审法院适用法律不当。依据《民法典》第 1024 条规定，祝某并无证据证明刘某发布视频的行为对祝某的品德、声望、才能、信用等社会评价造成影响，一审法院虽适用法律错误，但判决并无不当。

📖 难点解析 ▶▶▶

（一）侵犯名誉权的认定

名誉是对民事主体的品德、声望、才能、信用等的社会评价。在判断某一行为是否构成侵害他人的名誉权时，需要注意：（1）受害人的社会评价是否降低，受害人社会评价没有降低就不存在名誉权受损害的问题。（2）如果行为人发布的信息或者所作的陈述真实客观，且没有包含侮辱性的内容，即使受害人认为自己的名誉受到了损害，也不构成名誉权侵权。（3）行为人侵害他人名誉权的行为需要受害人以外的人知悉。如果行为人的侵害行为没有被受害人以外的人知悉，其社会评价就不存在降低或者受损的问题，自然也就不存在名誉权受损害的问题。（4）行为人的行为具有过错。名誉权侵权属于一般侵权行为，因此，行为人的行为具有过错也是侵害名誉权的构成要件，这种过错既表现为故意，也表现为过失。（5）需要强调的是，在判断是否构成名誉权侵权以及承担损害赔偿责任的程度时，除了要考虑前述要件外，还需要考虑多种因素。

（二）名誉权和荣誉权受到侵害时合理核实义务的认定

当荣誉权或名誉权受到侵害时，如何判断行为人履行了合理核实义务，《民法典》第 1026 条列举了六项应当考虑的因素，但实践中并非要考虑所有因素，考虑几项因素以及哪几项因素，应当根据具体情况来决定。此外，第 1026 条规定的因素仍然是较为抽象的，需要在个案中结合具体情况进行判断。同时，第 1026 条规定的六项因素也为实践中的案例类型化和司法实践提炼更具体的规则提供了依据和基础。

（三）文艺作品侵害名誉权的情形

《民法典》第 1027 条区分两种情况对文学艺术作品作了规定：

一是行为人发表的文学、艺术作品以真人真事或者特定人为描述对象的情形。这主要是针对依赖于原型人物和现有事实创作出来的纪实类作品。由于这类作品是以真人真事或者特定人为描述对象，所以只要作品的描述以事实为基础，原则上不会构成名誉权侵权；但是，若行为人发表的文学、艺术作品虽以真人真事或者特定人为描述对象，使用的也是被描述对象的真实姓名和地址，却以谣言和捏造的事实为基础、对被描述对象进行侮辱、诽谤，从而造成其社会评价降低的，行为人应当依法承担民事责任。这里需要强调的是，适用第

1027 条第 1 款规定的前提条件是该作品已被公开。

二是行为人发表的文学、艺术作品不以特定人为描述对象的情形。这主要是针对作者创作的以想象虚构为主的小说等文学艺术类作品。由于这类作品是以想象虚构的内容为基础创作的，没有使用真人真事，并不以特定人为描述对象，所以很难对某人的名誉权造成侵害，即使该作品中的情节与某特定人的情况相似，也不构成侵害名誉权。值得注意的是，对于部分作品虽没有指名道姓，但一般读者通过阅读不可避免地会将作品中的人物与现实中的某一特定人"对号入座"，此时就不符合"不以特定人为描述对象"的条件，判断某一作品是否以特定人为描述对象，要从实质上认定该作品所描述的对象是否合理地指向现实中的真实人物。

（四）民事主体信用评价

民事主体有权依法查询自己的信用评价结果，信用评价机构不得拒绝该民事主体查询自己的信用评价结果的要求。民事主体通过自己查询等方法发现信用评价与事实不符或者明显不当的，有权向信用评价机构提出异议并要求采取更正、删除等必要措施。当然，民事主体请求信用评价主体机构采取更正、删除等必要措施时，应当提供相应的证据证明该信用评价结果与事实不符或者明显不当。信用评价机构接到民事主体的异议和更正、删除等请求后，信用评价人应当及时对民事主体提供的证据进行核查，经核查属实的，及时采取更正、删除等必要措施。若信用评价机构接到民事主体的请求后，不进行核查，或者经核查属实后并未采取更正、删除等必要措施的，构成过错的，应当对民事主体承担侵害名誉权的民事责任。

需要说明的是，并非任何组织或者个人都可以对民事主体的信用状况进行评价，《民法典》第 1029 条中规定的信用评价人必须是依法成立的机构。目前，我国的信用评价人主要是依法成立的征信机构。

📖 **重点条文** >>>

第一千零二十五条 【关于实施新闻报道、舆论监督等行为与保护名誉权关系的规定】

行为人为公共利益实施新闻报道、舆论监督等行为，影响他人名誉的，不承担民事责任，但是有下列情形之一的除外：

（一）捏造、歪曲事实；

（二）对他人提供的严重失实内容未尽到合理核实义务；

（三）使用侮辱性言辞等贬损他人名誉。

第一千零二十六条 【关于合理核实义务认定的规定】

认定行为人是否尽到前条第二项规定的合理核实义务，应当考虑下列因素：

（一）内容来源的可信度；

（二）对明显可能引发争议的内容是否进行了必要的调查；

（三）内容的时限性；

（四）内容与公序良俗的关联性；

（五）受害人名誉受贬损的可能性；

（六）核实能力和核实成本。

第一千零二十七条 【关于文学艺术作品创作可能产生名誉侵权问题的规定】

行为人发表的文学、艺术作品以真人真事或者特定人为描述对象，含有侮辱、诽谤内容，侵害他人名誉权的，受害人有权依法请求该行为人承担民事责任。

行为人发表的文学、艺术作品不以特定人为描述对象，仅其中的情节与该特定人的情况相似的，不承担民事责任。

第一千零二十八条 【关于更正权的规定】

民事主体有证据证明报刊、网络等媒体报道的内容失实，侵害其名誉权的，有权请求该媒体及时采取更正或者删除等必要措施。

第一千零二十九条 【关于信用评价的规定】

民事主体可以依法查询自己的信用评价；发现信用评价不当的，有权提出异议并请求采取更正、删除等必要措施。信用评价人应当及时核查，经核查属实的，应当及时采取必要措施。

第一千零三十一条 【关于荣誉权的规定】

民事主体享有荣誉权。任何组织或者个人不得非法剥夺他人的荣誉称号，不得诋毁、贬损他人的荣誉。

获得的荣誉称号应当记载而没有记载的，民事主体可以请求记载；获得的荣誉称号记载错误的，民事主体可以请求更正。

六、隐私权和个人信息保护

📖 **典型案例** 》》》

刘某某与孙某某、李某某隐私权纠纷案

（一）事实概要

李某某与孙某某为夫妻关系，孙某某与刘某某为朋友关系。孙某某为长春市公安局工作人员。李某某曾经先后三次向刘某某名下银行账户转款合计50万元。刘某某曾经先后七次向李某某、孙某某的女儿孙某名下银行账户转款合计16万元。孙某某、李某某因认为向刘某某的转款为借款，多次要求刘某某还款。在双方协商还款无果的情况下，李某某、孙某某于2018年12月12日向一审法院起诉要求刘某某偿还欠款及利息等。立案过程中，孙某某、李某某向一审法院提交由孙某某在长春市公安局公安机关网站所获取的刘某某《常住人口基本信息》一份。该信息内容中记载有刘某某的姓名、性别、民族、出生日期、户籍地详址、出生地国家、出生地省市县（区）、籍贯国家、籍贯省市县、文化程度、婚姻状况、职业、身高、血型、兵役状况、服务处所、联系电话等个人信息。2020年1月2日，刘某某因失眠、多梦、焦虑近一年左右，到长春市第六医院门诊、吉林省前卫医院门诊治疗，支付医疗费合计221.68元。

刘某某向法院起诉请求：判令孙某某、李某某立即停止侵权行为，并向刘某某赔礼道歉；判令孙某某、李某某赔偿精神损害抚慰金5000元、医药费221.68元。

（二）裁判结果

法院认为，关于孙某某、李某某是否构成侵犯刘某某的隐私权问题。虽然孙某某利用其从事公安工作之便获取刘某某的《常住人口基本信息》，但是其目的是为在起诉刘某某时按照法院立案要求提供被告的个人信息，在这种情况下，刘某某的相关个人信息并不属于其隐私的范畴。审理过程中，刘某某没有提供充分证据证明孙某某、李某某在获取其个人信息后，存在非法使用、加工、传输、买卖、提供或者公开其个人信息的行为。因此，虽然孙某某在获取刘某某

《常住人口基本信息》的方式上涉嫌违反工作纪律，但是孙某某向法院提供包括刘某某《常住人口基本信息》在内的立案材料，符合法律规定，并未侵犯刘某某的隐私权。关于刘某某主张孙某某、李某某应当赔偿其因焦虑失眠而到医院治疗所产生的精神损失和经济损失问题，因刘某某没有提供充分证据证明，其焦虑失眠与孙某某获取其《常住人口基本信息》的行为，存在医学上和法律上的因果关系，故不予支持。

（三）案例分析

本案主要涉及隐私权的保护问题。

隐私权是指自然人享有的对其个人的，与公共利益、群体利益无关的个人信息、私人活动和私人领域进行支配的人格权。侵害隐私权属于一般侵权，应适用过错责任原则。在过错责任制度下，行为人承担侵权责任应同时满足损害事实、违法行为、因果关系、主观过错四个要件。法院认为，孙某某利用工作之便获取刘某某的《常住人口基本信息》，仅是在另案起诉刘某某偿还债务时，向人民法院提供，并未向外宣扬，也未对刘某某的名誉等造成实际损失，孙某某的行为不能同时满足上述四个要件，故判决孙某某不承担侵权责任并无不当。至于孙某某利用工作之便获取刘某某的《常住人口基本信息》行为是否涉嫌违纪，与本案不是同一法律关系，法院不予理涉。

难点解析 >>>

（一）个人信息

个人信息是以电子或者其他方式记录的能够单独或者与其他信息结合识别特定自然人的各种信息，包括自然人的姓名、出生日期、身份证号码、生物识别信息、住址、电话号码、电子邮箱、健康信息、行踪信息等。构成个人信息要满足三个要件：

一是核心要件，具有识别性。所谓识别，是指通过该信息可以直接或者间接地将某一自然人"认出来"。识别包括直接识别和间接识别。二是形式要件，即要有一定的载体。个人信息必须以电子或者其他方式记录下来，没有以一定载体记录的信息不是个人信息。三是个人信息的主体只能是自然人，法人或者非法人组织不是个人信息的主体。

（二）处理个人信息的原则

根据《民法典》第 1035 条规定，处理个人信息应当遵循以下原则：

1. 合法原则，即信息处理者处理个人信息必须要有合法的依据，且处理的方法应当符合法律的规定。合法的依据主要来自两个方面：一是法律法规的明确规定；二是信息主体的同意。

2. 正当原则。所谓正当原则，是指处理个人信息除了要遵循合法原则外，信息处理的目的和手段还要正当，应当尊重公序良俗和遵守诚实信用原则，并且要尽量满足透明的要求，以便当事人能够充分了解情况，自主行使自己的权利。

3. 必要原则。所谓必要原则，是指处理个人信息的目的应当特定，处理应当受到一定的限制。处理个人信息应当有特定目的，并且应当依据该特定的、明确的目的进行，通常不得超出目的范围处理个人信息，不得处理与现实所涉目的无关的个人信息。

4. 公开透明原则。所谓公开透明原则，是指信息处理者在处理个人信息时应当公开处理信息的规则，并明示处理信息的目的、方式和范围，确保信息主体享有知情权。

（三）个人信息主体的权利

自然人对个人信息的查阅复制权，是指信息主体有权查阅其个人信息被处理的情况，并有权对处理的个人信息进行复制。

个人信息更正权是指信息主体有权请求信息处理主体对不正确、不全面的个人信息进行改正与补充的权利。个人信息更正权具体包括：个人信息错误更正权的权利；个人信息补充权；个人信息更新权。

个人信息删除权是指信息主体在法定或约定的事由出现时，有权请求信息处理者删除其个人信息的权利。信息主体可以请求删除个人信息的情形主要有以下几种：一是处理个人信息的行为不合法；二是信息处理者处理个人信息的目的已不存在，其没有必要再保存个人信息；三是信息主体与信息处理者约定的处理个人信息的期限已届满，根据约定，信息主体有权要求信息处理者删除其个人信息。

（四）信息处理者的安全保护义务

《民法典》第 1038 条对信息处理者应当履行的安全保护义务作了规定：

一是信息处理者不得泄露或者篡改其收集、存储的个人信息；未经自然人同意，不得向他人非法提供其个人信息，但是经过加工无法识别特定个人且不能复原的除外。

二是信息处理者应当采取技术措施和其他必要措施，确保其收集、存储的个人信息安全，防止信息泄露、篡改、丢失。这些措施主要是技术手段，如设置多重密码、设置防火墙以防止病毒入侵等。

三是发生或者可能发生个人信息泄露、篡改、丢失的情况的，应当及时采取补救措施，按照规定告知信息主体并向有关主管部门报告。如果信息处理者没有采取措施或者采取的措施不力，导致发生或者可能发生个人信息泄露、篡改、丢失的情况的，其既有及时采取补救措施的义务，同时也有依照规定告知信息主体并向有关主管部门报告的义务，以防止个人信息进一步被泄露、篡改、丢失，避免损害的进一步扩大。

（五）隐私权保护

隐私是自然人的私人生活安宁和不愿为他人知晓的私密空间、私密生活、私密信息。隐私主要包含以下内容：一是私人生活安宁。民法典所规定的私人生活安宁是狭义概念，侵犯私人生活安宁的行为主要指《民法典》第 1033 条规定的"以电话、短信、即时通讯工具、电子邮件、传单等方式侵扰他人的私人生活安宁"的行为。二是私密空间。私密空间是指个人的私密范围，包括个人居所、私家车、日记、个人邮箱、个人的衣服口袋、身体的隐私部位以及旅客居住的宾馆客房等。这里需要强调的是，"私密空间"不仅包括住宅等物理意义上的特定空间，还包括电子邮箱、微信群等虚拟空间。三是私密活动。私密活动是指自然人所进行的与公共利益无关的个人活动，如日常生活、家庭活动、婚姻活动、男女之间的性生活等。四是私密信息。私密信息是指通过特定形式体现出来的有关自然人的病历、财产状况、身体缺陷、遗传特征、档案材料、生理识别信息、行踪信息等个人情况。

📖 重点条文 ＞＞＞

第一千零三十三条　【关于禁止从事侵害他人隐私权的主要行为的规定】

除法律另有规定或者权利人明确同意外，任何组织或者个人不得实施下列行为：

（一）以电话、短信、即时通讯工具、电子邮件、传单等方式侵扰他人的私人生活安宁；

（二）进入、拍摄、窥视他人的住宅、宾馆房间等私密空间；

（三）拍摄、窥视、窃听、公开他人的私密活动；

（四）拍摄、窥视他人身体的私密部位；

（五）处理他人的私密信息；

（六）以其他方式侵害他人的隐私权。

第一千零三十四条 【关于个人信息的规定】

自然人的个人信息受法律保护。

个人信息是以电子或者其他方式记录的能够单独或者与其他信息结合识别特定自然人的各种信息，包括自然人的姓名、出生日期、身份证件号码、生物识别信息、住址、电话号码、电子邮箱、健康信息、行踪信息等。

个人信息中的私密信息，适用有关隐私权的规定；没有规定的，适用有关个人信息保护的规定。

第一千零三十五条 【关于处理个人信息应遵循的原则的规定】

处理个人信息的，应当遵循合法、正当、必要原则，不得过度处理，并符合下列条件：

（一）征得该自然人或者其监护人同意，但是法律、行政法规另有规定的除外；

（二）公开处理信息的规则；

（三）明示处理信息的目的、方式和范围；

（四）不违反法律、行政法规的规定和双方的约定。

个人信息的处理包括个人信息的收集、存储、使用、加工、传输、提供、公开等。

第一千零三十六条 【关于处理个人信息可免责情形的规定】

处理个人信息，有下列情形之一的，行为人不承担民事责任：

（一）在该自然人或者其监护人同意的范围内合理实施的行为；

（二）合理处理该自然人自行公开的或者其他已经合法公开的信息，但是该自然人明确拒绝或者处理该信息侵害其重大利益的除外；

（三）为维护公共利益或者该自然人合法权益，合理实施的其他行为。

第一千零三十七条 【关于信息主体查阅复制和更正删除权的规定】

自然人可以依法向信息处理者查阅或者复制其个人信息；发现信息有错误

的，有权提出异议并请求及时采取更正等必要措施。

自然人发现信息处理者违反法律、行政法规的规定或者双方的约定处理其个人信息的，有权请求信息处理者及时删除。

第一千零三十八条　【关于信息处理者对个人信息安全保护义务的规定】

信息处理者不得泄露或者篡改其收集、存储的个人信息；未经自然人同意，不得向他人非法提供其个人信息，但是经过加工无法识别特定个人且不能复原的除外。

信息处理者应当采取技术措施和其他必要措施，确保其收集、存储的个人信息安全，防止信息泄露、篡改、丢失；发生或者可能发生个人信息泄露、篡改、丢失的，应当及时采取补救措施，按照规定告知自然人并向有关主管部门报告。

第十讲　婚姻家庭

一、夫妻财产分割

📖 **典型案例** »»»

刘某、朱某离婚财产纠纷案

（一）事实概要

原被告结婚后，育有一女。2012 年 6 月 19 日，双方购置车辆，登记在被告刘某名下。2014 年 12 月 25 日，双方又购置一辆车，登记在被告名下。

另查明，位于北京市海淀区建筑面积 138.88 平方米房屋一套，被告购买于 2009 年 4 月 18 日，于 2014 年 3 月 7 日领取了该房屋的所有权证（登记时间为 2014 年 3 月 7 日）及土地使用权证，该房屋的所有权证载明：刘某、李某（被告母亲）共同共有。

2019 年 8 月 17 日，原被告因感情破裂经本院判决离婚，女儿随被告生活，但对夫妻共同财产未作处理，为此，原告朱某诉至法院。

（二）裁判结果

依照《婚姻法》第 39 条 ①，《最高人民法院关于〈中华人民共和国婚姻法〉的若干解释（三）》（已失效）第 7 条、第 10 条，《民事诉讼法》第 142 条、第 64 条 ② 规定，法院判决：现登记在被告刘某名下两辆车均归被告刘某所有，被告刘某一次性支付原告朱某车辆分割款 180000 元，于本判决生效后 10 日内履行完毕。驳回原告朱某的其他诉讼请求。

---

① 现行《民法典》第 1087 条。
② 现行《民事诉讼法》第 145 条、第 67 条。

（三）案例分析

本案主要涉及离婚后夫妻共同财产分割的法律问题。

法院认为，离婚时夫妻的共同财产由双方协议处理，协议不成时，由人民法院根据财产的具体情况，按照照顾子女和女方权益的原则判决。婚后由一方父母出资为子女购买的不动产，产权登记在出资人子女名下，视为只对自己子女一方的赠与，该不动产认定为夫妻一方的个人财产。夫妻一方婚前签订不动产买卖合同，以个人财产支付首付款并在银行贷款，婚后用夫妻共同财产还贷，不动产登记在首付款支付方名下，双方婚后共同还贷支付的款项及其相对应财产增值部分，由产权登记一方对另一方进行补偿。本案中，原被告双方于2019年8月17日离婚，应对双方的共同财产予以分割。关于被告父母婚前购买的房屋，虽在原被告婚后取得该房屋所有权证，但该房屋登记在被告及其母亲名下，应为被告及其母亲的个人财产，后被告父亲为该套房产归还银行贷款系对被告及其母亲的个人财产的还贷，至于原告认为该还贷行为系对原被告双方的赠与，无事实及法律依据，法院不予支持。对原告主张要求分割两辆车辆，审理中，双方已对该两辆车的市值达成一致意见，原告亦表示不要该两辆车而要求金钱补偿，法院依法予以照准。对于原告要求对车辆的车牌号予以补偿，不符合法律规定，本院不予支持。对于被告辩称购买车辆还欠有债务，要求与原告共同分担，证据不足，法院不予采信。

本案中，原被告虽系婚后取得该房屋所有权证，但该房屋是被告父母婚前购买，登记在被告及其母亲名下，未明确赠与给夫妻双方的意思表示，不属于夫妻共同财产；对于该房产婚后还贷事宜，系被告父亲为该套房产归还银行贷款，并非原告被告双方出资还款，所以该套房产及婚后的还贷的部分都非夫妻共同财产。关于婚后购买的车辆，根据民法典对个人财产与夫妻共有财产的规定，属于夫妻共同财产，法院在判决中对车辆依法进行分割。

📖 **难点解析** >>>

（一）个人财产与夫妻共同财产的区分

在处理离婚财产分割案件时，要注意区分个人财产与夫妻共有财产的划分。《民法典》第1063条及相关司法解释规定的属于个人财产范围的情形，不因婚姻关系的延续而转化为夫妻共同财产，是在原婚姻法及司法解释的基础上扩大了夫妻个人财产的范围，但当事人另有约定的除外。

同时，对于个人财产认定要注意三点：（1）当事人结婚前，父母为双方购置房屋出资的，该出资应当认定为对自己子女个人的赠与，但父母明确表示赠与双方的除外；（2）当事人结婚后，父母为双方购置房屋出资的，依照约定处理；没有约定或者约定不明确的，按照《民法典》第1062条第1款第4项规定的原则处理；（3）婚前或者婚姻关系存续期间，当事人约定将一方所有的房产赠与另一方或者共有，赠与方在赠与房产变更登记之前撤销赠与，另一方请求判令继续履行的，人民法院可以按照《民法典》第658条的规定处理。

关于夫妻关系存续期间的财产范围，婚姻家庭编及相关司法解释进行了更加准确和全面的列举：（1）工资、奖金、劳务报酬；（2）生产、经营、投资的收益，除孳息和自然增值外；（3）知识产权的收益（指婚姻关系存续期间，实际取得或者已经明确可以取得的财产性收益）；（4）继承或赠与所得的财产，但"遗嘱或赠与合同中确定只归夫或妻一方的财产"除外；（5）由一方婚前承租、婚后用共同财产购买的房屋，登记在一方名下的，应当认定为夫妻共同财产；（6）其他应当归共同所有的财产（具体指一方以个人财产投资取得的收益；男女双方实际取得或者应当取得的住房补贴、住房公积金；男女双方实际取得或者应当取得的基本养老金、破产安置补偿费）。民法典中关于财产的规定也是顺应了现代生活财产多样性的实际情况。

（二）夫妻共同财产的分割时间

夫妻双方原则上在离婚时对夫妻共同财产进行处理。离婚时，夫妻的共同财产由双方协议处理；协议不成的，由人民法院根据财产的具体情况，按照照顾子女、女方和无过错方权益的原则判决。

但在婚姻关系存续期间，一方有隐藏、转移、变卖、毁损、挥霍夫妻共同财产或者伪造夫妻共同债务等严重损害夫妻共同财产利益行为，或者一方负有法定扶养义务的人患重大疾病需要医治，另一方不同意支付相关医疗费用的，另一方可以向人民法院请求分割共同财产。这有利于保护共同财产中无过错方的利益，避免家庭财产因一方不当行为而贬损；同时对负有赡养义务的老人，如疾病需要救治的情况下，一方不同意给付费用进行救治，另一方可要求分割财产从而保障所赡养的老人得到应有的治疗。

（三）夫妻共同财产的分割原则

夫妻共同财产的分割以均等分割为一般原则，同时还要考虑以下几个因素：

（1）照顾子女原则：可根据照顾子女生活和学习的需要，给直接抚养子女一方适当多分财产。（2）照顾女方原则：夫妻一方因抚育子女、照料老年人、协助另一方工作等负担较多义务的，离婚时有权向另一方请求补偿，另一方应当给予补偿。（3）照顾无过错方原则：离婚时一方存在过错，如重婚、与他人同居、实施家庭暴力；虐待、遗弃家庭成员，有其他重大过错，分割财产时，无过错方可以请求损害赔偿。（4）惩罚性原则：夫妻一方隐藏、转移、变卖、毁损、挥霍夫妻共同财产，或者伪造夫妻共同债务企图侵占另一方财产的，在离婚分割夫妻共同财产时，对该方可以少分或者不分。离婚后，一方发现上述行为的，可以向人民法院提起诉讼，请求再次分割夫妻共同财产的诉讼时效期间为三年。

（四）夫妻特定种类共同财产的分割原则

1. 军人的复员费、一次性择业费等费用，以夫妻婚姻关系存续年限乘以年平均值，所得数额为夫妻共同财产。其中，具体年限采用人均寿命70岁与军人入伍时实际年龄的差额进行计算。

2. 股票、债券、投资基金份额等有价证券以及未上市股份有限公司股份双方可以协商，若未能协商一致，按市价分配有困难的，人民法院可以根据数量按比例分配。

3. 涉及分割夫妻共同财产中以一方名义在有限责任公司的出资额，另一方不是该公司股东的，按以下情形分别处理：

一是夫妻双方协商一致将出资额部分或者全部转让给该股东的配偶，其他股东过半数同意，并且其他股东均明确表示放弃优先购买权的，该股东的配偶可以成为该公司股东。

二是夫妻双方就出资额转让份额和转让价格等事项协商一致后，其他股东半数以上不同意转让，但愿意以同等条件购买该出资额的，人民法院可以对转让出资所得财产进行分割。其他股东半数以上不同意转让，也不愿以同等条件购买该出资额的，视为其同意转让，该股东的配偶可以成为该公司股东。

4. 涉及分割夫妻共同财产中以一方名义在合伙企业中的出资，另一方不是该企业合伙人的，夫妻双方协商一致，将其合伙企业中的财产份额全部或者部分转让给对方时，按以下情形分别处理：

一是其他合伙人一致同意的，该配偶依法取得合伙人地位；二是其他合伙人不同意转让，但在同等条件下行使优先购买权的，可以对转让所得的财产进行分割；三是其他合伙人不同意转让，也不行使优先购买权，但同意该合伙人退伙或者削减部分财产份额的，可以对结算后的财产进行分割；四是其他合伙人既不同意转让，也不行使优先购买权，又不同意该合伙人退伙或者削减部分财产份额的，视为全体合伙人同意转让，该配偶依法取得合伙人地位。

5. 夫妻以一方名义投资设立个人独资企业的，人民法院分割夫妻在该个人独资企业中的共同财产时，按照以下情形分别处理：一方主张经营该企业的，对企业资产进行评估后，由取得企业资产所有权一方给予另一方相应的补偿；双方均主张经营该企业的，在双方竞价基础上，由取得企业资产所有权的一方给予另一方相应的补偿；双方均不愿意经营该企业的，按照个人独资企业法等有关规定办理。

6. 离婚时夫妻一方尚未退休、不符合领取基本养老金条件，另一方请求按照夫妻共同财产分割基本养老金的，人民法院不予支持；婚后以夫妻共同财产缴纳基本养老保险费，离婚时一方可以主张将养老金账户中婚姻关系存续期间个人实际缴纳部分及利息作为夫妻共同财产分割。

（五）法院对夫妻共有房产的处理规则

1. 夫妻双方对共同财产中的房屋价值及归属无法达成协议时，人民法院按以下情形分别处理：

双方均主张房屋所有权并且同意竞价取得的，应当准许；一方主张房屋所有权的，由评估机构按市场价格对房屋作出评估，取得房屋所有权的一方应当给予另一方相应的补偿；双方均不主张房屋所有权的，根据当事人的申请拍卖、变卖房屋，就所得价款进行分割。

离婚时双方对尚未取得所有权或者尚未取得完全所有权的房屋有争议且协商不成的，人民法院不宜判决房屋所有权的归属，而应根据实际情况判决由当事人使用。当事人就上述房屋取得完全所有权后，有争议的，可以另行向人民法院提起诉讼。

2. 夫妻一方婚前签订不动产买卖合同，以个人财产支付首付款并在银行贷款，婚后用夫妻共同财产还贷，不动产登记于首付款支付方名下的，离婚时该不动产由双方协议处理。不能达成协议的，人民法院可以判决该不动产归登记一方，尚未归还的贷款为不动产登记一方的个人债务。双方婚后共同还贷部分及相应的增值部分，离婚时应根据《民法典》第 1087 条第 1 款规定的原则，由不动产登记一方对另一方进行补偿。

3. 婚姻关系存续期间，双方用夫妻共同财产出资购买以一方父母名义参加房改的房屋，登记在一方父母名下，离婚时另一方主张按照夫妻共同财产对该房屋进行分割的，人民法院不予支持。购买该房屋时的出资，可以作为债权处理。

📖 重点条文与关联法律 ⟩⟩⟩

第一千零六十二条 【关于夫妻共同财产的规定】

夫妻在婚姻关系存续期间所得的下列财产，为夫妻的共同财产，归夫妻共同所有：

（一）工资、奖金、劳务报酬；

（二）生产、经营、投资的收益；

（三）知识产权的收益；

（四）继承或者受赠的财产，但是本法第一千零六十三条第三项规定的除外；

（五）其他应当归共同所有的财产。

夫妻对共同财产，有平等的处理权。

第一千零六十三条 【关于夫妻个人财产的规定】

下列财产为夫妻一方的个人财产：

（一）一方的婚前财产；

（二）一方因受到人身损害获得的赔偿或者补偿；

（三）遗嘱或者赠与合同中确定只归一方的财产；

（四）一方专用的生活用品；

（五）其他应当归一方的财产。

第一千零六十六条 【关于婚内夫妻共同财产的分割的规定】

婚姻关系存续期间，有下列情形之一的，夫妻一方可以向人民法院请求分割共同财产：

（一）一方有隐藏、转移、变卖、毁损、挥霍夫妻共同财产或者伪造夫妻共同债务等严重损害夫妻共同财产利益的行为；

（二）一方负有法定扶养义务的人患重大疾病需要医治，另一方不同意支付相关医疗费用。

婚姻法	民法典	要点提示
第三十九条　离婚时，夫妻的共同财产由双方协议处理；协议不成时，由人民法院根据财产的具体情况，照顾子女和女方权益的原则判决。 　　夫或妻在家庭土地承包经营中享有的权益等，应当依法予以保护。	**第一千零八十七条**　离婚时，夫妻的共同财产由双方协议处理；协议不成的，由人民法院根据财产的具体情况，按照照顾子女、女方和无过错方权益的原则判决。 　　对夫或者妻在家庭土地承包经营中享有的权益等，应当依法予以保护。	增加分割共同财产的照顾无过错方的内容。
第四十七条　离婚时，一方隐藏、转移、变卖、毁损夫妻共同财产，或伪造债务企图侵占另一方财产的，分割夫妻共同财产时，对隐藏、转移、变卖、毁损夫妻共同财产或伪造债务的一方，可以少分或不分。离婚后，另一方发现有上述行为的，可以向人民法院提起诉讼，请求再次分割夫妻共同财产。 　　人民法院对前款规定的妨害民事诉讼的行为，依照民事诉讼法的规定予以制裁。	**第一千零九十二条**　夫妻一方隐藏、转移、变卖、毁损、挥霍夫妻共同财产，或者伪造夫妻共同债务企图侵占另一方财产的，在离婚分割夫妻共同财产时，对该方可以少分或者不分。离婚后，另一方发现有上述行为的，可以向人民法院提起诉讼，请求再次分割夫妻共同财产。	增加"挥霍夫妻共同财产"的情形。
第四十六条　有下列情形之一，导致离婚的，无过错方有权请求损害赔偿： 　　（一）重婚的； 　　（二）有配偶者与他人同居的； 　　（三）实施家庭暴力的； 　　（四）虐待、遗弃家庭成员的。	**第一千零九十一条**　有下列情形之一，导致离婚的，无过错方有权请求损害赔偿： 　　（一）重婚； 　　（二）与他人同居； 　　（三）实施家庭暴力； 　　（四）虐待、遗弃家庭成员； 　　（五）有其他重大过错。	新增"有其他重大过错"作为要求损害赔偿的兜底条款。

二、夫妻债务认定

📖 **典型案例** >>>

李某与刘某等股权转让纠纷案

（一）事实概要

2015 年 7 月 16 日，李某与刘某签订了股权转让协议，约定将李某持有的（由案外人吕某、张某代持）吉林省锦和景远投资有限公司（以下简称锦和公司）的 90% 股权转让给刘某，股权转让价款为 3500 万元，约定全部股权转让款自本协议签订之日起 3 个月内全部付清，华仁公司承担无限连带责任。股权转让协议签订后，因刘某迟迟未支付股权转让款，李某与刘某、华仁公司于 2017 年 7 月 17 日就股权转让价款事宜签订了股权转让协议及补充协议，明确了李某对刘某享有 3800 万元股权转让款债权，并重新约定了股权转让款的支付方式：自股权转让协议签订之日起两年内支付全部股权转让款。协议书签订后，李某于 2017 年 7 月 20 日办理了股权变更登记，将案外人吕某、张某代持的共计 90% 股权过户至刘某名下，但刘某、翟某（刘某丈夫）至今未履行支付股权转让款的义务，华仁公司也未承担连带保证责任。刘某、翟某、华仁公司的违约行为给李某造成了极大的损失，李某提起诉讼，请求维持其合法权益。

李某与刘某均提起了上诉，李某申请再审。

（二）裁判结果

一审法院判决：驳回李某的诉讼请求。

二审法院裁定：驳回上诉，维持原判。

最高人民法院裁定：驳回李某的再审申请。

（三）案例分析

本案主要涉及夫妻共同债务的认定问题。

案涉股权转让协议及相关合同均是刘某以个人名义与李某签订，其所形成的债务超出家庭日常生活所需。李某于 2019 年 8 月诉请判令翟某对刘某所欠债务承担偿还责任，依据《最高人民法院关于审理涉及夫妻债务纠纷案件适用法律有关问题的解释》第 3 条关于"夫妻一方在婚姻关系存续期间以个人名义超出家庭日常生活需要所负的债务，债权人以属于夫妻共同债务为由主张权利的，人民法院不予支持，但债权人能够证明该债务用于夫妻共同生活、共同生产经营或者基于夫妻双方共同意思表示的除外"的规定，李某负有举证证明案涉债务用于刘某与翟某夫妻共同生活、共同生产经营或者基于夫妻双方共同意思表示的责任。李某在一审、二审及申请再审中提交的与刘某的聊天记录等证据，均不能证明翟某同意或者追认刘某受让股权，亦不能证明案涉债务用于翟某与刘某的夫妻共同生活或共同生产经营。李某申请再审称刘某受让的股权属于夫妻共同财产，翟某应对此产生的债务承担清偿责任。但李某未能提供证据证明翟某知晓并基于案涉股权转让而受益，亦未能提供证据证明刘某就受让的案涉股权用于夫妻共同生活。原审未予判决翟某对刘某的案涉债务承担清偿责任，适用法律正确，并无不当。

📖 难点解析 >>>

（一）夫妻共同债务认定的立法沿革

夫妻共同债务的认定不仅与夫妻双方的财产权利息息相关，也影响到债权人利益和交易安全，为了更好地维护各方的利益平衡，近年来对夫妻共同债务的相关法条规定进行了多次修订。

《婚姻法》第 41 条规定："离婚时，原为夫妻共同生活所负的债务，应当共同偿还。共同财产不足清偿的，或财产归各自所有的，由双方协议清偿；协议不成时，由人民法院判决。"

2003 年 12 月，《最高人民法院关于适用〈中华人民共和国婚姻法〉若干问题的解释（二）》第 24 条规定："债权人就婚姻关系存续期间夫妻一方以个人名义所负债务主张权利的，应当按夫妻共同债务处理。但夫妻一方能够证明债权人与债务人明确约定为个人债务，或者能够证明属于婚姻法第十九条第三款规定情形的除外。"该条规定将证明责任完全分配到夫妻双方中未举债的一方，举证责任分配不当，显失公平。

2017 年 2 月 20 日，《最高人民法院关于适用〈中华人民共和国婚姻法〉若干问题的解释（二）的补充规定》第 24 条第 2 款、第 3 款规定："夫妻一方与第三人串通，虚构债务，第三人主张权利的，人民法院不予支持。夫妻一方在从事赌博、吸毒等违法犯罪活动中所负债务，第三人主张权利的，人民法院不予支持。"该规定明确了虚假债务、非法债务不受法律保护。

2018年1月8日，《最高人民法院关于审理涉及夫妻债务纠纷案件适用法律有关问题的解释》第1条规定："夫妻双方共同签字或者夫妻一方事后追认等共同意思表示所负的债务，应当认定为夫妻共同债务。"第2条规定："夫妻一方在婚姻关系存续期间以个人名义为家庭日常生活需要所负的债务，债权人以属于夫妻共同债务为由主张权利的，人民法院应予支持。"第3条规定："夫妻一方在婚姻关系存续期间以个人名义超出家庭日常生活需要所负的债务，债权人以属于夫妻共同债务为由主张权利的，人民法院不予支持，但债权人能够证明该债务用于夫妻共同生活、共同生产经营或者基于夫妻双方共同意思表示的除外。"上述规定确定了"共债共签原则"，明确了夫妻共同意思表示，以个人名义为家庭日常需要所负的债务为夫妻共同债务，由"夫妻一方能够证明债权人与债务人明确约定为个人债务"变更为"债权人能够证明该债务用于夫妻共同生活、共同生产经营或者基于夫妻双方共同意思表示的除外"，举证责任分配到债权人方，更好地维护了现实中不知情举债方的合法权益。

民法典吸收对夫妻共同债务认定相关的司法解释规定，在第1064条明确了夫妻共同债务的认定标准，为司法裁判提供统一规则。

（二）夫妻共同债务的认定标准

夫妻共同债务认定的三个标准：一是共同意思表示标准；二是家庭生活所需标准；三是共同生活、共同生产经营标准。

1.夫妻债务中双方共同意思的认定标准。夫妻双方共同签名或者夫妻一方事后追认等共同意思表示所负债务属于夫妻共同债务。民法典的规定充分体现了意思自治原则，当事人按照自己的意思为自己设定权利履行义务，只要债务的设立是基于夫妻双方共同借款的合意而无外考虑债务的用途、债务的数额，基于自愿，夫或妻一方亦可通过共同签字或追认的方式将对方于婚前所负债务作为婚姻关系产生后的夫妻共同债务予以偿还。

2.家庭日常生活需要的审查要点。"家庭日常生活需要"是指夫妻双方及其共同生活的未成年子女在日常生活中的必要开支，包括正常的衣食住行消费、日用品购买、医疗保健、子女教育、老人赡养，以及正当的娱乐、文化消费等，其金额和目的应符合"日常性"和"合理性"。根据国家统计局有关调查显示，我国城镇居民家庭消费种类主要分为食品、衣着、家庭设备用品等八大类。家庭日常生活的范围，可以参考上述八大类家庭消费，根据夫妻共同生活的状态（如双方的职业、身份、资产、收入、兴趣、家庭人数等）和当地一般社会生活习惯予以认定。此外，满足家庭日常生活需要还包括未成年子女的抚养和教育费用支出、家庭成员的医疗费用支出等事项。

针对超出"家庭日常生活需要"的债务，需要债权人举证证明，如果债权人能够证明夫妻一方所负债务用于夫妻共同生活或者基于夫妻双方共同意思表示的，可以认定为夫妻共同债务。

3. "夫妻共同生产经营"的审查要点。一般认为，"夫妻共同生产经营"主要是指由夫妻双方共同决定生产经营事项，或者虽由一方决定但另一方进行了授权的情形；夫妻共同生产经营所负的债务一般包括双方共同从事工商业、共同投资以及购买生产资料等所负的债务。判断经营活动是否属于夫妻共同生产经营，要根据经营活动的性质及夫妻双方在其中的地位、作用等综合认定。夫妻共同生产经营审查包括三个要素：债务款项专用性（债务专用于生产经营）、夫妻经营共同性、经营利润共享性。

夫妻经营共同性以合意参与为核心要素，在共同经营要素的认定上应适当放宽标准。经营利润共享性是指无论生产经营活动是否产生盈利结果，经营收益一贯为家庭主要收入或用于夫妻共同生活。有明确证据可以确定债务款项专用性和夫妻经营共同性时，则对经营利润共享性可无须再做审查；当夫妻经营共同性难以认定时，可以依据债务款项专用性、经营利润共享性判定该债务属于夫妻共同债务。

根据民法典关于夫妻共同债务需要共债共签的规定，债权人主张债务为夫妻共同债务的，应承担举证责任。主要为：（1）夫妻共同意思表示的认定。债权人需举证证明夫妻共同举债的意思表示，即提交夫妻双方共同签字的借款合同、欠条，以及夫妻一方事后追认或者电话、短信、微信、邮件等有关证据。（2）夫妻家庭日常生活所需的认定。债权人只需要举证证明债权债务关系存在，债务符合当地一般认为的家庭日常生活范围即可，不需要举证证明该债务用于家庭日常生活。（3）夫妻超出家庭日常生活所需的认定。债权人需证明债务用于夫妻共同生活或者共同生产经营，或者债务系基于夫妻双方共同的意思表示。

🔲 重点条文 ▷▷▷

1.《民法典》第一千零六十条 【关于夫妻日常家事代理权的规定】

夫妻一方因家庭日常生活需要而实施的民事法律行为，对夫妻双方发生效力，但是夫妻一方与相对人另有约定的除外。

夫妻之间对一方可以实施的民事法律行为范围的限制，不得对抗善意相对人。

第一千零六十四条 【关于夫妻共同债务的规定】

夫妻双方共同签名或者夫妻一方事后追认等共同意思表示所负的债务，以及夫妻一方在婚姻关系存续期间以个人名义为家庭日常生活需要所负的债务，属于夫妻共同债务。

夫妻一方在婚姻关系存续期间以个人名义超出家庭日常生活需要所负的债务，不属于夫妻共同债务；但是，债权人能够证明该债务用于夫妻共同生活、共同生产经营或者基于夫妻双方共同意思表示的除外。

2.《最高人民法院关于适用〈中华人民共和国民法典〉婚姻家庭编的解释（一）》第三十四条 夫妻一方与第三人串通，虚构债务，第三人主张该债务为夫妻共同债务的，人民法院不予支持。

夫妻一方在从事赌博、吸毒等违法犯罪活动中所负债务，第三人主张该债务为夫妻共同债务的，人民法院不予支持。

第三十五条 当事人的离婚协议或者人民法院生效判决、裁定、调解书已经对夫妻财产分割问题作出处理的，债权人仍有权就夫妻共同债务向男女双方主张权利。

一方就夫妻共同债务承担清偿责任后，主张由另一方按照离婚协议或者人民法院的法律文书承担相应债务的，人民法院应予支持。

第三十六条 夫或者妻一方死亡的，生存一方应当对婚姻关系存续期间的夫妻共同债务承担清偿责任。

三、离婚后子女抚养

侯某甲与王某离婚纠纷案

（一）事实概要

侯某甲与王某系经人介绍认识，双方登记结婚，婚后生育一女侯某乙（2013 年 10 月 6 日生），侯某甲曾于 2014 年 4 月 22 日向法院起诉离婚，法院于 2014 年 9 月 15 日判决不准离婚。侯某甲于 2016 年 1 月 5 日再次诉至法院，请求判决双方离婚并由其抚养女儿。法院判决：（1）准许侯某甲与王某离婚；（2）女儿侯某乙由王某抚养，侯某甲自本判决生效之日起每月 20 日前给付侯某乙生活费 600 元，教育费、医疗费凭票据双方各半承担，至侯某乙 18 周岁时止；（3）侯某甲依法享有探视女儿侯某乙的权利，具体探视的时间和方式由双方协商，如协商不成，则侯某甲于每月的上下半月的最后一个星期天将女儿侯某乙接走实现探视权，探视具体时间为上午八时起至晚上七时止，即上午八点接走至晚上七点送回王某处。

宣判后，侯某甲不服原审判决，向法院提起上诉，请求撤销一审判决第二项、第三项，改判侯某乙由上诉人抚养并由被上诉人承担本案全部诉讼费用。

（二）裁判结果

二审法院认为，针对上诉人侯某甲主张撤销王某的抚养权，由其抚养侯某乙的诉请，有事实与法律依据，予以支持；关于抚养费，综合双方收入情况、当地生活消费水平及子女实际需要，酌定王某每月支付 600 元为宜，对于探视时间与方式，双方协商一致，予以准许。

（三）案例分析

本案主要涉及离婚后未成年子女抚养权问题。

关于抚养权的归属问题，应从有利于子女身心、保障子女的合法权益出发，结合父母双方的抚养能力和抚养条件等具体情况综合判断。本案中，侯某乙应由上诉人侯某甲直接抚养，被上诉人王某支付抚养费更为恰当，理由如下：（1）上诉人侯某甲学历为中技毕业，优于被上诉人王某中学肄业，更有利于对侯某乙进行教育辅导；（2）上诉人侯某甲就职于南京博西华电器（江苏）有限公司，享有五险一金且工作时间及性质较被上诉人王某稳定，更有利于对侯某乙进行照顾和陪伴；（3）侯某乙自出生以来一直在侯某甲父母家中居住生活，如改变其熟悉的生活环境会对侯某乙的健康成长造成不良影响。庭审中，侯某甲父亲侯某山亦向法庭出具说明，承诺为侯某乙提供生活居所并协助侯某甲照顾侯某乙成长。保持稳定和熟悉的生活环境可以将双方离婚对侯某乙的影响降到最低。故上诉人侯某甲主张侯某乙应由其直接抚养的上诉请求有事实与法律依据。

关于抚养费标准问题，法院认为，综合双方的收入情况、当地生活消费水平及抚养子女的实际需要，结合被上诉人王某现为自由职业者且工作收入不稳定的状况，本院酌定被上诉人王某每月支付侯某乙抚养费600元为宜。关于探视问题，因双方就探视时间和方式达成的一致意见，不违反法律规定，应予以准许。

📖 难点解析 >>>

（一）未成年子女抚养权的归属

对于离婚后未成年子女抚养权归属如何确定，应当根据"最有利于未成年子女利益"原则，综合考虑父母双方的抚养能力、抚养条件及子女生活模式、受教育环境等具体情况，兼顾父母双方的诉求及客观实际妥善解决。离婚后，子女由一方直接抚养的，另一方应当负担部分或者全部抚养费。负担费用的多少和期限的长短，由双方协议；协议不成的，由人民法院判决。前款规定的协议或者判决，不妨碍子女在必要时向父母任何一方提出超过协议或者判决原定数额的合理要求。

（二）抚养费的确定

抚养费包括子女生活费、教育费、医疗费等费用。抚养费的数额，可以根据子女的实际需要、父母双方的负担能力和当地的实际生活水平确定。有固定收入的，抚养费一般可以按其月总收入的20%—30%的比例给付；负担两个以上子女抚养费的，比例可以适当提高，但一般不得超过月总收入的50%；无固定收入的，抚养费的数额可以依据当年总收入或者同行业平均收入，参照上述比例确定。原定抚养费数额不足以维持当地实际生活水平；因子女患病、上学，实际需要已超过原定数额；有其他正当理由应当增加，子女可以要求有负担能力的父或者母增加抚养费。

（三）探视权的行使

探望权实质是基于父母子女身份关系，由不直接抚养子女的一方享有的与未成年子女探望、联系、交往、短期共同生活的法定权利及义务。探望权一方面保证了不直接抚养子女的一方能够定期与子女团聚，满足其对子女的情感需要；另一方面又有助于弥补家庭破裂对子女造成的情感伤害，有利于子女的健康成长。直接抚养子女一方的抚养权和不直接抚养子女一方的探望权，共同构成了离婚后父母对子女亲权的主要内容。

关于探视权的具体行使：

1. 人民法院作出的生效离婚判决中未涉及探视权，当事人就探视权问题单独提起诉讼的，人民法院应予受理。

2. 离婚后，不直接抚养子女的父或者母，有探视子女的权利，另一方有协助的义务。行使探视权利的方式、时间由当事人协议；协议不成的，由人民法院判决。父或者母探视子女，不利于子女身心健康的，由人民法院依法中止探视；中止的事由消失后，应当恢复探视。

3. 对于拒不协助另一方行使探视权的有关个人或者组织，可以由人民法院依法采取拘留、罚款等强制措施，但是不能对子女的人身、探视行为进行强制执行。

📖 重点条文与关联法律 》》》

1.《民法典》第一千零八十六条【关于探望权的规定】

离婚后，不直接抚养子女的父或者母，有探望子女的权利，另一方有协助的义务。

行使探望权利的方式、时间由当事人协议；协议不成的，由人民法院判决。

父或者母探望子女，不利于子女身心健康的，由人民法院依法中止探望；中止的事由消失后，应当恢复探望。

2.《最高人民法院关于适用〈中华人民共和国民法典〉婚姻家庭编的解释（一）》第四十六条　对已满两周岁的未成年子女，父母均要求直接抚养，一方有下列情形之一的，可予优先考虑：

（一）已做绝育手术或者因其他原因丧失生育能力；

（二）子女随其生活时间较长，改变生活环境对子女健康成长明显不利；

（三）无其他子女，而另一方有其他子女；

（四）子女随其生活，对子女成长有利，而另一方患有久治不愈的传染性疾病或者其他严重疾病，或者有其他不利于子女身心健康的情形，不宜与子女共同生活。

第四十七条 父母抚养子女的条件基本相同，双方均要求直接抚养子女，但子女单独随祖父母或者外祖父母共同生活多年，且祖父母或者外祖父母要求并且有能力帮助子女照顾孙子女或者外孙子女的，可以作为父或者母直接抚养子女的优先条件予以考虑。

婚姻法	民法典	要点提示
第三十六条 父母与子女间的关系，不因父母离婚而消除。离婚后，子女无论由父或母直接抚养，仍是父母双方的子女。 离婚后，父母对于子女仍有抚养和教育的权利和义务。 离婚后，哺乳期内的子女，以随哺乳的母亲抚养为原则。哺乳期后的子女，如双方因抚养问题发生争执不能达成协议时，由人民法院根据子女的权益和双方的具体情况判决。	**第一千零八十四条** 父母与子女间的关系，不因父母离婚而消除。离婚后，子女无论由父或者母直接抚养，仍是父母双方的子女。 离婚后，父母对于子女仍有抚养、教育、保护的权利和义务。 离婚后，不满两周岁的子女，以由母亲直接抚养为原则。已满两周岁的子女，父母双方对抚养问题协议不成的，由人民法院根据双方的具体情况，按照最有利于未成年子女的原则判决。子女已满八周岁的，应当尊重其真实意愿。	原婚姻法条款中的哺乳期是一个不确定的概念，民法典修改为"两周岁"，新增"子女已满八周岁的，应当尊重其真实意愿"规定。
第三十七条 离婚后，一方抚养的子女，另一方应负担必要的生活费和教育费的部分或全部，负担费用的多少和期限的长短，由双方协议；协议不成时，由人民法院判决。 关于子女生活费和教育费的协议或判决，不妨碍子女在必要时向父母任何一方提出超过协议或判决原定数额的合理要求。	**第一千零八十五条** 离婚后，子女由一方直接抚养的，另一方应当负担部分或者全部抚养费。负担费用的多少和期限的长短，由双方协议；协议不成的，由人民法院判决。 前款规定的协议或者判决，不妨碍子女在必要时向父母任何一方提出超过协议或者判决原定数额的合理要求。	将"生活费和教育费"修改为"抚养费"。

第十一讲　继承

一、一般规定

📖 **典型案例** ▶▶▶

杨某与被告丁某甲、丁某乙等继承纠纷案

（一）事实概要

原告杨某向本院提出诉讼请求：要求继承已故父亲农村房屋340平方米。事实和理由：2018年8月24日原告父亲杨某兴（曾用名杨某新）因病去世，遗留在东屏街道××社区××房屋约340平方米。该房屋现在由被告丁某甲居住。原、被告多次协商未果，故原告诉至法院要求判如所请。

被继承人杨某兴，以曾用名杨某新与被告丁某丙办理了结婚登记手续，双方婚后共同生育一子即本案原告杨某。1990年前后，被告丁某丙与被继承人杨某兴分开生活，但未办理离婚登记手续。双方分开后，被告丁某丙带着原告杨某在其安徽娘家生活。被告丁某丙与案外人胡某清按照当地风俗举行婚礼并共同生活，但未办理结婚登记手续，后共同生育一女，取名胡某。自此，原告杨某、被告丁某丙再未与被继承人杨某兴共同生活。

被继承人杨某兴以其现用名杨某兴与被告丁某甲办理结婚登记手续，双方婚后初期在被告丁某甲位于南京市溧水区的家中生活，并共同生育一女，即本案被告丁某乙。2005年12月9日，被继承人杨某兴与被告丁某甲协议离婚，但双方分开不久便又共同生活直至被继承人杨某兴去世。

2014年下半年至2015年，被继承人杨某兴与被告丁某甲在南京市溧水区建造住房一处，包括二层楼房一幢、单独厨房一间、外设卫生间一间，并围有院墙。该房屋建造后，被继承人杨某兴与被告丁某甲对该房屋进行了装修。

后被继承人杨某兴与被告丁某甲再次登记结婚。

2018 年 8 月，被继承人杨某兴因病去世，其丧葬事宜系被告丁某甲、丁某乙操持办理并承担费用，原告杨某及被告丁某丙未参与被继承人杨某兴的丧葬事宜。

另查明：（1）被继承人杨某兴的父母在其之前去世，除案涉当事人外无其他继承人，其生前未留下遗赠扶养协议和遗嘱。（2）被继承人杨某兴患病期间主要由被告丁某甲照顾。（3）南京市溧水区档案馆及本院档案系统均未发现存有被继承人杨某兴与被告丁某丙的离婚档案材料。

（二）裁判结果

法院判决位于南京市溧水区房屋的相关权利、义务，其中 1/8 的份额由原告杨某享有并承担，5/8 的份额由被告丁某甲享有并承担，3/16 的份额由被告丁某乙享有并承担，1/16 的份额由被告丁某丙享有并承担。

（三）案例分析

本案主要涉及继承的开始与遗产的确定问题。

1. 被告丁某丙对被继承人杨某兴的遗产是否享有继承权。虽然被告丁某丙于 1990 年前后即与被继承人杨某兴分开生活，并在之后与他人以夫妻名义共同生活并育有一女，但被告丁某丙与被继承人杨某兴已办理结婚登记手续却未办理离婚登记手续，双方的婚姻关系尚未解除，仍属于法律上的夫妻关系。故被告丁某丙作为被继承人杨某兴法律上的配偶对其遗产依法享有继承权。

2. 案涉位于南京市溧水区房屋系被继承人杨某兴的遗产还是被继承人杨某兴与被告丁某甲的共同财产。虽然被告丁某甲与被继承人杨某兴于 2005 年办理了离婚登记手续，但双方离婚不久便又共同生活直至被继承人杨某兴去世，且被告丁某甲与被继承人杨某兴之后再次办理了结婚登记手续。根据常理推断，从被告丁某甲与被继承人杨某兴协议离婚至双方复婚，双方共同生活十年左右，并共同抚养子女，在此期间，双方的财产混同具有高度盖然性。再结合证人刘某甲、刘某乙、周某、李某关于涉案房屋建造、装修情况的证言，足以证实虽然案涉位于南京市溧水区房屋建造于被告丁某甲与被继承人杨某兴协议离婚之后复婚之前，但系二人共同建造，且双方后续共同对该房屋进行了装修，故该房屋应属被告丁某甲与被继承人杨某兴的共有财产，双方各占 50% 的份额。即案涉位于南京市溧水区房屋的 50% 份额属被继承人杨某兴的遗产。

3. 本案各当事人应继承被继承人杨某兴的遗产的份额。遗产是公民死亡时遗留的个人合法财产。继承从被继承人死亡时开始。继承开始后，没有遗嘱和遗赠扶养协议的，按照法定继承由第一顺序的继承人继承。对被继承人尽了主要扶养义务或者与被继承人共同生活的继承人，分配遗产时，可以多分。有扶养能力和扶养条件的继承人，不尽扶养义务的，分配遗产时，应当不分或者少分。对继承人以外的依靠被继承人扶养的缺乏劳动能力又没有生活来源的人，或者继承人以外的对被继承人扶养较多的人，可以分给他们适当的遗产。本案中，被继承人杨某兴去世前未留下遗嘱和遗赠扶养协议，应适用法定继承。因被继承人杨某兴的父母先于其死亡，故其遗产的第一顺序法定继承人为其配偶及子女，即本案被告丁某丙、原告杨某、被告丁某乙。

关于被告丁某甲，虽然其与被继承人杨某兴办理了结婚登记手续，但因被继承人杨某兴与其登记结婚前未依法解除与被告丁某丙的婚姻关系，故被告丁某甲并非被继承人杨某兴法律上的配偶，即非被继承人杨某兴的法定继承人。但被告丁某甲并非明知被继承人杨某兴未与被告丁某丙解除婚姻关系仍与被继承人杨某兴登记结婚，其对于该状况的发生并不存在过错，且其与被继承人杨某兴以夫妻名义共同生活二十余载，与被继承人杨某兴相互扶养，并在被继承人杨某兴患病期间进行照顾，操办被继承人杨某兴的丧事，属继承人以外的对被继承人扶养较多的人，可以分得适当的遗产。关于被继承人杨某兴的遗产分割比例：被告丁某乙相比原告杨某，作为子女给予了被继承人杨某兴较多的陪伴，并与被告丁某甲一起操持被继承人杨某兴的丧葬事宜并承担费用，尽到了相对较多的赡养义务，故其对被继承人杨某兴的遗产应多分。被告丁某丙虽系被继承人杨某兴的法律上的配偶，但其与被继承人杨某兴多年来早已实际分开生活，并各自嫁娶，相互不尽扶养义务，其应对被继承人杨某兴的遗产少分。鉴于争议房屋无所有权证书，共有人不能对房屋的所有权进行分割，继承人亦不能继承房屋的所有权，仅是对该房屋相关权利及义务的分割、继承。遗产分割应当有利于生产和生活需要，不损害遗产的效用。

📖 难点解析 >>>

（一）继承权的具体内容

一是接受与放弃继承的权利。继承权作为一种财产性权利，继承人有权接受继承，也有权放弃继承权。任何人不能强迫继承人接受、放弃继承。根据《民法典》第1124条规定，继承人放弃继承的应当以书面形式作出表示，没有作出放弃表示的即视为接受继承。

二是取得遗产的权利。继承人如果不放弃继承，即可依法取得被继承人所遗留的遗产。至于继承人取得遗产的份额多少，则需要根据法律规定或者遗嘱内容判断。

三是继承权受到侵害时获得救济的权利。继承人的继承权作为财产权利，在受到不法侵害时，有权依法寻求救济，可以根据侵权责任编的有关规定主张权利。理论上此种权利被称为继承恢复请求权。继承人根据继承恢复请求权可以要求法院确认自己依法享有继承权，并可以请求返还其依法应得的遗产。

（二）继承开始的时间

继承开始取得于被继承人死亡的时间，因此如何确定被继承人死亡的时间至关重要。死亡从法律上而言，包括自然死亡与宣告死亡。《民法典》第15条对出生时间和死亡时间有明确的规定，自然人的出生时间和死亡时间，以出生证明、死亡证明记载的时间为准；没有出生证明、死亡证明的，以户籍登记或者其他有效身份登记记载的时间为准；有其他证据足以推翻以上记载时间的，以该证据证明的时间为准。第48条规定，被宣告死亡的人，人民法院宣告死亡的判决作出之日视为其死亡的日期；因意外事件下落不明宣告死亡的，意外事件发生之日视为其死亡的日期。

根据《民法典》第1121条第2款规定，相互有继承关系的数人在同一事件中死亡的，确定死亡时间需要根据具体情况判断：首先，在同一事件中死亡的相互有继承关系的数人，他们的死亡时间可以确定的，则根据客观证据来确定。其次，如果没有证据能证明他们的死亡时间的先后的，则根据各自的具体情况进一步作出推定：第一种情况，如果有人没有其他继承人，仅有的继承人都在同一事件中死亡的，推定此人先死亡。这样规定可以使其遗产能够依法被继承，不会造成因无人继承的状况。第二种情况，如果他们都有其他继承人，则需要进一步根据他们之间的辈分情况推定，具体而言：一是辈分不同的，推定长辈先死亡。例如，爷孙二人在同一事件中死亡，两人均有其他继承人，则推定爷爷先死亡，孙子后死亡；二是辈分相同的，推定同时死亡，相互之间不发生继承。又如，兄弟在同一事件中死亡，两人也都有其他继承人的，则推定二人同时死亡，相互之间不继承对方的遗产。

（三）关于遗产的范围

关于遗产的范围界定：首先，遗产须是财产或财产性权益，非财产性权利（人格权、人身权或相关权益）不得作为遗产继承；其次，遗产必须是合法的财产权；最后，遗产必须是被继承人个人的财产，非个人财产不属于遗产的范围。如土地承包经营权、宅基地使用权等属于家庭共有，而非属于个人的；又如与著作权有关的财产性权利等特定类型的财产性权益可以继承。

根据《民法典》第1122条第2款规定，不得继承的遗产主要有：一是根据其性质不得继承的遗产，主要是与被继承人人身有关的专属性权利，如被继承人所签订的劳动合同上的权利义务等；二是根据法律规定不得继承的遗产。

（四）法定继承、遗嘱继承和遗赠、遗赠扶养协议效力

继承开始后，按照法定继承办理；有遗嘱的，按照遗嘱继承或者遗赠办理；有遗赠扶养协议的，按照协议办理。

首先，继承开始后按照法定继承办理。如果被继承人生前没有留有有效的遗嘱，继承开始后，就需要启动法定继承制度，根据继承编所规定的继承人范围、顺序、遗产分配方法等，确定各继承人之间所得遗产的数额。这是最为常见的继承方式。

其次，有遗嘱的按照遗嘱继承或者遗赠办理。如果被继承人生前留下了合法有效的遗嘱，被继承人的财产需要优先根据遗嘱的内容来分配。有遗嘱的继承包括两种情况：一种是遗嘱指定了特定的继承人继承，此时需要启动遗嘱继承程序，按照遗嘱的要求分配遗产；另一种是被继承人通过遗嘱将遗产赠与继承人以外的个人或者组织，处理遗产就必须尊重被继承人的意思。遗嘱继承的效力之所以优先于法定继承，原因就在于遗嘱体现了被继承人的意思自治。法定继承是在被继承人意思缺位时，立法按照男女平等、养老育幼、权利义务相一致等公平合理的规则分配被继承人的遗产。

最后，有遗赠扶养协议的按照协议办理。从法律性质上讲，遗赠扶养协议是一种双务合同，体现了双方当事人的意思，理应比仅体现一方意思的遗嘱效力优先。遗赠扶养协议是自然人生前与继承人以外的个人或者组织签订的协议。在遗赠扶养协议中，扶养人有负责被扶养人生养死葬的义务，同时享有获得遗赠的权利；被扶养人生前有权要求扶养人照顾自己，同时也有义务在死亡后将自己的遗产赠与扶养人。在自然人生前与他人签订了遗赠扶养协议时，应当以遗赠扶养协议优先处理所涉遗产。需要注意的是，由于双方当事人可以事先约定扶养人受遗赠的财产范围，超过此范围的遗产，如果被扶养人立有遗嘱，则按照遗嘱处理，如果没有遗嘱，则按照法定继承办理。对于同一财产，如果遗赠扶养协议和遗赠都涉及时，优先按照遗赠扶养协议处理。

（五）继承、受遗赠的放弃

继承权是继承人依法享有的一种权利，应当尊重继承人的内心意思，继承人可以放弃也可以不放弃，任何人不得胁迫、欺诈他人放弃继承。放弃继承的继承人既可以是遗嘱继承人，也可以是法定继承人。放弃继承的意思表示可以由继承人本人作出，也可以通过其代理人作出。根据《民法典》第1124条第1款的规定，放弃继承必须在特定时间作出，即继承开始后，遗产处理前。如果继承人尚未死亡，被继承人就作出放弃继承的意思表示的，放弃无效。放弃必须在遗产处理前作出，在遗产处理之后，遗产的所有权已经转移给继承人，此时继承人放弃的不是继承，而是所继承遗产的所有权。继承人放弃继承，必须以书面方式作出。继承人放弃继承的书面意思表示，可以向遗产管理人作出，也可以在涉遗产的诉讼中向人民法院作出，也可以向其他继承人作出。放弃继承必须以明示方式作出，不得以默示方式作出。根据《民法典》第1124条第1款规定，继承人在继承开始后遗产处理前，对是否接受继承没有表示的，视为接受继承。

根据《民法典》第1124条第2款规定，作出接受或者放弃受遗赠的期限为60日，即从受遗赠人知道受遗赠后的60日内作出。接受遗赠必须以明示的方式作出意思表示，受遗赠人在法定期限不作意思表示的视为放弃。

（六）丧失继承权的法定事由

根据《民法典》第1125条第1款规定，丧失继承权的法定事由包括：

一是故意杀害被继承人的。首先，主观上存在杀人的故意。但不包括过失犯罪，也不包括过失或者因正当防卫致被继承人死亡。犯罪动机上，不论继承人是否为了取得被继承人的遗产。其次，故意犯罪的对象必须是被继承人。最后，客观上实施了杀害行为。只要继承人实施了故意杀害被继承人的犯罪行为，不论犯罪是既遂还是未遂，都将丧失继承权。

二是为争夺遗产而杀害其他继承人的。首先，主观上必须有杀害的故意，且动机为争夺遗产。其次，所侵害的客体必须是其他继承人的生命。最后，客观上是实施了杀害的行为，当然不论杀害行为是否既遂，都构成丧失继承权的法定事由。

三是遗弃被继承人，或者虐待被继承人情节严重的。具体包括两种情况：一种是遗弃被继承人。需要注意的是，只要行为人实施了遗弃被继承人的行为，而不论这种行为是否严重，即依法将失去继承权。另一种是虐待被继承人，如果继承人虐待被继承人情节严重，则构成丧失继承权的法定事由。需要注意的是，实施本项规定的两种行为的，只要实施了遗弃行为、虐待被继承人情节严重的，就可以认定丧失继承权，而不需要继承人必须达到构成遗弃罪和虐待罪的程度。

四是伪造、篡改、隐匿或者销毁遗嘱，情节严重的。遗嘱是立遗嘱人处分自己遗产的意思表示。自然人有处分自己财产的权利，遗嘱被他人伪造、篡改、隐匿或者销毁，歪曲了立遗嘱人的真实意思，因此，为尊重被继承人的遗愿，民法典规定伪造、篡改、隐匿或者销毁遗嘱情节严重的，也构成丧失继承权的法定事由。

五是以欺诈、胁迫手段迫使或者妨碍被继承人设立、变更或者撤回遗嘱，情节严重的。无论继承人是采取欺诈手段还是通过胁迫手段，只要导致被继承人的真实意思受到歪曲，情节严重的，就构成丧失继承权的法定事由。

（七）继承权的恢复

根据《民法典》第 1125 条第 2 款规定，继承人虽然实施了某些丧失继承权的行为，但只要被继承人对其表示宽恕或者在遗嘱中仍列为继承人，其丧失的继承权即可以恢复。继承权恢复的前提条件：一是继承人是因为实施了前款第三至五项的行为而丧失继承权；二是继承人确有悔改；三是被继承人作出了恢复继承权的意思表示。

（八）受遗赠权的丧失

根据《民法典》第 1125 条第 3 款规定，受遗赠人有本条第 1 款规定行为的，丧失受遗赠权。赠与虽然是单方法律行为，受赠人无须有积极的作为义务，但是根据合同法原理，如果受赠人实施了某些不利于赠与人或赠与人近亲属的行为，赠与人是可以撤销赠与的。遗赠同样如此，如果受遗赠人实施了第 1 款的行为的，受遗赠人将丧失受遗赠权。丧失受遗赠权属于绝对丧失，受遗赠人一旦实施了第 1125 条第 1 款规定的行为，即永久丧失受遗赠权，不得再恢复。

📖 重点条文与关联法律 ▷▷▷

第一千一百二十二条 【关于遗产的规定】

遗产是自然人死亡时遗留的个人合法财产。

依照法律规定或者根据其性质不得继承的遗产，不得继承。

第一千一百二十三条 【关于法定继承、遗嘱继承和遗赠扶养协议间效力的规定】

继承开始后，按照法定继承办理；有遗嘱的，按照遗嘱继承或者遗赠办理；

有遗赠扶养协议的，按照协议办理。

继承法及相关司法解释	民法典	要点提示
第二条 继承从被继承人死亡时开始。 **最高人民法院关于贯彻执行《中华人民共和国继承法》若干问题的意见** 2. 相互有继承关系的几个人在同一事件中死亡，如不能确定死亡先后时间的，推定没有继承人的人先死亡。死亡人各自都有继承人的，如几个死亡人辈份不同，推定长辈先死亡；几个死亡人辈份相同，推定同时死亡，彼此不发生继承，由他们各自的继承人分别继承。	**第一千一百二十一条** 继承从被继承人死亡时开始。 相互有继承关系的数人在同一事件中死亡，难以确定死亡时间的，推定没有其他继承人的人先死亡。都有其他继承人，辈份不同的，推定长辈先死亡；辈份相同的，推定同时死亡，相互不发生继承。	本条原是继承法解释中的在同一事件中死亡先后的推定规则，民法典修订时予以了吸收。
第二十五条 继承开始后，继承人放弃继承的，应当在遗产处理前，作出放弃继承的表示。没有表示的，视为接受继承。 受遗赠人应当在知道受遗赠后两个月内，作出接受或者放弃受遗赠的表示。到期没有表示的，视为放弃受遗赠。	**第一千一百二十四条** 继承开始后，继承人放弃继承的，应当在遗产处理前，以书面形式作出放弃继承的表示；没有表示的，视为接受继承。 受遗赠人应当在知道受遗赠后六十日内，作出接受或者放弃受遗赠的表示；到期没有表示的，视为放弃受遗赠。	增加"以书面形式"作出放弃继承的表示。
第七条 继承人有下列行为之一的，丧失继承权： （一）故意杀害被继承人的； （二）为争夺遗产而杀害其他继承人的； （三）遗弃被继承人的，或者虐待被继承人情节严重的； （四）伪造、篡改或者销毁遗嘱，情节严重的。	**第一千一百二十五条** 继承人有下列行为之一的，丧失继承权： （一）故意杀害被继承人； （二）为争夺遗产而杀害其他继承人； （三）遗弃被继承人，或者虐待被继承人情节严重； （四）伪造、篡改、隐匿或者销毁遗嘱，情节严重； （五）以欺诈、胁迫手段迫使或者妨碍被继承人设立、变更或者撤回遗嘱，情节严重。 继承人有前款第三项至第五项行为，确有悔改表现，被继承人表示宽恕或者事后在遗嘱中将其列为继承人的，该继承人不丧失继承权。 受遗赠人有本条第一款规定行为的，丧失受遗赠权。	新增第1款第5项、第2款、第3款，结合实际将宽恕制度增加进来，继承人不丧失继承权。

二、法定继承

📖 **典型案例** >>>

王某与蔡某、赵某法定继承纠纷案

（一）事实概要

原告王某与被告蔡某、赵某法定继承纠纷一案，在秦淮区人民法院于 2019 年 9 月 3 日立案后，依法适用普通程序，因涉及个人隐私，经原告王某申请不公开开庭进行了审理。

被继承人王某祥与蔡某于 ×××× 年 ×× 月 ×× 日登记结婚，双方均系再婚，婚后未生育子女。原告系被继承人与前妻之女，被告赵某系蔡某与前夫之女。被继承人王某祥于 2019 年 8 月 7 日去世，其父母均先于其去世。南京市秦淮区房屋系王某祥与蔡某婚后购买取得，并于 2015 年 4 月 16 日登记在王某祥、蔡某名下，为共同共有。

关于涉案房屋分割问题。原告提供产权约定书、房屋所有权证等证据，证明被继承人曾承诺放弃 601 室房屋产权，该不动产证的所有权归蔡某、赵某二人所有，现登记在蔡某与赵某名下；被继承人来南京时承诺原告将 601 室房屋给蔡某、赵某，西一村 703 室房屋尽快过户到原告名下；王某祥生前口头遗嘱，703 室房屋涉及遗产部分应由原告继承。被告蔡某对原告的陈述不予认可，认为口头遗嘱也应当有证据。被告赵某称被继承人与其母亲结婚时其未满 18 周岁，因住校才未住家里，但被继承人经常看望被告赵某；赵某的户口也登记在涉案房屋上，且对被继承人尽了赡养义务。

（二）裁判结果

法院判决登记在被继承人王某祥名下的 703 室房屋由原告王某继承享有 1/4 产权份额，被告蔡某继承享有 3/4 的产权份额。

（三）案例分析

本案涉及法定继承的相关问题。

本案中，涉案房屋系王某祥与被告蔡某婚姻关系存续期间购买取得，依法属于夫妻共同财产，应由被告蔡某享有 1/2 产权份额。剩余 1/2 产权份额作为王某祥的遗产，王某祥生前未留有遗嘱，应该按照法定继承办理。原告作为王某祥的婚生女依法享有继承权。被告赵某提出被继承人与蔡某结婚时，其未满 18 周岁，且对被继承人王某祥尽了赡养义务，故应分得王某祥遗产的抗辩意见，因其在被继承人与蔡某婚后不足 5 个月便已满 18 周岁，且此期间其住校，并未与被继承人实际共同生活，未形成有扶养关系的继子女，至于赵某提出其对被继承人尽了赡养义务，但其所提供证据不足以证明其主张。故对于被告赵某的此项抗辩意见，法院不予采信。综上，属于被继承人王某祥的 1/2 产权份额由其妻子、子女共同继承所有，由原告及被告蔡某各自继承涉案房屋的 1/4 产权份额，即原告继承享有涉案房屋的 1/4 产权份额，被告蔡某继承享有涉案房屋的 3/4 产权份额。

难点解析 >>>

（一）法定继承的条件与顺位

法定继承是在被继承人没有对其遗产的处理立有遗嘱的情况下，继承人的范围、继承顺序等均按照法律规定确定的继承方式。民法典第六编第二章规定了法定继承制度，明确了继承权男女平等原则，规定了法定继承人的顺序和范围，以及遗产分配的基本制度。继承开始后，没有遗嘱和遗赠扶养协议的，按照法定继承办理，首先由第一顺序继承人即配偶、子女、父母继承。继承开始后，由第一顺序继承人继承，第二顺序继承人不继承，没有第一顺序继承人继承的，由第二顺序继承人继承。依据法律规定，第一顺序继承人为配偶、父母、子女，其中子女包括婚生子女、非婚生子女、养子女和有扶养关系的继子女；第二顺序继承人则包括兄弟姐妹、祖父母、外祖父母。子女包括婚生子女、非婚生子女、养子女和有扶养关系的继子女。同一顺序继承人继承遗产的份额，一般应当均等。

（二）对子女、父母和兄弟姐妹的界定

民法典规定的子女、父母和兄弟姐妹的范围有其特殊性，因此这些界定子女、父母和兄弟姐妹范围的规定只适用于继承编。

1. 子女。根据《民法典》第 1127 条第 3 款规定，子女包括婚生子女、非婚生子女、养子女和有扶养关系的继子女。根据父母和子女有相互继承遗产的权利的规定，非婚生子女、养子女、受继父或继母抚养教育的继子女可以继承其生父母、养父母和继父母的遗产。需要说明的是，本条界定的子女的范围要比婚姻家庭编宽泛，因为本条规定为"有扶养关系的继子女"，既包括继子女受继父母抚养的情形，也包括继子女赡养继父母的情形。

2. 父母。根据《民法典》第 1127 条第 4 款规定，父母包括生父母、养父母和有扶养关系的继父母。根据民法典婚姻家庭编的规定，生父母与其非婚生子女、养父母与其养子女、继父母与受其抚养教育的继子女的权利义务关系适用父母子女关系的规定。需要说明的是，本条界定的父母的范围亦比婚姻家庭编的宽泛，本条规定的"有扶养关系的继父母"既包括继父母抚养继子女的情形，也包括继父母被继子女赡养的情形。

3. 兄弟姐妹。根据《民法典》第 1127 条第 5 款规定，兄弟姐妹包括同父母的兄弟姐妹、同父异母或者同母异父的兄弟姐妹、养兄弟姐妹、有扶养关系的继兄弟姐妹。同父异母或同母异父的兄弟姐妹、养兄弟姐妹与同父母的兄弟姐妹继承顺序相同、继承份额也相同。本条承认"有扶养关系的继兄弟姐妹"享有继承权，既包括受被继承人生前扶养的继兄弟姐妹，也包括扶养被继承人的继兄弟姐妹。

（三）法定继承中遗产份额的分配原则

对于法定继承遗产份额的分配应当遵循以下原则：

一般情况下同一顺序继承人继承遗产的份额应当均等。特殊情况下同一顺序继承人继承遗产的份额可以不均等，具体如下：

1. 对生活有特殊困难的缺乏劳动能力的继承人，分配遗产时应当予以照顾。应当予以照顾的继承人需满足两个条件：一是生活有特殊困难，如继承人生活上没有独立的经济来源或者经济收入难以维持当地最低生活水平而导致生活有特殊困难；二是缺乏劳动能力，无法通过参加劳动改变生活困难的局面。

2. 对被继承人尽了主要扶养义务或者与被继承人共同生活的继承人，分配遗产时可以多分。对被继承人尽了主要扶养义务的继承人是指对被继承人在经济上提供主要来源或者在生活上给予主要照顾的继承人，在遗产分配时给予这类继承人适当倾斜。与被继承人共同生活的继承人，与被继承人在经济上、生活上、情感上存在更为密切的关系，因此也可以多分遗产，这一般符合被继承人的意愿。

3.有扶养能力和有扶养条件的继承人，不尽扶养义务的，分配遗产时应当不分或者少分。对于这类继承人不分或者少分遗产需符合以下两个条件：一是继承人有扶养能力和扶养条件。如果继承人自身无生活来源或者缺乏劳动能力等，不具备扶养被继承人的能力和条件，则不属于应当不分或者少分遗产的情形。二是继承人不尽扶养义务。继承人是否尽到扶养义务一般是从客观上来判断，但实践中也存在继承人有扶养能力和扶养条件，愿意尽扶养义务，但是被继承人因有固定收入和劳动能力，明确表示不要求其扶养的情形。这种情况下，在分配遗产时，一般不应以此为据对该继承人不分或者少分遗产。如果被继承人生前需要继承人扶养，继承人有扶养能力和扶养条件却不尽扶养义务的，不仅违反公序良俗原则，而且还违反法律规定，情节严重的甚至构成刑事犯罪，对这部分继承人，应当不分或者少分遗产。

4.继承人协商同意的，也可以不均等。各法定继承人经协商一致，同意不均分遗产的，继承份额也可以不均等。

（四）遗产分割的原则、办法与份额

遗产分割应当有利于生产和生活需要，不损害遗产的效用。不管分割什么遗产，都要遵循这一原则，即有利于生产和生活、物尽其用。

1.遗产分割的原则。一要有利于生产。这是对生产资料型遗产分割而言的，对于此类遗产，在分割时应该按照有利于生产的原则进行。有利于生产可以从两个方面考虑，首先是不能损害遗产本身的生产性用途，确保遗产分割后还能用于正常的生产经营。其次是在分割遗产时，还要考虑继承人的能力、职业等因素，确保遗产分割后能得到继承人的合理充分利用。二要有利于生活。对于生活性用途的遗产，则应该考虑如何分割更便利于继承人的生活。三要物尽其用。此原则要求根据物本身的属性、特征来分割，确保实现遗产的使用价值、经济价值最大化，充分实现遗产的效用。

2.遗产分割的办法。遗产分割的办法主要有四种，即实物分割、变价分割、折价补偿分割、保留共有。实物分割一般适用于可分物的遗产，即对作为遗产的原物直接进行分割并分配给各继承人。变价分割既可以用于不宜进行原物分割的遗产，也可以用于继承人均不愿意取得该遗产的情况，此时可以将该遗产变卖后换取变价款，各继承人对变价款进行分割。折价补偿分割适用于继承人中有人愿意取得某项不宜进行原物分割的遗产，由该继承人取得该项遗产所有

权，然后由取得遗产所有权的继承人分别向其他继承人补偿相应的价款。保留共有适用于遗产不宜进行原物分割，继承人又均愿意取得遗产，或者各继承人基于某种目的愿意保持共有状态的情形，此时各继承人可以对该遗产按份共有。

3.遗产分割的份额确定方式。遗产分割的份额应当以法律规定的或者当事人协商的各继承人应当继承的遗产份额为依据。继承人应当以本法规定的分配遗产份额的原则协商确定各自应当取得的遗产份额，并以此为基础分割遗产。

分割遗产时主要有两种方式：一是继承人协商确定；二是人民调解委员会调解或者法院裁判的方式。在分割遗产时，由于涉及继承人之间的利益关系，法律鼓励当事人通过协商方式确定遗产分割的时间、办法和份额。如果继承人之间协商不成的，任一继承人都可以向人民调解委员会申请调解或者向人民法院提起诉讼，通过调解或者裁判的方式，确定遗产分割的时间、办法和份额。

📖 重点条文与关联法律 ▷▷▷

第一千一百二十七条 【关于法定继承人范围及继承顺序的规定】
遗产按照下列顺序继承：

（一）第一顺序：配偶、子女、父母；

（二）第二顺序：兄弟姐妹、祖父母、外祖父母。

继承开始后，由第一顺序继承人继承，第二顺序继承人不继承；没有第一顺序继承人继承的，由第二顺序继承人继承。

本编所称子女，包括婚生子女、非婚生子女、养子女和有扶养关系的继子女。

本编所称父母，包括生父母、养父母和有扶养关系的继父母。

本编所称兄弟姐妹，包括同父母的兄弟姐妹、同父异母或者同母异父的兄弟姐妹、养兄弟姐妹、有扶养关系的继兄弟姐妹。

第一千一百三十条 【关于法定继承中遗产份额分配原则的规定】
同一顺序继承人继承遗产的份额，一般应当均等。

对生活有特殊困难又缺乏劳动能力的继承人，分配遗产时，应当予以照顾。

对被继承人尽了主要扶养义务或者与被继承人共同生活的继承人，分配遗产时，可以多分。

有扶养能力和有扶养条件的继承人，不尽扶养义务的，分配遗产时，应当不分或者少分。

继承人协商同意的，也可以不均等。

第一千一百三十二条【关于处理继承问题的精神和遗产分割方式的规定】

继承人应当本着互谅互让、和睦团结的精神，协商处理继承问题。遗产分割的时间、办法和份额，由继承人协商确定；协商不成的，可以由人民调解委员会调解或者向人民法院提起诉讼。

继承法	民法典	要点提示
第十一条 被继承人的子女先于被继承人死亡的，由被继承人的子女的晚辈直系血亲代位继承。代位继承人一般只能继承他的父亲或者母亲有权继承的遗产份额。	**第一千一百二十八条** 被继承人的子女先于被继承人死亡的，由被继承人的子女的直系晚辈血亲代位继承。 　　被继承人的兄弟姐妹先于被继承人死亡的，由被继承人的兄弟姐妹的子女代位继承。 　　代位继承人一般只能继承被代位继承人有权继承的遗产份额。	新增第2款。

三、遗嘱继承和遗赠

📖 **典型案例** ▶▶▶

原告方某甲与被告方某乙、方某丙、方某丁遗嘱继承纠纷

（一）事实概要

原告方某甲与被告方某乙、方某丙、方某丁系同胞兄弟姐妹，方某某系原、被告之父，于 2008 年 5 月 3 日去世，卞某某系原、被告之母，于 2012 年 3 月 30 日去世。1992 年 12 月 4 日，方某某、卞某某于南京市大厂公证处立下遗嘱，并就该遗嘱办理公证。遗嘱中载明："……1. 我们老夫妻俩一生勤俭，留有一栋房产，该房产坐落在南京市大厂区 ×× 路 ×× 号（砖木结构，其中平房一间计 39.6 平方米，二层楼房上下各一间计 37.1 平方米，平房一间计 7.0 平方米，平房一间计 10.9 平方米，总计 94.6 平方米）。如我们中的一人先去世，则该房产全部由另一方继承受用。2. 如活着的一方未更改遗嘱，则我们双方均去世以后，该房产全部由我们的长女方某甲继承受用，归她所有……"

另查明：南京市大厂街道××路××号房屋于1989年登记于方某某名下，私有房屋所有权证中注明房屋情况系砖木结构，包括面积为39.6平方米的平房一间，面积为37.1平方米的二层楼房一套，面积为7.0平方米的平房一间以及面积为10.9平方米的平房一间。该房屋于1996年10月15日取得了国有土地使用权证，注明土地使用者为方某某。

（二）裁判结果

法院判决位于南京市六合区大厂街道××路××号房屋由原告方某甲继承。关于被告方某丙提出其父母去世时的花费均是由其与方某丁负担，要求原告方某甲给予一定补偿，被告方某丁提出要求原告方某甲返还其翻修诉争房产的款项，该两项诉请与本案分属不同法律关系，不属于本案审理范围，不予支持。

（三）案例分析

本案主要涉及遗嘱继承的法律问题。

继承开始后，有遗嘱的先执行遗嘱继承，无遗嘱的按法定继承处理。本案中，涉案房屋搭建于被继承人方某某、卞某某夫妻关系存续期间，且登记在方某某名下，应认定为被继承人方某某、卞某某的夫妻共同财产。被继承人方某某、卞某某去世前留有遗嘱，该遗嘱由遗嘱人经公证机关办理，真实有效，而被告方某丙、方某丁亦认可该份遗嘱的真实性，故对于方某某、卞某某所遗留的财产应按遗嘱继承处理，涉案房产由原告方某甲继承。

关于被告方某丙提出诉争房产中的一幢面积为38平方米左右的二层楼房系其出资搭建，不应纳入遗产继承范围，其提供了见证书并请证人王某乙到场予以证明。但证人王某乙的证言仅能证明其在诉争房产搭建过程中受到被告方某丙邀请前来帮忙，证人明确表示不知道二层楼房是由谁出资搭建，而在见证书落款处署名的其他证人未出庭作证，故被告方某丙提供的证据不足以证明诉争房产中的二层楼房系其出资搭建。南京市私有房屋产权证中注明包括二层楼房在内的诉争房产均登记在方某某名下，而方某某、卞某某在遗嘱中亦明确表示遗产中包括该二层楼房，故对于被告方某丙提出的上述答辩意见，法院不予支持。

📖 **难点解析** ❯❯❯

依据《民法典》第1134条至第1139条规定，遗嘱主要包括自书遗嘱、代书遗嘱、打印遗嘱、以录音录像形式订立的遗嘱、口头遗嘱及公证遗嘱等形式。

（一）自书遗嘱成立的条件

自书遗嘱要有效成立，在形式上需要符合以下三个条件：

1. 遗嘱人必须亲笔书写。自书遗嘱必须由遗嘱人本人亲自用笔书写遗嘱的全部内容。亲笔书写意味着不能由他人代写遗嘱，也不能用打印等其他方式。遗嘱的全部内容都必须由遗嘱人亲笔书写，如果有部分内容由他人书写，则不构成自书遗嘱。

2. 遗嘱人必须签名。自书遗嘱必须由遗嘱人签名，即亲笔书写其姓名。遗嘱人亲笔签名既可以将遗嘱与遗嘱人联系起来，表明遗嘱人的身份，又可以表示遗嘱人对遗嘱内容的确认。因此，任何形式的书面遗嘱都要求遗嘱人签名，如果没有签名，自书遗嘱无效。

3. 遗嘱人必须注明年、月、日。遗嘱人在自书遗嘱中必须注明其设立遗嘱的具体时间。遗嘱中注明年、月、日主要有以下作用：一是注明年、月、日可以确定遗嘱设立时间，如果在遗嘱设立后遗嘱人撤回、变更了该遗嘱，或者实施了与该遗嘱内容相反的民事法律行为，那么该遗嘱的部分或者全部内容将不发生法律效力；二是在遗嘱人立有数份遗嘱时，如果遗嘱之间内容相抵触的，以最后的遗嘱为准；三是遗嘱中注明的年、月、日，还可以用来确定遗嘱人在立遗嘱时是否具有遗嘱能力，从而判断该遗嘱是否有效。

（二）代书遗嘱成立的条件

代书遗嘱成立需要符合以下条件：

1. 有两个以上见证人在场见证。与自书遗嘱相比，代书遗嘱除书写人不同外，有关见证人的要求也与自书遗嘱具有显著区别。法律之所以认可遗嘱人在没有见证人见证下亲笔书写的自书遗嘱的有效性，因亲笔书写的遗嘱具有独特性、不可复制性，可以通过笔迹鉴定辨别真伪。代书遗嘱则是通过无利害关系的见证人佐证遗嘱人的意思表示，以确保遗嘱人是在自愿状态下作出真实意思表示。

在代书遗嘱中，见证人须符合一定条件。首先，无民事行为能力人、限制民事行为能力人以及其他不具有见证能力的人，继承人、受遗赠人以及与继承人、受遗赠人有利害关系的人，不能作为见证人。其次，需要两个以上的见证人在场见证。最后，见证人须在场见证，即必须在场全程参与立遗嘱的过程。如果不符合上述见证人的资格、数量、在场见证等方面的要求，则代书遗嘱无效。

2. 由见证人中的一人代书。代书人为见证人中的一人，需要符合见证人的资格条件。代书人在代书遗嘱时，只能用亲笔手写的方式，不能用打印等其他方式。代书人在书写遗嘱时要严格忠实于遗嘱人的意思表示，将遗嘱人表达的遗嘱内容准确无误地记录在代书遗嘱中。

3. 遗嘱人、代书人和其他见证人签名。代书人在书写完遗嘱后，应当交给遗嘱人和其他见证人核对，遗嘱人和其他见证人确认无误后，遗嘱人、代书人和其他见证人均须在遗嘱上亲笔书写姓名。

4. 注明年、月、日。在代书遗嘱中必须注明立遗嘱的具体日期，即注明年、月、日。遗嘱上注明的日期对于认定遗嘱的真实性和有效性具有重要作用，代书遗嘱中未注明日期或者所注明的日期不具体的，遗嘱不能生效。

（三）打印遗嘱成立的条件

打印遗嘱有效成立须符合下列要件：

1. 打印遗嘱应当有两个以上见证人在场见证，见证人须符合本法规定的资格、数量、在场见证等方面的要求。

2. 遗嘱人和见证人应当在遗嘱每一页签名，当遗嘱有多页时，如果仅在一页签名，其他页的内容容易被篡改或者替换，为了保证遗嘱的真实性，遗嘱人和见证人应当对遗嘱的每一页仔细核对并签名。如果遗嘱人、见证人只在遗嘱最后一页签名，没有在每一页签名，则不能认定打印遗嘱全部内容的有效性。

3. 注明年、月、日，由于遗嘱的设立时间为判断遗嘱有效性的重要因素，因此未注明年、月、日的打印遗嘱没有法律效力。

（四）录音录像遗嘱成立的条件

鉴于录音录像遗嘱容易被伪造或者篡改，对于录音录像遗嘱民法典规定：

1. 录音录像遗嘱应当有两个以上符合本法规定的资格要求的见证人在场见证，参加录音录像遗嘱制作的全过程。

2. 遗嘱人和见证人应当在录音录像中记录其姓名或者肖像。由于录音录像遗嘱不是书面遗嘱，遗嘱人和见证人无法签名，因此要用符合录音录像遗嘱形式特点的方式表明遗嘱人和见证人的身份、确认遗嘱内容以及表明在场见证。在录音遗嘱中，遗嘱人和见证人应当用口述方式记录其姓名。在录像遗嘱中，遗嘱人和见证人应当展示其肖像，在记录肖像的同时可以用口述或者其他方式表明其姓名。

3. 遗嘱人和见证人应当在录音录像中记录年、月、日。在以录音录像的形式立遗嘱时，遗嘱人和见证人应当在录音录像的过程中用口述或者其他方式记录遗嘱设立的时间，否则录音录像遗嘱不能发生法律效力。

（五）口头遗嘱的形式要件与失效

1. 遗嘱人处在危急情况下。危急情况主要指遗嘱人生命垂危或者遇到了重大灾害或者意外等紧急情况，随时有生命危险而来不及或者没有条件立其他形式的遗嘱。遗嘱人处在危急情况下是立口头遗嘱的前提条件，在非危急情况下设立的口头遗嘱无效。

2. 口头遗嘱应当有两个以上见证人在场见证。遗嘱人在危急的情况下用口述的方式表达其处分遗产的意思表示，由于没有记录的载体，因此需要由两个以上见证人在场见证。见证人须符合本法规定的资格、数量、在场见证等方面的要求。

遗嘱是死因行为，遗嘱在遗嘱人死亡时发生效力。处在危急情况中的遗嘱人在立口头遗嘱后死亡的，如果遗嘱符合口头遗嘱的形式要件，口头遗嘱即发生法律效力。如果危急情况解除后，遗嘱人能够以书面或者录音录像形式立遗嘱的，所立的口头遗嘱无效。

（六）公证遗嘱的办理

公证遗嘱必须由遗嘱人本人亲自办理，不得委托他人办理公证。公证遗嘱应当由两名公证人员共同办理，由其中一名公证员在公证书上署名。因特殊情况由一名公证员办理时，应当有一名见证人在场，见证人应当在遗嘱和笔录上签名。遗嘱人在办理公证遗嘱时，应当向公证机关提供书面遗嘱或者向公证机关表述遗嘱内容。公证人员在办理遗嘱公证时，要依法对遗嘱人立遗嘱行为的真实性、合法性予以审查。经审查认为遗嘱人立遗嘱行为符合法律规定的条件的，公证处应当出具公证书。公证遗嘱采用打印形式。遗嘱人根据遗嘱原稿核对后，应当在打印的公证遗嘱上签名、盖章或者按手印。

（七）不能作为遗嘱见证人的人员

根据《民法典》第 1140 条规定，以下人员不能作为遗嘱见证人：

1. 无民事行为能力人、限制民事行为能力人以及其他不具有见证能力的人。遗嘱见证人要在场见证立遗嘱过程，并在事后对遗嘱的内容、订立情形等作出证明，遗嘱见证人的证明对遗嘱效力具有重要影响，因此见证人必须具有完全民事行为能力。无民事行为能力人、限制民事行为能力人对事物缺乏足够的认识能力和判断能力，不能作为遗嘱见证人。遗嘱见证人除了为完全民事行为能力人外，还需要具有见证能力，见证能力的有无要根据具体事实情况进行判断。

2. 继承人、受遗赠人。为了确保见证人能够公正客观地对遗嘱真实性作出证明，法律一般要求见证人与遗嘱内容没有利害关系。继承人、受遗赠人的利益会直接因遗嘱内容而受益或者受损。由继承人、受遗赠人担任见证人，可能会给遗嘱人造成影响，导致其立的遗嘱并非出于真实意愿。此外，继承人、受遗赠人在知晓遗嘱内容后还可能为了自己利益作出不真实的证明。因此，继承人、受遗赠人不能担任见证人。

3. 与继承人、受遗赠人有利害关系的人。与继承人、受遗赠人有利害关系的人虽然不是遗嘱继承、遗赠法律关系的当事人，但由于其与继承人、受遗赠人有利害关系，可能会因遗嘱而间接地获得利益，因此有可能受利益驱动作不真实的证明，不宜担任遗嘱见证人。与继承人、受遗赠人有利害关系的人的情况比较复杂，其具体范围无法通过立法明确规定，应当具体情况具体分析。

（八）遗嘱无效的情形

1. 遗嘱人不具有遗嘱能力。遗嘱能力是指自然人依法享有的可以用遗嘱形式处分个人财产的能力或资格。只有完全民事行为能力人才可以立遗嘱，无民事行为能力人或者限制民事行为能力人所立的遗嘱无效。

2. 遗嘱并非遗嘱人真实的意思表示。为保障遗嘱人的财产处分权以及遗嘱自由，法律要求遗嘱必须是遗嘱人的真实意思，主要体现在两方面：一是遗嘱必须出于遗嘱人的自愿，受欺诈、胁迫所立的遗嘱无效；二是遗嘱的内容真实可靠，伪造的遗嘱、遗嘱被篡改的部分无效。

立遗嘱是一种民事法律行为，遗嘱自被继承人死亡时生效，此时遗嘱人无法撤销其有瑕疵的意思表示，为此《民法典》第1143条规定，受欺诈、胁迫所立的遗嘱无效，区别于一般的因受欺诈、胁迫而实施的民事法律行为的效力。

伪造的遗嘱与遗嘱被篡改的相同之处在于两者都属于虚假的遗嘱，遗嘱人并未作出相应的意思表示，因此无效。区别在于：伪造的遗嘱是整个遗嘱的意思表示都为假，因此遗嘱全部无效；篡改是在真实遗嘱的基础上对遗嘱的部分内容进行改动，由于遗嘱内容可能是多方面的，并且各项内容之间可相互独立，因此遗嘱被篡改的，只是篡改的内容无效，不必然导致整个遗嘱无效。

（九）代位继承与转继承的不同

代位继承与转继承有一定的相似之处，代位继承和转继承发生的前提都是继承人死亡，但二者也存在不同：一是基础事实不同，虽然代位继承与转继承中继承人死亡是基础，但代位继承中继承人是先于被继承人死亡，而转继承中继承人是后于被继承人死亡。二是继承人的范围不同。代位继承的继承人范围限于直系晚辈血亲；转继承中所转的继承人包括所有法定继承人。三是适用范围不同。代位继承仅限法定继承；转继承则既可以适用于法定继承，也可以适用于遗嘱继承。

（十）应当按照法定继承处理被继承人遗产的情形

1. 遗嘱继承人放弃继承或者受遗赠人放弃受遗赠。根据《民法典》第1124条规定，继承开始后，继承人可以放弃继承，受遗赠人可以放弃受遗赠。如果遗嘱继承人放弃遗嘱继承，遗嘱所涉及的部分遗产则转为根据法定继承办理；同样，如果受遗赠人在知道受遗赠后明确表示放弃受遗赠的，或者在2个月内未作接受遗赠的意思表示的，视为放弃受遗赠，被继承人遗赠的该部分遗产按照法定继承办理。

2. 遗嘱继承人丧失继承权或者受遗赠人丧失受遗赠权。《民法典》第1125条规定了继承人丧失继承权、受遗赠人丧失受遗赠权的法定事由。遗嘱继承人如果实施了法律规定的导致丧失继承权的行为，丧失继承权后也未得到被继承人的宽恕，继承权未能恢复，本来根据遗嘱应由其继承的遗产，因其丧失继承权而转为按照法定继承办理。同样，如果受遗赠人实施了特定行为，丧失了受遗赠权，本应由其接受的遗产也需要法律明确应当如何处理。对此，《民法典》第1154条第2项规定，受遗赠人丧失受遗赠权的，该部分遗产应按照法定继承办理。

3. 遗嘱继承人、受遗赠人先于遗嘱人死亡或者终止。遗嘱继承人先于遗嘱人死亡的，此时，遗嘱所指定的继承人已经死亡，丧失民事主体资格，也就无法获得遗嘱继承权。需要注意的是，在法定继承情况下，继承人先于被继承人死亡的，可能会发生代位继承，继承人的直系晚辈亲属将因代位继承而获得遗产。受遗赠的自然人先于遗嘱人死亡的，受遗赠的组织先于遗嘱人死亡，在遗嘱人死亡后，因为受遗赠人已经死亡或者终止，不再具有民事主体资格，也就无法就是否接受遗赠作出意思表示，同样不能获得遗赠的遗产。此时，遗嘱人所遗赠的此部分遗产，同样需要按照法定继承办理。

4. 遗嘱无效部分所涉及的遗产。遗嘱继承优先于法定继承，但遗嘱继承优先的前提是遗嘱合法有效。根据《民法典》第 1143 条规定，遗嘱无效的法定情形包括无民事行为能力人和限制民事行为能力人所立的遗嘱、遗嘱人受欺诈所立遗嘱、遗嘱人受胁迫所立遗嘱、伪造的遗嘱、遗嘱被篡改的部分。不论遗嘱是因为哪种原因导致无效，遗嘱所涉及部分的遗产都必须按照法定继承办理。同样，因为遗嘱还存在部分无效的情形，此时仅所涉部分遗产应当按照法定继承办理。

5. 遗嘱未处分的遗产。被继承人死亡时如果立了遗嘱，遗嘱可能会处分全部遗产，此时就应按遗嘱执行。如果遗嘱仍有部分未处分的遗产，对该部分遗产就应按照法定继承办理。

（十一）胎儿的继承权

1. 遗产分割时应当保留胎儿的继承份额。胎儿享有继承权，但是毕竟胎儿尚未出生，无法确认胎儿是否能够正常出生。因此在遗产分割的时候，需要保留胎儿的继承份额。所谓保留胎儿的继承份额，就是在计算参与遗产分割的人数时，应该将胎儿列入计算范围，作为参与分割的一份子，将其应得的遗产划分出来。需要注意的是，这里的继承份额既包括法定继承时的继承份额，也包括遗嘱继承时的份额。在法定继承时，如果胎儿在继承人范围和顺序之内，应当按照法定或者协商确定的分割原则、比例计算胎儿的应继承遗产份额。在遗嘱继承时，如果遗嘱中明确哪些遗产属于受孕之胎儿的，在分割遗产时应将此部分遗产予以保留。如果遗产是不动产，对不动产实行价值分割时，就要保留胎儿那份价值；如果是对动产进行实物分割时，就应保留胎儿应得那部分实物。

2. 胎儿娩出时是死体的，保留的份额按照法定继承办理。在胎儿分娩时可能有两种情况：第一种是顺利分娩，即顺利出生，胎儿成为独立的民事主体。这时为胎儿所保留的遗产即成为出生之婴儿的遗产，当然继承。第二种情况就是娩出的胎儿为死体。根据《民法典》第 16 条规定，胎儿娩出时为死体的，其民事权利能力自始不存在。所保留的遗产自然无法为没有权利能力者取得。在此情况下，为胎儿所保留的遗产份额，就需要按照法定继承办理，即由被继承人的法定继承人继承。

（十二）遗赠扶养协议的主要内容

遗赠扶养协议应当包括以下主要内容：

1. 协议双方当事人。协议应当载明受扶养人的姓名、身份证号码、住址等基本信息，以及扶养人的个人姓名、身份证号码、住址或者组织的名称、住所等基本信息。

2. 扶养人的义务，即受扶养人的权利。扶养的主要义务包括两个方面：一是"生养"。在受扶养人生存期间，扶养人需要承担对受扶养人生活上的照料和扶助义务，特别是在受扶养人生病时应当提供的照护，协议中应尽量写明照料的标准和水平。二是"死葬"。就是在受扶养人死亡后，扶养人应当负责办理受扶养人的丧事，包括按照受扶养人的遗愿办理遗体火化、埋葬等事宜。

3. 受扶养人的义务，即扶养人的权利。扶养人的权利主要就是根据协议取得受扶养人所赠与的遗产。因此，双方应当在协议中写明，受扶养人拟将哪些遗产赠与扶养人，同时还应约定受扶养人在世期间不得擅自处分协议所涉及的财产。

4. 协议的解除。双方可以在协议中约定，如果一方违反约定，另一方有权要求解除遗赠扶养协议，并要求对方承担相应的补偿责任。比如，可以约定如果受扶养人擅自处分协议所涉及的财产，扶养人可以解除协议，并要求受扶养人支付相应的供养费用。

5. 争议解决条款。双方可以在协议中约定一旦发生争议，可以通过哪些途径解决，通过仲裁还是调解，抑或是诉讼方式，同时应尽量明确约定争议解决的具体机构。

（十三）遗产债务的清偿

1. 清偿应缴纳的税款。如果被继承人生前有未缴纳的税款，所欠的税款可以视为其对国家所欠的债务。被继承人死亡后，需要用其遗产来清偿所欠税款。税款，可能是被继承人生前未缴纳的个人所得税，也可能是其出售不动产应缴纳的印花税、增值税等。

2. 清偿债务。债务是被继承人生前对其他民事主体所负的私法上的各种债务。债务包括合同之债，也包括侵权之债，还可以是不当得利或者无因管理之债；债务可能是主债务，也可能是因为提供保证、抵押、质押而形成的从债务；债务可能纯属个人债务，也可能是与他人形成的共同债务、连带债务。无论是哪种类型的债务，只要是被继承人生前所负，都需要以遗产清偿。

清偿被继承人生前所欠税款和债务，应当是在分割遗产之前予以清偿。遗产管理人在清理被继承人的债权债务后，需要及时予以处理，该缴纳的税款应当缴纳，该清偿的债务必须及时清偿。如果在分割遗产之前，不知道被继承人存在遗产债务的，在遗产分割之后，仍需要依法以遗产予以清偿。

3. 保留必要的遗产。根据《民法典》第 1159 条规定，清偿所欠税款和债务，应当为缺乏劳动能力又没有生活来源的继承人保留必要的遗产。

需要注意的是，保留必要遗产具有优先于税款和债务的效力，只要被继承人的遗产可能不足以清偿所欠税款和债务，就必须予以保留。

（十四）继承人清偿遗产债务规则

在遗产分割之后，债权人才知道被继承人死亡事实的，债权人已经无法再直接从遗产中实现债权，这时如何偿还遗产债务，是由全体继承人共同偿还，还是部分继承人偿还，继承人之间对遗产债务承担何种责任。

1. 继承人对遗产债务的清偿责任。《民法典》第 1161 条规定，继承人以所得遗产实际价值为限清偿被继承人依法应当缴纳的税款和债务；超过遗产实际价值部分，继承人自愿偿还的不在此限。我国继承原则上属于限定继承，继承人仅以所继承遗产的实际价值为限负清偿责任。也就是说，继承人继承多少遗产，其偿还遗产债务的限额就是多少。

限定继承是基本原则，《民法典》第 1161 条亦作了例外规定，即对超过遗产实际价值部分的债务，继承人自愿偿还的不在此限。也就是说，继承人继承的遗产不足以清偿被继承人的遗产债务时，如果继承人自愿替被继承人偿还其他债务，法律尊重当事人的自主选择。但该选择必须是继承人自愿、自主作出的，债权人不可以强制要求继承人偿还超出所获得遗产部分的被继承人生前所欠债务。

2. 继承人对遗产债务不负清偿责任的情形。《民法典》第 1161 条规定，继承人放弃继承的，对被继承人依法应当缴纳的税款和债务可以不负清偿责任。这里放弃继承既包括放弃了遗嘱继承，也包括放弃了法定继承。因此，如果继承人放弃了继承，继承人就无须对被继承人的债务承担偿还责任。

如果部分继承人参与遗产分割获得了遗产，另外部分继承人放弃了继承。在清偿被继承人的遗产债务时，则参与遗产分割的部分继承人负有清偿责任，需要以所得遗产的实际价值为限予以偿还，放弃了继承的继承人无须承担任何清偿责任。

（十五）清偿遗产债务的顺序

1. 法定继承人的清偿责任。《民法典》第 1163 条规定，由法定继承人清偿被继承人依法应当缴纳的税款和债务。因此，如果遗产已经分割，清偿遗产债务需要先从法定继承人获得的遗产中清偿。

2. 遗嘱继承人和受遗赠人的清偿责任。《民法典》第1163条规定，超过法定继承遗产实际价值部分，由遗嘱继承人和受遗赠人按比例以所得遗产清偿。所谓超过法定继承遗产实际部分，即法定继承人所获得遗产的实际价值不足以偿还被继承人的遗产债务。遗嘱继承人和受遗赠人按比例清偿，是指由遗嘱继承人和受遗赠人按照所获得遗产的实际价值的比例清偿。如果有多个遗嘱继承人时，则由各遗嘱继承人之间按比例清偿；如果有多个受遗赠人时，则由各受遗赠人按比例清偿。

📖 重点条文与关联法律 ≫≫≫

第一千一百三十四条 【关于自书遗嘱的规定】

自书遗嘱由遗嘱人亲笔书写，签名，注明年、月、日。

第一千一百三十五条 【关于代书遗嘱的规定】

代书遗嘱应当有两个以上见证人在场见证，由其中一人代书，并由遗嘱人、代书人和其他见证人签名，注明年、月、日。

第一千一百三十八条 【关于口头遗嘱的规定】

遗嘱人在危急情况下，可以立口头遗嘱。口头遗嘱应当有两个以上见证人在场见证。危急情况消除后，遗嘱人能够以书面或者录音录像形式立遗嘱的，所立的口头遗嘱无效。

第一千一百三十九条 【关于公证遗嘱的规定】

公证遗嘱由遗嘱人经公证机构办理。

第一千一百四十条 【关于不能作为遗嘱见证人情形的规定】

下列人员不能作为遗嘱见证人：

（一）无民事行为能力人、限制民事行为能力人以及其他不具有见证能力的人；

（二）继承人、受遗赠人；

（三）与继承人、受遗赠人有利害关系的人。

第一千一百四十二条 【关于遗嘱的撤回与变更的规定】

遗嘱人可以撤回、变更自己所立的遗嘱。

立遗嘱后，遗嘱人实施与遗嘱内容相反的民事法律行为的，视为对遗嘱相关内容的撤回。

立有数份遗嘱，内容相抵触的，以最后的遗嘱为准。

第一千一百四十三条　【关于遗嘱无效的规定】

无民事行为能力人或者限制民事行为能力人所立的遗嘱无效。

遗嘱必须表示遗嘱人的真实意思，受欺诈、胁迫所立的遗嘱无效。

伪造的遗嘱无效。

遗嘱被篡改的，篡改的内容无效。

继承法	民法典	要点提示
	第一千一百三十六条　打印遗嘱应当有两个以上见证人在场见证。遗嘱人和见证人应当在遗嘱每一页签名，注明年、月、日。	新增条款。
第十七条第四款　以录音形式立的遗嘱，应当有两个以上见证人在场见证。	**第一千一百三十七条**　以录音录像形式立的遗嘱，应当有两个以上见证人在场见证。遗嘱人和见证人应当在录音录像中记录其姓名或者肖像，以及年、月、日。	新增规定遗嘱人和见证人应当在录音录像中记录其姓名或者肖像，并且需要明确具体的年月日，以防后补。

第十二讲　侵权责任

一、一般规定

难点解析

（一）过错责任与过错推定责任

过错责任是指行为人因过错侵害他人民事权益造成损害的，应当承担侵权责任。过错推定责任是指根据法律规定推定行为人有过错，行为人不能证明自己没有过错的，应当承担侵权责任。行为人承担侵权责任的条件：一是行为人实施了某一行为，包括作为和不作为。二是行为人行为时有过错。三是受害人的民事权益受到损害，即产生了损害后果。损害是指行为人的行为对受害人的民事权益造成的不利后果，通常表现为财产减少、生命丧失、身体残疾、名誉受损、精神痛苦等。需要强调的是，不但包括已经现实存在的"现实损害"，还包括构成现实威胁的"不利后果"。四是行为人的行为与受害人的损害有因果关系。因果关系是侵权责任的重要构成要件，在行为与损害事实之间确定存在因果关系的，就有可能构成侵权责任，没有因果关系就必然不构成侵权责任。侵权责任中，一般由原告承担证明被告的行为与损害之间存在因果关系的责任，但在特定情形下，则由被告负责证明自己的行为与损害之间没有因果关系。适用这种举证责任需要法律明确规定，法律没有明确规定的，原则上不能适用这样的证明规则。

（二）无过错责任

无过错责任原则也被称严格责任，是指不以行为人的过错为要件，只要其活动或者所管理的人、物损害了他人的民事权益，除非有法定的免责事由，否则行为人就要承担侵权责任。

根据《民法典》第 1166 条规定，无过错责任的构成要件：一是行为；二是受害人的损害；三是行为与损害之间具有因果关系；四是法律规定应当承担侵权责任，即不存在法定的免责情形。

理解第 1166 条还需要注意以下几点：

一是无过错责任并不是绝对责任，在适用无过错责任原则的案件中，行为人可以向法官主张法定的不承担责任或者减轻责任的事由。法律根据行为的危险程度，对适用无过错责任原则的不同侵权类型规定了不同的不承担责任或者减轻责任的事由。

二是在适用无过错责任原则的侵权案件中，只是不考虑行为人过错，并非不考虑受害人过错。如果受害人对损害的发生也有过错，则在某些情况下可减轻甚至免除行为人的侵权责任。

三是第 1166 条的规定只是为了表明无过错责任原则在我国是与过错责任原则并列的归责原则，其并不能直接作为裁判根据。要对某一案件适用无过错责任，必须是民法典或者其他法律明确规定该类案件不以过错为承担责任的条件。适用无过错责任原则的案件，其裁判根据应为民法典或者其他法律关于无过错责任的具体规定。民法典或者其他法律未明确规定适用无过错责任原则的案件，均属于过错责任原则的适用范围。法院不能在法律没有明确规定适用无过错责任原则的情况下，擅自适用该原则。

四是适用无过错责任原则在赔偿数额上可能存在限制。基于特定行业的风险性和保护该行业发展的需要，我国在航空、海运等方面的特别法规往往规定了最高赔偿数额。

（三）共同侵权

共同侵权是指数人共同不法侵害他人权益造成损害的行为。在数人侵权情形下，如果构成一般侵权，则数个行为人分别根据各自行为造成损害后果的可能性承担按份责任。如果构成共同侵权，则数个行为人对受害人承担连带责任，受害人可以要求任一行为人承担全部侵权责任。

构成共同侵权行为需要满足以下要件：（1）主体是两人或者两人以上。共同侵权行为的主体必须是两人或者两人以上，行为人可以是自然人，也可以是法人。（2）共同实施侵权行为。"共同"主要包含三层含义：一是共同故意。数个行为人基于共同故意侵害他人合法权益的，应当成立共同侵权行为。二是共同过失。"共同过失"主要是数个行为人共同从事某种行为，基于共同的疏忽大意，造成他人损害。三是故意行为与过失行为相结合。需要特别强调的是，上述三种形态均可以构成本条所说的"共同实施"。（3）侵权行为与损害后果之间具有因果关系。在共同侵权行为中，有时各个侵权行为与损害后果间关系的紧密程度有所不同，但必须存在法律上的因果关系，如果某个行为人的行为与损害后果之间没有因果关系，则不应与其他行为人构成共同侵权。（4）受害人具有损害。这是受害人请求加害人承担侵权责任的一个基本要件。无损害则无救济，如果没有损害，根本不可能成立侵权责任。一旦满足上述构成要件，成立共同侵权行为，数个行为人就必须对外承担连带责任，被侵权人有权请求部分或者全部行为人承担全部责任。

（四）教唆侵权、帮助侵权

教唆和帮助行为属于法定的共同侵权行为中的一种类型。

1.教唆、帮助完全民事行为能力人实施侵权行为需要满足以下构成要件：

（1）教唆人、帮助人实施了教唆、帮助行为。教唆行为，是指对他人进行开导、说服，或通过刺激、利诱、怂恿等方法使他人从事侵权行为。教唆行为只能以积极的作为方式作出，消极的不作为不能成立教唆行为。教唆行为可以通过口头、书面或者其他形式加以表达，可以公开进行也可以秘密进行，可以当面教唆也可以通过别人传信的方式间接教唆。帮助行为，是指给予他人帮助，如提供工具或者指导方法，以便他人易于实施侵权行为。帮助行为通常以积极的作为方式作出，但具有作为义务的人故意不作为时也可能构成帮助行为。帮助的内容可以是物质上的，也可以是精神上的；帮助行为的发生可以在行为人实施侵权行为前，也可以在实施过程中。

（2）教唆人、帮助人具有教唆、帮助的主观意图。一般来说，教唆行为与帮助行为都是教唆人、帮助人故意作出的，教唆人、帮助人能够意识到其教唆、帮助行为可能造成的损害后果。在帮助侵权中，被帮助人不知道帮助行为存在，不影响帮助行为的成立。

（3）被教唆人、被帮助人实施了相应的侵权行为。这一要件要求教唆行为、帮助行为与被教唆人、被帮助人实施的侵权行为之间具有内在的联系。如果被教唆人、被帮助人实施的侵权行为与教唆行为、帮助行为之间没有任何联系，而是行为人另外实施的，该行为所造成的损害不应要求教唆人、帮助人承担侵权责任。

2.教唆、帮助无民事行为能力人、限制民事行为能力人实施侵权行为的责任承担：

（1）教唆人、帮助人明知被教唆人、被帮助人为无民事行为能力人或者限制民事行为能力人，仍然实施教唆、帮助行为的，应当承担侵权责任。

（2）被教唆、被帮助的无民事行为能力人或者限制民事行为能力人的监护人未尽到监护责任的，应当承担相应的责任。

（五）共同危险行为

共同危险行为是指数人的危险行为对他人的合法权益造成了某种危险，但是无法查明实际造成的损害具体是由何人所为，法律为保护被侵权人的利益，将该数个行为人视为侵权行为人。构成共同危险行为应当满足下列几个要件：

1. 二人以上实施危及他人人身、财产安全的行为。行为主体是复数，这是最基本的条件，否则不会出现无法确定具体加害人的情形。

2. 其中一人或者数人的行为造成他人损害。虽然实施危及他人人身、财产安全行为的是数人，但真正导致损害后果发生的只是其中一个人或者几个人的行为。

3. 不能确定具体加害人。在共同危险行为制度中，数个行为人实施的危及行为存在偶合性，事实上只有部分行为人的行为造成了损害后果。但是，由于受害人无法掌握所有行为人的行为动机、行为方式等证据，无法准确判断哪个行为人的行为才是真正的加害行为，为了保护受害人的合法权益，降低受害人的举证难度，避免其因不能指认真正加害人而无法行使请求权，同时由于每个行为人都实施了危及行为，在道德上具有可责难性，所以法律规定由所有实施危及行为的人承担连带责任是合理的。如果受害人能够指认或者法院能够查明具体加害人，那就是普通的侵权行为，由具体加害人承担侵权责任。

（六）分别侵权的责任承担

1. 连带责任。二人以上分别实施侵权行为造成同一损害，每个人的侵权行为都足以造成全部损害的，行为人应承担连带责任。

一是二人以上分别实施侵权行为。根据《民法典》第1171条规定，数个侵权行为之间相互独立，实施侵权行为的数个行为人之间不具有主观上的关联性，各个侵权行为相互独立的。每个行为人在实施侵权行为之前以及实施侵权行为过程中，与其他行为人没有意思联络，也没有意识到还有其他人也在实施类似的侵权行为，这就是所谓的"无意思联络"。如果行为人主观上具有关联性，存在共同故意或者共同过失，则应当适用《民法典》第1168条关于共同侵权行为的规定。

二是造成同一损害后果。同一损害指数个侵权行为所造成的损害的性质是相同的，都是身体伤害或者财产损失，并且损害内容具有关联性。

三是每个人的侵权行为都足以造成全部损害。判断每个侵权行为是否足以造成全部损害是关键。足以并不是指每个侵权行为都实际上造成了全部损害，而是指在没有其他侵权行为的共同作用的情况下，独立的单个侵权行为也有可能造成全部损害。

2. 按份责任。二人以上分别实施侵权行为造成同一损害，能够确定责任大小的，各自承担相应的责任；难以确定责任大小的，平均承担责任。

一是二人以上分别实施侵权行为。此时要求数个侵权行为相互之间是独立的，不存在应当适用《民法典》第 1168 条共同侵权制度的情形。

二是造成同一损害后果。这一要件与《民法典》第 1171 条中"造成同一损害"的含义一样。如果数个侵权行为造成的损害后果不同，可以明显区分，则应当适用《民法典》第 1165 条或者第 1166 条的规定。

第 1172 条与第 1171 条同属分别侵权制度，但在构成要件上有所不同，第 1171 条的构成要件更加严格，要求"每个人的侵权行为都足以造成全部损害"。在法律后果上，第 1172 条数个行为人的责任与第 1171 条有本质的区别，后者要求各个行为人承担连带责任，更为严厉。第 1172 条对于各个行为人应当承担的责任，分两个层次作出了规定：

一是能够确定责任大小的。虽然数个侵权行为结合造成了同一损害，但是在大部分案件中，可以根据各个侵权行为对造成损害后果的可能性（盖然性）来确定责任份额。判断这种可能性时，可以综合考量各个行为人的过错程度、各个侵权行为与损害后果间因果关系的紧密程度、公平原则以及政策考量等因素。

二是难以确定责任大小的。推定所有人的责任相同，由各个行为人平均承担责任。

需要注意的是，在处理数人实施侵权行为的具体案件时，首先需要分析是否满足《民法典》第 1168 条共同侵权制度规定的构成要件；不符合的，分析其是否满足第 1171 条的构成要件；还不符合的，再分析能否适用第 1172 条规定。

（七）减轻或不承担侵权责任的情形

一是被侵权人对同一损害的发生或扩大有过错的，可减轻侵权人责任；二是损害因受害人故意造成的，行为人不承担责任；三是损害是因第三人造成的，第三人应当承担侵权责任；四是自甘风险行为受到损害的，受害人不得请求其他参加者承担侵权责任，但是其他参加者对损害的发生有故意或者重大过失的除外；五是采取自助行为的受害人，一般不承担侵权责任。但因采取措施不当造成他人损害的，应当承担侵权责任。

📖 重点条文与关联法律 ≫≫

第一千一百六十六条　【关于无过错责任规则原则的规定】

行为人造成他人民事权益损害，不论行为人有无过错，法律规定应当承担侵权责任的，依照其规定。

第一千一百六十八条　【关于共同侵权的规定】

二人以上共同实施侵权行为，造成他人损害的，应当承担连带责任。

第一千一百六十九条　【关于教唆侵权和帮助侵权的规定】

教唆、帮助他人实施侵权行为的，应当与行为人承担连带责任。

教唆、帮助无民事行为能力人、限制民事行为能力人实施侵权行为的，应当承担侵权责任；该无民事行为能力人、限制民事行为能力人的监护人未尽到监护职责的，应当承担相应的责任。

第一千一百七十条　【关于共同危险行为的规定】

二人以上实施危及他人人身、财产安全的行为，其中一人或者数人的行为造成他人损害，能够确定具体侵权人的，由侵权人承担责任；不能确定具体侵权人的，行为人承担连带责任。

第一千一百七十一条　【关于承担连带责任的无意思联络的分别侵权行为的规定】

二人以上分别实施侵权行为造成同一损害，每个人的侵权行为都足以造成全部损害的，行为人承担连带责任。

第一千一百七十二条　【关于承担按份责任的无意思联络的分别侵权行为的规定】

二人以上分别实施侵权行为造成同一损害，能够确定责任大小的，各自承担相应的责任；难以确定责任大小的，平均承担责任。

第一千一百七十六条　【关于自甘风险的规定】

自愿参加具有一定风险的文体活动，因其他参加者的行为受到损害的，受害人不得请求其他参加者承担侵权责任；但是，其他参加者对损害的发生有故意或者重大过失的除外。

活动组织者的责任适用本法第一千一百九十八条至第一千二百零一条的规定。

第一千一百七十七条　【关于自力救济的规定】

合法权益受到侵害，情况紧迫且不能及时获得国家机关保护，不立即采取措施将使其合法权益受到难以弥补的损害的，受害人可以在保护自己合法权益的必要范围内采取扣留侵权人的财物等合理措施；但是，应当立即请求有关国家机关处理。

受害人采取的措施不当造成他人损害的，应当承担侵权责任。

侵权责任法	民法典	要点提示
第六条　行为人因过错侵害他人民事权益，应当承担侵权责任。 　根据法律规定推定行为人有过错，行为人不能证明自己没有过错的，应当承担侵权责任。	**第一千一百六十五条**　行为人因过错侵害他人民事权益造成损害的，应当承担侵权责任。 　依照法律规定推定行为人有过错，其不能证明自己没有过错的，应当承担侵权责任。	增加"造成损害的"限定。
第二十六条　被侵权人对损害的发生也有过错的，可以减轻侵权人的责任。	**第一千一百七十三条**　被侵权人对同一损害的发生或者扩大有过错的，可以减轻侵权人的责任。	增加"同一""或者扩大"的限定。

二、损害赔偿

📖 **难点解析** 》》》

（一）被侵权人死亡后损害赔偿请求权主体的确定

根据《民法典》第1181条第1款规定，被侵权人死亡的，其近亲属有权请求侵权人承担侵权责任。近亲属的范围根据第1045条确定，包括配偶、父母、子女、兄弟姐妹、祖父母、外祖父母、孙子女、外孙子女。

根据《民法典》第1181条第2款的规定，被侵权人死亡的，支付被侵权人医疗费、丧葬费等合理费用的人有权请求侵权人赔偿费用，但是侵权人已经支付该费用的除外。司法实践中，支付被侵权人死亡前的医疗费等合理费用的，不一定是被侵权人本人，可能是其亲属、朋友或者其他人；对于丧葬费，由于受害人已经死亡，只能是其亲属、朋友或者其他人支付。若支付这些费用的是被侵权人的近亲属，其近亲属当然可以依据《民法典》第1045条第1款的规定请求侵权人赔偿费用，若支付这些费用的并非其近亲属，而是其朋友、其他人或者某一组织，则实际支付费用的主体也可以作为独立的请求权人请求侵权人赔偿这些费用，但侵权人已将这些费用赔偿给被侵权人近亲属的，实际支付这些费用的主体就不能再向侵权人请求赔偿，而只能要求获得赔偿的近亲属返还这些费用。

（二）精神损害赔偿

精神损害赔偿是指受害人因人格利益或身份利益受到损害，或者遭受精神痛苦而获得的金钱赔偿。

根据《民法典》第1183条第1款规定，一是精神损害赔偿的适用范围是侵害人身权益，侵害财产权益的不在精神损害赔偿的适用范围之内；二是精神损害赔偿是受害人因人格利益或身份利益受到损害或者遭受精神痛苦而获得的金钱赔偿。

但并非只要侵害他人人身权益，被侵权人就可以获得精神损害赔偿，对于"严重"的解释，应当采取容忍限度理论，即超出了社会一般人的容忍限度。

第1183条第2款规定，因故意或者重大过失侵害自然人具有人身意义的特定物造成严重精神损害的，被侵权人有权请求精神损害赔偿。据此，一是侵害行为的主观要件是故意或者重大过失。二是"具有人身意义的特定物"的范围，实践中主要涉及的物品类型为：与近亲属死者相关的特定纪念物品（如遗像、墓碑、骨灰盒、遗物等）；与结婚礼仪相关的特定纪念物品（如录像、照片等）；与家族祖先相关的特定纪念物品（如祖坟、族谱、祠堂等）。

精神损害本身无法用金钱数额进行衡量，但是精神损害赔偿的数额应该与精神损害的严重程度相一致。侵权人的过错程度、侵害手段、场合、行为方式、侵权行为所造成的后果是衡量被侵权人精神损害程度的重要因素。侵权人的获利情况、侵权人承担责任的经济能力与司法政策、法官结合具体案件所作的自由裁量密不可分，因此精神损害赔偿的数额宜在具体案件中结合个案情况灵活处理。

（三）公平责任原则

公平分担损失原则是民法典根据实际情况作出的特别规定。与过错责任原则和无过错责任原则不同，公平分担损失适用于行为人和受害人对损害的发生均无过错的情况。如果损害由受害人过错造成，则应当由受害人自己负责；如果损害由行为人或者第三人过错造成，则应当由行为人或者第三人负责；如果行为人和受害人对损害的发生都有过错，则应当根据他们的过错程度和原因力分配责任。也就是说，只要有过错责任人就不适用公平责任原则。

（四）赔付费用支付方式

《民法典》第 1187 条对赔偿费用的支付方式作了规定：

一是由当事人协商确定赔偿费用的支付方式。当事人对赔偿费用支付方式的协商包括：是一次性支付还是分期支付；如果是分期支付，分几期、每次付多少、要不要考虑物价变化因素、要不要支付利息、利息如何计算等。当事人可以根据赔偿数额的多少、受害人对赔偿费用的需求程度、侵权人的支付能力等实际情况对赔偿费用的支付进行协商。

当事人协商确定支付方式后，侵权行为人应当按照约定的方式支付赔偿费用，不能将协商作为拖延给付赔偿费用的手段。如果侵权行为人以合法形式掩盖非法目的，违反约定到期不履行支付赔偿费用的义务，受害人有权请求人民法院宣告该约定无效，强制侵权人履行赔偿义务。

二是协商不一致的，一次性支付。侵权行为发生后，受害人的损失应当得到全面及时的弥补。因此，如果当事人就赔偿费用的支付方式协商后，受害人不同意分期支付的，侵权人应当一次性支付全部赔偿费用。

三是一次性支付确有困难的，分期支付。一次性支付确有困难的，可以分期支付，但是被侵权人有权请求提供相应的担保。分期支付应当具备以下条件：首先，一次性支付确有困难的。确有困难应当由侵权人举证证明，由人民法院作出判断。其次，被侵权人有权请求提供相应的担保。该担保是应被侵权人请求提供的，可以是保证人提供的保证，也可以是侵权人以自己的财产抵押、质押。

📖 重点条文与关联法律 ⟫⟫⟫

第一千一百八十一条 【关于损害赔偿请求权主体确定的规定】

被侵权人死亡的，其近亲属有权请求侵权人承担侵权责任。被侵权人为组织，该组织分立、合并的，承继权利的组织有权请求侵权人承担侵权责任。

被侵权人死亡的，支付被侵权人医疗费、丧葬费等合理费用的人有权请求侵权人赔偿费用，但是侵权人已经支付该费用的除外。

第一千一百八十三条　【关于精神损害赔偿的规定】

侵害自然人人身权益造成严重精神损害的，被侵权人有权请求精神损害赔偿。

因故意或者重大过失侵害自然人具有人身意义的特定物造成严重精神损害的，被侵权人有权请求精神损害赔偿。

第一千一百八十五条　【关于故意侵害他人知识产权的惩罚性赔偿的规定】

故意侵害他人知识产权，情节严重的，被侵权人有权请求相应的惩罚性赔偿。

第一千一百八十六条　【关于公平分担损失的规定】

受害人和行为人对损害的发生都没有过错的，依照法律的规定由双方分担损失。

侵权责任法	民法典	要点提示
第十六条　侵害他人造成人身损害的，应当赔偿医疗费、护理费、交通费等为治疗和康复支出的合理费用，以及因误工减少的收入。造成残疾的，还应当赔偿残疾生活辅助具费和残疾赔偿金。造成死亡的，还应当赔偿丧葬费和死亡赔偿金。	**第一千一百七十九条**　侵害他人造成人身损害的，应当赔偿医疗费、护理费、交通费、营养费、住院伙食补助费等为治疗和康复支出的合理费用，以及因误工减少的收入。造成残疾的，还应当赔偿辅助器具费和残疾赔偿金；造成死亡的，还应当赔偿丧葬费和死亡赔偿金。	增加"营养费、住院伙食补助费"，删除"残疾生活"的赔偿项目。
第二十条　侵害他人人身权益造成财产损失的，按照被侵权人因此受到的损失赔偿；被侵权人的损失难以确定，侵权人因此获得利益的，按照其获得的利益赔偿；侵权人因此获得的利益难以确定，被侵权人和侵权人就赔偿数额协商不一致，向人民法院提起诉讼的，由人民法院根据实际情况确定赔偿数额。	**第一千一百八十二条**　侵害他人人身权益造成财产损失的，按照被侵权人因此受到的损失或者侵权人因此获得的利益赔偿；被侵权人因此受到的损失以及侵权人因此获得的利益难以确定，被侵权人和侵权人就赔偿数额协商不一致，向人民法院提起诉讼的，由人民法院根据实际情况确定赔偿数额。	将"按照被侵权人因此受到的损失赔偿；被侵权人的损失难以确定，侵权人因此获得利益的，按照其获得的利益赔偿；侵权人因此获得的利益难以确定"改为"按照被侵权人因此受到的损失或者侵权人因此获得的利益赔偿；被侵权人因此受到的损失以及侵权人因此获得的利益难以确定"。

续表

侵权责任法	民法典	要点提示
第二十二条　侵害他人人身权益，造成他人严重精神损害的，被侵权人可以请求精神损害赔偿。	第一千一百八十三条　侵害自然人人身权益造成严重精神损害的，被侵权人有权请求精神损害赔偿。 因故意或者重大过失侵害自然人具有人身意义的特定物造成严重精神损害的，被侵权人有权请求精神损害赔偿。	增加"因故意或者重大过失侵害自然人具有人身意义的特定物造成严重精神损害的，被侵权人有权请求精神损害赔偿"规定。
第二十五条　损害发生后，当事人可以协商赔偿费用的支付方式。协商不一致的，赔偿费用应当一次性支付；一次性支付确有困难的，可以分期支付，但应当提供相应的担保。	第一千一百八十七条　损害发生后，当事人可以协商赔偿费用的支付方式。协商不一致的，赔偿费用应当一次性支付；一次性支付确有困难的，可以分期支付，但是被侵权人有权请求提供相应的担保。	将"应当"改为"被侵权人有权请求"。

三、责任主体的特殊规定

难点解析 》》》

（一）用人单位和劳务派遣单位、劳务用工单位责任

1.用人单位责任。用人单位的工作人员因执行工作任务造成他人损害的，由用人单位对外承担侵权责任，这种责任称为替代责任。我国对用人单位采取无过错责任原则，只要工作人员因执行工作任务实施侵权行为造成他人损害，用人单位就要首先承担赔偿责任。用人单位不能通过证明自己在选任或者监督方面尽到了相应的义务来免除自己的责任。当然，用人单位承担侵权责任后，可以向有故意或者重大过失的工作人员追偿。

《民法典》第1191条中的"用人单位"既包括企业、事业单位、国家机关、社会团体等，也包括个体经济组织等；"工作人员"既包括用人单位的正式员

工，也包括在用人单位工作的临时员工。

用人单位承担侵权责任的前提是工作人员的行为与"执行工作任务"有关。工作人员应当按照用人单位的授权或者指示进行工作。与工作无关的行为，即使发生在工作时间内，用人单位也不承担侵权责任，该责任由工作人员自己承担。

2. 劳务派遣单位和劳务用工单位责任。劳务派遣是指劳动派遣机构与员工签订劳务派遣合同后，将工作人员派遣到用工单位工作。劳务派遣的用人形式不同于一般的用人形式，劳务派遣单位虽然与被派遣的员工签订了劳动合同，但不对被派遣员工进行具体的管理。在劳务派遣期间，被派遣的工作人员为接受劳务派遣的用工单位工作，接受用工单位的指示和管理，同时由用工单位为派遣的工作人员提供相应的劳动条件和劳动保护。所以，被派遣的工作人员因工作造成他人损害的，其责任应当由用工单位承担。劳务派遣单位在派遣工作人员方面存在过错的，应当承担相应的责任。

（二）个人劳务关系中的侵权责任

《民法典》第 1192 条第 1 款在侵权责任法的基础上，增加了接受劳务一方承担侵权责任后的追偿权，但仅限于可以向有故意或者重大过失的提供劳务的一方追偿。第 1192 条除明确规定提供劳务过程中，造成他人损害的责任外，还规定了提供劳务一方因劳务受到损害时双方责任的承担。根据第 1192 条规定，提供劳务一方因劳务受到损害的，根据双方各自的过错承担相应的责任。

原侵权责任法没有规定在个人之间形成的劳务关系中，因第三人的行为造成提供劳务一方损害的责任承担。第 1192 条增加一款，规定因第三人的行为造成提供劳务一方损害的，提供劳务一方即有权请求第三人承担侵权责任，也有权请求接受劳务一方给予补偿。接受劳务一方补偿后，可以向第三人追偿。

（三）网络用户与网络服务提供者的侵权责任

1. 网络用户及网络服务提供者的通知义务。根据《民法典》第 1195 条规定，通知应当包括构成侵权的初步证据及权利人的真实身份信息。一份合格的权利通知应当包括两方面内容：一是权利人的真实身份信息；二是构成侵权的初步证据，应当附有证明其权利的证据或者相关信息涉嫌侵权的初步证据。另外，通知中还应当附有涉嫌侵权信息的网址链接或其他可以定位侵权商品或信息的有效方法等。

权利人发出通知后，网络服务提供者的义务有：一是及时将该通知转送相关网络用户。二是根据构成侵权的初步证据和服务类型采取必要措施。未及时采取必要措施的，对损害的扩大部分与该网络用户承担连带责任。

同时，《民法典》第 1195 条在《侵权责任法》第 36 条基础上，特别增加第 3 款规定，警示权利人不得滥用通知程序，因错误通知造成网络用户、网络服务提供者损失的，权利人应当承担侵权责任。

2. 网络用户声明不存在侵权行为的义务。《民法典》第 1196 条规定，网络用户提交的声明应当包括不存在侵权行为的初步证据及网络用户的真实身份信息。

此纠纷主要发生在权利人与网络用户之间，网络服务提供者接到声明后产生转送义务，应当及时将声明转送发出通知的权利人，让权利人知道网络用户提出了抗辩；同时应履行告知义务，让权利人知晓应当及时向有关部门投诉或者向法院起诉，以解决纠纷。网络服务提供者在转送声明到达权利人后的合理期限内，未收到权利人已经投诉或者提起诉讼通知的，表明权利人默示认可声明，网络服务提供者应当及时终止所采取的措施，恢复相关信息。

需要说明的是，通知与声明程序只是为快速应对纠纷而采取的一种程序性救济手段，网络服务提供者并非司法机关，其没有能力解决当事人之间的具体争议。即使权利人在合理期限内没有采取相应的法律行动，也不影响其实体权利，权利人仍然可以在合理期限后向有关部门投诉或向法院起诉。

3. 网络服务提供者的连带责任。根据《民法典》第 1197 条规定，网络服务提供者与网络用户承担连带责任的主观构成要件为"知道或者应当知道"。

（1）关于"知道"。"知道"即"明知"。明知是一种主观状态，表明行为人的内心对侵权行为这一事实的发生具有明确而充分的认识，甚至放任或者积极追求损害后果的发生。证明行为人的主观状态为"明知"一般有两种途径：一是行为人自认。二是通过通知程序来证明。权利人发送的合格通知到达网络服务提供者时，即视为网络服务提供者知晓了存在通知中所指出的侵权事实，网络服务提供者有义务采取必要措施，未采取必要措施的，即属知道而未采取必要措施的情形，应对损害扩大部分承担连带责任。

（2）关于"应当知道"。对于"应当知道"的判断标准应遵循以下三个原则：一是根据提供技术服务的网络服务提供者的类型不同，判断标准应当有所不同。相比提供其他类型技术服务的网络服务提供者，认定提供接入、缓存服务的网络服务提供者"应当知道"的标准应当更加严格。二是根据保护对象的不同，判断标准也应当有所不同。三是提供技术服务的网络服务提供者没有普遍审查义务。审判实践中应当谨慎认定此类网络服务提供者"应当知道"网络用户利用其网络服务实施的侵权行为。如果判断标准过宽，可能会使网络服务提供者实际上承担了普遍审查的义务，需要找到促使网络服务提供者适当履行监管义务的平衡点。

（四）安全保障义务人责任

1. 安全保障义务人的范围。民法典明确规定，安全保障义务人有：一是宾馆、商场、银行、车站、机场、体育场馆、娱乐场所等经营场所公共场所的经营者、管理者，码头、公园、餐厅等也都属于公共场所；二是群众性活动的组织者。

2. 保护对象的范围。民法典将安全保障义务的保护对象规定为"他人"，没有明确具体的范围，实践中哪些人属于保护对象应根据具体情况判断。

3. 安全保障义务的内容和判断标准。对于实践中需要确定义务人应当负有的安全保障义务的具体内容，进而判断安全保障义务人是否已经尽到安全保障义务的，可以参考该安全保障义务人所在行业的普遍情况、所在地区的具体条件、所组织活动的规模等各种因素，从侵权行为的性质和力度、义务人的安保能力以及发生侵权行为前后所采取的防范、制止侵权行为的措施等方面，根据实际情况综合判断。

根据安全保障义务内容的不同，可以将安全保障义务分为两种：一是防止他人遭受义务人侵害的安全保障义务；二是防止他人遭受第三人侵害的安全保障义务。《民法典》第 1198 条根据未尽到的义务种类的不同，规定了以下两种安全保障义务人的不同侵权责任：

1. 安全保障义务人未尽到防止他人遭受义务人侵害的安全保障义务的，应当承担侵权责任。如果损害结果的发生没有第三人的介入，安全保障义务人应当自己承担全部侵权责任。

2. 安全保障义务人未尽到防止他人遭受第三人侵害的安全保障义务的，应当承担相应的补充责任。根据《民法典》第 1198 条第 2 款规定，第三人的行为是造成损害的直接原因的，应当首先由第三人承担侵权责任。应当注意的是：一是第三人的侵权责任和安全保障义务人的补充责任有先后顺序。首先由第三人承担侵权责任，在无法找到第三人或者第三人没有能力承担全部赔偿责任时，才由安全保障义务人承担补充责任。如果第三人已经全部承担侵权责任，则安全保障义务人不再承担责任。二是经营者、管理者或者组织者承担补充责任后，可以向第三人追偿。

（五）教育机构的侵权责任

1. 教育机构对无民事行为能力人受到人身损害的过错推定责任。适用《民法典》第 1199 条时应注意以下两点：

一是采用过错推定原则。由幼儿园、学校和其他教育机构承担侵权责任的侵权行为的范围，应当限于发生在幼儿园、学校和其他教育机构的教育、教学活动中或者其负有管理责任的校舍、场地、其他教育教学设施、生活设施中的侵权行为。

二是如何确定教育、管理职责的范围，进而判断幼儿园、学校和其他教育机构是否已尽到教育、管理职责，教育法、未成年人保护法及其他法规和规章已作了具体的规定。出现纠纷时，应当由法院参考这些规定结合具体情况作出最终判断。

2. 教育机构对限制民事行为能力人受到人身损害的过错责任。根据《民法典》第 1200 条规定，限制民事行为能力人在学校或者其他教育机构学习、生活期间受到人身损害的，如果该限制民事行为能力人或者其监护人能够证明学校或者其他教育机构没有尽到教育、管理职责，对该限制民事行为能力人受到的人身损害有过错，学校或者其他教育机构就要承担责任。与第 1199 条采用过错推定原则不同，对限制民事行为能力人采用了过错责任原则。

教育法、未成年人保护法以及其他法规和部门规章中，对于学校和其他教育机构的教育、管理职责已经作了具体的规定，只要能够证明学校或者其他教育机构违反了这些职责，使限制民事行为能力人在学习、生活期间受到人身损害的，学校或其他教育机构就要承担责任。

3. 在教育机构内第三人侵权时的责任分担。《民法典》第 1199 条、第 1200 条对未成年人在幼儿园、学校或者其他教育机构学习、生活期间遭受人身损害时幼儿园、学校或者其他教育机构的侵权责任，区分无民事行为能力人和限制民事行为能力人规定了不同的归责原则。第 1201 条针对造成损害的主体为幼儿园、学校或者其他教育机构以外的人员的情况，规定了幼儿园、学校或者其他教育机构应当承担的侵权责任。

第一，幼儿园、学校或者其他教育机构以外的人员承担的侵权责任。幼儿园、学校或者其他教育机构以外的人员的侵权行为直接造成人身损害后果的发生，其作为侵权人就应当依法承担侵权责任。

第二，幼儿园、学校或者其他教育机构承担相应的补充责任。幼儿园、学校或者其他教育机构未尽到管理职责的，对损害的发生亦具有过错，其未尽到管理职责的行为是造成损害发生的间接原因，应当承担补充责任。幼儿园、学校或者其他教育机构是否尽到管理职责，根据人身损害发生时的具体情况判断。应当注意，第三人的侵权责任和安全保障义务人的补充责任有先后顺序：首先由第三人承担侵权责任，在无法找到第三人或者第三人没有能力全部承担侵权责任时，才由幼儿园、学校或者其他教育机构承担侵权责任。如果第三人已经全部承担侵权责任，则幼儿园、学校或者其他教育机构不再承担侵权责任。

第三，幼儿园、学校或者其他教育机构承担补充责任后，可以向第三人追偿。

📖 重点条文与关联法律 ⟫⟫⟫

第一千一百九十一条 【关于用人单位、劳务派遣单位、劳务用工单位责任的规定】

用人单位的工作人员因执行工作任务造成他人损害的，由用人单位承担侵权责任。用人单位承担侵权责任后，可以向有故意或者重大过失的工作人员追偿。

劳务派遣期间，被派遣的工作人员因执行工作任务造成他人损害的，由接受劳务派遣的用工单位承担侵权责任；劳务派遣单位有过错的，承担相应的责任。

第一千一百九十六条 【关于提供不存在侵权行为声明的规定】

网络用户接到转送的通知后，可以向网络服务提供者提交不存在侵权行为的声明。声明应当包括不存在侵权行为的初步证据及网络用户的真实身份信息。

网络服务提供者接到声明后，应当将该声明转送发出通知的权利人，并告知其可以向有关部门投诉或者向人民法院提起诉讼。网络服务提供者在转送声明到达权利人后的合理期限内，未收到权利人已经投诉或者提起诉讼通知的，应当及时终止所采取的措施。

第一千一百九十七条 【关于网络服务者连带责任的规定】

网络服务提供者知道或者应当知道网络用户利用其网络服务侵害他人民事权益，未采取必要措施的，与该网络用户承担连带责任。

第一千一百九十八条 【关于宾馆等经营场所安全保障义务的规定】

宾馆、商场、银行、车站、机场、体育场馆、娱乐场所等经营场所、公共场所的经营者、管理者或者群众性活动的组织者，未尽到安全保障义务，造成他人损害的，应当承担侵权责任。

因第三人的行为造成他人损害的，由第三人承担侵权责任；经营者、管理者或者组织者未尽到安全保障义务的，承担相应的补充责任。经营者、管理者或者组织者承担补充责任后，可以向第三人追偿。

第一千一百九十九条 【关于幼儿园、学校或者其他教育机构对无民事行为能力人侵权责任的规定】

无民事行为能力人在幼儿园、学校或者其他教育机构学习、生活期间受到人身损害的，幼儿园、学校或者其他教育机构应当承担侵权责任；但是，能够证明尽到教育、管理职责的，不承担侵权责任。

第一千二百条 【关于学校或者其他教育机构对限制民事行为能力人侵权责任的规定】

限制民事行为能力人在学校或者其他教育机构学习、生活期间受到人身损害，学校或者其他教育机构未尽到教育、管理职责的，应当承担侵权责任。

侵权责任法	民法典	要点提示
第三十五条 个人之间形成劳务关系，提供劳务一方因劳务造成他人损害的，由接受劳务一方承担侵权责任。提供劳务一方因劳务自己受到损害的，根据双方各自的过错承担相应的责任。	**第一千一百九十二条** 个人之间形成劳务关系，提供劳务一方因劳务造成他人损害的，由接受劳务一方承担侵权责任。接受劳务一方承担侵权责任后，可以向有故意或者重大过失的提供劳务一方追偿。提供劳务一方因劳务受到损害的，根据双方各自的过错承担相应的责任。 提供劳务期间，因第三人的行为造成提供劳务一方损害的，提供劳务一方有权请求第三人承担侵权责任，也有权请求接受劳务一方给予补偿。接受劳务一方补偿后，可以向第三人追偿。	增加"接受劳务一方承担侵权责任后，可以向有故意或者重大过失的提供劳务一方追偿。" 第2款由《最高人民法院关于审理人身损害赔偿案件适用法律若干问题的解释》（法释〔2003〕20号）第11条第1款演变而来。
第三十六条第二款 网络用户利用网络服务实施侵权行为的，被侵权人有权通知网络服务提供者采取删除、屏蔽、断开链接等必要措施。网络服务提供者接到通知后未及时采取必要措施的，对损害的扩大部分与该网络用户承担连带责任。	**第一千一百九十五条** 网络用户利用网络服务实施侵权行为的，权利人有权通知网络服务提供者采取删除、屏蔽、断开链接等必要措施。通知应当包括构成侵权的初步证据及权利人的真实身份信息。 网络服务提供者接到通知后，应当及时将该通知转送相关网络用户，并根据构成侵权的初步证据和服务类型采取必要措施；未及时采取必要措施的，对损害的扩大部分与该网络用户承担连带责任。 权利人因错误通知造成网络用户或者网络服务提供者损害的，应当承担侵权责任。法律另有规定的，依照其规定。	增加"通知应当包括构成侵权的初步证据及权利人的真实身份信息""应当及时将该通知转送相关网络用户，并根据构成侵权的初步证据和服务类型采取必要措施""权利人因错误通知造成网络用户或者网络服务提供者损害的，应当承担侵权责任。法律另有规定的，依照其规定"规定。

续表

侵权责任法	民法典	要点提示
第四十条　无民事行为能力人或者限制民事行为能力人在幼儿园、学校或者其他教育机构学习、生活期间，受到幼儿园、学校或者其他教育机构以外的人员人身损害的，由侵权人承担侵权责任；幼儿园、学校或者其他教育机构未尽到管理职责的，承担相应的补充责任。	第一千二百零一条　无民事行为能力人或者限制民事行为能力人在幼儿园、学校或者其他教育机构学习、生活期间，受到幼儿园、学校或者其他教育机构以外的第三人人身损害的，由第三人承担侵权责任；幼儿园、学校或者其他教育机构未尽到管理职责的，承担相应的补充责任。幼儿园、学校或者其他教育机构承担补充责任后，可以向第三人追偿。	增加"幼儿园、学校或者其他教育机构承担补充责任后，可以向第三人追偿"规定。

四、特殊侵权

📖 **典型案例** >>>

【案例1】　陈某某、邝某某机动车交通事故责任纠纷案

（一）事实概要

2020年10月18日18时33分许，案外人陈某某驾驶重型半挂牵引车从某路某实业有限公司仓库门口右转时，遇邝某某驾驶小型轿车搭乘受害人鲍某某等由东向西方向行驶，两车在路口发生碰撞，造成邝某某受伤，鲍某某经医院抢救无效后死亡，以及两车受损的道路交通事故。经郴州市某交通警察支队出具的道路交通事故认定书认定，陈某某负此次事故的主要责任，邝某某负次要责任，鲍某某不承担此次事故责任。

（二）裁判结果

非营运机动车发生交通事故造成无偿搭乘人损害，属于该机动车一方责任的，应当减轻其赔偿责任，但是机动车使用人有故意或重大过失的除外。本案中，邝某某系好意同乘，一审判决综合本案案情酌情减轻邝某某10%的赔偿责任并无不当，法院予以确认。邝某某、曹某某上诉称应核减40%的赔偿责任没

有法律依据，法院不予支持。

（三）案例分析

本案涉及非营运机动车发生交通事故的责任承担法律问题。

根据《民法典》第1217条关于好意同乘造成侵权的规定，本案中，相关证据及证人证言均不能直接证明邝某某有收费的行为，故应认定邝某某系好意搭乘。但邝某某驾驶非营运机动车发生交通事故造成搭乘人损害，其作为供乘人允许他人同乘后应在合理范围内保障同乘者人身安全，因过错发生交通事故，应承担与其过错相适应的侵权赔偿责任，但鉴于邝某某系好意搭乘，法院酌定减轻邝某某10%赔偿责任，符合法律规定。

【案例2】 某艺术中心收购、出售濒危野生动物民事公益诉讼案

（一）事实概要

被告某艺术中心系个体工商户，经营范围为餐饮服务，营业执照的营业者是梁某。梁某通过其丈夫杨某某聘用吴某某担任艺术中心经理，负责管理和运营，吴某某每月领取固定工资。该艺术中心在经营过程中，于2017年9月19日、9月22日购入大王蛇各1条，2018年春节后宰杀并出售大王蛇1条，2018年8月或9月某日购入大王蛇1条，案发后被公安机关扣押；2018年9月17日出售穿山甲1只；2018年1月11日购入棕熊熊掌4只，2018年9月6日出售熊掌1只，案发后公安机关扣押半成品棕熊熊掌1只。上述野生动物部分被该艺术中心作为菜品对外销售。之后检察机关对该艺术中心提起公诉。

（二）裁判结果

法院认为，被告虽然不是穿山甲、棕熊等野生动物的直接猎杀者，但其实施的收购、出售行为，为猎杀珍贵、濒危野生动物提供了动机和市场，其违法行为对于生态环境损害具有直接的因果关系，应当承担民事责任。综合其主观故意、危害后果以及在本案中悔改态度较好，愿意提供生态环境公益劳动，以自己的实际行动保护生态环境等情节，酌情判令其承担惩罚性赔偿99050元。

（三）案例分析

本案主要涉及生态破坏民事责任的法律问题。

根据民法典的规定，破坏生态环境的侵权主体承担的民事责任主要包括：损害赔偿责任、生态环境修复责任、惩罚性赔偿责任。

本案中，某艺术中心收购、出售珍贵、濒危野生动物的主观故意明显，其行为导致了珍贵、濒危野生动物的减少，加深了濒危程度，破坏了生态资源和生态平衡，造成了严重后果，且对生态环境的损害后果在未修复前具有持续性的特点，依照《民法典》第1232条规定，侵权人违反法律规定破坏生态造成严重后果的，被侵权人有权请求相应的惩罚性赔偿。因此，法院综合其主观故意、危害后果以及在本案中悔改态度较好，愿意提供生态环境公益劳动，以自己实际行动保护生态环境等情节，酌情判令其承担惩罚性赔偿。

【案例3】 刘某甲与刘某乙、曲某某财产损害赔偿纠纷案

（一）事实概要

2020年3月26日8时许，刘某甲发现停放在马路边公共停车位的车辆被砸。刘某甲于当日报警，天津市公安局静海分局某派出所接警。2020年6月23日，派出所出具警情情况说明，内容为："2020年3月26日8时13分，派出所接110指令：报警人车辆停放在天津市静海区地纬路第××西侧停车位，因风力大把屋顶刮坏了，现导致车停着被砸。接警后，民警立即赶往现场进行处置，经调查，因当天风力较大，静海区地纬路北侧、汇通里的一处店铺屋顶的砖头等物品被吹落，将停放在路边的多辆汽车砸坏，其中有报警人刘某甲。"曲某某的房屋坐落于天津市静海区××镇××排××号，刘某乙的房屋坐落于天津市静海区××镇××排××号，刘某乙、曲某某的房屋存在油毡等脱落的情况，现场视频及照片反映有可能系刘某乙、曲某某房屋屋顶脱落物砸中刘某甲车辆。

（二）裁判结果

法院认为，被上诉人刘某甲车辆因屋顶坠落物损害相关事实已经公安机关调查，上诉人刘某乙和被上诉人曲某某的店铺屋顶相连，为可能加害的房屋使用人。刘某乙并未无证据证明其不是侵权人，故一审认定其应当承担补偿责任并无不当。关于刘某甲财产损失数额，该车辆损失经一审法院委托鉴定，鉴定程序合法，鉴定结果客观，刘某乙虽主张车辆损失部位与坠落物所砸无因果关系且不能排除其他因素导致，但并未提供证据证明。关于评估费，该评估费系刘某甲为查明和确定损失发生的必要的、合理的费用。故一审认定结果并无不当，刘某乙的上诉意见法院不采纳，但根据新法，待实际侵权人能够确定，刘某乙补偿后有权向确定的实际侵权人追偿。

（三）案例分析

本案涉及建筑物中抛掷物品致人损害的法律责任问题。

根据《民法典》第1254条规定，从建筑物中抛掷物品或者从建筑物上坠落的物品造成他人损害的，由侵权人依法承担侵权责任；经调查难以确定具体侵权人的，除能够证明自己不是侵权人外，由可能加害的建筑物使用人给予补偿。可能加害的建筑物使用人补偿后，有权向侵权人追偿。本案中刘某甲车辆因屋顶坠落物损害相关事实已经公安机关调查，刘某乙和曲某某的店铺屋顶相连，为可能加害的房屋使用人。上诉人刘某乙并未无证据证明其不是侵权人，故法院判定其承担相应的补偿责任并无不当。

难点解析 >>>

（一）产品责任

1. 被侵权人请求损害赔偿的途径和先行赔偿人的追偿权。《民法典》第1203条从方便被侵权人维护自己合法权益的角度出发，规定了被侵权人请求赔偿的两种途径：一是可以向产品的生产者请求赔偿；二是可以向产品的销售者请求赔偿。也就是说，对于缺陷产品引起的损害，被侵权人可以向生产者和销售者中的任何一方提出赔偿请求。

根据《民法典》第1203条规定，生产者、销售者中先行赔偿的一方有权向应当承担责任的一方追偿自己已经向被侵权人垫付的赔偿费用。需要明确的是，生产者和销售者承担产品责任的原则不同，生产者承担无过错责任，销售者承担过错责任。先行垫付赔偿费用的一方只有在另一方符合承担产品侵权责任条件的情形下，才可以向对方行使追偿权。

2. 生产者和销售者对有过错第三人的追偿权。产品在运输流通过程中，运输者、仓储者等应当按照有关规定和产品包装上标明的储藏、运输等标准进行储存、运输。如果运输者、仓储者等未按规定运输或者仓储，则可能造成产品缺陷。对此有过错的，行为人应当对因自己的过错造成的损害负赔偿责任。

根据《民法典》第1204条规定，即使是因运输者、仓储者等第三人的过错使产品存在缺陷造成损害，被侵权人仍然可以先向产品的生产者或者销售者请求赔偿。生产者、销售者承担赔偿责任后，可以向造成产品缺陷的有过错的运输者、仓储者等第三人行使追偿权，要求其支付赔偿费用。

3.产品责任惩罚性赔偿。根据《民法典》第1207条规定，产品责任中适用惩罚性赔偿的条件为：一是侵权人具有主观故意。二是存在损害事实。所谓的损害事实，是应当造成严重损害的事实，即造成他人死亡或者健康受到严重损害。三是存在因果关系，即被侵权人的死亡或者健康严重受损害是因为侵权人生产或者销售的缺陷产品或者生产者、销售者没有采取有效补救措施所致。

惩罚性赔偿的适用范围即被侵权人死亡或者健康受到严重损害，为防止滥用惩罚性赔偿，避免被侵权人要求的赔偿数额畸高，《民法典》第1207条规定，被侵权人有权请求相应的惩罚性赔偿，即被侵权人要求的惩罚赔偿金的数额应当与侵权人的恶意相当，或与侵权人造成的损害后果相当，或与对侵权人施加的威慑相当，具体赔偿数额由人民法院根据个案具体判定。

（二）机动车交通事故责任

1.机动车所有人、管理人与使用人不一致时的侵权责任。对于因租赁、借用等情形机动车所有人、管理人与使用人不是同一人时，发生交通事故后属于该机动车一方责任的，如何确定责任需要把握以下几点：

一是根据《民法典》第1213条规定，机动车发生交通事故造成损害，属于该机动车一方责任的，仍然先由承保机动车强制保险的保险人在强制保险责任限额范围内予以赔偿；不足部分，机动车一方购买了商业保险的，由承保机动车商业保险的保险人按照保险合同的约定予以赔偿；仍然不足或者没有投保机动车商业保险的，由侵权人赔偿，删除了原《侵权责任法》第49条"由保险公司在机动车强制保险责任限额范围内予以赔偿"的规定。

二是第1209条中的"使用人"不仅包括承租人、管理人、借用人，还包括机动车出质期间的质权人、维修期间的维修人、由他人保管期间的保管人等。

三是机动车所有人、管理人对损害的发生有过错的，承担相应的赔偿责任。

2.转让并交付但未办理登记的机动车侵权责任。对于《民法典》第1210条在理解和适用上需要把握以下两点：

一是当事人之间已经以买卖、赠与等方式转让并交付机动车但未办理登记的，原机动车所有人已经不是真正的所有人，赔偿义务应当由买受人、受赠人等对机动车运行有实质影响力和支配力的机动车的实际所有人、占有人来承担。

二是本条中的"交付"与物权编中的"交付"不应完全等同。物权理论中的拟制交付区分了简易交付、指示交付和占有改定情形。简易交付可以适用于第1210条，本条中的"交付"主要是指"实际交付"。

3. 挂靠机动车的侵权责任。机动车挂靠从事运输经营活动，是指为了交通营运的方便，将车辆登记在某个具有运输经营权资质的经营主体名下，以该主体的名义进行运营，并由挂靠者向被挂靠主体支付一定费用的形式。以挂靠形式从事道路运输经营活动一般具有以下三个特点：一是四证统一，即车辆行驶证、道路运输证、驾驶证、营业性道路运输驾驶员从业资格证上记载的车主、业户、单位、服务单位均为被挂靠主体。二是挂靠主体向被挂靠主体交纳费用。三是具有隐蔽性，虽然挂靠双方之间存在关于运输经营的合同或内部协议，但发生交通事故造成损害时，被侵权人无法从外观上判断挂靠机动车是否属于被挂靠主体。

4. 未经允许驾驶他人机动车侵权责任。实践中，适用《民法典》第 1212 条需要把握以下三点：一是未经允许驾驶他人机动车，发生交通事故造成损害，属于该机动车一方责任的，由机动车使用人承担赔偿责任。二是机动车所有人、管理人对损害的发生有过错的，承担相应的赔偿责任。此处的"对损害的发生有过错"可理解为机动车所有人、管理人未履行一般人应尽的谨慎注意义务。三是第 1212 条规定的"但书"仅限于"本章"另有规定的除外，即本章第 1215 条第 1 款规定的"盗窃人、抢劫人或者抢夺人与机动车使用人不是同一人，发生交通事故造成损害，属于该机动车一方责任的，由盗窃人、抢劫人或者抢夺人与机动车使用人承担连带责任"。

5. 交通事故责任承担主体赔偿顺序。《民法典》第 1213 条对交通事故责任主体承担赔偿的顺序作了规定：一是首先由承保机动车强制保险的保险人在强制保险责任限额范围内予以赔偿；二是机动车强制保险赔偿不足部分，由承保机动车商业保险的保险人根据保险合同的约定予以赔偿；三是机动车商业保险赔偿仍然不足的，由侵权人赔偿。这种保险前置、侵权人兜底的规定充分体现了保险的作用和及时救济受害人、分散机动车使用人风险的目的，符合强制保险的赔偿替代性和商业保险的补充性的性质，也最大限度地平衡了强制保险、商业保险和侵权人的责任与义务。

6. 拼装车或报废车的侵权责任。根据《道路交通安全法》第 14 条规定，国家实行机动车强制报废制度，达到报废标准的机动车不得上道路行驶。第 100 条规定，驾驶拼装的机动车或者已达到报废标准的机动车上道路行驶的，公安机关交通管理部门应当予以收纳，强制报废，对驾驶人处 200 元以上 2000 元以下罚款，并吊销机动车驾驶证。

拼装和已经达到报废标准的机动车，由于其不能达到机动车上路行驶的安全标准，上路行驶后极易造成其他机动车、非机动车驾驶人和行人的损害。转让拼装的或者已经达到报废标准的机动车，本身即具有违法性，上路行驶又具有更大的危险性。因此，《民法典》第 1214 条规定，对以买卖等方式转让拼装的或者已经达到报废标准的机动车，发生交通事故造成损害的，由转让人和受让人承担连带责任。

7. 盗窃、抢劫或抢夺机动车的侵权责任。盗窃、抢劫或者抢夺的机动车发生交通事故造成损害的，由盗抢人承担赔偿责任。民法典侵权责任编延续了原侵权责任法的规定，并在第 1212 条关于未经允许驾驶他人机动车侵权责任的规定中，对"机动车所有人、管理人对损害的发生有过错的，承担相应的赔偿责任"作了"本章另有规定的除外"这一排除规定，即指本条规定的情形。

盗窃人、抢劫人或者抢夺人与机动车使用人不是同一人，发生交通事故造成损害，属于该机动车一方责任的，由盗窃人、抢劫人或者抢夺人与机动车使用人承担连带责任。这里的"机动车使用人"是指盗窃人、抢劫人或者抢夺人将机动车出售、出租、借用、赠送，从而实际使用该机动车的人。

机动车被盗抢后发生交通事故造成损害，保险人在机动车强制保险责任限额范围内垫付抢救费用的，有权向交通事故责任人追偿。

8. 肇事后逃逸责任及受害人救济。《民法典》第 1216 条针对机动车驾驶人发生交通事故后逃逸的，在驾驶人应当承担赔偿责任的前提下，对通过机动车强制保险和道路交通事故社会救助基金救济受害人等问题作了规定：一是机动车驾驶人发生交通事故后逃逸，该机动车参加强制保险的，由保险人在机动车强制保险责任限额范围内予以赔偿。二是机动车不明、该机动车未参加强制保险或者抢救费用超过机动车强制保险责任限额，需要支付被侵权人人身伤亡的抢救、丧葬等费用的，由道路交通事故社会救助基金垫付。需要明确的是：第一，法律规定的是"机动车不明"，而不是驾驶人不明。第二，机动车未参加强制保险，因此无法通过强制保险赔偿被侵权人的损失，只能由道路交通事故社会救助基金垫付费用。第三，抢救费用超过机动车强制责任保险责任限额。三是道路交通事故社会救助基金垫付后，其管理机构有权向交通事故责任人追偿。

9. 好意同乘的责任承担。好意同乘主要是指非营运机动车的驾驶人基于亲情或者友情在上下班、出游途中无偿搭载自己的亲朋好友、邻居同事的情形，即"搭便车"。好意同乘不适用于营运机动车，但是，出租汽车在上班前或者下班后等非营运时间，免费搭乘邻居、朋友的，适用本条规定，即"非营运机动车"包括"处于非营运状态的营运机动车"这一情形。

好意同乘中机动车使用人的责任适用过错责任原则。好意同乘中发生交通事故造成无偿搭乘人损害，属于该机动车一方责任的，应当减轻其赔偿责任，但不可以完全免除。同时，好意同乘不同于网络顺风车。网络顺风车的合乘者分摊部分合乘出行成本属于共享出行方式，是有偿的、营运性的。

（三）医疗损害责任

1. 医疗损害责任归责原则。对诊疗活动引起的纠纷，适用一般过错责任。医疗机构及其医务人员有过错的，医疗机构才承担赔偿责任，原则上由原告承担过错的举证责任。在某些特殊情况下，如医务人员有违规治疗行为或者隐匿、拒绝提供与纠纷有关的医学资料，才适用过错推定责任原则，举证责任倒置。

患者在诊疗活动中受到损害，除医疗机构及其医务人员有过错条件外，医疗机构或者其医务人员的过错还要与患者的损害具有因果关系，医疗机构才承担赔偿责任。

2. 紧急情况下实施医疗措施。《民法典》第1219条规定的医疗机构的说明义务和患者的知情同意权，是针对抢救危急患者等紧急情况所作的特殊规定。对于本条规定中的"不能取得患者或者其近亲属意见"，主要是指患者不能表达意志，也无近亲属陪伴，又联系不到近亲属的情况，不包括患者或者其近亲属明确表示拒绝采取医疗措施的情况。

3. 推定医疗机构有过错的情形。《民法典》第1222条规定，患者在诊疗活动中受到损害，有下列情形之一的，推定医疗机构有过错，而非当然认定医疗机构有过错，即医疗机构可以提出反证证明自己没有过错：（1）本条第1项规定的违反法律、行政法规、规章以及其他有关诊疗规范的规定。（2）本条第2项和第3项规定的情形，一方面反映了医疗机构的恶意；另一方面患者难以取得与医疗纠纷有关的证据资料，这时再让患者举证已不合理。因此，推定医疗机构有过错。

4. 医疗机构的免责情形。民法典侵权责任编第一章规定了一般情况下侵权免责和减责的情形。这些规定对于医疗损害责任也是适用的。除上述规定外，鉴于医疗损害责任的特殊性，根据《民法典》第1224条规定，以下三种情形医疗机构不承担责任：

（1）患者或者其近亲属不配合医疗机构进行符合诊疗规范的诊疗。具体而言，实践中患者一方不配合诊疗的行为可以分为两类：一类是患者囿于其医疗知识水平的局限而对医疗机构采取的诊疗措施难以建立正确的理解，从而导致其作出不遵医嘱、错误用药等与诊疗措施不相配合的行为。另一类是患者一方主观上具有过错，该过错又可分为故意和过失。但因患者一方不配合医疗机构进行符合诊疗规范的诊疗而导致患者损害的，是否可以完全免除医疗机构的赔偿责任，不能一概而论。医疗损害责任的归责原则是过错责任，医务人员是否合理地履行了说明义务及相应的诊疗义务，是判断医疗机构最终是否承担责任的基础。因此，患者或者其近亲属不配合医疗机构进行符合诊疗规范的诊疗的，如果医疗机构或者其医务人员也有过错，则医疗机构仍应对患者的损害承担相应的责任；反之，若医务人员已经尽到相应义务，患者的损害是因患者或者其近亲属不配合的行为所致，则医疗机构对此不承担赔偿责任。

（2）医务人员在抢救生命垂危的患者等紧急情况下已经尽到合理诊疗义务。此时医疗机构对患者的损害不承担赔偿责任，应符合以下两个条件：

第一，抢救生命垂危的患者等紧急情况。需要说明的是，判断是否构成紧急情况，除依据法律、法规和规章的规定外，还需要考虑以下两个方面：一是患者的生命健康受到伤病急剧恶化的威胁，这种威胁应当被限定为对患者生命的威胁，而不能是对患者一般健康状况的威胁；二是患者生命受到的威胁是正在发生和实际存在的，不立即采取紧急救治措施必然导致患者死亡的后果。

第二，已经尽到合理诊疗义务。具体而言，根据现行诊疗规范，紧急情况下合理的诊疗义务包括以下四个方面：一是对患者伤病的准确诊断。二是治疗措施的合理、适当，包括治疗措施和治疗用药的适当、合理。三是谨慎履行说明告知义务。紧急情况下，如果事前告知不可行，那么采取紧急救治措施后仍应履行该项义务。四是将紧急救治措施对患者造成的损害控制在合理限度之内。结合上述情况，如果医务人员在紧急救治情况下已经尽到医务人员通常应尽到的诊疗义务，即合理诊疗义务，则医疗机构不承担赔偿责任；否则，即使是为抢救生命垂危的患者，医疗机构也难以完全免除其赔偿责任。

（3）限于当时的医疗水平难以诊疗。对于法律对医务人员采取的诊疗行为是否存在过错，只能基于当时的医学科学本身的发展，即是否尽到与当时的医疗水平相应的诊疗义务，尽到该项义务的，视为医疗机构及其医务人员没有过错，对于患者的损害不承担赔偿责任。

（四）环境污染和生态破坏责任

1. 环境污染、生态破坏侵权举证责任。根据《民法典》第1230条规定，行为人应当对两种情形承担举证责任：一是法律规定的不承担责任或者减轻责任的情形；二是其行为与损害之间不存在因果关系。

第一，法律规定的不承担责任或者减轻责任的情形。可能造成环境侵权的活动在广义上属于高度危险作业，适用无过错责任归责原则，每种高度危险作业的免责事由是不一样的，多数情形下不可抗力可以免责，有的情形下则不可以。环境保护单行法有规定的，首先适用单行法的规定；单行法没有规定的，适用民法典总则编和侵权责任编有关免责事由的规定。

第二，行为人的行为与损害之间不存在因果关系。我国对环境侵权实行因果关系的举证责任倒置，将通常应由提出事实主张的当事人所负担的举证责任分配给对方，由对方对否定该事实承担举证责任，如果对方当事人不能就此举证证明，则推定事实主张成立，其实质是免除本应由原告承担的举证责任，由被告就待证事实的反面事实承担举证责任。

需要注意的是，在环境侵权中适用因果关系举证责任倒置，并不意味着受害人就不用承担任何举证义务。诉讼中，受害人应当首先证明污染行为与损害结果之间存在联系，即存在因果关系的可能性和初步证据，只是这种可能性并不需要如相当因果关系理论要求的那样达到高度盖然性。

2. 环境共同侵权人的责任承担。适用《民法典》第1231条环境共同侵权需要满足以下条件：一是多个侵权主体，即有两个或者两个以上的行为人实施了污染环境、破坏生态行为；二是行为人实施了污染环境、破坏生态的行为；三是数个侵权行为与损害有总体上的因果关系，而非单个侵权行为与损害之间有因果关系；四是造成了同一损害。

3. 因第三人的过错污染环境、破坏生态的侵权责任。对于环境污染、生态破坏是因第三人的过错造成的，被侵权人可以向第三人请求赔偿，但这种情况需具备两个前提：一是第三人是指被侵权人和污染者之外的第三人，即第三人不属于被侵权人或污染者任何一方，第三人与受害者或污染者之间不存在法律上的隶属关系，如雇佣关系等；二是第三人和污染者之间不存在意思联络。如果第三人与污染者有意思联络，则第三人与污染者构成共同侵权，不属于《民法典》第1233条的调整范围。

不真正连带责任，是指多数行为人违反法定义务，对一个受害人实施加害行为，或者不同行为人基于不同的行为使受害人的权利受到损害，各行为人对所产生的同一内容的侵权责任，负全部赔偿责任，并因其中一个行为人的履行而使全体责任人的责任归于消灭的共同侵权责任形态。根据《民法典》第1233

条规定，被侵权人可以向侵权人请求赔偿。侵权人承担环境侵权责任的同时，因第三人的过错行为与损害后果之间存在法律上的因果关系，被侵权人也可以直接请求第三人承担侵权责任。需要注意的是，第三人承担责任与侵权人承担责任存在明显区别：侵权人承担的是无过错责任，被侵权人无须证明侵权人的主观过错；第三人承担的是过错责任，需要符合一般侵权的构成要件，即不法行为、主观过错、损害后果、不法行为与损害后果之间存在因果关系，这些都需要由被侵权人承担举证责任，不适用举证责任倒置的规定。

此外，被侵权人对侵权人和第三人的赔偿请求权，只能择一行使，因其只有一个"损害后果"，向被侵权人主张权利或者向第三人主张权利，被选择的一个请求权实现之后，另一个请求权消灭。侵权人赔偿后，有权向第三人追偿。具体到个案，第三人最终应当承担多少份额的责任，需要结合具体案情具体分析。

4.生态环境的修复责任。根据《民法典》第1234条规定，生态环境修复责任承担主要有两种方式：一是请求侵权人在合理期限内承担修复责任；二是自行或者委托他人进行修复。根据本条的规定，侵权人在期限内未修复的，权利人可以自行或者委托他人履行修复义务，所需费用由侵权人承担。从形式上看，完成生态环境修复工程的是权利人或者其委托的第三人，但修复责任仍然由侵权人承担。

破坏生态环境的侵权主体承担的民事责任主要包括：损害赔偿责任、生态环境修复责任、惩罚性赔偿责任。关于环境公益诉讼的民事主体问题，根据《民事诉讼法》第55条规定，人民检察院在履行职责中发现破坏生态环境损害社会公共利益的行为，在没有机关和组织或者有关机关和组织不提起诉讼的情况下，可以向人民法院提起诉讼。《环境保护法》第58条规定，对破坏生态，损害社会公共利益的行为，符合下列条件的社会组织可以向人民法院提起诉讼：（1）依法在设区的市级以上人民政府民政部门登记；（2）专门从事环境保护公益活动连续五年以上且无违法记录。最高人民法院《关于为加快经济发展方式转变提供司法保障和服务的若干意见》指出，依法受理环境保护行政部门代表国家提起的环境污染损害赔偿纠纷案件，严厉打击一切破坏环境的行为。根据上述规定可以明确，在环境公益诉讼中，具备环境公益诉讼原告主体资格的主要有检察院、环境行政机关和符合规定条件的社会组织。

（五）高度危险责任

1.民用核设施或者核材料致害责任。《民法典》第1237条针对的是民用核设施或者运入运出核设施的核材料发生核事故造成的损害，承担责任的主体是民用核设施的营运单位。民用核设施或者运入运出核设施的核材料发生核事故的致害责任，实行无过错原则，按照本条和《核安全法》第90条第1款的规定，只有能够证明损害是因战争、武装冲突、暴乱等情形或者受害人故意造成的，民用核设施的营运单位才可以不承担责任。

2. 民用航空器致害责任。《民法典》第1238条规定调整的范围仅限于民用航空器，责任主体是民用航空器的经营者，主要指从事旅客、货物运输的承运人和从事通用航空的民用航空器使用人。

第一，承担责任的前提是民用航空器在使用中造成他人损害。民用航空器造成他人损害的，包括两种情形：一是民用航空器在运输旅客、货物的过程中，对所载运的旅客、货物造成的损害；二是民用航空器对地面第三人的人身、财产造成的损害。

第二，民用航空器的经营者承担无过错责任。民用航空器造成他人损害的，民用航空器的经营者应当承担侵权责任。对于能够证明损害是因受害人故意造成的，民用航空器的经营者不承担责任；但是因为自然原因引起的不可抗力事件，造成他人损害的，民用航空器的经营者也要承担责任。

3. 高度危险物致害责任。《民法典》第1239条所指的高度危险物，不仅涉及易燃、易爆、剧毒、高放射性、强腐蚀性、高致病性这几类，其他因其自然属性极易危及人身、财产的物品也适用本条的规定。承担责任的主体是占有人或者使用人，这里的"占有"和"使用"包括生产、储存、运输高度危险品以及将高度危险品作为原料或者工具进行生产等行为。

占有人或者使用人承担无过错责任。只要是易燃、易爆、剧毒、高放射性、强腐蚀性、高致病性等高度危险物造成他人人身、财产损害的，占有人或者使用人就应当承担侵权责任。这里的"侵权责任"并不限于赔偿损失，也包括在事故发生后，占有人或者使用人迅速采取有效措施，如组织抢救、防止事故扩大、减少人员伤亡和财产损失的责任等。

根据《民法典》第1239条规定，能够证明损害是因受害人故意或者不可抗力造成的，占有人或者使用人不承担责任。但是，不承担责任情形的举证责任由占有人或者使用人承担，证明损害是因为受害人故意或者不可抗力引起的。

《民法典》第1239条还明确规定了减轻责任的情形，即在高度危险物占有人或者使用人已经尽到注意义务的前提下，受害人有重大过失的，可以减轻占有人或者使用人的赔偿责任。减轻责任的情形应严格限定为受害人有"重大过失"，至于什么是"重大过失"，实践中根据占有人或者使用人是否已经尽到注意义务、受害人行为方式、因果关系等因素综合判断。

（六）饲养动物损害责任

1. 饲养动物致害责任的一般规定。动物致人损害的构成要件是：一是饲养的动物；二是动物的加害行为；三是造成他人损害的事实；四是动物加害行为与损害之间的因果关系。一旦造成损害，动物的饲养人或者管理人就应承担民事责任，除具有法定的抗辩事由外，不能免责。所谓法定的抗辩事由，是指能够证明损害是因被侵权人故意或者重大过失造成的，可以不承担或者减轻责任。饲养的动物必须是能够为人所占有或者控制的动物，野生动物不属于本法中的"饲养的动物"。

根据《民法典》第 1245 条规定，动物的饲养人或者管理人是责任主体。实际生活中，动物的饲养人与管理人有时为同一人，有时则为不同人。动物的饲养人与管理人为同一人时，也就是由动物的所有人自己占有和管理动物，在这种情况下，赔偿主体是很清楚的。当动物的饲养人与管理人为不同人时，管理动物的义务由饲养人转移给管理人，这时的赔偿主体应为管理人。至于管理人是有偿管理还是无偿管理，是长期管理还是临时管理，在所不问。

饲养动物致害适用举证责任倒置。动物饲养人或者管理人如果想要减轻或者不承担责任，就必须证明被侵权人的损害是因为自身的故意或者重大过失造成的。如果举证不足或者举证不能，动物饲养人或者管理人就应承担动物致害的赔偿责任。

2. 禁止饲养的危险动物致害责任。为确保公民的人身安全，《民法典》第 1247 条对禁止饲养的危险动物造成他人损害的侵权行为作出了非常严格的规定，只要违反管理规定饲养烈性犬等危险动物，并造成他人损害的，动物饲养人或者管理人就应当承担侵权责任，不存在任何免责事由。

3. 动物园动物致害责任。根据《民法典》第 1248 条规定，动物园动物造成他人损害的，适用过错推定责任。如果动物园能够证明设施、设备没有瑕疵，有明显的警示牌，管理人员对游客挑逗、投打动物或者擅自翻越栏杆靠近动物等行为进行了劝阻，应尽的管理职责已经尽到了，动物园就可以不承担侵权责任。

4. 因第三人的过错致使动物致害责任。第三人过错，是指被侵权人和动物饲养人或者管理人以外的人对动物造成损害有过错。对于第三人过错导致的动物侵权责任承担,《民法典》第 1250 条赋予了被侵权人选择权。因第三人的过错致使动物造成被侵权人损害的, 被侵权人既可以请求第三人承担赔偿责任, 也可以请求动物饲养人或者管理人承担赔偿责任。动物饲养人或者管理人对被侵权人赔偿后, 有权向第三人追偿。

(七) 建筑物和物件损害责任

1. 建筑物、构筑物或者其他设施倒塌、塌陷致害责任。《民法典》第 1252 条所规定的倒塌、塌陷, 是指建筑物、构筑物或者其他设施坍塌、倒覆, 造成建筑物、构筑物或者其他设施丧失基本使用功能。例如, 楼房倒塌、桥梁的桥墩坍塌、烟囱倾倒、地面塌陷等。

建筑物、构筑物或者其他设施倒塌、塌陷造成他人损害的, 由建设单位与施工单位承担连带责任。被侵权人既可以要求建设单位承担侵权责任, 也可以要求施工单位承担侵权责任, 还可以要求二者共同承担侵权责任。但是, 建设单位与施工单位能够证明不存在质量缺陷的, 不承担连带责任。

根据《民法典》第 1252 条第 1 款规定, 建设单位、施工单位赔偿后, 有其他责任人的, 有权向其他责任人追偿。"其他责任人"主要包括: 勘察单位、设计单位等; 监理单位; 勘察、设计、监理单位以外的责任人。

根据《民法典》第 1252 条第 2 款规定, 因所有人、管理人、使用人或者第三人的原因, 建筑物、构筑物或者其他设施倒塌、塌陷造成他人损害的, 由所有人、管理人、使用人或者第三人承担侵权责任。

2. 建筑物、构筑物或者其他设施及其搁置物、悬挂物脱落、坠落致害责任。针对建筑物、构筑物或者其他设施及其搁置物、悬挂物脱落、坠落致害责任主体,《民法典》第 1253 条规定了三种情形: 一是所有人, 指对建筑物等设施拥有所有权的人。二是管理人, 指对建筑物等设施及其搁置物、悬挂物负有管理、维护义务的人。三是使用人, 指因租赁、借用或者其他情形使用建筑物等设施的人。一般来讲, 使用人承担责任有两种情形: 第一, 使用人依法对其使用的建筑物、构筑物或者其他设施负有管理、维护的义务时, 因其管理、维护不当造成他人损害。第二, 使用人对建筑物、构筑物或者其他设施的搁置物、悬挂物管理、维护不当, 造成他人损害。

针对该责任, 采用过错推定原则, 损害发生后, 被侵权人证明自己的损害是因建筑物等设施或者其搁置物、悬挂物脱落、坠落造成的, 所有人、管理人或者使用人对自己没有过错承担举证责任, 其不能证明自己没有过错的, 应当承担侵权责任。所有人、管理人或者使用人赔偿后，有其他责任人的，有权向其他责任人追偿。其他责任人包括所有人、管理人或者使用人之外的对损害的发生负有责任的人。

3. 抛掷物或者坠落物致害责任。《民法典》第 1254 条明确规定禁止从建筑物中抛掷物品。本条规定中的"经调查难以确定具体侵权人"，是指无法确定物品具体是从哪一个房间抛掷、坠落的，因此无法确定具体的侵权人。

在建筑物使用人是多人的情况下，从建筑物中抛掷物品或者从建筑物上坠落的物品造成他人损害，经调查难以确定具体侵权人的，要从这些使用人中确定可能的侵权人。这里规定的建筑物使用人，是指在侵权行为发生时建筑物的实际使用人。如果按照社会生活实践经验、科学手段、监控手段、侦查措施等方法，可以推测认为抛掷物、坠落物有可能是从某人使用的建筑物中抛掷或坠落的，则该使用人就是本条规定的"可能加害的建筑物使用人"。当然，这种可能性必须在一定的合理范围内。

根据《民法典》第 1254 条规定，除能够证明自己不是侵权人外，由可能加害的建筑物使用人给予补偿。本条采用举证责任倒置，即无法确定具体的侵权人的，由被侵权人证明自己是被建筑物上的抛掷物、坠落物伤害的，由建筑物使用人证明自己不是侵权人。建筑物使用人不能证明自己不是侵权人的，要对被侵权人受到的损害进行补偿。如果有证据能够确定具体的侵权人，则其他可能加害的建筑物使用人无须再举证证明自己不是侵权人。发现真正侵权人后，承担了补偿责任的建筑物使用人具有追偿权。由可能加害的建筑物使用人对被侵权人给予补偿的，各个可能加害的建筑物使用人之间不承担连带责任，而是按份分别对被侵权人进行补偿。

《民法典》第 1254 条第 2 款规定了物业服务企业等建筑物管理人的义务。物业服务企业与业主签订物业服务合同，应当履行合同约定的义务。第 3 款规定了公安等机关的及时调查义务。从建筑物中抛掷物品或者从建筑物上坠落的物品造成他人损害的，公安等机关应当依法及时调查，查清责任人。

📖 重点条文与关联法律 ▶▶▶

第一千二百零三条【关于被侵权人的求偿途径、先行赔偿人追偿权的规定】

因产品存在缺陷造成他人损害的，被侵权人可以向产品的生产者请求赔偿，也可以向产品的销售者请求赔偿。

产品缺陷由生产者造成的，销售者赔偿后，有权向生产者追偿。因销售者的过错使产品存在缺陷的，生产者赔偿后，有权向销售者追偿。

第一千二百零九条 【关于租赁、借用等情形下侵权责任的规定】

因租赁、借用等情形机动车所有人、管理人与使用人不是同一人时，发生交通事故造成损害，属于该机动车一方责任的，由机动车使用人承担赔偿责任；机动车所有人、管理人对损害的发生有过错的，承担相应的赔偿责任。

第一千二百一十条 【关于交付未办理登记机动车侵权责任的规定】

当事人之间已经以买卖或者其他方式转让并交付机动车但是未办理登记，发生交通事故造成损害，属于该机动车一方责任的，由受让人承担赔偿责任。

第一千二百一十二条 【关于未经允许驾驶他人机动车侵权责任的规定】

未经允许驾驶他人机动车，发生交通事故造成损害，属于该机动车一方责任的，由机动车使用人承担赔偿责任；机动车所有人、管理人对损害的发生有过错的，承担相应的赔偿责任，但是本章另有规定的除外。

第一千二百一十八条 【关于医疗损害责任归责原则的规定】

患者在诊疗活动中受到损害，医疗机构或者其医务人员有过错的，由医疗机构承担赔偿责任。

第一千二百二十条 【关于紧急情况下实施医疗措施的规定】

因抢救生命垂危的患者等紧急情况，不能取得患者或者其近亲属意见的，经医疗机构负责人或者授权的负责人批准，可以立即实施相应的医疗措施。

第一千二百三十条 【关于环境污染、生态破坏侵权举证责任的规定】

因污染环境、破坏生态发生纠纷，行为人应当就法律规定的不承担责任或者减轻责任的情形及其行为与损害之间不存在因果关系承担举证责任。

第一千二百三十四条 【关于造成生态环境损害时修复责任的规定】

违反国家规定造成生态环境损害，生态环境能够修复的，国家规定的机关或者法律规定的组织有权请求侵权人在合理期限内承担修复责任。侵权人在期限内未修复的，国家规定的机关或者法律规定的组织可以自行或者委托他人进行修复，所需费用由侵权人负担。

第一千二百三十八条 【关于民用航空器致害责任的规定】

民用航空器造成他人损害的，民用航空器的经营者应当承担侵权责任；但是，能够证明损害是因受害人故意造成的，不承担责任。

第一千二百三十九条 【关于高度危险物致害责任的规定】

占有或者使用易燃、易爆、剧毒、高放射性、强腐蚀性、高致病性等高度危险物造成他人损害的，占有人或者使用人应当承担侵权责任；但是，能够证明损害是因受害人故意或者不可抗力造成的，不承担责任。被侵权人对损害的发生有重大过失的，可以减轻占有人或者使用人的责任。

第一千二百四十条　【关于从事高空、高压、地下挖掘活动或使用高速轨道运输工具致害责任的规定】

从事高空、高压、地下挖掘活动或者使用高速轨道运输工具造成他人损害的，经营者应当承担侵权责任；但是，能够证明损害是因受害人故意或者不可抗力造成的，不承担责任。被侵权人对损害的发生有重大过失的，可以减轻经营者的责任。

第一千二百四十一条　【关于遗失、抛弃高度危险物致害责任的规定】

遗失、抛弃高度危险物造成他人损害的，由所有人承担侵权责任。所有人将高度危险物交由他人管理的，由管理人承担侵权责任；所有人有过错的，与管理人承担连带责任。

第一千二百四十五条　【关于饲养动物致人损害的一般规定】

饲养的动物造成他人损害的，动物饲养人或者管理人应当承担侵权责任；但是，能够证明损害是因被侵权人故意或者重大过失造成的，可以不承担或者减轻责任。

第一千二百五十八条　【关于公共场所或道路上挖掘、修缮安装地下设施等致害责任的规定】

在公共场所或者道路上挖掘、修缮安装地下设施等造成他人损害，施工人不能证明已经设置明显标志和采取安全措施的，应当承担侵权责任。

窨井等地下设施造成他人损害，管理人不能证明尽到管理职责的，应当承担侵权责任。

侵权责任法	民法典	要点提示
第四十六条 产品投入流通后发现存在缺陷的，生产者、销售者应当及时采取警示、召回等补救措施。未及时采取补救措施或者补救措施不力造成损害的，应当承担侵权责任。	**第一千二百零六条** 产品投入流通后发现存在缺陷的，生产者、销售者应当及时采取停止销售、警示、召回等补救措施；未及时采取补救措施或者补救措施不力造成损害扩大的，对扩大的损害也应当承担侵权责任。 依据前款规定采取召回措施的，生产者、销售者应当负担被侵权人因此支出的必要费用。	增加"停止销售、扩大、对扩大的损害也、依据前款规定采取召回措施的，生产者、销售者应当负担被侵权人因此支出的必要费用"规定。
第四十七条 明知产品存在缺陷仍然生产、销售，造成他人死亡或者健康严重损害的，被侵权人有权请求相应的惩罚性赔偿。	**第一千二百零七条** 明知产品存在缺陷仍然生产、销售，或者没有依据前条规定采取有效补救措施，造成他人死亡或者健康严重损害的，被侵权人有权请求相应的惩罚性赔偿。	增加"或者没有依据前条规定采取有效补救措施"规定。
第五十二条 盗窃、抢劫或者抢夺的机动车发生交通事故造成损害的，由盗窃人、抢劫人或者抢夺人承担赔偿责任。保险公司在机动车强制保险责任限额范围内垫付抢救费用的，有权向交通事故责任人追偿。	**第一千二百一十五条** 盗窃、抢劫或者抢夺的机动车发生交通事故造成损害的，由盗窃人、抢劫人或者抢夺人承担赔偿责任。盗窃人、抢劫人或者抢夺人与机动车使用人不是同一人，发生交通事故造成损害，属于该机动车一方责任的，由盗窃人、抢劫人或者抢夺人与机动车使用人承担连带责任。 保险人在机动车强制保险责任限额范围内垫付抢救费用的，有权向交通事故责任人追偿。	增加"盗窃人、抢劫人或者抢夺人与机动车使用人不是同一人，发生交通事故造成损害，属于该机动车一方责任的，由盗窃人、抢劫人或者抢夺人与机动车使用人承担连带责任"规定。
	第一千二百一十七条 非营运机动车发生交通事故造成无偿搭乘人损害，属于该机动车一方责任的，应当减轻其赔偿责任，但是机动车使用人有故意或者重大过失的除外。	新增条款。

侵权责任法	民法典	要点提示
第五十八条　患者有损害，因下列情形之一的，推定医疗机构有过错： （一）违反法律、行政法规、规章以及其他有关诊疗规范的规定； （二）隐匿或者拒绝提供与纠纷有关的病历资料； （三）伪造、篡改或者销毁病历资料。	**第一千二百二十二条**　患者在诊疗活动中受到损害，有下列情形之一的，推定医疗机构有过错： （一）违反法律、行政法规、规章以及其他有关诊疗规范的规定； （二）隐匿或者拒绝提供与纠纷有关的病历资料； （三）遗失、伪造、篡改或者违法销毁病历资料。	增加"遗失""违法"情形。
第五十九条　因药品、消毒药剂、医疗器械的缺陷，或者输入不合格的血液造成患者损害的，患者可以向生产者或者血液提供机构请求赔偿，也可以向医疗机构请求赔偿。患者向医疗机构请求赔偿的，医疗机构赔偿后，有权向负有责任的生产者或者血液提供机构追偿。	**第一千二百二十三条**　因药品、消毒产品、医疗器械的缺陷，或者输入不合格的血液造成患者损害的，患者可以向药品上市许可持有人、生产者、血液提供机构请求赔偿，也可以向医疗机构请求赔偿。患者向医疗机构请求赔偿的，医疗机构赔偿后，有权向负有责任的药品上市许可持有人、生产者、血液提供机构追偿。	增加"药品上市许可持有人"被追偿主体。
第六十二条　医疗机构及其医务人员应当对患者的隐私保密。泄露患者隐私或者未经患者同意公开其病历资料，造成患者损害的，应当承担侵权责任。	**第一千二百二十六条**　医疗机构及其医务人员应当对患者的隐私和个人信息保密。泄露患者的隐私和个人信息，或者未经患者同意公开其病历资料的，应当承担侵权责任。	删除"造成患者损害的"的情形；增加泄露"个人信息"的规定。
第六十七条　两个以上污染者污染环境，污染者承担责任的大小，根据污染物的种类、排放量等因素确定。	**第一千二百三十一条**　两个以上侵权人污染环境、破坏生态的，承担责任的大小，根据污染物的种类、浓度、排放量，破坏生态的方式、范围、程度，以及行为对损害后果所起的作用等因素确定。	增加"污染物浓度，破坏生态的方式、范围、程度，以及行为对损害后果所起的作用"等认定因素。

侵权责任法	民法典	要点提示
	第一千二百三十二条　侵权人违反法律规定故意污染环境、破坏生态造成严重后果的，被侵权人有权请求相应的惩罚性赔偿。 **第一千二百三十五条**　违反国家规定造成生态环境损害的，国家规定的机关或者法律规定的组织有权请求侵权人赔偿下列损失和费用： （一）生态环境受到损害至修复完成期间服务功能丧失导致的损失； （二）生态环境功能永久性损害造成的损失； （三）生态环境损害调查、鉴定评估等费用； （四）清除污染、修复生态环境费用； （五）防止损害的发生和扩大所支出的合理费用。	新增条款。
第七十九条　违反管理规定，未对动物采取安全措施造成他人损害的，动物饲养人或者管理人应当承担侵权责任。	**第一千二百四十六条**　违反管理规定，未对动物采取安全措施造成他人损害的，动物饲养人或者管理人应当承担侵权责任；但是，能够证明损害是因被侵权人故意造成的，可以减轻责任。	增加"能够证明损害是因被侵权人故意造成的，可以减轻责任"规定。
第八十六条　建筑物、构筑物或者其他设施倒塌造成他人损害的，由建设单位与施工单位承担连带责任。建设单位、施工单位赔偿后，有其他责任人的，有权向其他责任人追偿。 　　因其他责任人的原因，建筑物、构筑物或者其他设施倒塌造成他人损害的，由其他责任人承担侵权责任。	**第一千二百五十二条**　建筑物、构筑物或者其他设施倒塌、塌陷造成他人损害的，由建设单位与施工单位承担连带责任，但是建设单位与施工单位能够证明不存在质量缺陷的除外。建设单位、施工单位赔偿后，有其他责任人的，有权向其他责任人追偿。 　　因所有人、管理人、使用人或者第三人的原因，建筑物、构筑物或者其他设施倒塌、塌陷造成他人损害的，由所有人、管理人、使用人或者第三人承担侵权责任。	增加"塌陷"情形；"建设单位与施工单位能够证明不存在质量缺陷的"除外情形；第二款将"其他责任人"改为"所有人、管理人、使用人或者第三人"。

侵权责任法	民法典	要点提示
第八十七条　从建筑物中抛掷物品或者从建筑物上坠落的物品造成他人损害，难以确定具体侵权人的，除能够证明自己不是侵权人的外，由可能加害的建筑物使用人给予补偿。	**第一千二百五十四条**　禁止从建筑物中抛掷物品。从建筑物中抛掷物品或者从建筑物上坠落的物品造成他人损害的，由侵权人依法承担侵权责任；经调查难以确定具体侵权人的，除能够证明自己不是侵权人的外，由可能加害的建筑物使用人给予补偿。可能加害的建筑物使用人补偿后，有权向侵权人追偿。 　　物业服务企业等建筑物管理人应当采取必要的安全保障措施防止前款规定情形的发生；未采取必要的安全保障措施的，应当依法承担未履行安全保障义务的侵权责任。 　　发生本条第一款规定的情形的，公安等机关应当依法及时调查，查清责任人。	增加"由侵权人依法承担侵权责任"的情形，以及"可能加害的建筑物使用人补偿后，有权向侵权人追偿"的规定。 　　新增第2款、第3款。
第八十九条　在公共道路上堆放、倾倒、遗撒妨碍通行的物品造成他人损害，有关单位或者个人应当承担侵权责任。	**第一千二百五十六条**　在公共道路上堆放、倾倒、遗撒妨碍通行的物品造成他人损害的，由行为人承担侵权责任。公共道路管理人不能证明已经尽到清理、防护、警示等义务的，应当承担相应的责任。	将"有关单位或者个人"改为"行为人"；"增加"公共道路管理人不能证明已经尽到清理、防护、警示等义务的，应当承担相应的责任"的情形。